秦汉三国五百年

历史的沸点

第一卷

赵海峰 著

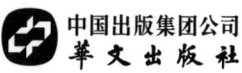
中国出版集团公司
华文出版社

图书在版编目（CIP）数据

历史的沸点 / 赵海峰著. —— 北京：华文出版社，2018.1（2021.12 重印）

ISBN 978-7-5075-4823-5

Ⅰ. ①历… Ⅱ. ①赵… Ⅲ. ①中国历史－古代史－研究 Ⅳ. ①K220.7

中国版本图书馆CIP数据核字（2017）第314718号

历史的沸点
LISHI DE FEIDIAN

责任编辑：胡慧华
特约编辑：刘新颖
出版发行：华文出版社
地　　址：北京市西城区广外大街305号8区2号楼
邮政编码：100055
网　　址：http://www.hwcbs.com.cn
电　　话：发行部 010-58336262　编辑部 010-58336197
经　　销：新华书店
印　　刷：北京明恒达印务有限公司
开　　本：710×1000　1/16
印　　张：23.25
字　　数：312千字
版　　次：2018年3月第1版
印　　次：2021年12月第9次印刷
标准书号：ISBN 978-7-5075-4823-5
定　　价：48.00元

版权所有，侵权必究

写在前面的话

赵海峰

这本书的文字其实最早来源于声音。

2016年1月17日,我在荔枝电台开辟了一个栏目——"海峰的历史课",开始定期讲述古代历史故事,做这样的事情,当时应该是好奇心在作怪,有些朋友知道我爱好历史,平日里也喜欢与大家聊历史,便鼓动我在电台开辟一个属于自己的节目,这样可以让更多的人听到,自己对此充满好奇,也想尝试一下,于是便开始与秦汉历史随行的日子。

坦率地讲,这个节目能坚持多久,我心里一点谱都没有。一方面自己只是一个历史爱好者,并非科班出身,作为一名"纯业余选手",录制每期节目都要做大量的史实整理和细节考证,耗费的精力可想而知。另一方面,我自己有本职工作,平日里事务繁忙,只能利用节假日和碎片化的时间来继续这一份爱好。

没想到,居然坚持了一年多,先后录制了三十五讲,从秦灭六国一直讲到三国归晋，时间跨越了五百年。能坚持下来，唯一的原因是朋友们的支持和关心。我会把每集节目转发到朋友圈，不少朋友由此和我进行互动，有的朋友将节目放给自己孩子听，培养孩子对历史的兴趣，有的朋友就其中一些史实和我进行深入交流，朋友们都觉得我在做一件很有意义的事情，正是朋友们的鼓励，使自己无法再停下来。后来，有的朋友说何不把讲稿整理成文字，会是一个很好的纪念，如果条件成熟，还可以结集出版。

于是，便有了这一本《历史的沸点》。

这其实也在圆我的一个梦，因为从小我对历史便产生了浓厚的兴趣，记得孩提时，一本《上下五千年》基本被翻烂了，由此也迸发出一个理想，便是将来要成为一名历史课老师，但这注定成为一个无法实现的夙愿，大学选择了和历史学不搭界的法学专业，毕业后的工作和历史学也没有任何交集。

但这并没有阻碍我对历史的喜爱，参加工作后，阅读了大量的历史书籍，从这个意义来说，我和历史从未走远，相反，通过大量的阅读，更加走进了历史的深处，看到王朝兴衰和人物成败背后一些深层次的东西，也逐步形成了自己的历史观。

在我看来，历史从来不是冷冰冰的，而是有温度，有沸点。每个从历史深处走来的角色，都是有血有肉的人，他们的痛苦欢欣，他们的成败得失，他们的坚守放弃，构成了我们的历史，他们每个人都是鲜活的，由他们构成的历史自然不会是一个冰冷世界。

这些年来挖掘这些历史人物鲜活一面的作品很多,把历史写得"有趣"成为了大众史学读物的方向,写史确实需要一些想象,因为虽然有史实摆在那里,但对历史的记述不可能面面俱到,详细入微,况且用一种有趣的方式去书写历史,看待古人,往往也能产生别开生面的效果。

但"过犹不及",在我看来,有些大众历史读物已经偏离了方向,随意编排历史,甚至"满嘴跑火车",使人实在难以读下去。我认为,只要是涉及历史的读物,都应该以"尊重历史"为前提,可以将历史通俗化,但不能庸俗化,更不能恶俗化。

这本书就遵循这样的原则,把史实作为基石,加以一定的想象力,借用一些现代语言,力图在保证客观真实的基础上,能让这五百年的历史生动起来,让那些历史人物也变得鲜活起来。

说心里话,把书稿交给出版社,感到些许诚惶诚恐,从来没有想到,自己的这些文字,能有一天成为一本书。

在自己首部作品出版之际,要感谢的人很多,感谢我的父母,他们教诲使我受益终身。感谢我的爱人,是她对家庭的无私付出,让我有更多的时间来进行写作。感谢我的儿子晨光,他是我想出版此书的重要原因,我常常想,我们对于下一代不仅是要哺育他们健康成长,还应该留给他们一些有意义的东西,这本书无疑是个很好的礼物。同时要感谢所有关心、支持和鼓励我的朋友们,没有你们,就不会有这些文字。

最后,我还想诚恳地说,作为一名业余爱好者,我尽自己最大能力去书写这段历史风云，但其中肯定还会有一些谬误，还请大家多包容，多批评指正。

谢谢大家！

目 录

第一讲　投资"奇货"的回报率 / 001

第二讲　夕阳下的六国 / 007

第三讲　论皇帝的诞生 / 016

第四讲　沙丘宫的阴谋 / 022

第五讲　"老鼠哲学"的失败 / 029

第六讲　兴衰宛若一阵风 / 039

第七讲　别拿亭长不当干部 / 048

第八讲　大风起兮云飞扬 / 061

第九讲　毒蝎女人的演化史 / 074

第十讲　父子俩的盛世 / 084

第十一讲　犯大汉者虽远必诛 / 100

第十二讲　武帝的自我批评 / 112

第十三讲　谈管住家人的重要性 / 126

第十四讲　青冢上的那一滴泪 / 139

第十五讲　"民选皇帝"的晋级之路 / 147

第十六讲　穿越时空的乌托邦 / 154

第十七讲　那场绿林赤眉的故事 / 166

第十八讲　唯隐忍方成功 / 178

第十九讲　刚中有柔柔中有刚 / 187

第二十讲　军功章上的另一半 / 194

第二十一讲　外戚专权标配的形成 / 205

第二十二讲　成也太监败也太监 / 214

第二十三讲　跋扈将军的不归路 / 224

第二十四讲　谁说文人骨头软 / 235

第二十五讲　"暴发户"式的荒诞 / 247

第二十六讲　一场"符水"中的革命 / 256

第二十七讲　两颗毒瘤的火并 / 267

第二十八讲　不靠谱的义父子 / 278

第二十九讲　挟着天子令诸侯 / 288

第三十讲　青梅煮酒吓英雄 / 300

第三十一讲　官渡的老大之争 / 311

第三十二讲　遥想公瑾当年时 / 319

第三十三讲　好借不好还的荆州 / 331

第三十四讲　麦城的那一场血案 / 339

第三十五讲　合久必分分久必合 / 350

第一讲　投资"奇货"的回报率

一

公元前259年正月，一个婴儿出生在赵国的国都邯郸，他便是中国历史上第一位皇帝——秦始皇嬴政。作为秦王朝的皇帝，嬴政没有诞生在秦国的土地上，而是生在邯郸，这是因为他的父亲异人（后改名为子楚）此时正在赵国当人质。

当时的秦国是秦昭襄王当政，他先立的太子早亡，继而将次子安国君嬴柱立为太子。嬴柱有二十几个儿子，子楚只是其中之一，不幸被选中送去赵国做了人质。虽然贵为王子，可当人质的感觉相当糟糕，穷困潦倒，非常破落，只能和自己母亲夏姬寄人篱下，相依为命。

作为被遗忘的角色，子楚以为自己的人生也就这样了，搞不好一辈子无法再踏上秦国的土地，最终会客死赵国。但是人倒霉透顶后，往往能够时来运转，关键是要遇到生命中的贵人。

很快，改变子楚命运的贵人出现了，此人叫做吕不韦。吕不韦是卫国濮阳（今河南安阳市滑县）人，他很有商业头脑，长期以阳翟（今河南禹州）为基地，在几个诸侯国之间经商，积累了大量财富。尽管富甲一方，但他并不满足只做一个富翁，一直想在政治上有所建树，只是苦于找不到机会。

当吕不韦在邯郸遇到子楚，他敏锐地感觉到自己的机会终于来了，对于子楚，他评价道"此奇货可居"。吕不韦给子楚分析了形势，认为只要精心运作，不仅可以回到秦国，再进一步也不是没有可能。这对一直处在阴暗角落里的子楚，无疑带来了难得的光亮，子楚激动地表示，事成之后定会给吕不韦巨大回报。

面对这样一个"奇货"，吕不韦投入了全部赌注。他给子楚重金，让他结交名士宾客，当时的宾客会起到今天新闻媒介的作用，如果对他们不错，宾客就会广泛传播主人的名声，吕不韦这样做，为的是迅速提高子楚的声望。

吕不韦听说秦国安国君最宠幸华阳夫人，但华阳夫人一直没有儿子，所以安国君嬴柱的继承人一直没有定下来。嬴柱已被立为太子，谁能成为他的继承人，意味着将来很有可能成为秦国的国君。但无论如何选择，远在赵国备受冷落的子楚都不可能成为候选人。

吕不韦最大的本事就是将不可能变成可能。他知道，如想实现逆转，有一个人的作用最为关键，那便是华阳夫人。于是吕不韦带着重金来到咸阳，通过各种关系见到华阳夫人的姐姐和弟弟阳泉君，他把带来的财物统统献给了华阳夫人。并让她的姐弟代为传话，吕不韦首先赞扬子楚聪明贤能，然后有些煽情地说"子楚把夫人看成亲生母亲一般，日夜哭泣思念太子和夫人"，华阳夫人听了心里很高兴。

吕不韦见时机成熟，将想说的话全部传递到华阳夫人那里："现在夫人您侍奉太子，甚被宠爱，却没有儿子，不趁这时早一点在太子的儿子中结交一个有才能而孝顺的人，立他为继承人，同时像亲生儿子一样对待他，那么，丈夫在世时受到尊重，丈夫死后，自己立的儿子继位为王，最终也不会失势。现在子楚贤能，而他自己也知道排行居中，按次序是不能被立为继承人的，夫人若真能提拔他为继承人，那么夫人您一生在秦国都要受到尊宠。"

这席话说得很到位，完全是换位思考，先点出了华阳夫人无子的痛点，从而使她产生危机感，然后站在华阳夫人角度，为她的将来做了一个很好的规划，顺带表示子楚是最合适的人选。这些话句句都说到了华阳夫人的心坎上，华阳夫人觉得吕不韦说得很有道理，她答应在安国君面前为子楚说好话。

华阳夫人找了个机会和安国君说："你的孩子里子楚最贤能，往来的使者都说他好。"为了达到目的，华阳夫人不禁落了几滴泪："妾不幸没有生孩子，愿意以子楚为子嗣，以求将来终身有所托付。"嬴柱看到自己最喜欢的人眼泪涟涟，哪里受得了，他想这些孩子里立谁都是立，于是同意立子楚为继承人，还刻了一个玉符作为凭证，吕不韦精心设计的第一步计划成功实现。

回到邯郸的吕不韦邀请子楚来府上做客，告诉他一切进展顺利，子楚的命运即将翻开新的篇章。酒宴中，吕不韦让几位侍女跳舞助兴，子楚看上了其中的赵姬，吕不韦顺水推舟，把赵姬许给了子楚。一年后，赵姬在邯郸生下一子，便是后来世人皆知的始皇帝嬴政。

有不少人认为，当初赵姬许给子楚之前，已经有了身孕，嬴政的父亲不是子楚而是吕不韦。还有另一种说法，认为秦始皇得罪人太多，为了抹黑他而杜撰了这样的故事。几千年过去了，这已经成为一桩历史疑案，无从考证。

二

正当计划按部就班实施时，发生了一个重大意外。公元前257年，秦国派军队围攻邯郸，于是赵国想杀死作为人质的子楚，情况非常危急。吕不韦不愿让到手的鸭子飞了，他拿出重金贿赂守城官吏，带着子楚逃到秦军大营。留在邯郸的赵姬和嬴政一度也面临死亡威胁，两人四处躲藏，方才侥幸逃生。

这段日子长达七年，嬴政和母亲隐姓埋名、东躲西藏，想必受了不少委屈和侮辱，这个时期正是孩子心理形成的关键阶段，嬴政这段刻骨铭心的经历，应该与他后来性格中暴虐、残忍、寡恩等致命缺陷有所关联。

公元前251年，秦昭襄王去世，安国君嬴柱继位为王，是为秦孝文王，他封华阳夫人为王后，子楚为太子。赵国护送子楚的夫人赵姬和儿子嬴政回到秦国，吕不韦计划的第二步按预想完成。

更让吕不韦高兴的是，秦孝文王守孝一年后，加冕才三天突发疾病一命呜呼，子楚顺利继位，是为秦庄襄王。吕不韦精心设计的棋局可以成功收官。不得不承认，吕不韦确实是高人，当初选择没有人看好的子楚，然后精心布局，消除一切障碍，不仅把死棋走成了活棋，而且是满盘皆赢。

终于到了收获的季节。当年在赵国过着难民般的生活，大秦的王位对于子楚来讲显得那么遥远，甚至是一个想都不敢想的奢望，如今成功上位君临天下，这一切都因吕不韦的强力推手，子楚对此感恩戴德，继位后任命吕不韦为丞相，封为文信侯，将河南洛阳十万户作为他的食邑。吕不韦这位大商人通过自己投机和努力，终于成为一人之下万人之上的风云人物。

秦庄襄王只做了短短三年国君便驾崩了。只有十三岁的嬴政即位，成为秦国国君。嬴政年幼，一切都听命于吕不韦，他的地位再次升级，不仅继续坐着相国的位置，而且受封为"仲父"。

吕不韦自此达到了生命中的巅峰，据说此时他门下集结了一万家僮，三千食客。他当年的投机获得了惊人的利润，《剑桥中国史》对此评价道："吕不韦是中国历史上达到如此显赫地位的唯一商人。"此言不虚，中国古代一直以来有"轻商"的传统，虽然不少商人富甲一方，但很难获得显赫的政治地位，吕不韦可以说是他们中的杰出代表，前无古人，后无来者。

三

权倾一时的吕不韦此时也有他的烦恼，那便是他和嬴政的母亲赵

第二讲　夕阳下的六国

一

铲除吕不韦和嫪毐集团，嬴政走到历史舞台的中央。此时，秦国蒸蒸日上，六国逐渐衰落。天降大任于斯人，历史赋予了这位年轻君王一个重大使命——平灭六国，一统天下。

秦国的强大不是一朝一夕的事情。从地理位置上看，秦国地处西陲，距离中原地区较远，一直不被重视。事实上，长期以来，秦国的政治、经济、文化等远远落后于中原地区，被东方国家看做是荒蛮之国。"商鞅相孝公，为秦开帝业"，秦的真正崛起源于商鞅变法。

这次变法发生在秦孝公统治时期，商鞅本来是卫国人，秦孝公即位后，决心变法图强，发出求贤令，说"宾客群臣有能出奇计强秦者，吾且尊官，与之分土"，言辞颇为恳切，商鞅由此来到秦国，在秦孝公的大力支持下开始变法。

在此之前，其他诸侯国比较著名的变法活动有魏国的李悝变法、楚国的吴起变法等，商鞅充分吸取这些变法的经验，结合秦国当时的实际情况，提出一系列改革举措，主要内容包括废井田、开阡陌、实行郡县制、奖励军功和耕织等，内容涉及政治、经济、军事、社会、风俗等方方面面。

这次变法带有浓重的"法家"味道，例如制定了非常严厉的刑罚，特别是对"私斗"，处罚手段残酷，其中死刑就有十几种，所以此后秦人"勇于公战，怯于私斗"。还推出了连坐法，一人犯法，他的亲属、朋友、邻里等相关人，必须检举揭发，否则要一起治罪，为此创建了五家为"伍"，十家为"什"的什伍制。

有趣的是，商鞅之死和他推行的连坐有关，商鞅变法触动了许多既得利益者，秦孝公死后，他们对商鞅进行全面清算，商鞅在逃亡路上想住店，旅店老板要求他出示身份证件，表示弄不清楚身份，如果出了事情要连坐，并说这是商鞅的法令。商鞅当然不敢承认自己的身份，走出旅店，仰天长叹："嗟乎！为法之敝一至此哉！"，这是成语"作法自毙"的由来，意为自作自受。

在推行法令的过程中，商鞅采取严刑峻法，对胆敢挑战法度权威之人，一律给予无情打击。这里面甚至包括太子驷，太子有次触犯了新法，商鞅并不开恩，由于不能对太子本人施刑，就让他的师傅代受黥刑，以示教导不力。由于有这样严厉的惩罚措施做基础，新法的推行非常顺利。

商鞅变法成效十分显著，尽管他最后遭到车裂的酷刑处决，但这些变法举措并没有废止。通过变法，经济上改变了旧有生产关系，确立了土地私有，促进了农业发展。政治上，郡县制的推行，强化了中央集权，有利于秦国汇集全国的力量。在军事上，以军功作为赏爵的唯一依据，秦军战斗力大幅提升，秦国由此一跃成为实力强大的国家，所以这次变法被柏杨先生形象地形容为"历史上最大的魔术"。

日益强大的秦国，逐步走上了对外扩张的道路，公元前316年，秦军将领司马错率军灭掉蜀国，这是对外扩张的一个重要里程碑，灭蜀之后，秦国领土扩大了近一半，人口增加了三分之一，特别是公元前256年，蜀郡太守李冰和他儿子主持修建了都江堰，成都平原的大量良田得到灌溉，使得蜀地成为了秦国的大粮仓，为秦以后扩张活动提供了源源不断的粮草保障，从此"秦以益强，富厚，轻诸侯"。

对外扩张到秦昭襄王时达到了第一个高潮。这位国君活了七十五岁，在位长达五十六年，其中五十三年在打仗。在他统治时期，秦国远交近攻，发动了不少大规模的战争，削弱了楚、韩、魏、赵等诸侯国实力，为后来最终统一打下了坚实基础。

历史上著名的长平之战，就发生在这个时期。这场大规模战争开始于公元前260年，此时嬴政还没有出生。秦国动员集结了大量军队和赵国军队对峙在长平关（今山西高平），当时统帅赵军的大将是廉颇，他的作战策略是坚守不出，想等秦军后勤补给发生困难时再出击，这种策略无疑是正确的。随着时间推移，形势对远征千里的秦军越来越不利。

正面战场受阻，秦国开辟了"第二战线"，派人到赵国国都邯郸散布言论，说廉颇老了，不敢出战，秦国根本不怕他，最害怕少壮派将领赵括。秦国的反间计果然奏效，在国人的一致要求下，赵孝成王决定用赵括替换廉颇。

赵括和一个成语紧密相关，便是"纸上谈兵"。赵括是将门之子，他的父亲是赵国名将赵奢，父子俩在家经常讨论兵法，有时赵奢被儿子驳得哑口无言，赵括的母亲看到这样的场景，感到很高兴，认为是青出于蓝而胜于蓝，但赵奢却深感忧虑，知子莫如父，他说："打仗是要死人的大事，他说起来却十分轻松，一旦担任大将，破赵军者，必是赵括"。

当赵孝成王任命赵括为前线统帅时，赵奢已经去世，赵括母亲上书赵国国君，说自己的儿子只会纸上谈兵，不能指挥大兵团作战。赵孝成王根本听不进去这些劝告，执意让赵括带兵出征，赵括母亲只能请求如果赵括吃了败仗，不能追究赵家的责任，这个请求赵国国君答应了。

秦昭襄王听说赵括替代廉颇，觉得转机终于来了。他任命百战百胜的名将白起出任秦军统帅，动员全国十五岁以上男子投入战场，准备毕其功于一役。对秦军部署的调整，赵括一无所知，他到前线后，立刻改变廉颇稳守策略，想一口气吞掉秦军。白起将计就计，佯装溃败，诱敌深入，然后将赵军成功分割，截断赵军后路和粮道，最后使得赵军被秦军紧紧围困。

赵括多次突围均告失败，被围困四十六天后，他决定殊死一搏，率军最后一次突围但还是没有成功，赵括自己死在乱箭之下，四十万赵军全部投降，并被白起下令生生活埋，上演了中外战争史上惨绝人寰的一幕。经过长平之战，秦赵实力此消彼长，赵国从此一蹶不振。

嬴政继位后，秦对东方六国已经形成了压倒性优势。离秦国最近的韩国，本来在七国中最为弱小，在秦的不断蚕食下，只剩下都城阳翟和周边十几个不大的城池，几乎可以忽略不计。赵国经过长平之战实力大损，已经对秦构不成威胁。

对秦而言，魏国战略位置非常重要，也是秦国打击的重要目标，在几次战争中，魏国均被秦击败，地盘日渐缩小，嬴政登基之初，当时正是魏安釐王晚期。虽然信陵君窃符救赵，后又联合各诸侯国合纵抗秦，取得河外大捷，将秦军逼回函谷关内，然而安釐王昏聩无能，听信秦国离间挑拨而罢黜信陵君，导致国势一天不如一天。

南边楚国的实力曾经非常强大，但在公元前278年，白起率秦军攻陷楚国国都郢，夺得了楚国四分之一的土地，楚国国都被迫多次迁移，国力大为衰减，已经不复当年之勇。

东边的齐国也曾经是个强国，但到后期国无良将，军无斗志，贪享太平生活，毫无斗争准备，已经徒有虚名。最远的燕国，燕昭王时曾励精图治，国力日强。到燕王喜当政时，常常发动战争，劳民又伤财，国力遭到巨大损耗，成为六国之中只略强于韩的弱小之国。

二

面对日渐衰落的六国，年轻的嬴政听从李斯、尉缭等人的建议，确定了"灭诸侯、成帝业、为天下一统"的战略部署。实施路径还是过去的套路——远交近攻，即先稳住楚魏、笼络燕齐、消灭韩赵。

韩国成为第一个"倒霉蛋"，公元前230年，嬴政派遣内史腾率军攻打韩国，这个六国中最弱小的国度，已经无力抵抗，秦军攻克韩国国都，俘获韩王安，韩国成为首个被灭之国。

赵国成为秦军第二个目标。虽然经过长平之战，赵国已经不复当年之勇。但此时赵国出现了一位名将——李牧，他是战国末期六国最杰出的将领，也是赵国赖以支撑危局的唯一良将。公元前233年，李牧率赵军同秦桓齮军交战于宜安、肥下地区，给秦军沉重打击，只有统帅桓齮带领少数护卫突围逃走。公元前232年，李牧又一次打败南北两路来犯的秦军，威名大振，李牧似乎成为秦军不可逾越的一道屏障。

公元前229年，嬴政派大将王翦再次攻赵，李牧受命抵抗秦军。王翦认为李牧不除，秦军恐怕不容易取胜。这次秦军学得很聪明，没有选择正面与李牧交锋，而是使用了自己最擅长的伎俩——反间计。

采用的套路基本一样，先是派奸细入邯郸，用重金收买了赵王迁近臣郭开，让其散布流言蜚语，说李牧勾结秦军，准备背叛赵国。没有脑子的赵王听到谣言，不加调查证实，立即派其他人去取代李牧，李牧觉得冤枉而不从，赵王布置圈套捕获李牧并斩杀了他。

李牧成为秦国反间计的最新牺牲品，秦国长期以来把消灭敌国的重要人才作为核心策略之一，一般采取"三部曲"，先是重金收买，不成就用刺客暗杀，还不成就使用反间计，总之是不让这些人才发挥作用，为秦国灭掉这些国家扫清障碍。秦国在此方面屡屡得手，一方面是秦国自身对此经过精心策划和实施，更重要的是这些国家的国君昏庸，辨不清是非，客观上起到了"助攻"的作用。

"李牧死，赵国亡"，只过了三个月，到了公元前228年，王翦发动总攻，大败赵军，攻克邯郸后俘赵王迁。赵国公子嘉逃代（今河北蔚县东北）称王，集结残部继续抵抗，六年后，秦灭代国，俘虏公子嘉，赵国彻底灭亡。

韩赵灭亡后，魏国成为最靠近秦国的一个，厄运随之而来。公元前225年，秦军进攻魏国，魏国的国都大梁（今河南开封）城垣坚固，为了减少损失，秦军统帅王贲下令在大梁城西北开渠，引黄河之水。时值春汛时节，大雨一连下了十多日，水势非常浩大。王贲命令决堤通沟，洪水泛溢，大梁城顿成泽国。城墙长期浸于水中后出现垮塌，秦兵乘势而入，大梁城告破，魏王假请降，魏国就此灭亡。

两千多年后，同样发生一起利用黄河水作战的著名事件，1938年，为了阻止日本鬼子西进，蒋介石下令国民党军队在河南花园口扒开堤防，虽然决口的黄河水暂时阻止了日军进攻，但却造成了八十余万百姓死亡，四百八十万人无家可归，三十多万平方公里成为黄泛区，付出的代价极其惨重。

楚国成为下一个攻击对象。这个南方大国，虽然此时已无法与秦国匹敌，但瘦死的骆驼比马大，它在六国中的实力仍属最强。为了能一举灭之，嬴政在两个将领中来选择灭楚统帅，一个是少壮派将领李信，另一位是老将王翦。嬴政问他们需要统领多少军队才能灭掉楚国，李信说只需二十万人，王翦说必须要六十万。听后嬴政很欣赏李信，觉得还是年轻人有胆识，说"王老将军老矣，何怯也！李将军果势壮勇，其言是也。"于是任命李信为秦军统帅，带领二十万兵马南下攻楚。

李信实在低估了楚国的实力，楚军在大将项燕的统帅下给秦军致命打击，秦军损失惨重，李信拼死突出重围，极其狼狈地跑回秦国，这是战国末期六国对秦取得的最后一次胜利，可惜来得太晚了，已经不能改变其纷纷被灭的命运。

嬴政知错就改，亲自前去邀请王翦出任统帅，并满足他带六十万兵马的要求。公元前223年，王翦率秦军与楚军相持一年后全面出击，随即攻陷楚国国都寿春（今安徽寿县西南），俘虏楚王负刍，项燕将楚王的兄弟昌平君立为新楚王，逃到江南继续抵抗，一年后，王翦渡江发动总攻，楚军兵败，昌平君被杀，项燕自尽，曾经非常强大的楚国也灭亡了。

三

距离较近的诸侯国都被平灭后,嬴政将眼光伸向了远处的燕、齐两国。公元前222年,秦军发动对燕的最后一战。对于嬴政来讲,这一战等了五年,因为在五年前发生了荆轲行刺事件,从那时起,燕国成为了嬴政的眼中钉。

荆轲行刺背后的主谋是燕国太子丹,他当年也在赵国做人质,太子丹和嬴政年龄相仿,境遇相同,所以当时两人的关系还很不错。后来嬴政回到秦国做了国君,太子丹又被送到秦国做人质,据史书记载,当上国君的嬴政对这位小伙伴并不友好。

太子丹回到燕国后,看到秦国不断扩张,特别是秦军平灭赵国时,一度打到了燕国边境,太子丹感到唇亡齿寒,他不愿意坐以待毙,但燕国实力过于弱小,根本无法与秦国叫板,只能另寻他招,他想到了两个字——"刺杀"。这样做多少有些孤注一掷,但在太子丹看来是没有办法的办法,他找到了勇士荆轲,请他来完成这个重大使命。

《史记·刺客列传》对这个故事有非常生动的描写,荆轲出发前,大家穿着白衣戴着白帽,到易水河边送行,高渐离击筑,荆轲悲壮地唱到:"风萧萧兮易水寒,壮士一去兮不复还",众人闻声潸然泪下,荆轲义无反顾登车而去。

在咸阳秦国王宫,荆轲见到嬴政,图穷而匕见,他突然行刺秦王,嬴政挣脱后绕着柱子跑,荆轲跟着追杀。按照秦法,群臣在殿上不得携带武器,关键时刻,御医夏无且将手中的药袋扔向荆轲,在荆轲迟疑刹那,嬴政拔出剑将荆轲左腿砍断,荆轲没有办法,只能将匕首掷过去,但只击中了柱子,自己则死在乱剑之下。

秦王很生气,后果很严重。嬴政立即派大军进攻燕国,公元前226年,秦军攻克燕国都蓟(今北京市),燕王喜和太子丹逃往辽东,秦军紧追不止,走投无路的燕王喜权衡利弊后,派人将太子丹杀掉,并将首级献给秦军。此时秦军正准备全力进攻楚国,对燕暂时休兵,燕王喜得以喘息了四年。公元前222年,秦军大将王贲率军扫荡燕国残余势力,俘获燕王喜,燕国彻底灭亡。

最后一个剩下齐国。这个在最东边的诸侯国,一直处于"看热闹"的状态。秦军灭掉其他五国时,齐国置身度外,好像和自己没什么关系。有些诸侯国求救于它,或者想联合一起对秦作战,齐国都不参加,深怕得罪了秦国,好像如此才能自保。

秦国实施远交近攻战略,所以和最远的齐国一度打得非常火热,公元前237年,齐王田建受邀到咸阳,受到嬴政的盛情款待。在其他诸侯国和秦国打得不可开交的时候,齐国独享太平,不仅没有备战,甚至在秦国灭掉其他国后,齐国还派使节向秦国表示祝贺。

"国虽大,好战必亡;天下虽安,忘战必危",或许田建认为这种兄弟般的情谊会地久天长。历史证明,他的这种想法太过天真,五国覆灭后,齐国的末日终于到来了。公元前221年,秦军突然攻击齐国国都临淄,齐国毫无准备,连应战之兵都没有,等待他们的只能是亡国的命运,那位一直对秦抱有幻想的田建,被流放到共(今河南辉县),最后居然在孤苦伶仃中活活饿死。

秦始皇用不到十年时间,平灭六国,结束了春秋战国以来五百多年的战乱局面,一个地处边陲的封闭之国,为什么能异军突起,成功灭掉东方六国,这是不少历史学家一直思考的问题。

《剑桥中国秦汉史》对秦国胜利的原因进行了总结,归结为八个原因。一则是地理因素,中原通往秦的通道被山脉所阻,只有很少几个关隘可以通行,所以东方六国攻秦不易。

二则因为农业和灌溉,秦国修建了郑国渠和成都平原的灌溉系统,"于是关中为沃野,无凶年,秦以富强,卒并诸侯"。

三则军事技术,秦国掌握了先进冶炼技术,所以兵器的数量和质量都远胜于其他六国。

四则崇尚阳刚武德,秦军在与少数民族夷狄的冲突中取得了丰富的军事经验,并且在战争中以残酷无情著称。

五则有打破传统的准备。秦国远离中原，能够摆脱纯粹的"华夏"国家文化传统的束缚，更容易制定激进的革新措施。

六则有任用外来人的决心，对人才无论是否秦国人都予以任用，这些外来人才发挥了极为重要的作用。

七则是统治者的长寿，秦朝连续被几个既能干又特别长寿的国君统治，从而提供了政治的连续性和稳定性。

八则是行政因素，即有提高行政效率的计划、农业改革计划和商鞅留给秦的一心一意追求政治和军事力量的计划。

在这些因素中，《剑桥中国秦汉史》认为最后一点远超过其他，事实确也如此，秦的强盛源于商鞅变法，商鞅虽死，但制度却一直保留并得以不断完善。所以，秦灭六国的胜利，在军事胜利的背后，更应是制度的胜利。

第三讲　论皇帝的诞生

一

公元前221年，嬴政成就了统一霸业，他因此将自己的名字深深镌刻在史册之中，这一年他三十九岁。过去的十年，是血与火的十年，秦军南征北战，将六国一一踩在脚下，历史上第一个统一的封建王朝从此建立，开创了中国历史的新纪元。

硝烟渐渐散去，对于嬴政和他的王朝而言，一切都是崭新的。名不正则言不顺，首先遇到的问题便是如何称呼自己。

嬴政原本称号是秦王，这个称号和其他诸侯国国君是一样的，但如今他踏平六国，理应获得一个高于诸侯王地位的称号，如此才能显出他前无古人的丰功伟绩，用他自己的话说："寡人以眇眇之身，兴兵诛暴乱。赖宗庙之灵，六王咸伏其辜，天下大定。今名号不更，无以称成功，传后世。"

嬴政命大臣商议此事，丞相王绾等臣子认为，上古传说中有"三皇"和"五帝"，"三皇"是指天皇、地皇、泰皇，其中泰皇的地位最高，所以大臣们建议以"泰皇"做为新称号。对此，嬴政并不满意，他似乎觉得用"泰皇"也不足以显示他的伟大，他认为自己"德兼三皇、功盖五帝"，于是从"三皇"和"五帝"中各取一个字，称自己为"皇帝"。

"皇帝"这个称谓具有历史性意义。从秦始皇到清朝末代皇帝溥仪，斗转星移，时光荏苒，王朝更迭，物是人非，但"皇帝"作为最高统治者的专用称号一直没有变化，围绕这两个字，上演了许许多多人伦惨剧，父子、母子、夫妻、兄弟之间相残比比皆是，为了争夺这个宝座，战火连绵，生灵涂炭，不计其数的百姓像蝼蚁一样被卷入其中，正如孙中山先生所言："外国尝有因宗教而战，自由而战，但中国几千年来所战的却是皇帝一个问题"，概括得可谓一针见血。

在中国古代史上，出现过四百多位皇帝，表现杰出的能够数得上来，大部分不是碌碌无为就是昏庸残暴。从在位时间看，时间最长的应该是清朝康熙，坐了六十一年的皇帝宝座。实际掌控皇权最长的是他的孙子乾隆，虽然在位时间比他的爷爷少一年，但他在太上皇的位置上又待了三年，实际行使国家最高权力长达六十三年又四个月。最短的应该是金朝的末代皇帝完颜承麟，他在位的时间仅仅只有半天。

"皇帝"不单单是个名称的创新，而是确立一套皇权系统。从此，皇帝的口头命令叫做"制"，发布的书面文告叫做"诏"，皇帝自称改为"朕"，大臣要称皇帝为"陛下"，这些称呼只能由皇帝专用，其他人胆敢使用，便是"大逆不道"的重罪，通常会被处以极刑。

嬴政创新不止如此，他废除了一直以来使用的谥号。谥号，简单地说，就是君王死后，根据他生平事迹和道德修养，由接班人或臣子给故去君王一个带有评价性质的称号，可以说是"盖棺定论"。譬如周王朝第一个君王是周武王，他的真实名字叫做"姬发"，死后获得谥号为"武"，所以历史上称他为周武王。

嬴政认为"子议父，臣议君"这种做法不成体统，下令予以废除，改以数字为序。嬴政把自己封为"始皇帝"，自己的子孙叫做"二世皇帝"、"三世皇帝"，一直到"万世皇帝"，意思再明白不过，就是希望自己所创立的王朝千秋万代都要姓"秦"，所谓"至于万世，传之无穷"。理想很丰满，现实却很骨感，嬴政不会想到，秦王朝居然二世而斩，成为古代史上极为短命的王朝。

二

称呼的变革只是解决名分的问题，如何有效治理这个帝国，对于嬴政来说，才是真正的挑战。秦始皇首先要搭建中央朝廷的"领导班子"，他推出了"三公九卿"。"三公"是指丞相、太尉、御史大夫。分管政务、军务和司法监察。他们直接对皇帝负责。"九卿"是由"奉常"、"郎中令"、"太仆"等九个官员组成的政务机构，他们由丞相领导，但任免权归皇帝，所以他们效忠的是皇帝而不是丞相。

对于地方治理，最简单的选择，就是像过去一样将土地分封给自己的儿子或其他皇室成员，常常说"肥水不流外人田"，这样的做法既符合常理，又不用太费脑子。当时嬴政手下的不少大臣都如此建议，但却遭到了廷尉李斯的反对，李斯认为周王朝就是采用这样的政策，结果王室成员一拿到土地，开始相互疏远进而发生战争，而周天子对此无能为力，以史为鉴，秦王朝不能重蹈覆辙。

秦始皇支持李斯的意见，决定采用郡县制。他说："天下共苦战斗不休，都是因为分封有侯王。实施分封就是树兵，想要寻求安宁，岂不难哉！"他下令把全国分为许多郡，各个郡设置长官——守、军队指挥官——尉等，郡下面设县，万户以上设县令，万户以下设县官。郡县长官由中央任命，采用这样的方式，实现了中央对地方的垂直管理，大大加强了中央集权。"二千年之政，皆秦政也"，这一套官僚体制为后世的国家治理提供了基本模式。

不少历史学家对秦的郡县制评价很高，钱穆先生说："中国之有郡县的国家，实是一大发明，等于今日美国之有氢气弹。当时世界上是没有别的国家采用郡县制度建国的。"事实也证明，郡县制更有利于维护国家的统一，后来西汉的七国之乱、西晋的八王之乱、明朝的靖难之役、清朝的三藩之乱等，都与分封制有极大关系。

秦王朝到底有多少个郡县，现在说法不一，普遍认为最早应该是三十六个，随着后来扩张，又增加了一些。现在的北京当时叫做广阳郡，感到最亲切的是九原郡，就是今天内蒙古包头，这是笔者的家乡，现在在包头市还有一个九原区，虽然没有考证过，但应该与秦朝郡县制有些关系。

郡县制只是秦始皇治理国家的一部分。除此之外，一个重要的举措是统一文字、货币、度量衡和车轨。所谓"统一"，顾名思义，不是创建新标准，而是将秦国过去的标准推广为全国标准。

先说文字，六国过去使用的文字彼此有不小差异，显得比较繁杂，秦灭六国后统一为"小篆"，以后进一步简化为"隶书"，小篆倾向于郑重场合使用，隶书多在一般情况下使用，"书同文"是具有重大意义的变革，因为文字是传承文明的重要载体。《剑桥中国史》对此评价道："如果没有秦的改革，可以想象，几个地区性的不同文字可能会长期存在下去。如果出现这种情况，不能设想中国的政治统一能够长期维持，在造成政治统一和文化统一的一切力量中，文字的一致性几乎肯定是最有影响的因素。"

统一货币，秦始皇主要采取了两种途径：一是由国家统一铸币，严惩私人铸币，将货币的制造权掌握在国家手中。二是统一通行两种货币，即上币黄金和下币铜钱。改黄金以"镒"为单位，一镒为二十两。铜钱以"半两"为单位。铜钱造型为圆形方孔，俗称"秦半两"，这种圆形方孔的形态，成为中国古代铸造钱币的典范，原来六国通行的珠玉、龟贝、银锡等不得再充当货币。

度量衡就是各种计量器具，看上去不起眼，但却非常重要。谷物计量、土木工程、武器制造都是必不可少，身高的测定，甚至伤害罪伤口的测定都离不了它，所以秦王朝对度量衡的统一非常重视，将秦国原有度量衡推广到全国。

车轨的统一是更具有现代意义的改革。车轨就是车子两轮间的距离，战国时各国的车轮都不同，道路自然修得也不一样，之所以如此，很重要的原因是为了防范其他国战车的进攻。近现代也有这样的情况，建国前山西土皇帝阎锡山，为了自保，就把山西的铁轨修得和其他省不一样，这样其他省的火车无法进入山西。交通是帝国流动的血脉，统一车轨和道路，使得血脉消除了梗阻，得以自由的流动。

三

统一天下后，始皇帝决定偃武休兵，他命令开展大规模的武器销毁活动，主要目的是为了提防六国实力死灰复燃，秦朝收集全国兵器集中到咸阳，销毁后铸成钟鐻和十二个体积庞大的铜人，放置在咸阳宫殿。

不过，血脉贲张的始皇帝注定不会消停太久，不久后他发动了大规模的军事行动，军事行动方向截然相反，一南一北。北边攻击对象是匈奴，这个少数民族当时像牛皮癣一样，总是搞得中原政权非常不舒服。攻击匈奴的主将是著名将军蒙恬，公元前215年，他率领三十万大军一举击破匈奴，占领了河套地区，最远到达了今天内蒙乌拉特后旗的阴山一带。

赶走匈奴人后，蒙恬实施了一项很大的工程——"修长城"，说"修"而不是"建"，原因在于蒙恬并不是白手起家，而是将已经存在的燕长城、赵长城和秦长城连在一起，最终形成东起辽东半岛西到今天甘肃岷县的万里长城，从此长城成为中原与北方少数民族之间的天然分界线，也成为中华民族的重要象征。

说起秦修长城，与之关联最出名的故事无疑是"孟姜女哭长城"。说的是孟姜女的新婚郎君被征召去修长城，后来死在工地上，孟姜女千里寻夫到了长城边上，得知噩耗大哭不止，结果把长城哭倒了，下面露出许多白骨，孟姜女最后带着丈夫的遗骨回到家乡，以贞女的形象留名千古。这个故事显然是杜撰的，但类似的悲剧应该真实且大量存在。长城大多依山而建，在当时的技术条件下修建这样的工程，艰苦程度可想而知，为此而死亡的人数应不计其数。

南下作战的对象是百越人，就是生活在今天湖南、广东、广西、福建一带的少数民族。公元前218年，秦始皇命大将屠睢和赵佗统帅五十万大军，南下征伐。北方军队很难适应南方潮湿闷热的天气，当地少数民族的抵抗也很顽强，秦军损失非常惨重，主将屠睢也被杀。直到四年后，秦军才击溃越人，设置桂林、象郡、南海三郡，将岭南划入秦的版图。

这次南征最有意义的事情，应属修建"灵渠"，这是一条人工运河，修建目的是为了运送粮草，保证南征军队的后勤补给，但客观上将长江水系和珠江水系连在一起，从此中原的物资可以借水路转运到岭南。

经过南征北伐，以及对西南的开拓，终于形成了一个统一多民族帝国。有效管控这个帝国，畅通的交通体系显得极为重要，从公元前222年开始，秦始皇开始修筑以咸阳为中心，向四面八方延伸出去的驰道，类似现代的高速公路。著名的驰道有九条，从《汉书·贾山传》中得知，秦驰道在平坦之处，道宽五十步（约今69米），隔三丈（约今7米）栽一棵松树，道两旁用金属锥夯筑厚实，路中间为专供皇帝出巡车行的部分。可以说，这是中国历史上最早的"国道"。

征伐匈奴后，始皇帝又命令蒙恬修建北起九原（今内蒙古包头市西北），南至云阳（今陕西淳化西北）的直道，全部用黄土夯实，全长七百多公里，中间穿越黄土高原，地势险恶，人迹罕至，成为联结关中平原与河套地区的主要通道。

荡平六国，御宇天下，文治武功，四海归顺。秦始皇心中自豪感油然而生，他决定要到泰山封禅，用这样的形式与上天直接交流，将自己的伟大功绩昭告上天。公元前219年，秦始皇率群臣到达泰山封禅，并在这里立石刻字为念。秦始皇希望上天保佑帝国和他的肉身能够永存，可这注定只是一个美好的愿望，不觉中嬴政和他的帝国已经走在快速消亡的路上。

第四讲　沙丘宫的阴谋

一

秦统一天下后，嬴政在"文治武功"方面采取了一系列措施，总体上讲可圈可点，对于维护统一大有裨益，而且许多制度为后世提供了样板。如果秦始皇只做这些事情，那历史对他的评价应该积极正面。但是为什么一提起秦始皇，很多人脑海中会涌现出"暴君"这两个字，说明他还做了不少让人诟病的事情，这直接决定了他和秦帝国的最终命运。

首当其冲的是"焚书坑儒"。焚书，顾名思义就是把书烧掉。坑儒，就是活埋了一些读书人。这两件事情本不相干，但由于都涉及文化方面，因此被后人连起来称为"焚书坑儒"。

"焚书"最早源头是在公元前213年的一次宫廷宴会上，博士淳于越又一次提出分封制的问题，秦朝的博士和现在的博士是不一样的，当时的博士是国家最高的学术研究员，地位很高，薪水很优厚，也经常被皇帝召见。

统一天下初期，这个问题曾经讨论过，最后始皇帝嬴政拍板采用了郡县制。这个时候淳于越旧事重提，不知道是想拍马屁还是要坚守自己的信念，而且他的话说得比较重，大致意思是说商朝、周朝之所以长久，就是因为采取了分封制，如今采用郡县制，别看现在不错，一旦有危险，恐怕没人来相救。他最后下了一个结论："事不师古而能长久者，非所闻也"，这些话说得有些刺耳，再往深琢磨，好像是说如不采用分封制，秦王朝便不会太长久。

这席话当即遭到宰相李斯的反驳，李斯痛斥这些儒家的读书人不能与时俱进，反而标新立异抬高自己，公然诽谤朝廷，如果不加以制止会损害皇帝的权威，扰乱帝国百姓的民心，从而引起国家的动荡。李斯的这顶大帽子扣得又狠又准，得到了嬴政的首肯。

李斯同时建议，为了不让这些人蛊惑人心，除记录秦国历史的《秦记》外，其他的历史记载统统予以销毁。除官方掌握用于研究的《诗》《书》及诸子百家书籍外，其他的都必须上缴，由地方官员负责销毁。私下讨论《诗》《书》的处以弃市的处罚，就是要惹来杀身之祸。焚书令下达三十日内尚未烧书者，处于黥刑并罚苦役，黥刑就是在犯人的脸上刺字。

这次焚书的重点是传播思想的书，医药、卜卦、种树等科学方面的书不在焚毁之列。对于此次焚书，从它的实际效果来看，并不是毁灭性的，毕竟焚毁的基本只是"意识形态"方面的书，其中很多书还被政府图书馆收藏而幸免于难，相比于后来项羽火烧咸阳，这次影响还算有限。尽管如此，这起事件却在历史上遭到了最严厉的批判，因为这是"第一次以这样的方式对文化予以冷酷的否定和粗暴的摧残"，开启了一个极坏的开端。

焚书后第二年发生了"坑儒"，这和秦始皇生命后期追求长生不死有关。为了实现这个目的，嬴政找了一些自称会法术的方士，其中有两位叫做侯生和卢生。因为法术不灵找不到仙药，他们害怕秦始皇处罚就偷偷跑了。玩失踪并不要紧，关键是他们还散布了一些恶意攻击秦始皇的话，说嬴政刚愎自用，异常残暴，不可能得到仙药，这些话传到秦始皇的耳朵里，不由大怒，后果变得异常严重。

秦始皇生气在于，他非常信任这些方士，为此耗费了大量人力物力财力，但这些人非但没有提供不老神药，反而如此诋毁抹黑自己，是可忍朕不可忍，他下令将咸阳城的一些读书人抓起来，调查是否有过攻击皇帝的言论，把其中罪状确凿的四百六十余人全部活埋，这就是历史上的"坑儒"。被处决的不单是道家的方士，还包括一些儒家的读书人。

始皇帝坑儒的做法遭到了自己长子扶苏的反对，扶苏说天下初定，以如此严酷之法处死这些读书人，担心天下会发生动荡。正在气头上的嬴政听不进这些劝说，反而一怒之下让扶苏离开咸阳，到北部边疆蒙恬的军队中担任监军，这道命令在一定程度上改变了秦王朝的命运。

焚书坑儒激起了读书人对秦朝的普遍抵触和反抗，也使读书人对嬴政恨之入骨，几千年也不放过。用柏杨先生的话说："此后读书人把字典上所有恶劣的字句像炭火一样堆在了秦始皇头上。"

二

第二件事情是"大兴土木"。秦统一六国的过程，是人民被血与火洗礼的过程，普通百姓是最大的受害者。秦统一后首先应该休养生息，让天下苍生获得喘息的机会，用现在的话就是"不折腾"、"少折腾"，但始皇帝嬴政注定是一个喜欢折腾的帝王，除了修长城外，他还修筑了另外两个庞大的工程——阿房宫和骊山陵墓。

"阿房宫"位于今咸阳市东南十五公里处，《史记》记载阿房宫的前殿"东西五百步，南北五十丈，上可以坐万人，下可以建五丈旗"，就是说殿上可坐一万人，殿下可竖立五丈（约11.5米）高的旗。唐朝杜牧的《阿房宫赋》里也写到"一日之内，一宫之间，而气候不齐"。可见阿房宫规模之庞大。

前些年发掘出阿房宫的夯土基础遗址，经探测实际长度为1320米，宽420米，最高处高约7-9米，是世界上目前已知的最大的夯土建筑台基。阿房宫仅前殿就相当于三分二的故宫总面积，1992年被联合国确认为世界上最大的宫殿基址。

但严格意义上说,这座气势巍峨的宫殿实则是个"烂尾楼",它开工于公元前212年,两年后秦始皇驾崩,工程便停了下来。后来为了满足先帝的愿望,秦二世又下令恢复修建,不久大泽乡起义爆发,在是否继续修建这个问题上朝廷内部产生了严重的意见分歧。秦二世被赵高杀害后,整个工程彻底停工。考古发掘表明,阿房宫只建成了其中的前殿地基。

骊山陵墓是秦始皇最后的归宿之地。据《史记》记载,嬴政即位后不久,开始筹划在骊山为自己修建陵墓。正式称帝后,命令将全国各地的罪犯七十万人发派到骊山开始修建皇陵。细细想想,这实际是件很有意思的事情,嬴政一直盼望着长生不死,有段时间相当痴迷并似乎相信能够做到,但与此同时却在紧锣密鼓地为自己修建着陵墓,看来内心里对自己是否能够永生并不自信。

这个陵墓的规模是空前的,据《史记》记载,陵墓的内部"以水银为百川江河大海,机相灌输。上具天文,下具地理,以人鱼膏为烛,度不灭者久之。"皇陵内部用水银制作江河湖海,用机械控制这些水银永远奔流不息。地宫的上空列有日月星辰,下面有各种地理景观,点着人鱼油做的蜡烛,估计这些蜡烛会燃烧很长时间而不会熄灭,陵墓里还有许多贵重的陪葬品,秦始皇为自己营造了一个非常奢华的地下极乐世界。

司马迁是秦始皇死后一百多年后的人物,对《史记》的记载是否属实,一直也有不同的看法。直到近年对秦皇陵进行了大规模的遥感探测,发现秦陵的地宫深35米,东西约170米,南北约145米,高15米,大小相当于一个标准足球场。在更早的探测中,也发现秦陵附近的汞含量严重超标,说明《史记》记载的地宫里有大量水银确实不虚。

从西安向东北二十多公里,就可以看到高高耸立的秦皇陵。作为帝王之墓,它是非常有讲究的,背靠骊山,面朝渭水。修筑这个陵墓,动用了大量的人力,相信也死了不少人,其中有据可查的是那些修筑地宫机关的工匠和搬运殉葬品的人最后被封到里面而死，还有些没有儿子的嬴政嫔妃也殉葬其中。

关于秦皇陵的命运现在有三种说法，一是说项羽入关后，组织军队进行了盗掘。二是一个牧羊人寻找丢失羊群失火将地宫焚烧殆尽。更普遍的说法是秦皇陵依然保存完整，没有被破坏过。正确答案可能只有打开地宫后才能大白于天下。

比秦皇陵更出名的是距离它仅1.5公里的兵马俑，兵马俑是在1974年被无意发现的，现在发现兵马俑坑有三处，成"品"字形排列，面积共达二万平方米以上，出土陶俑八千件、战车百乘以及数万件实物兵器等文物。

兵马俑中的陶俑形体高大，比例匀称，而且每个陶俑面部各有特征，千人千面，栩栩如生，身历其境时似乎又回到了杀声震天、战马嘶鸣的古战场。因此，秦兵马俑被评为世界第八大奇迹应属实至名归。

修阿房宫、骊山陵墓、长城、直道以及南征北伐，动用的人力是非常巨大的。仅修骊山陵墓就动用了七十万人，据测算保障七十万人的后勤供应，还需要几百万人。北伐并驻军三十万人，南征并镇守岭南有五十多万，为这些士兵提供后勤的也应有几百万人。当时秦王朝的人口有多少呢，由于那时没有人口统计，比较普遍的看法大约有二千万，说明秦王朝的大部分人口都参与这些事情，这已经远远超过了百姓能承受的极限。

刚刚建立不久的秦帝国，就像一辆已经失速的车子，至于什么时候坠毁，只需等待一个时机，不久后就爆发了陈胜吴广起义，帝国很快就走到了尽头。

三

第三件事情是到处求仙问道，寻不死神药。中国有句古话，叫做"当了皇帝想成仙"，其实人人都想长生不死，尤其是秦始皇手握最高的权力，这种欲望可能更加强烈。他知道要逃脱死亡，只能寻求神仙的帮助。

于是，那些装神弄鬼的方士们开始吃香，其中最著名的一个叫做徐福，他告诉嬴政，在东方的大海上有三座神山，名叫蓬莱、方丈、瀛洲，上面住着仙人，如果能找到这些神山，就能从神仙那里得到仙药，始皇帝就可以长生不死。

嬴政显然对此非常憧憬，答应徐福的要求，让他带着童男童女三千人，出海寻找神仙。但徐福一去便再无消息，有人说遇到了海难全部丧生，更多的人认为他到了日本并定居下来，把最早的文明带到了日本，至今日本还有不少纪念徐福的庙宇。方士里比较出名的还有引发坑儒事件的侯生、卢生，但无论如何努力，方士们一直没有成功开发出永生之药，时间长了嬴政渐渐感到心灰意冷，也知道长生不死只是一场黄粱美梦。

公元前210年，秦始皇嬴政死在了第五次出巡的途中。说起出巡，这是秦始皇一个很大的嗜好，从公元前221年统一天下到驾崩，十一年的时间里，他大规模的出巡就有五次，行程数万里。那时候交通不发达，始皇帝坐在马车里，严寒酷暑，雨雪风霜，一路颠簸，风尘仆仆，看上去很风光，实则是件极为辛苦的差事。

他第一次出巡是向西，也是唯一一次向西，主要是追寻秦人先祖发迹的道路，大概可以称得上是"寻根之旅"，先到了秦国的旧都雍城，就是今天陕西的宝鸡，后又到秦国的第一座都城西县，然后接着向西，最远到了今天甘肃兰州的南边。

第二次出巡到泰山封禅，第三次出巡去了山东的海边，在这次出巡途中遇到了一次刺杀行动，主谋是六国中韩国宰相之后张良，他为了报秦灭韩国之仇，雇佣一个大力士，守在出巡的必经之路上，当秦始皇的车队行进到阳武县博浪沙（今河南中牟县）时，他让大力士将一个铁锥扔向秦始皇的坐车，但铁锥只砸到了副车，嬴政幸免于难。据记载，秦始皇一生共遇到四次行刺，均毫发无损，确实是福大命大。第四次出巡到了河北的碣石山，又到了大海边，始皇帝为什么如此喜欢到海边，一种说法是可能与他想寻找东边海洋中的仙岛有关，离开海边后，途经西北返回咸阳。

在最后一次出巡即第五次出巡前，据说出现了许多不祥的征兆，其中在东郡落下一颗陨石，上面刻着"始皇帝死而地分"的字，还有一个持玉璧者留下"今年祖龙死"的话和玉璧后扬长而去，而这个玉璧就是当年秦始皇出巡时丢失的一枚。这些传说可信度不高，主要目的是为嬴政之死烘托一下气氛。

第五次出巡的路线与前四次都不一样，先到了长江中游，祭祀了九嶷山的舜庙，然后向东南行进，到了离今天绍兴不远的会稽山，祭祀了大禹。然后北上到了曾经两次到过的琅琊（今山东胶南县南），接着往西准备返回咸阳，走到平原津（今山东平原县）时，秦始皇就病倒了，病情不断加重，渡过黄河后，又走了一百一十公里，来到了他生命的终结地沙丘（今河北广宗西北）。

公元前210年七月，秦始皇嬴政在沙丘驾崩，享年五十岁。这个地方在统一前属于赵国。五十年前嬴政生在赵国的土地上，最后也死在了赵国土地上，这算得上是一个轮回吧。

对于这位中国历史上的第一位皇帝，后世评价不一，不少人认为他残暴无道，给人民带来了巨大的灾难和苦痛。也有人认为秦始皇创立的伟业，很少有人能够企及，功劳不能抹杀。

对于秦始皇的评价应该一分为二，他确实是个具有雄才大略的帝王，统一天下符合历史潮流，他实行郡县制，统一文字、货币和度量衡，推动了历史的进步，为后世留下了宝贵的遗产。同时作为一名皇帝，他四处巡视，每天处理大量奏章文书，可谓非常勤勉。

但是他在统一后犯了重大错误，本来人民渴望统一是想过上和平幸福的生活，秦始皇应该休养生息，发展经济，全力医治战争创伤，但他却背道而驰，继续发动战争，接连大兴土木，远远超过人民承载力，为了能有效实施自己的政策，采取严刑峻法的手段，他所做的这一切，不可避免加速了秦朝的灭亡，也让他在历史上留下了千古骂名。

第五讲 "老鼠哲学"的失败

一

始皇帝的驾崩标志着一个历史时代的结束,除了嬴政外,纵观秦王朝历史,还有两个人对王朝的走向起了非常重要的作用,那便是李斯和赵高。

关于李斯,他在秦王朝是仅次于秦始皇的一个重要人物。更确切地说,他比秦始皇更完整地经历了秦的强盛与衰落,因为他比秦始皇多活了二十多年。

李斯是战国时代的楚国人,他出生在楚国的上蔡县(今河南上蔡县),约生于公元前284年。当时秦国还是昭襄王当政,所以他比秦始皇嬴政大二十五岁,比赵高大二十八岁。

李斯很出名的是他的"老鼠哲学",这个哲学伴随了他一生,铸就了他的辉煌,也注定了他的毁灭。那什么是"老鼠哲学"呢,这需要从李斯的年轻时代说起,李斯年轻时在楚国上蔡县政府里做小吏,据《史记》记载,他在去厕所时经常会遇到老鼠,这些生活在厕所里的老鼠以粪便为生,遇到人或狗就会纷纷逃窜。有一天,他去政府的粮仓,看到粮仓中的老鼠个个又大又肥,不怕狗或人,悠闲自在,与厕所里的老鼠形成天壤之别。由此李斯发出感慨:"一个人有没有出息,就如同老鼠在仓中和厕中一样,是由自己的环境所决定的。"从此,他立志成为仓中之鼠,为了飞黄腾达,竭尽全力,不惜一切。

顿悟以后的李斯,决定再也不能这样活,辞去小吏,到了齐国,拜当时最著名大师荀子为师,学习经世致用的帝王之术。学成之后,他面临着很多种选择,因为当时六国都在,究竟去哪个国家才能实现自己飞黄腾达的梦想呢。

李斯对当时各国情况进行详细分析后,最后决定去秦国。他对自己的老师荀子说:"卑贱是人生最大的耻辱,贫穷是人生最大的悲哀。长久处于卑贱的地位、贫穷的境地,反而讥讽富贵,厌恶利禄,以此自我安慰和解脱,不过是无能而已。"如今自己决意去秦国,就是要改变这份卑贱和贫穷的命运。荀子支持他的决定,但对他这种极端功利的人生观感到隐隐的担忧。

李斯到秦国的时间,正赶上嬴政即位。嬴政即位时年仅十三岁,所以朝中基本是吕不韦说了算。当时吕不韦正在组织门客编写《吕氏春秋》,李斯投奔到吕不韦门下,参与了《吕氏春秋》的编撰,可能是由于他的才能比较突出,受到了吕不韦的赏识,被推荐到秦王宫成为了嬴政身边的侍从。从此李斯步入了快速上升的通道。他的一些见解经常能得到年轻嬴政的采纳,被嬴政任命为长史,就是秦王宫的秘书长。通常来讲,秘书长都是领导比较信任的人,说明李斯已经进入了嬴政的核心幕僚圈。

正当李斯平步青云时,却发生了一个意外。秦国修建一个水利工程,叫做郑国渠,主持修建的是一位韩国人,他的名字叫郑国,可能是由于这个工程耗费的人力财力过大,有的大臣上书秦王,认为这是个"阴谋",是其他诸侯国意图消耗秦国国力的伎俩,后来调查果然如此。

"郑国事件"引起了轩然大波,要求"排外"的呼声非常强烈,为了防止六国派来的"间谍",嬴政下令将在秦国的其他诸侯国的人全部驱逐,李斯作为楚国人也在被驱逐范围里。情急之下,李斯写了一篇文章呈送嬴政,此文便是著名的《谏逐客书》。

在文中李斯大意道：我听说群臣议论逐客，这是错误的。从前秦穆公求贤人，从西方的戎请来由余，从东方的楚国请来百里奚，从宋国迎来蹇叔，任用从晋国来的丕豹、公孙支。秦穆公任用了这五个人，兼并了二十国，称霸西戎。秦孝公重用商鞅，实行新法，移风易俗，国家富强，打败楚、魏，扩地千里，秦国强大起来。秦惠王用张仪的计谋，拆散了六国的合纵抗秦，迫使各国服从秦国。秦昭王得到范雎，削弱贵戚力量，加强了王权，蚕食诸侯，秦成帝业。这四代王都是由于任用客卿，对秦国才做出了贡献。如果这四位君王也下令逐客，只会使国家没有富利之实，秦国也没有强大之名。

李斯的意思是说无论是历史经验，还是着眼于将来，只有坚持开放包容的政策，不问国别，唯才是用，秦国才能更加强大，所谓"太山不让土壤，故能成其大；河海不择细流，故能就其深"。嬴政被这篇文章所打动，深感李斯说得有理，就废除了逐客令，并将李斯破格提拔为廷尉，李斯因祸得福。

在此之后，在平灭六国和建立秦朝的过程中，李斯的才干得到充分的发挥。由于功劳显著，他被始皇帝任命为丞相，成为一人之下，万人之上的人物。此时的李斯，终于成为了他当年心目中的"仓中之鼠"。

二

在享受从未有过的荣华富贵同时，李斯也有着隐隐的担忧。每次家宴，百官云集，盛况空前，但李斯却对儿子李由说："先师荀子说过物禁大盛，物极必反，为父只是一个出身布衣的平民，如今却如此的高贵，不知道未来凶吉如何。"这份隐忧不是没有道理，一个异乡人只身来到秦国，现在居然成为了秦朝百官之首，李斯自己非常清楚一切皆因皇恩浩荡，如有一天始皇帝不再信任他，眼前这一切都会如泡沫般灰飞烟灭。

此时发生了一件事情，让李斯觉得自己所虑并非杞人忧天。据说有一次秦始皇到郊外的梁山宫，在山顶远眺，正好看到了李斯的车队，很是华丽壮观，嬴政感到有些不高兴。这个情况被嬴政身边的人透露给了李斯，李斯顿时感到后背发凉，赶紧把自己的车队规模大幅消减，秦始皇再次看到李斯的车队时，发现变化很大，立即怀疑有人泄密，但是没有人承认，嬴政很生气，把当时所有的身边侍卫全部处死，李斯听到这个消息，感到更加惶恐。

不过总体而言，秦始皇对李斯相当信任。特别是在实行分封制还是郡县制、统一文字、焚书等重大问题上，完全采用了李斯的建议。所以始皇帝突然在沙丘暴亡，对李斯冲击巨大，短时间失去了方向，他压根没有想到，比自己小二十多岁的嬴政会死在自己前面。而正在这个时候，另一个重要人物要粉墨登场了，他就是赵高。

长期以来，很多人都说赵高是一个宦官，但也有另外一种说法。赵高的先人是赵国人，或许还和赵国的王室有关系，他的先人很可能是赵国派往秦国做人质的，就如同当年嬴政的父亲子楚一样，后来流落在秦国，当了秦人。赵高与嬴政是同龄人，两人的经历也很相似，嬴政的父亲是由秦入赵做人质，娶了赵国的女人，嬴政生在赵国而非秦国，而赵高的经历正好相反。

赵高从小敏捷好学，个人素质应属不错，所以得到了嬴政的赏识，被任命为中书府令，成为管理皇帝车马和出行的官员，甚至有时要亲自为皇帝驾驭车马。

始皇帝非常喜欢出行，所以赵高这个官职虽然不高，但却经常能伴随皇帝身边。当时对中书府令的要求不低，至少形象应该很不错，而且骑术车技精湛，还要掌握一些兵器弓箭。据历史记载，赵高的字写得很不错，所以赵高并不是一个形象猥琐的宦官，恰恰相反，很有可能是一个文武双全的人物。在这点上，还是要相信秦始皇的眼光。

赵高的官宦生涯并不是一帆风顺，正当春风得意时，不知什么原因，他触犯了法律。始皇帝命令大臣蒙毅来主审，这个蒙毅就是大将蒙恬的兄弟，审理结果赵高被判为死罪，秦始皇觉得赵高在自己身边多年，表现不错，就下令赦免了他，恢复了中书府令的官职。但因为这件事情，赵高和蒙毅兄弟结下了梁子。

公元前210年七月，秦始皇在第五次出巡中病逝于沙丘，秦始皇死之前，留下了遗诏，让自己的长子扶苏从北部边疆速回咸阳，主持自己的葬礼。也就是说要让扶苏继承大位。赵高当时负责掌管符玺，所以这个遗诏就落到了他手里，赵高敏锐地感觉到改变自己命运的机会来了。

当时知道始皇帝死去的人很少，除了几个身边负责照料生活的宦官，剩下只有始皇帝的小儿子胡亥、赵高和李斯。因为事出突然，为了不引发事端，作为丞相的李斯决定秘不发丧，一切如常，迅速向西，直奔咸阳。

赵高此时心中已经有了周全的计划，他首先去找胡亥，赵高曾经当过胡亥的老师，两个人关系比较亲近。所以赵高直接告诉胡亥遗诏的内容，并说始皇帝带你出来巡游是因一直喜欢你，说明也有意把皇位传给你，如今始皇帝驾崩，皇位还未确定，到底谁能当上皇帝，一切都未定论。

胡亥觉得父亲决定将皇位传给自己的哥哥没有什么问题，自己要上位显得不孝不义，他话说得凛然正气："废兄而立弟，是不义也；不奉父诏而畏死，是不孝也；能薄而材谫，强因人之功，是不能也。三者逆德，天下不服，身殆倾危，社稷不血食。"从这席话可以看出胡亥为人并非没有底线，只是赵高实在厉害，他非常擅于抓住每个人"趋利避害"的人性弱点，以利相诱或以害相胁，这点在沙丘之变中发挥的淋漓尽致。

赵高看胡亥态度颇为坚决，只好拿出杀手锏，他举了历史上的一些反面例子，并威胁说如果扶苏即位，胡亥的命运好不到哪里，最终下场可能比较悲惨，所以顾大恋小，必有伤害，狐疑犹豫，必要后悔，只有当机立断，方能成功。胡亥听后开始动心，只是担心李斯能否同意，赵高成功实现了第一步计划，接下来最重要的是要说服李斯。

三

赵高见到李斯，没有拐弯抹角，而是单刀直入。他说始皇帝留有遗诏，让扶苏做皇帝，这个遗诏在胡亥手里，到底谁能做皇帝，就看李斯和自己商量的结果，想问问李斯什么意见。李斯听到赵高说这些，感到异常震惊愤怒，说："安得亡国之言。此非人臣所当议也。"意为这种事情不是臣子所应当议论的。

赵高并不死心，他深知李斯的弱点，于是继续给李斯分析形势，他让李斯好好想想和扶苏亲近程度是否能与蒙恬相比。言外之意是如果扶苏上台，定会重用蒙恬，而李斯就会失去恩宠。李斯听到此问，心里就起了些许变化，犹豫一会儿说自己不如蒙恬。

赵高敏锐抓住李斯心里防线松动的时机，接着说，一直以来历史上被罢免的丞相功臣没有几个有好下场，如果扶苏上台，李斯的下场也定会如此。何况胡亥很有才干，始皇帝一直也很喜欢，完全具备成为皇帝的条件。

李斯的心情变得更加复杂，他说自己本来是楚国的一介布衣，因始皇帝的宠信才有今天的一切，在这个关键时刻，自己不能做对始皇帝不忠之事。赵高见状索性进行最后摊牌，他说圣人要顺势而为，如李斯听自己的建议让胡亥登基，可以保证世世代代享有荣华富贵，如果李斯执意让扶苏即位，那不仅自身难保，祸患还将殃及子孙。

这个时候的李斯已经年过七十，长期处在权力高峰的他，已经习惯了权力的味道，这味道如同毒品一样，让他舍不得放弃所得到的一切，更重要的是，他即使不为自己着想，也要为子孙后代着想，赵高的话正好击中了他的软肋，老鼠哲学又一次占了上风，他决定接受赵高的建议。

在来之前，赵高对能否说服李斯心里并不是很有底，毕竟李斯是秦国第一重臣，他和李斯之间地位有很大的悬差，而且李斯平日里喜欢说大道理，看上去正义凛然，所以得到李斯肯定答复时，赵高顿时欣喜若狂，从此他和整个秦帝国的命运就要发生巨大转折。

于是，胡亥、赵高、李斯形成了联盟。他们共同认为当务之急是尽快处置扶苏和蒙恬，为胡亥登基扫清障碍。因为蒙恬掌有三十万军队，所以只能智取，不能硬夺。赵高和李斯决定销毁始皇帝诏书，起草了一份伪造的诏书，派使者送到了扶苏和蒙恬所在的上郡（今陕西绥德）。

同时还要采取一个重要措施，就是不能让别人知道秦始皇已经死了，当时正值夏天，尸体很快腐烂变臭，他们命令用车载了几百斤咸鱼，用咸鱼的臭味进行遮掩，一切看上去都很正常，车队则继续加速向咸阳进发。

使者到了上郡，传达了伪造的旨意。扶苏的第一反应是大哭后要遵旨自杀，蒙恬头脑非常清醒，他认为扶苏虽被罚出咸阳但没有其他过错，自己戍边多年，颇受皇帝信任，为什么始皇帝突然要赐死两人呢？所以他分析这个诏书有问题，请扶苏不要自尽而应上书请求复核，没有问题后再自杀也不迟。

但扶苏并没有听劝，他说"陛下当年令我监军，已是无立我为太子之心。今既定胡亥为太子，他年龄不大，陛下必恐诸公子不服，尤其是我。你我领三十万大军，其势足以谋反。陛下赐我以死，正为此也。我一日不死，陛下一日不得心安。"言罢挥剑自杀。扶苏死了，蒙恬也就失去了依靠，只能交出兵权，但他却拒绝自杀，于是被软禁起来。

听到扶苏自尽的消息，胡亥、赵高和李斯终于松了口气，急速进入咸阳，宣布伪造的遗诏，让胡亥即位，是为秦二世。李斯继续担任丞相，赵高升任郎中令，虽然这个位置在李斯之下，但却非常重要，因为其负责掌管宫廷，李斯要想见胡亥或者呈递奏章，都要预先经过赵高这一关。

胡亥即位后，首先听从赵高建议，杀掉了蒙恬蒙毅兄弟。虽然不少人认为秦始皇是个暴君，但是他对敌手残暴，对大臣还算宽容，几乎没有杀过功臣，政权内部相对比较稳定，不料胡亥刚登基，就杀了蒙恬兄弟，开启了诛杀大臣的先例。

而杀戮一旦开始，便很难停下来，接着胡亥听从赵高的意见，将其他秦国公子公主，也就是自己的兄弟姐妹全部诛杀，其中十二位公子诛杀于咸阳，十位公主用更加残忍的方式处决于杜邮（今陕西咸阳东），公子公主的财产一律没收。在秦皇陵附近，发现了十七座墓葬，其中发掘了八座，据考古证实这很有可能就是被诛杀公子公主的墓葬，出土了七具尸体，其中的六具身首四肢分离，显然是被用极其残酷的方式杀害的。

秦二世即位，李斯暂时保住了自己的丞相职务，继续享受着荣华富贵。他也更加卖力践行自己的老鼠哲学，为了能长久保有权贵，彻底把道德伦理抛到了一边。他上书胡亥，引经据典，为胡亥行暴政、享奢华提出了充分的理论依据，极尽黑白颠倒之事。秦二世读了这篇文章很高兴，进一步打消了自己做坏事的顾虑，从而变得更加变本加厉。

四

照此发展下去，李斯很有可能终老于这份富贵之上。但有一个人不想让他实现这一夙愿，此人便是赵高。

赵高的野心，在沙丘之变中已经体现的淋漓尽致，胡亥当上皇帝后一味寻欢作乐，决断之权落到了赵高的手中。随着权力的扩大，赵高的野心不但没有收敛，反而加速膨胀，他渴望走到历史的中心位置，但前提是要扳倒李斯。论玩阴谋诡计，李斯根本不是赵高的对手。这场对决，从一开始就已经分出胜负。

有一天，赵高找到李斯说现在国家形势比较严峻，而皇帝只贪图享乐，不理朝政，这样下去非常危险。希望李斯作为位高权重的丞相，劝劝二世皇帝。李斯表示愿意去劝说，只是自己很难见到二世皇帝。赵高一看李斯上钩，非常高兴，当即表态这个好办，如果瞅到皇上有空闲，他就会派人立即来禀报。

赵高深知胡亥十分反感别人在他玩兴正浓的时候来打扰。于是，每当看到胡亥歌舞狂欢，与众姬妾厮混时，赵高就派人通知李斯说："皇上正闲着，可以奏事。"李斯赶忙去求见，一连几次，令胡亥非常恼火，觉得自己闲暇时，李斯不来，每次等到享乐的时候，李斯就来上书，这分明是存心要出自己的丑。

这样的抱怨被赵高听到，他感觉机会终于来了。赵高在胡亥面前开始说李斯坏话。他说李斯本来是一个楚国人，因参与了沙丘之变，觉得自己功劳很大，但二世皇帝一直没有给他封王，李斯对此很有意见。李斯的儿子李由是三川郡守，听说与盗贼有文书来往，现在李斯大权在握，二世皇帝一定要多加提防。

赵高告黑状的事情，通过线人传到了李斯耳朵里。李斯非常愤怒，决定进行反击，两人由此开始正面交锋。李斯随即上书胡亥，说赵高专权有篡逆之意。

秦二世胡亥夹在中间，很不好受，他还是希望当年把自己扶上皇位的两位功臣能够和解，所以他回复李斯，说赵高这个人不错，下知世事人情，上能尊君适朕，况且丞相年岁已大，除了赵高，将来也没有可托付之人，还请李斯不要多疑。

李斯接到二世的回复后，还是不甘心，再次上书，这次说得更加严重，指出赵高出身低贱而专权求功，如不除掉将威胁皇权，摆出一副不除掉赵高不罢休的劲头。

秦二世对赵高有非常特殊的感情，首先赵高是他的老师，两人有师生之谊。更重要的是如果没有赵高关键时候出力，自己也不可能被扶上皇位。想到这里，秦二世无论如何也下不了除掉赵高的决心。反而把这些信息都统统告诉了赵高。赵高觉得已经到了图穷匕见的时刻，决定先发制人，他劝说二世皇帝，说李斯现在权倾天下，之所以不敢篡逆，是因为自己在，如果自己死了，李斯将会为所欲为。

此时李斯邀将军冯劫和右丞相冯去疾联名上奏二世，建议暂停阿房宫的工程，减少边区戍守和转输，以缓解民愤。二世对李斯本就有怒气，再加上赵高在中间挑唆，这下一触即发。下令谴责联合上书的李斯、冯去疾、冯劫等人，并将他们逮捕入狱，交由赵高处置。

这道命令下达后，冯去疾、冯劫不肯受辱选择了自尽。李斯却决定活下来，一方面可能是贪恋生命，没有勇气去自尽，更重要是他想伺机继续上书二世，希望胡亥能够回心转意，三十年前，他的一部《谏逐客书》，实现了命运的逆转，如今他还想尝试一回。

李斯在狱中给胡亥写了上奏，创新运用了"反讽"的手法，一上来就说自己有罪，协助始皇帝统一六国是第一条罪行，然后一口气说了自己的七大罪状，实际上都是自己为秦朝所做的丰功伟绩。但这已经于事无补，对于落在自己手中的李斯，赵高断然不会有丝毫手软，在严刑拷打下，李斯被迫承认了自己的罪行。

胡亥下令，以大逆谋反的罪行处夷灭三族的刑罚，李斯和他的儿子被处腰斩之刑。临死前，李斯看着自己的儿子，说了一句五味杂陈的话："想想当年，我与你牵着黄狗出上蔡东门去追逐兔子，那样的时光多么美好，但不会再有了。"

三十年前，当时还是上蔡小吏的李斯，无论如何也不会想到自己最终的结局会是这样，他费尽心思不懈努力，终于成为一人之下万人之上的人物，但此时此刻，居然又想去过当年清贫但踏实的生活，这实在给后人很多的反思和警示。

李斯聪明一世却晚节不保，看上去转折好像在于沙丘之变，本来可以掌握自己和秦国命运的他，做出了极其错误的抉择。其实，真正的关键，在于李斯个人得失高于一切的价值观。赵高正是抓住这点，让他在沙丘就范。

李斯从内心而言根本看不起赵高，但在与其斗争中，为了保全自己，他却把希望完全寄托在胡亥身上，希望胡亥能下决心除掉赵高，但他太高估了胡亥，也太低估了赵高，最终导致自己暴尸街头，家族也被全部诛灭，这样的结局足够惨烈。

第六讲　兴衰宛若一阵风

一

李斯死后，秦朝朝政完全掌握在赵高手中。胡亥名义上是最高统治者，但却是一个扶不起的花花公子。据说他登基不久，就问过赵高，说："人生在世，不过一眨眼的工夫，那今天我成了皇帝，想干什么就可以干什么，所以我要享尽天下艳福，你认为如何？"赵高顺水推舟说："这是极其明智的见解，只有陛下想得出来，愚昧的人是永远想不到的。"在这样皇帝和奸臣的统治下，秦帝国想不灭亡似乎也很困难。

赵高控制朝政后，首先对人事做了重要调整，自己接替李斯做了丞相，把自己过去一直担任的郎中令给了他的弟弟赵成，并把自己的亲信安插到了许多关键的岗位。即便如此，他还是担心有人不服，于是上演了"指鹿为马"的故事。

他把一匹鹿献给秦二世，硬说是一匹马，胡亥很惊讶地说："这是鹿啊，怎么会是马呢？"就问左右的大臣，大部分人非常惧怕赵高，就附和说是"马"，有几个胆大还存有正义感的大臣坚持说是"鹿"，后果可想而知，这几位大臣很快遭到了赵高的报复，这样一来没有人再敢挑战赵高的权威了。

到这个时候，秦帝国除了灭亡，已经没有第二条路可走。实际在李斯被处死的一年前，秦朝灭亡的序幕就已经拉开。这一年爆发中国历史上第一个农民起义——陈胜吴广起义，因为发生在大泽乡（今安徽宿州东南），历史上也把它称作"大泽乡起义"。

这次起义的两个领导人陈胜和吴广，据历史记载都是今天河南省人。其中陈胜出生比较贫苦，一直给人做长工，但是他很有志向，有次干完活在田埂上休息时，他对旁边的人说："苟富贵，无相忘。"有些长工嘲笑他，认为长工出身的人怎么可能富贵呢。这时陈胜长叹一声，说了一句非常著名的话——"燕雀安知鸿鹄之志"，就是说小燕雀哪里能知道鸿鹄一飞冲天的志向。

在胡亥登基的第二年，陈胜、吴广和其他九百人被征调到渔阳（今北京密云）戍边，当陈胜、吴广他们走到大泽乡时，遇到连日大雨，道路被冲毁，只能暂时停下来，他们算了一下行程，无论如何也无法按时赶到渔阳。

按照当时秦朝的法律，这是要杀头的。陈胜、吴广私下商量，不按期到是死，逃跑被抓回来也是死，还不如豁出去造反。陈胜更有头脑，他对吴广说："老百姓受秦朝之苦已经很多年了，听说秦始皇并不是选择胡亥当皇帝，而是选择了长子扶苏，现在秦二世把扶苏逼死了，很多老百姓都知道扶苏比胡亥贤良。当年楚国的大将项燕，关心士卒，战功卓著，楚国人都很爱戴他。有的人认为他死了，有的人认为他还活着，如果我们以扶苏和项燕的名义造反，号令天下，就会有更多的人响应。"

二

陈胜、吴广虽下定了造反的决心，但心里多少还有些不安，毕竟造反不是儿戏，搞不好是灭九族的事情。所以就悄悄找人占卜，占卜的人认为他们大事可成，并建议他们去找鬼神算一卦，说者有意，听者用心，这是要他们借鬼神来提高威信。

于是他们在一条白绸带上写了"陈胜王"三个红字，偷偷塞进鱼肚里，大家一起吃鱼时，发现了这个红字条，都觉得很惊讶。晚上吴广还跑到休息驻地附近的破庙里，点燃鬼火，模仿狐狸叫道："大楚兴、陈胜王"，折腾了一晚上，众人感到更加惊恐，天亮以后大家见到陈胜，都用异样的眼光打量并相互悄声私语，这个计谋起到了应有的作用。

吴广人缘很好，有天押送他们的两个尉官喝多了，吴广趁机故意挑事，在他们面前扬言要逃走，两个尉官果然上套，想鞭挞吴广，吴广反抗不从，他们拔出剑恐吓，吴广趁机夺下了剑，在陈胜的帮助下，将两个尉官都杀了。

此时已经是箭在弦上，不得不发了。陈胜把大家召集起来说："我们在这里遇到了大雨，无论如何也赶不到渔阳了，后果就是被杀头。即使有幸不被杀头，戍边的十个人里有六、七个也得死，大丈夫如果豁不出性命也就罢了，如果豁出性命就要干点大事。"这时候，他振臂一呼，喊出了千古名言："王侯将相宁有种乎！"这番话极具煽动性，大家觉得陈胜所言很有道理，于是表示愿意跟着陈胜造反。他们用刚刚杀死的两个尉官祭了天，袒露右臂，一起发誓要复兴大楚，大泽乡起义由此爆发，冲垮秦王朝的第一股洪流破堤而出。

宣布起义后，陈胜、吴广将九百人按照秦国军制重新组织起来，以陈胜为将军，吴广为都尉，首先攻占了大泽乡，继而又攻占了大泽乡所在的蕲县县城（今安徽宿州），此后陈胜将兵力分为东西两路，攻城拔寨，进展顺利，一路上也不断扩充兵力，很快攻克第一个重要城市陈县（今河南睢阳），这时候兵力由起事时的九百人扩展到骑兵一千多人，步兵好几万人。

成功攻克陈县后，陈胜应大家的请求，自立为王，定国号为"张楚"，意为"张大楚国"，借此希望得到楚地百姓的支持和拥护。由此，大泽乡起义由一次民变变成了一个政权，性质发生根本性变化。建立了政权后，影响力越来越大，各地纷纷起事响应，复楚反秦的队伍越来越多，被秦灭掉的六国纷纷复国。

三

陈胜称王后，做出派军向西进攻取咸阳，推翻秦朝的重大部署。西进的军队主要有两支，一支由吴广统帅，进攻战略要地荥阳，直指关中的东大门函谷关。另一只以宋留为将军，攻击南阳，伺机夺取关中的南大门武关。

吴广这一路进展顺利，很快就包围了荥阳。荥阳的战略地位非常重要，周边有秦朝重要的粮食储备基地——敖仓。当时镇守荥阳秦军将领是丞相李斯的长子李由，双方在这个地方发生激战，但都无法击溃对方，形成了胶着之势。另一支由宋留率领的张楚军受到了秦军的猛烈抵抗，无法接近武关。

面对这样的局势，张楚军改变了部署，派一个叫周文的将军率领部分军队绕过荥阳，直接进攻函谷关。周文过去曾经在项燕的军队里服役，熟习兵法，有一定的军事经验。他率领军队成功突破了秦军的防线，一举攻破了函谷关。

函谷关是进入关中的咽喉，过了此关，基本无险可守，咸阳直接出现在攻击的视线内。秦朝一直以来对函谷关的守备非常重视，但可能没有预想到张楚军会如此神速，最终关隘落于周文之手。过关后周文的军队很快就到达骊山脚下，咸阳就在眼前，似乎秦朝的灭亡已经指日可待了。

对于周文军队，此时唯一的阻碍是一条叫做"戏水"的河，秦军在河对岸布置了防线，动用的是比较精锐的首都警卫部队。果然，这支秦军战力很强，周文初战败下阵来。这个时候不知什么原因，周文突然停止了进攻。本来形势很好，军队人数又比对方要多，如果连续攻击，打败秦军指日可待，但在关键时候，周文却选择了按兵不动。他的军队孤军深入，本应速战速决，这样一来犯了兵家大忌，给了秦军反击的机会。

统领秦军反击的是将军章邯，章邯何许人也？历史上对他的前半生记载很少，他应该参加过灭六国的战争，后来从行伍转为文官，被任命为少府，主要负责骊山陵墓的建造工作。

周文到达"戏水"东岸时，章邯就在旁边骊山的工地上。当时秦朝已经没有什么出色的将领，章邯向秦二世胡亥建议，把在骊山工地干活的几十万工匠、犯人释放，发给武器，就近作战，胡亥接受章邯的建议，并任命他为大将，统帅秦军，保卫咸阳。

章邯接受任命后，迅速将这几十万人组织起来，整军备战。紧接着以精锐的皇家部队为主力，新组建的军队为侧翼，对周文的军队发起了突然袭击，周文军队溃败，自己也被迫自杀。

章邯下一个目标就是荥阳，当时吴广还在围困荥阳，章邯的逼近使吴广军队陷入了腹背受敌的不利局面，大敌当前队伍产生内乱，吴广手下的部将田臧、李归密谋杀死了吴广。

很快章邯的军队就到达荥阳，田臧、李归先后战死，章邯的军队与固守荥阳的李由军队汇合到了一起，实力大增，开始转入了战略反攻，一股作气打到张楚政权的首都陈县，陈胜兵败，放弃陈县，在退败路上被车夫庄贾所杀。张楚政权作为中国古代农民起义建立的第一个政权，从陈胜称王到被章邯所灭，虽然仅仅存在了六个月，但它像一颗火种，引燃了焚毁秦朝的熊熊火焰。

四

其中的一团烈焰属于项羽。项羽是下相（今江苏宿迁西南）人。项羽有个叔叔叫做项梁，项梁的父亲是楚国名将项燕。项羽一直跟着叔叔项梁，他从小不喜欢读书，学习剑术也是半途而废，为此受到了项梁的责备。项羽认为学习书本不过是用来记录名字，剑术也只能进行单挑，要学就学"万人敌"的本领，也就是一个人可以打败许多人的本事，项梁听后开始教他兵法。

项羽长大后一表人才，身高八尺，力气超人，有次他和叔叔看到始皇帝出巡的场面，项羽说到"彼可取而代也"，意思是说，皇帝这事可以让我来替他干，这话吓坏了旁边的项梁，他赶紧捂住项羽的嘴巴说："这话不能乱说，是要灭族的。"项羽从年轻时起，身上就充满一股舍我其谁的霸气。

大泽乡起义两个月后，项梁在会稽郡起事，没过多久，传来了陈胜被杀的消息。项梁手下有个谋士叫做范增，虽年已七十但很擅谋略，他对项梁说陈胜之所以败亡，是因为自己称王，如果能立楚国王室的后代为王，定会有许多人投奔，大事方可成功。项梁听从了他的建议，从民间找到了楚怀王的孙子熊心，仍立为楚怀王。

另一团烈焰是刘邦。刘邦是沛县人（今江苏沛县），他在兄弟里排行第三，所以人称"刘季"，从小好吃懒做，不务正业，史书说他"好酒及色"，所以经常被自己的父亲训斥。后来做了泗水亭长，成为掌管十里范围的小官，但是刘邦并没有因此有什么改变，作为一名"基层干部"，喜欢招朋唤友喝大酒，和漂亮女人搭搭讪，他虽然没什么钱，但却非常好客，表现得很慷慨，经常请人吃饭，结果赊了许多账。不过正是因为这样豪爽的个性，使得刘邦结识了不少称兄道弟甚至关键时刻可以为之卖命的朋友，刘邦后来能成功和这些人密不可分。

有次他也看到了始皇帝出巡，但是他的感受和项羽完全不同，他说："嗟乎，大丈夫当如此也。"不像项羽那样有取而代之的霸气，而是言语之间充溢着无尽的羡慕。

刘邦遇到的第一个贵人是他的岳父吕公，别人都觉得刘邦游手好闲，不务正业，没有什么发展前途。但吕公却觉得刘邦是一支难得的"潜力股"，他把自己的女儿吕雉许给了这位泗水亭长，后来的历史证明，吕公的眼光相当的独到。

刘邦走上造反道路与陈胜吴广有些相似，刘邦作为亭长要押送一些囚犯到骊山，走到半路，这些囚犯跑了许多，刘邦估计，照这样下去，走不到骊山，自己就会成为"光杆司令"，既然如此，他索性把所有人都放了，但私放人员要被处罚，刘邦和不愿意走的一些囚犯躲进了附近的芒砀山。

没过多久，大泽乡起义爆发了。各地纷纷响应，沛县县令也想起兵，沛县县吏萧何和曹参建议县令招抚躲在山中的刘邦，县令起初同意，后来却又反悔还要捉拿萧何和曹参。刘邦下山用箭射书信到城中，鼓动百姓杀掉县令。这个县令平时不体恤百姓，受刘邦鼓动被百姓所杀，刘邦被大家推举为沛公，正式起事，这年他已经四十八岁。听说项梁拥立楚怀王后，刘邦率自己的队伍投奔而来。

此时秦军在章邯的率领下势如破竹，灭掉张楚政权后，又攻克了魏国，然后攻击齐国，项梁率部增援齐国，起初打了几场胜仗，项梁有些骄傲，防备变得松弛，在定陶（今山东定陶县）被章邯夜袭成功，楚军溃败，项梁战死。

项梁兵败的消息传来，楚怀王大为惊恐。暂时惊慌过后，这位牧羊人出身的楚王，转念觉得对自己而言，项梁的死或许是一个难得的机会，他可以借此趁机掌控实权，做个名副其实的楚王。要想实现这个目标，首要是需安置好军中的两个人物。于是封项羽为长安侯，封刘邦为武安侯，紧接着制定了新的灭秦战略，他下令说秦朝被推翻后，六国要恢复，谁首先进入关中，攻克咸阳，谁就当关中王，这个就是"怀王之约"。

章邯消灭项梁后，前去攻打赵国。赵国局势吃紧，不断向楚怀王求救，楚怀王命宋义为上将军，项羽为副将，北上救赵。同时派刘邦率领一支军队，向西进攻关中。从这个安排来看，楚怀王非常忌惮项羽，处处设防，不仅不让项羽当主将，而且把对付章邯这样的硬骨头交给他来啃。

宋义、项羽率军出发后，走到半路，宋义下令部队停止前进。项羽对此很是不满，他急着要与章邯交锋，好为自己的叔父项梁报仇雪恨，但宋义却不以为然，他是想让秦赵相残而渔翁得利，项羽一再劝说均告无效，忍无可忍无须再忍，项羽一怒之下杀了宋义。项羽把这起事件传报给楚怀王，怀王鞭长莫及，只好封项羽为上将军，命他继续领兵救赵。

接着发生了历史上非常著名的巨鹿之战，项羽先命部将英布、蒲将军率两万精兵渡过漳河，猛烈攻击秦军运送粮草的甬道，项羽随后率主力过河，凿沉船只，毁坏炊具，烧掉营舍，每人只带三天口粮，这就是成语"破釜沉舟"的由来。置死地而后生的楚军，战斗力空前高涨，个个争先，以一当十，一举击溃王离率领的秦军，解了巨鹿（今河北平乡西南）之围。在旁边观战的其他诸侯国军队看傻了眼，大战过后，一致推举项羽为联军统帅，凭借这一战，项羽闻名天下。

五

巨鹿之战后不久，咸阳发生了李斯被杀的事件。李斯与章邯关系素来不错，章邯不可避免受到怀疑和猜忌。

项羽取得巨鹿之战胜利后，向章邯军队发动猛烈攻击。章邯看项羽来势凶猛，决定暂时撤退来避其锋芒。这时候，秦二世和赵高派人到章邯处，对其避战行为进行斥责。章邯派手下司马欣到咸阳去说明情况，并请求增援。

司马欣到了京师后一直没有见到二世皇帝，归来途中又遭到赵高手下的追杀，但幸免于难。回到章邯军营后，司马欣对章邯表示，朝中现在是赵高专权，如果战争胜利了，赵高一定会忌惮将军威望，不会有什么好结果。如果打败了，则更难逃一死，何去何从，需要好好琢磨琢磨。

章邯内心产生动摇，派人去与项羽军队联络，最后率二十万秦军投降了项羽，秦朝最后一支生力军就此消失。对于二十万降兵，项羽害怕不好控制而选择了坑杀，和长平之战白起的做法一样，生生活埋二十万人，这样的做法极其残忍和愚蠢，埋下了秦人仇恨项羽的种子，开始为项羽最后的失败吹响了号角。

与此同时，刘邦军队进展顺利，他的作战思想很明确，就是"打得赢就打，打不赢就走"。刘邦原来想攻取函谷关，然后直取咸阳，但一路上一些城池没打下来，打不下就不再纠缠。"条条大路通咸阳"，除了函谷关外，通过武关也可以进入关中。攻取武关必须先占领宛（今河南南阳），于是刘邦听取手下意见，招降宛城郡守，然后顺利抵达武关。公元前207年八月，武关守将献关，刘邦拿到了打开关中的钥匙。

此时秦二世依旧躲在后宫寻欢作乐，只听说外面有些盗贼作乱，根本不知道形势有多么严峻。赵高对局势心知肚明，他害怕胡亥怪罪，一方面隐瞒军情不报，另一方面开始接触刘邦派来的使者，准备为自己留条后路。

这个时候秦二世总是做噩梦，他找人来解梦，解梦者说这是泾水的神鬼在作怪，于是胡亥离开咸阳城到望夷宫去行斋戒，脱离赵高视线的秦二世，终于得到了形势非常严峻的真实消息，更听说赵高和刘邦使者有接触，他派人到咸阳问询赵高。赵高害怕事情败露，派自己的弟弟赵成和女婿阎乐发动政变，诛杀了秦二世胡亥。

胡亥死后，赵高宣布放弃皇帝称号，将秦王朝改回诸侯国，并立子婴为秦王。子婴看到秦二世的下场，不愿意坐以待毙，他上台后想做的第一件事情就是杀掉赵高。但赵高位高权重，身边护卫众多，想杀他并非易事。子婴很有谋略，他故意称病不出，赵高前来探望时，他令手下人做好布置，抓住机会一举诛杀了赵高。

赵高的死已经无法挽救秦王朝。刘邦在蓝田等地大败秦军，直抵咸阳城下，他派人劝子婴投降。此时大势已去，秦朝已无抵抗能力，即位仅四十六天的秦王子婴只好出城投降，中国历史上第一个统一的帝国就这样落下帷幕，此时距离它灭掉六国一统天下只过去十五年，距离秦始皇病逝仅仅四年，真是"其兴也勃焉，其亡也忽焉"。

第七讲　别拿亭长不当干部

一

刘邦接受子婴投降，终于进入梦寐以求的咸阳城。或许是没见过大世面的缘故，亦或许想着自己即将成为关中之王，面对秦王朝的繁华，他暂时失去了方向，入住秦朝宫殿，有点想尽情享受胜利果实的意思。

幸亏他的手下比较冷静，张良、樊哙等劝他，"革命尚未成功，同志还需努力"，现在还没到贪图享乐的时候。刘邦这个人最大优点，就是能够听进去劝谏，于是他下令封存秦王宫，自己到了霸上和军队驻扎在一起。当时萧何留了个心眼，将秦朝的文献，包括土地、人口、户籍等资料留存起来，从这点上看，萧何确实是丞相的最佳人选。

刘邦入关后首先下令废除秦朝严苛的刑罚。秦朝的统治奉行法家思想，刑罚非常残酷，虽然有足够威慑力，但过犹不及，造成了严重后果。如果当年陈胜吴广不能按时到达渔阳戍边，受到的刑罚不是杀头，或许他们就不会造反，即使造反也不会有那么多人响应，秦朝的统治应该还会更长一些。

废除这些刑罚后，刘邦提出了著名的"约法三章"，即"杀人者死，伤人及盗抵罪。"法令很简单只有三条，杀人者偿命，伤人及偷人东西的各自按情节定罪。从法治观点来看，三条法令保障了民众的生命权和财产权，这使得长期在秦严苛统治下的关中人民松了口气，也让初到关中的刘邦赢得了民心，"唯恐沛公不为秦王"，成为不少百姓的心中所想。

刘邦同时做了另一个决定——占据函谷关，没想到这个决定险些给他惹上了杀身之祸。他之所以这样做，多少有点想独占关中的意思。但是刘邦有些错误估计了形势，因为当时项羽的实力远在他之上，而且项羽迟早也会向咸阳而来，这样的做法无疑会激怒项羽。

果然，项羽率军西进走到函谷关时，发现刘邦的军队据关把守，不让其他军队入关，项羽大怒，当即命令对函谷关发起攻击，并一举击溃刘邦的守军后顺利入关。接着长驱直入，到了戏水河畔，离刘邦军队所驻扎的霸上咫尺之遥。

就在这时，刘邦军队里出现了一个叛徒左司马曹无伤，他派人给项羽送信，说刘邦打算在关中称王，把秦朝的土地和财宝据为己有。项羽对刘邦占据函谷关的气还未消，一听这个消息，更是火上浇油，决定第二天发兵攻打刘邦。这个想法得到了范增的强烈支持，范增说刘邦这个人在未入关前贪财好色，入关后却"财物无所取，妇女无所幸"，说明刘邦有天下之志，应该趁其羽翼未丰而除之。

当时实力对比非常悬殊，刘邦只有大约十万兵马，而项羽手下则有四十万之众，而且是猛将如云。如果项羽攻击刘邦，基本上是以石击卵，结果可想而知。

关键时刻，一个重要人物出现了，此人便是项伯。项伯是项羽的叔叔，但他同时也是刘邦手下谋士张良的好朋友，张良对他有救命之恩。当他听说项羽发兵的消息，处于兄弟义气和报恩心理，项伯急匆匆赶到刘邦的军营来通知张良，让他早做准备抓紧逃走。张良对刘邦绝对忠诚，赶忙把这个消息告诉刘邦。

刘邦一听感到杀气腾腾，顿时傻了眼，不知如何是好，张良给他出主意，让他主动向项伯示好，求项伯给项羽说说好话，刘邦听从了张良的建议。

刘邦见到项伯时表示，自己入关以来，不敢动咸阳的一草一木，就是在等着项羽来接收。派兵守函谷关，主要是为了防范盗贼，不是为了阻挡项羽进关。所以请项伯把这意思带给项羽，同时他请求与项伯结为儿女亲家。项伯被刘邦的诚意打动，他答应给刘邦求情，行前他叮嘱刘邦，明天务必到鸿门项羽军营，当面向项羽解释清楚，消除误会，然后连夜赶回项羽的大营，把刘邦这些话给项羽说了一遍，并劝项羽说刘邦已经认错，而且他为项羽入关扫平了障碍，再去攻打他似乎不合适，听自己叔叔这样一说，项羽火气慢慢消了下来。

二

第二天，刘邦按约到项羽军队的驻地来赔罪，一见项羽，刘邦就低声下气的说："臣与将军戮力而攻秦，将军战河北，臣战河南，然不自意能先入关破秦，得复见将军于此。今者有小人之言，令将军与臣有郤。"这话说得很艺术，把自己姿态摆得比较低，但同时点出了要害，那便是本是一个战壕里的战友为何要翻脸自残。项羽听后感到些许惭愧，随口说："这一切都是你的部下曹无伤所说的，否则也不至于这样。"项羽这样说，宣告这场误会就此消除了。

接下来，项羽组织了那场非常著名的酒宴——鸿门宴。这场宴会是双方误解消除后准备把酒言欢，并不是预先部署好要杀刘邦的，否则刘邦最后也不可能逃脱。想杀刘邦的并非是项羽，而是他手下的谋士范增。所以宴会开始以后，范增多次向项羽使眼色，意思是让项羽杀了刘邦，但是项羽似乎没有看到。

范增只好自己出场，他让项羽手下一个叫做项庄的将军，起身舞剑助兴，实际上是让他伺机刺杀刘邦，所谓"项庄舞剑，意在沛公"，项庄的剑锋屡屡从刘邦身前穿过，刘邦感觉到了阵阵杀气。

这时候关键人物项伯又出现了，可能是他觉得范增这样做非常不地道，所以他也起身舞剑，实际上是为了保护自己未来的亲家公刘邦。

看到这样的情形，张良急忙到了账外，找到刘邦贴身护卫樊哙，樊哙原本是一个屠户，听张良说自己的主公有危险，拿着剑和盾牌奋不顾身地往账里闯，项羽的卫士根本就拦不住。

到了帐里，樊哙睁圆眼睛怒视项羽，据《史记》记载，他头发根根竖起，两边的眼角部都要睁裂了。樊哙确实是一条汉子，与项羽属于一个类型，所谓"物以类聚、人以群分"，项羽非但没有怪罪，反而非常赏识他，令人赐他酒肉。

大口吃喝完酒肉后，樊哙说了一番话，他说："秦王杀人无数，好像唯恐杀不完，给人加刑，好像唯恐用不尽，天下都背离了他。怀王曾经和诸将约定说谁先击败秦军，进入咸阳，就让他做关中王。如今沛公先击败秦军进入咸阳，不曾敢动任何财物，把军队撤往霸上，等待大王的到来。派军队把守函谷关，只是为了防止盗贼窜入。沛公如此功高，没有得到应有的赏赐，大王反而听信小人的逸言，要杀害有功之人，这只能走秦朝的老路，我认为大王您不会这样的。"这番话说得掷地有声，同时又有理有利有节，搞得项羽顿时有些无话可说。

樊哙说得和刘邦与项伯所言基本一致，看来刘邦来鸿门前在内部事先统一了口径。更关键的是，这番话让非常紧张的气氛逐渐缓和下来。

看到火药味有所减弱，刘邦借口上厕所从帐里出来，一旦出来刘邦就不想再回去，他担心项羽杀心又起，但也害怕自己溜走会让项羽发怒，正在纠结之时，又是樊哙出来说："干大事不必顾及小的礼节，讲大节无需躲避小的责备，现在是我为鱼肉，人为刀俎，还告辞什么呢？"刘邦听了这番话，下决心先跑了，让张良留下来和项羽致歉。

张良等了一会儿，估计刘邦已经跑回了霸上，进帐里和项羽说，刘邦喝多先走了，留下了礼物白璧一双给项羽，玉斗一对给范增。项羽没多说什么，接受了礼物。而范增则将玉斗摔在地上，拔剑砍碎，失望愤怒之情溢于言表，叹息说，拿下天下的一定是刘邦，我们这些人都会成为他的俘虏。他的话在几年后得到了应验。

刘邦回到军中,做的第一件事便是处死向项羽告密的左司马曹无伤。

三

项羽随后进入了咸阳,杀了已经投降的末代秦王子婴,然后将秦国宫殿付之一炬,据史书记载,大火烧了整整三个月。这与刘邦进入关中的所作所为形成了鲜明对比,使得秦人心里的天平更加倾向于刘邦。

接着开始论功行赏,他把楚怀王尊称为义帝,自封为西楚霸王,然后封了十八个王。项羽原本是楚国贵族,在他脑海中没有皇帝的概念,他一心只想恢复秦统一前的样子,所以即使权势达到巅峰的时候,他也没有想到自己像嬴政一样登基称帝,而只满足于做一个诸侯王中的霸主。

但是,即便采取分封制,项羽在这件事上也没有做到一碗水端平,他不承认过去的诸侯国,而重新进行了分封,把自己的亲信分封到重要和富裕的地方,一些与自己关系疏远的诸侯国王室成员却没有得到理想的结果,这一做法引起不少诸侯和将领的不满,《史记》说"项羽为天下宰,不平",事实上,分封没多久,这些诸侯国就打了起来,这为以后项羽的覆灭留下了重大隐患。

项羽对刘邦还是有所忌惮,没有按照"怀王之约"封他为关中王,而是听从了范增的建议,封刘邦为汉王,管辖之地为巴蜀和汉中,就是今天的四川、重庆和陕西的汉中地区。这些地区与关中有秦岭险阻,很难向外发展。同时项羽又将关中地区分别分封给三个秦朝的降将,分别是雍王章邯,塞王司马欣,翟王董翳,他们三人的主要任务是监控刘邦的动向,阻断刘邦的东出之路。

刘邦对此非常不满,他还梦想着按照怀王之约成为关中王,想带着兵马去找项羽理论一番,但被萧何等大臣劝阻,萧何等人说双方实力悬殊,这样做无异是作死。刘邦冷静下来,觉得言之有理,心里明白"认怂"是此时最好的选择。

做完这些事，项羽自觉功德圆满，准备东归返回彭城（今江苏徐州）。此时有人向他建议，关中这个地方，有山河为屏障，土地又肥沃，可以建都而成就霸业。项羽拒绝了这一建议，说了一句很有名的话："富贵不归故乡，如衣绣夜行，谁知之也。"就是说，富贵了不回故乡，就如同穿了锦绣衣服而在黑夜里行走，别人谁能知道呢？这句话成为了成语"锦衣夜行"的由来。提建议的人听说项羽所言后，发了一句感叹说："人们都说楚国人像是猕猴带了人的帽子，果真是这样。"项羽听到了这句话，很是生气，下令把这个人扔到热锅里煮死了。

项羽离开关中返回彭城，义帝也就是楚怀王同在彭城，一城难容两主，项羽让义帝迁都，找了一个借口说，古代的帝王一定要居住在河流的上游，他让义帝迁移到长沙郴县去，结果在半路上又令人将义帝杀掉。项羽得到了一时之快，但后来历史证明，这是他犯下的又一个愚蠢错误，为刘邦讨伐他创造了一个非常具有正义性的理由。

刘邦受封汉王后，领军穿越秦岭，到了自己封地的都城南郑，为了不使项羽起疑心，也为了阻挡敌人的攻击，刘邦听从张良的建议，索性把关中通往汉中的栈道全部烧掉。

当时刘邦所处的环境比较险恶，手下最得力的谋士张良跟随韩王离开了，东进之路被秦岭和关中三王所阻挡，最关键的是自己的军队多是楚人，皆有思乡东归之意，所以经常有人逃跑。长此以往，别说难以与项羽抗衡，是否能够自保都成为问题。但刘邦确实有帝王之相，上天一再眷顾他，这时候一个非常重要的人物来到他身边，这个人对灭掉项羽起到了至关重要的作用，他就是韩信。

四

韩信是淮阳人，出身贫苦，从小生活过得很艰辛，很多时候都要为衣食而忧，在年轻时候还曾经受过胯下之辱。

韩信后来投军，先在项梁军中，项梁战死后投靠了项羽，做了郎中。他屡次向项羽献策，但都没有被采纳，感到怀才不遇就投奔了刘邦。在投奔之初并没有引起刘邦的重视，起初发现他才干的是夏侯婴，韩信有次犯事被处以死刑，同伙都被杀掉后，轮到韩信，当时监刑的是夏侯婴，韩信对夏侯婴说："汉王难道不想统一天下吗？为何要杀壮士？"夏侯婴听他说话气度不凡，长得也相貌堂堂，就免除了他的死罪。

通过与韩信长谈，夏侯婴觉得他是一个难得的人才，就推荐给刘邦。刘邦并没有太当回事，碍于夏侯婴的面子，封韩信做了治粟都尉，一个管理粮饷的事务官。但韩信觉得没有什么意思，决定离开刘邦的队伍。

萧何听说韩信跑了，来不及告诉刘邦，自己亲自去追赶，于是就有了"萧何月下追韩信"的故事。正在为手下频频逃走而焦头烂额的刘邦，听说萧何也跑了，顿时又急又气。但过了几天，萧何回来了，刘邦责问他为什么逃跑，萧何说是为了追赶韩信，并表示韩信这样杰出的人物，普天之下再找不出第二个，即"国士无双"。如果刘邦只想长期待在汉中踏踏实实做汉王，韩信可有可无，但如果想争夺天下，除了韩信别无他人。

刘邦表示既然萧何如此看重韩信，就让他当个将军。萧何说如果只封个将军，恐怕韩信还是要走，刘邦说那就任命韩信为大将军，萧何认为这个还可以，并建议举办隆重的拜将仪式。刘邦听从萧何建议，宣布择日举办拜大将军仪式。刘邦手下这些将军，听说要举办仪式拜大将军，纷纷猜测这个喜事可能会落在自己头上。最后结果揭晓，居然是毫无名气而且是刚刚逃跑的韩信，全军感到非常惊诧。

从韩信封将这件事上，可以看到刘邦的独到之处。听萧何之言，便封寸功未立的韩信为全军统帅，在这个重大抉择上基本没有犹豫，表现出刘邦极强的决断力。封韩信为大将军，虽然让全军惊诧，但刘邦手下将军能严格遵从执行命令，也体现出刘邦对手下的绝对控制力。

韩信被封为大将军，刘邦主要是看萧何的面子，韩信是否如萧何所言的那般厉害，刘邦心里其实并没有底，所以在加封大将军后，刘邦要找韩信聊聊，权当算是任职考察。

这次谈话刘邦的收获远远超过预期，通过谈话不仅让他觉得韩信绝非浪得虚名，更为刘邦以后的战略奠定了基调。韩信首先分析了项羽和刘邦的实力对比，他认为项羽虽然勇猛无比，但不能放手使用有才能的人，所以只是匹夫之勇。项羽虽然体贴下属，但却不愿意奖赏有功之臣，因此只是妇人之仁。项羽虽然现在称霸天下，但却放弃关中宝地，建都在无险可守的彭城，把义帝放逐到边远地区，在政治上大大失分。同时又违背怀王之约，在分王问题上任人唯亲，诸侯们都愤愤不平。项羽军队经过的地方，无不是遭到摧残毁灭，老百姓都敢怒不敢言，所以早就失去了人心。如果刘邦能吸取项羽的教训，大胆使用人才，分封有功之臣，努力收拾民心，大业可期。

这席话像一针鸡血，让刘邦热血沸腾，本来被困在巴蜀的自己对前途一片迷茫，韩信的话犹如拨云见日，让自己看到了未来的希望，项羽并非不可战胜，自己的梦想也并非遥不可及。

那下一步该如何办呢，韩信说："今大王举而东，三秦可传檄而定也。"说的是刘邦向东进入关中，只要用一纸文书，就可以降服敌方，安定局势。为什么会如此容易，韩信认为东进路上的三个秦朝降将虽然被封为王，但投降项羽的二十万秦兵却被坑杀，秦国的百姓对此恨之入骨，而刘邦入关后秋毫无犯，废除秦朝严苛的刑罚，约法三章，秦地的百姓都向着刘邦，如果刘邦向东出击，一定可以平定三秦，进而统一天下。

五

韩信不仅提出了大战略，在具体战术上也有非常精确的安排，那便是"明修栈道，暗度陈仓"。栈道就是从绝壁上凿以洞穴，横插木梁，上铺木板。刘邦离开咸阳进入汉中的时候，听从张良的建议，把栈道烧毁了。韩信准备出兵时，先派樊哙、周勃佯装去修栈道，显示出从褒斜道出兵的态势，调动章邯的兵力来阻击。

韩信则把主力悄然集中在陈仓，然后沿着陈仓故道，攻破大散关，突然出现在秦岭以北，章邯深感突然，仓促出战，被韩信击败，然后一败再败。樊哙、周勃引兵与韩信合兵一处，实力大增。第二年，汉军引水灌入章邯所在的废丘（今陕西兴平），章邯兵败自杀，另外两个塞王司马欣和翟王董翳先后投降，这样，刘邦平定了三秦，夺取了关中。韩信头一次用兵就不同凡响，声东击西，出奇制胜，在中国古代战争史上留下了非常经典的战例。

刘邦夺取关中后，很快东出函谷关，一如韩信的判断，所至之处"传檄而定"，魏国、河南国先后臣服，韩王、殷王也相继投降，此时刘邦已经不是单兵作战，聚集了五个诸侯国的兵力。在此期间，刘邦听说了项羽杀害义帝的消息，顿觉这是个难得的机会，为自己号令天下讨伐项羽提供了一个再充足不过的理由。于是占领洛阳后，刘邦在洛阳为义帝发丧，公开讨伐项羽，为期四年的楚汉战争正式拉开序幕。

这个时候项羽在忙什么呢，他正在山东攻打自立为齐王的田荣。本来战事进行得很顺利，项羽大败田荣，田荣被杀，齐地眼看要平定。但项羽的暴脾气又给他惹了麻烦，他在齐地烧杀抢掠，并坑杀齐军的降卒，重新激起了齐人的反抗，田荣的弟弟田横集结人马，继续与项羽对抗。

刘邦趁机率大军沿着今天的陇海线，一举攻陷了项羽的都城——彭城。刘邦感觉相当痛快，曾经在鸿门宴上狼狈偷跑的自己，如今居然占领了不可一世的项羽的老巢，此时刘邦的老毛病又犯了，"日置酒高会"，就是在项羽宫殿里天天大宴宾客，有些忘乎所以。

正在齐国征战的项羽，听说彭城被刘邦占领，感到异常震惊愤怒，自己带领三万骑兵极速南下，意图夺回彭城。当时刘邦有五十多万人，但项羽毕竟是项羽，彭城外围一战就杀死汉军十几万，尸横遍野，血流成河，其他汉军纷纷溃散，刘邦只能仓皇逃跑，逃跑路上还丢掉了自己的父亲刘太公和老婆吕雉。途中遇到儿子和女儿，为了自己逃命，刘邦几次把儿女踢下车，幸亏驾车的夏侯婴全力保护，这两个孩子才幸免遇难。这仗打得让刘邦狼狈到了极点，一直跑到荥阳才能暂时喘口气，五个诸侯国看到汉军大败，或逃或降，反楚联盟也宣告瓦解。

很快项羽率兵追杀到荥阳，刘邦无奈向项羽求和，以荥阳以西为汉，其他都归项羽。项羽开始有些动心，但遭到了范增的强烈反对，范增对项羽说，现在刘邦已经很难支撑，如不趁此灭掉刘邦，无疑是放虎归山。项羽听从了范增的建议，继续猛攻刘邦。

刘邦只能苦苦支撑，此时身边又出现一个关键人物。此人便是陈平。据史书记载，陈平是个大帅哥，帅到什么程度呢，有一个成语是专门形容他的——"美如冠玉"。他先投奔魏王，然后又投靠项羽，最后来到刘邦营中。刘邦觉得他很有才干，任命他为都尉，负责监督诸将。

刘邦手下的大将周勃、灌婴等对此颇有意见，他们向刘邦告发陈平人品有问题，不仅有"盗嫂"恶名，四处投靠忠诚度很差，而且有贪污受贿行为。其中"盗嫂之事"子虚乌有，因为当年陈平的嫂子嫌弃他不干活，而被陈平的哥哥休掉，杜撰了这样的故事。

另外两个问题事关人品，刘邦不得不找来陈平当面询问。陈平说："魏王不听我的，所以我走了。项羽只听项家人的，听说汉王能识人用人，所以前来投奔。初来乍到，没有经费，只能接受别人的钱。"陈平表示自己献的计谋愿意采纳就采纳，不愿意就算了，反正自己已经决定走人。刘邦觉得陈平如此坦诚，又爱惜他的才干，赶紧道歉并官升一级。

陈平没有辜负刘邦，关键时刻他出了两个计谋，一则离间计，二则金蝉脱壳计。

离间之计是为了疏远项羽和范增的关系。一次，项羽派使者到刘邦这里来劝降，刘邦让人带着丰盛的食物去招待。看到使者，刘邦手下故作惊愕状，说到原以为是见亚父范增的使者，没想到是项王的使者，于是把好的饭菜拿走，换了比较差的伙食。使者当然很生气，回去后把这个事情报告了项羽。项羽开始怀疑范增与刘邦有联系，就不再像以前那样信任范增。范增对此非常生气，觉得项羽已经无药可治，带着郁闷离开了项羽，没过多久背上生疮气愤而死。

金蝉脱壳计说的是刘邦手下一个叫做纪信的将军，挺身而出，假扮成刘邦出降，吸引楚军的注意，让刘邦趁机成功逃走。项羽没抓住刘邦很是生气，把假扮刘邦的纪信活活烧死。

六

刘邦逃走后，项羽占领了荥阳和成皋（今河南荥阳西北），刘邦重新集结军队，进驻于与成皋一河之隔的小修武。此时彭越经常袭击楚军粮道，项羽决定出兵征讨，走之前叮嘱部将曹咎要坚守不出，不要与刘邦军队正面战斗。但是曹咎不堪忍受刘邦军队辱骂，率军出击，结果大败，成皋再次落到刘邦手中。

项羽回师后，两军在广武（今河南荥阳东北广武山）一带形成了僵持之势，双方互有胜负，暂时谁也无法吃掉谁，楚军的粮道频频遭到彭越的袭击，后勤补给越来越困难，随着时间的推移，胜利的天平逐渐偏向了刘邦。

项羽为了尽早结束战争，把俘虏的刘邦父亲刘太公拿出来做威胁，声称要烹了他，刘邦不为所动，反而有些调侃说："当年我们同时受命楚怀王时，结为了兄弟，所以我父亲就是你父亲，如果一定要烹你父亲，记得分我一杯羹。"项羽大怒，真的想烹了刘太公，但被项伯劝阻。

此计不成，项羽又提出要与刘邦阵前单挑，刘邦觉得项羽实在好笑，他回复说可以斗智，但不能斗力。他在阵前历数项羽十大罪状，惹得项羽大怒，用箭射中刘邦的胸部，刘邦假装脚部中箭，项羽不知真假，没敢贸然发动进攻。

此时和刘邦分兵的韩信，在齐地大败项羽手下猛将龙且，占领了齐国，并率军南下逼近了楚境。项羽害怕腹背受敌，提出与刘邦讲和，把天下一分为二，鸿沟以西归刘邦，鸿沟以东归项羽。刘邦接受了项羽的请求，项羽把刘邦的父亲刘太公和老婆吕雉释放回去。

按照鸿沟之约，双方各自退兵。项羽率先拔营东返彭城。刘邦随后也准备返回关中，张良、陈平等人建议刘邦，此时韩信、彭越等对项羽已经形成夹击之势，"此天亡楚之时也"，所以应该趁项羽东撤之机，起兵突袭项羽，如果这时不这样做，让项羽返回彭城，不啻于养虎为患，再消灭项羽就非常困难了。刘邦听从他们的建议，同时派人与韩信、彭越等联系，约定一起攻击项羽。

当刘邦率军进入攻击地点时，却没有发现其他军队的影子。项羽听说刘邦违背承诺，尾随而至，感到非常生气，转回身去对刘邦展开了攻击，在军事上刘邦从来就不是项羽的对手，结果大败而归，只能固守待援。张良认为只有韩信、彭越前来援助，刘邦才能有胜算，他们之所以不积极，在于每个人心里都有一个小算盘，张良建议刘邦加大对两人的封赏力度。

刘邦按照张良的计谋封彭越为魏王，又把淮阴、楚地封给韩信。重赏之下必有勇夫，果然韩信、彭越马上变得积极起来，率领各自军队从四面赶来，项羽见状只能撤围东进，走到了垓下（今安徽灵璧东南）时，被汉军包围了，项羽即将走到他英武一生的终点。垓下，由此成为悲壮的代名词，十面埋伏、四面楚歌、霸王别姬都发生在这里。

项羽此时已经是兵少粮尽。一天晚上，为动摇楚军军心，汉军将士故意高唱起楚歌。项羽和他的楚军突然听到四面都响起了楚歌，以为汉军已经占领了全部楚地，心里很低落。项羽在帐中与自己心爱的虞姬饮酒解愁，并命人将自己心爱的座骑"骓"牵来，然后慷慨悲歌："力拔山兮气盖世，时不利兮骓不逝，骓不逝兮可奈何，虞兮虞兮奈若何。"虞姬和唱道："汉兵已略地，四面楚歌声，大王意气尽，贱妾何聊生。"两人唱了几遍，执手相看泪眼，虞姬最后把剑自刎而死。

虞姬死后，项羽决定突围，带领八百多人，趁夜色突破重围。天亮以后，汉军才发现项羽已经突围，总指挥韩信下令将军灌婴率五千多人全力追杀。

项羽一路狂奔，过了淮河后只剩一百多人，屋漏又逢连夜雨，关键时候项羽走错了路，在东城（今安徽定远县附近）被汉军追兵追上，此时项羽只剩二十八人，项羽对他们说："我起兵以来整整八年，打了大小七十余战，战无不胜，攻无不克，从未落败过。今天被困这里，不是因为作战不利，而是天要亡我！"从项羽最后的感叹中，可以看出，他至死都不明白自己为什么会失败。

最后决战非常的惨烈，项羽表现的勇猛无比，杀出重围到了长江北岸的乌江浦（今安徽和县境内），乌江亭长让他上船，到了江东后收拾人马东山再起，项羽想到当年率江东八千子弟渡过长江，如今没有带回一人，自己无脸再去见江东父老。"不肯过江东"的项羽与汉军展开了最后的厮杀，最终力尽而死，由此，楚汉相争以刘邦的胜利告终。

刘邦能最后胜出，原因有很多，关键在他能够始终保持清醒头脑，认真听取建议而择良采纳。从进入咸阳听张良、樊哙之言退出秦王宫，鸿门宴上听樊哙之劝提前开溜，然后听萧何之言重用韩信，听韩信的建议确定平灭项羽之计。在兵败时听陈平建议离间项羽与范增的关系。在固守待援时，听张良的建议封赏韩信、彭越，总之，刘邦的胜利不是自己的胜利，是一个团队的胜利，也是虚心和胸怀的胜利。

反观项羽，虽然勇猛无比，用司马迁的话是"近古以来未尝有"，但在关键时刻一错再错，坑杀二十万秦兵使其未入关中已失民心，不听范增之言除掉刘邦为自己留下了掘墓人。为了炫耀富贵选择无险可守的彭城为都，没有丝毫战略眼光。分封十八王搞得怨声载道，培养了反对自己的力量。毫无必要的杀死义帝，在道义上先输一筹，正是这一系列的错误，使得项羽一步步从强盛走向了衰落，也过早走到了自己人生的终点。

第八讲　大风起兮云飞扬

一

灭掉项羽后，刘邦登基称帝水到渠成。他手下的大臣将军们都提请刘邦登基做皇帝。但出人意料的是，刘邦没有爽快答应，而是说："我听说圣贤方能成为一国之君，徒有虚名是坐不住皇位的，所以我不敢擅自做皇帝。"手下们一再劝说："大王出身微寒，诛伐暴逆，平定四海，有功者给予土地封为王侯，大王若不即位当皇帝，人们就会议论纷纷，一定要顺从民意，我们也愿意誓死捍卫大王皇帝的称号。"刘邦再三推让，最后不得以说："既然大家都认为我做皇帝对国家百姓有利，那我就做吧。"

在公元前202年2月28日，刘邦在山东定陶汜水（今山东曹县附近）举行登基大典，因刘邦被封汉王故定国号为"汉"，刘邦成为了汉朝的开国皇帝，他封自己的老婆吕雉为皇后，儿子刘盈为皇太子。

对于刘邦起初再三退让不愿意当皇帝，有不同的说法。普遍认为这是一种假意的推脱，甚至是一种伪善。还有种观点认为这是当时刘邦的真实想法，因为在十几年前，刘邦还是一个整天在小酒馆里厮混的"小混混"，如今却要成为庞大帝国的最高统治者，心里多少有些诚惶诚恐，或者说刘邦还没有做好当皇帝的准备，但不管怎样，刘邦终于君临天下，当年刘邦看到始皇帝嬴政出巡的队伍，非常羡慕地感叹到"大丈夫就应这样"，此时此刻，他终于可以与嬴政比肩而论了。

刘邦起初想定都在洛阳，他的手下大多是楚人，洛阳离家乡近，比较富庶，刘邦的这些兄弟都愿意留在洛阳，而且秦朝都城咸阳被项羽一把大火烧得尽光，当时的情况，洛阳比关中似乎更适合作为都城。

但是，一个不出名小人物的出现，改变了刘邦的决定。此人叫娄敬，他是齐人，本来是去陇西戍边，只是路过洛阳，刘邦军中有一个他的老乡叫做虞将军，他希望虞将军能介绍自己见见刘邦。

虞将军看他穿着破旧的羊皮外套，十分寒酸，想给他换一套体面些的衣服，娄敬却道："臣衣帛，衣帛见；衣褐，衣褐见。终不敢易衣。"就是说穿着丝绸衣服来，就穿着丝绸衣服去拜见；穿着粗布短衣来，就穿着粗布短衣去拜见，无论如何是决不会换衣服的。从这点上看，这位娄敬实在很有个性，大概是因为他只想和刘邦聊聊，说完之后还要继续赶路，觉得衣服换来换去太麻烦。

见了汉高祖，娄敬开门见山问："陛下都洛阳，岂欲与周室比隆哉？"在得到刘邦的肯定回答后，娄敬说："陛下取得天下跟周朝是不同的。周朝的先祖从后稷开始，尧封他于邰，积累德政善事十几代。如今陛下从丰邑沛县起事，招集三千士卒，席卷蜀汉，平定三秦，与项羽在荥阳交战，争夺成皋之险，大战七十次，小战四十次，使天下百姓血流大地，父子枯骨曝露于荒郊之中，横尸遍野不可胜数，悲惨的哭声不绝于耳，伤病残疾的人们欲动不能，这种情况不能与周朝成王、康王的兴盛时期同日而语。"

接着娄敬讲出了在关中建都的理由："秦地有高山被覆，黄河环绕，四面边塞可以作为坚固的防线，即使突然有了危急情况，百万之众的雄兵是可备一战的。借着秦国原来经营的底子，又以肥沃的土地为依托，这就是所说的形势险要、物产丰饶的'天府'之地啊。陛下进入函谷关把都城建在那里，山东地区即使有祸乱，秦国原有的地方是可以保全并占有的。与别人搏斗，不掐住他的咽喉，击打他的后背，是不能完全获胜的。如果陛下进入函谷关内建都,控制着秦国原有的地区。这也就是掐住了天下的咽喉而击打它的后背啊。"

　　这席话由古及今，联系实际，说得句句在理，刘邦完全听了进去，没想到眼前这位穿着破破烂烂的不速之客，居然是个高人。但刘邦担心自己的手下不乐意进入关中，他找来张良商议，张良也同意娄敬的意见。在各位将领眼中，张良总是料事如神，宛若神人一般，所以大家都信服他，听张良说定都关中好，大家也没有太多的意见，于是刘邦带着自己人马，离开洛阳，前往关中，在咸阳的基础上，营建新的都城长安。娄敬关键时刻献计成功，他也不用再去陇西戍边了，刘邦封他为郎中，并赐姓刘，从此后娄敬就改叫了刘敬。

二

　　大业已成，首当其冲的是论功行赏，尚在楚汉相争时，刘邦就封韩信、彭越、英布分别为楚王、梁王和淮南王。除了这三位，还封了另外几位诸侯王，分别是赵王张耳、燕王臧荼、韩王信。登基后又封了长沙王吴芮。

　　如果说当时为了建立反项的"统一战线"，刘邦不得不采取分封制，那登基后，到底采用什么样的治理方式，是刘邦面临的重大抉择。经过权衡，他没有采用秦朝的单一郡县制，而是实行"一朝两制"，即郡县和分封并行的做法，采用这样的政治制度一方面因为在称帝前封了一些诸侯王，已经成为既定事实。更重要原因是刘邦君臣看到秦王朝采用了郡县制，但仅仅十几年便灭亡，所以对这样的治理方式并不完全看好。

　　七个异姓王中，除了燕王臧荼是由于地处偏远，刘邦鞭长莫及，只好加封外，其他的都是帮助刘邦灭掉项羽的有功之臣。但即便如此，分封这些异姓王也并非刘邦本意。最典型的是韩信，刘邦当时被项羽围困在荥阳，平定齐地的韩信非但没有派兵援救，反而派使者来请刘邦立自己为假王，刘邦很是生气，正想破口大骂，站在他身后的张良、陈平悄悄踢他的脚，小声说道："现在根本无法阻止韩信自立为王，不如就势立他为王，让他坚守齐地，否则必生变故。"刘邦猛然醒悟，对使者改口说："大丈夫做就做真王，怎么能做假的呢。"于是下令封韩信为齐王。

刘邦与七位异姓诸侯王大概是以函谷关分界，关内的关中地区由刘邦直接掌管，函谷关以东的大量土地归异姓王所有，他们直接管理封地，征收赋税，并拥有军队，虽然服从汉朝的统治，但却拥有高度的自治权，所以从加封那天起就成为刘邦的心头之患。

对于萧何、曹参、樊哙、陈平等功臣，刘邦授予他们列侯的爵位，这些人中除了萧何、曹参当过小官吏外，大部分都是苦出生，樊哙原本以屠狗为生，周勃是编织苇席的，靠在丧礼上吹箫贴补家用，灌婴是贩卖缯绢丝的商人，夏侯婴是个马夫等，他们把脑袋别在裤带上，跟着刘邦闹革命，终于到了收获的季节。

但是"男儿有泪不轻弹，只是未到封侯时"，提着脑袋打天下时，大家对此并不在意，那个时候多打胜仗和保全性命是首先要考虑的，但硝烟散尽论功行赏时，往往便会生出许多波澜，刘邦先封了一些功臣，剩下的将领心里感到不安，于是日夜争功，在张良的建议下，刘邦加封了曾经反叛过自己的雍齿，大家看到刘邦最讨厌的雍齿也被封了列侯，觉得自己早晚也会被封侯，不再着急上火去争功，局面总算稳定了下来。

为欢庆胜利而大宴群臣是必不可少的环节，有一次刘邦在洛阳南宫大摆酒席，宴请功臣。席间，他问大家："我能够战胜项羽得到天下，是什么原因呢？每个人都可以畅所欲言。"手下的大臣高起、王陵起身说："虽然陛下有时傲慢爱侮辱人，项羽看上去为人宽厚，但陛下派人出去攻城占地时，谁获得了什么，您就顺势赏给他，这叫与人同利。而项羽嫉贤妒能，谁有功他就恨谁，谁有本事他就怀疑谁，打了胜仗他不奖励，得到地盘他不赏赐，这就是他丢失天下的原因。"

刘邦并不完全认同他们所言，他说："你们只知其一，不知其二。要讲运筹帷幄，决胜千里，我不如张良。要说镇守后方、安抚百姓，给前方运送粮草，保证供应不断，我不如萧何。要说统兵百万，战必胜、攻必取，我不如韩信。这三个人都是人中的豪杰，我能够重用他们，这就是我所以得到天下的原因。而项羽只有一个范增还不能用，所以他最后被我给灭了。"

这段话总结的很到位，"三不如"听上去刘邦显得很谦虚，把功劳记在了"汉初三杰"身上，而没有突出自己。但仔细体味，发现不是那么回事，刘邦的这席话还有一层意思，这三人虽是人中龙凤，但关键在于自己慧眼识珠，放手使用，他们才能充分施展才干。也就是说，他们是千里马，刘邦自己则是伯乐，千里马常有，而伯乐不常有，无论他们跑得多快，那僵绳始终握在自己手中。

刘邦是平民出身，没受过什么教育，年轻时穿梭于酒馆之间，与老板娘打情骂俏，是一个典型的不良青年。虽然后来成为义军首领，但过去那股习气还一直保留着，楚汉相争时，在侍女给他洗脚时，他召见前来投奔的重要谋士郦食其，遭到了郦食其的痛斥后方才醒悟。他在吃饭时听到生气的事情，经常会把嘴里的饭喷出来然后破口大骂。

即使当上皇帝之后，也没有太大改观，刘邦嫌秦朝留下的礼仪太繁琐，索性弃而不用，怎么舒服怎么来，结果一帮大臣在朝堂上边喝边吵，醉了后大喊大叫，有的还拔出宝剑在柱子上乱砍。对此刘邦也看不下去，热闹归热闹，但确实有些不成体统。于是他就让在秦朝做过博士后来投靠自己的叔孙通，设计一套基本礼仪。

有了一套礼仪以后，整个朝堂规矩多了，大臣们站有站相，坐有坐相，对刘邦也是毕恭毕敬，即使喝酒时，也有御史在旁边监督，不守规矩就带出去，刘邦对此很满意，终于体会到了做皇帝的感觉，于是封叔孙通为太常，并赏五百斤金子，由此刘邦与这些生死与共的兄弟，告别了哥们义气，成为了真正意义上的君臣。

三

刚体会到皇帝滋味的刘邦，遇到了一件烦心事，险些让他就此告别皇帝宝座，这就是"白登之围"，始作俑者是匈奴。

这个北方民族始终是中原政权的威胁，当年秦始皇派蒙恬率大军击溃了匈奴，设郡县，修长城，一时间北方边境风平浪静。但秦始皇死后，蒙恬被杀害，特别是农民起义爆发后，秦朝把北方的驻军南调来镇压各路义军，边境变得非常空虚。匈奴此时恰恰出现一个强有力的首领，叫做冒顿单于。在他的带领下，匈奴又变得强大起来，不仅收复了当年蒙恬所占的土地，而且跨过了无人把守的长城南下侵扰，严重威胁刚刚建立的西汉王朝。

这位冒顿单于颇具传奇色彩，最出名的是"鸣镝弑父"的故事，冒顿原为匈奴的太子，后来他的父亲头曼单于所宠爱的瘀氏生了个小儿子，头曼单于就想废除冒顿而立小儿子为太子，于是便派冒顿到月氏去当人质。冒顿来到月氏当了人质，而头曼却急攻月氏，用意十分明显，就是想借月氏杀掉自己的儿子，没想到冒顿偷了月氏的良马，骑着它逃回匈奴。

头曼单于从此对他有些刮目相看，让他统领一万骑兵。冒顿制造了一种响箭，训练他的部下骑马射箭的本领，他下令说："凡是我的响箭所射的目标，如果谁不跟着我全力去射击它，杀无赦。"首先从射击鸟兽开始，有人不射响箭所射的目标，冒顿就把他杀了。不久，冒顿以响箭射击自己的良马，手下有的不敢射击，冒顿立即杀了他们。

冒顿接下来的目标出人意料，他居然用响箭射击自己心爱的女人，不少人感到十分恐惧，不敢射击，冒顿又把他们杀了。过些日子，冒顿出去打猎，用响箭射击头曼单于的良马，这次没有人再犹豫，左右之人都跟着，于是冒顿知道他手下都已训练成可用之人。有次他跟随头曼单于去打猎，用响箭射击头曼单于的头，他左右的人也都跟随响箭射死了头曼单于，冒顿把他的后母及弟弟和不服从的大臣全部杀死，自立为单于。几年时间，冒顿单于东征西伐，拥有骑兵数十万，成为北方草原势力最大的部族。

公元前201年，刘邦即位仅仅一年，匈奴围攻马邑（今山西朔州市），驻扎在那里的韩王信，也是七个异姓诸侯王中的一个，投降匈奴，并联合匈奴继续南下，攻至晋阳（今山西太原）城下。刘邦决定亲率大军出征，首战击败了韩王信和匈奴联军，然后乘胜追击。这时候天降大雪，汉军只能暂停攻击。

冒顿单于借机采用诱敌深入之计，故意将精锐部队和肥壮的牛羊藏起来，沿途留下一些老弱残兵和瘦弱的牲口，刘邦派出的不少探子回来说匈奴已经被击溃，可以大胆进军。唯有已经改名为刘敬的意见不同。他说，两军交战，一定会壮大声势，怎么可能故意示弱呢，现在看到的都是假象，冒顿一定是把精兵埋伏起来，所以不能冒进。

但刘邦没有听他的意见，反而认为他扰乱军心，把刘敬关了起来，自己率了一部分骑兵向前追击。追到平城（今山西大同东北），这时候突然出现了冒顿单于率领的大量匈奴骑兵，将刘邦军队团团包围在平城东北的白登山，并且切断了刘邦与后续部队的联系，就这样被围了七天七夜，几乎弹尽粮绝，形势非常危急。

刘邦福大命大，或应说命不该绝，又是陈平给他献计，要他派人去收买单于的夫人阏氏，让阏氏给单于说说好话，看是否有效果。这时候死马只能当活马医了，刘邦派人突围找到了阏氏，送了大量丰厚的礼品。阏氏的枕边风果然管用，冒顿网开一面，刘邦死里逃生。

通过白登山被围，刘邦清楚认识到匈奴的强大，凭借此时汉朝实力一时还无法解决匈奴问题，于是他采纳刘敬的建议，在汉匈关系上采用和亲的政策，就是将汉朝的公主嫁给单于，并陪嫁大量物资。通过和亲，使得北方边境的紧张气氛逐渐缓和下来。

四

更让刘邦寝食难安的是几个异姓诸侯王。他们割据一方,手上还有军队,一旦有不轨之心,很容易生出大乱。所以刘邦下定决心要消除这些心头之患。

首先被开刀的是燕王臧荼,有人告发臧荼谋反,刘邦亲率军队讨伐,顺利俘虏臧荼,封一直跟随自己的卢绾为新燕王。

这几个诸侯王里,最难解决的毫无疑问就是楚王韩信。在刘邦登基的第二年,有人告发韩信谋反,刘邦想抓捕韩信,但又对他有所忌惮,不想硬来。陈平给刘邦出主意,让刘邦到云梦视察,然后命令各诸侯到陈县会合,韩信奉命前来时再动手。

接到高祖的这个通知,韩信心里开始犯含糊,如去见刘邦,害怕被抓起来。要发兵造反吧,自己好像没有什么罪过,犹豫之后还是决定去见刘邦。果不其然,他被刘邦抓了起来。韩信不由发出感叹:"狡兔死,走狗烹;高鸟尽,良弓藏;敌国破,谋臣亡,天下已定,我固当烹。"

但刘邦并没有杀他,而是把他带回洛阳后释放了,不过将其楚王称号取消,改封淮阴侯。这段时间,两人有次非常有意思的对话,刘邦问韩信:"像我,能统帅多少人马呢?"韩信回答说:"最多统帅十万。"刘邦接着问:"那你呢?"韩信说:"多多益善。"就是越多越好。听到韩信的回答,刘邦笑了笑说:"既然你那么厉害,为什么还被我活捉了呢?"韩信说:"陛下不善于带兵,但善于驾驭将领,这就是我被捉的原因,而且陛下的胜利,是上天的安排,不是人力所能改变的。"

后来发生赵国国相陈豨的叛乱,刘邦亲自去平叛。有人说韩信与陈豨勾结,意图里应外合,留守都城的吕后,决定除掉韩信,她派萧何诱骗韩信入宫,然后将韩信逮捕杀掉。中国有句古话,叫做"成也萧何,败也萧何",指的就是这个故事。如果没有萧何,不可能有韩信后来的辉煌,但是最终把韩信诱骗进宫被杀还是萧何,历史总是充满这样无情的轮回。杀掉韩信后，吕后下令夷灭韩信三族。

刘邦从平叛前线回来，听说韩信死了，据《史记》记载，是"且喜且怜之"，心情显得极为复杂。没有韩信相助，刘邦恐怕还在汉中为王，甚至情况会更惨。但是韩信居功自傲，尾大不掉，对皇权构成很大的威胁，始终是心头之患。刘邦对如何处置韩信一直以来心存纠结，所以当初只是将韩信贬为淮阴侯，并没有杀他。看来还是自己的老婆果断心狠，下得了手，刘邦坦然接受了这样的结果。

刘邦问吕后："韩信临死前说了什么？"吕后说："他说只恨当初没有听蒯通的话。"于是刘邦下令将蒯通逮捕，押到了京城，刘邦问他是否曾经教唆韩信谋反，蒯通爽快承认，而且说："韩信正是不听我的，才自取灭亡。如果听了我的话，怎么可能被满家抄斩。"

这事还要从楚汉相争时说起，当时刘邦和项羽在荥阳对峙，项羽派人找到在齐国征战的韩信，劝说韩信保持中立，可以三分天下，但被韩信拒绝。当时蒯通在韩信手下，他劝韩信不要帮助刘邦，他认为刘邦和项羽当时谁能获胜，完全取决于韩信，助汉则汉胜，助楚则楚赢，所以不如让楚汉并存，韩信自立为王，得以三分天下。

听完蒯通的分析，韩信虽然有些心动，但想到刘邦对自己相当不错，不忍心背叛刘邦。蒯通看韩信犹豫不决，对他说如今功高盖主，如果不自立为王，一定不会有好下场。韩信左思右想，最后还是拒绝了蒯通的建议。

刘邦听了蒯通的话很生气，下令把他扔到热锅里煮了。蒯通说自己冤枉，刘邦问他何冤之有，蒯通说当时天下大乱，大家都在逐鹿中原，自己只知道韩信，还不知道陛下。况且起兵想当皇帝的人很多，只是都没有成功，难道把他们都煮了吗？刘邦听了觉得有道理，就把他放了。

五

韩信死后，接下来轮到梁王彭越。这位梁王也是刘邦在没有办法的情况下加封的，当年刘邦请韩信、彭越围攻项羽，但两人都不积极，在张良的建议下，刘邦封彭越为梁王，并赐给韩信大量土地，两人才开始卖力气，最终逼迫项羽乌江自尽。

剧情非常雷同，同样有人告发彭越谋反，刘邦将他逮捕，但由于证据不足，刘邦没有杀他，而是降为庶人，让他迁移到蜀地。或许命中注定彭越难逃一死，在迁徙路上碰巧遇到了吕后，彭越向吕后哭诉，说自己冤枉，希望能够回到故乡。吕后假意答应，将他带回洛阳。吕后对刘邦说，彭越非常勇猛，把他迁到蜀地，恐怕会留后患，不如干脆把他杀了。刘邦听从吕后的建议，由吕后编织谋反罪名，刘邦下令处死彭越和他的族人。

下一个该轮到英布了。彭越死后，刘邦命令将彭越剁成肉酱，分给了英布一份，英布看后非常惊恐。没过多久，有人告发英布谋反，英布看到韩信和彭越的结局，只能起兵造反，刘邦又一次亲自出征，击溃了英布部队，英布自己兵败被杀。

剩下的几个诸侯国，韩王信投靠了匈奴，后任的燕王卢绾被告发谋反，无奈之下也被迫投奔匈奴。赵王张敖是刘邦的女婿，所以没有杀他，但取消了他的王位，改封宣年侯。除了留下一个长沙王吴芮作为点缀外，其他异性诸侯王都被消灭。

他们之中，除了韩王信投靠匈奴背叛谋反外，其他人都是被人告发，告发的理由都很牵强，可以说都是被陷害而死。根本原因在于他们对皇权构成了威胁，刘邦必须要除之而后快，所以从被封王那天起，已经注定了他们最后的结局。

对于刘邦清除异性诸侯王，历史上有不同的评价，有人认为刘邦诛杀功臣，卸磨杀驴，显得残酷无情。但站在刘邦的立场上，他的做法很容易理解，这是保证千秋万代稳固社稷的必要措施，面对韩信、彭越、英布虎视眈眈的眼睛，如果刘邦不在身前妥善处置，自己死后吕后和太子刘盈恐怕是很难驾驭的。刘邦在消灭异姓王侯后，并没有完全恢复郡县制，而是封自己的儿子或兄弟的儿子为王，同时立下"白马之盟",就是杀白马后立下誓言"非刘氏而王,天下共击之"。

韩信结局悲惨,"汉初三杰"中另外两位呢。张良在刘邦称帝后,表现的非常低调,他深知"狡兔死,走狗烹"的道理,如今的刘邦已经不再是当年的汉王,如今的环境也不是当年的环境,处处充满陷阱和漩涡,稍有不慎便可能身首异处,所以他不是装傻,就是装病,能不说就不说,能躲着就躲着,最后索性去辟谷求仙了。事实证明这样明哲保身的做法非常见效,最终得以终老而逝。

萧何在论功行赏时被评为第一功臣,后被任命为丞相。在中国古代,皇权和相权始终存在着一种微妙的关系,处理不好,往往会遭来杀身之祸。

实际上,刘邦对萧何的猜忌一直没断,早在楚汉相争时,刘邦在前线作战,萧何坐镇关中,在前方打得不可开交的时候,刘邦却总是写信给萧何,表达亲切的慰问,萧何的手下对他说,这是刘邦已经起疑心,否则战事如此紧张,怎么会频频来信慰问呢。萧何方才觉醒,听从手下意见,派自己的子侄到前线投军,这才让刘邦放下心来。

公元前191年,刘邦亲征英布,对统筹后方的萧何放心不下,萧何感知后只能采取强夺别人土地房产的自污方式,化解刘邦的猜疑。但尽管萧何如此谨小慎微,还是难逃一劫。后来刘邦找了个理由把萧何投入监狱,虽然经别人求情,最后把萧何放了,但经过这样一番折腾,萧何更加诚惶诚恐,以后基本就沉默不语了。

六

消灭了异姓诸侯王,汉王朝的统治变得更加稳固。但连年的征战,刘邦也感到心力交瘁。在平定英布后,得胜回朝的路上,刘邦特意回了一次自己的故乡——沛县,这是他最后一次回到故里。

在沛县,他把父老乡亲、过去的朋友召来,欢聚了数日。一天喝得很高兴,刘邦回想起离乡后十几年的峥嵘岁月,他一边击筑,一边高唱自己创作的《大风歌》："大风起兮云飞扬，威加海内兮归故乡，安得猛士兮守四方。"据《汉书》记载，刘邦唱这首歌时很动情，慷慨起舞，并伤怀泪下。

刘邦这样伤怀，或许是回想起自己的一生非常的不容易，更可能是因为感到去日不多。因为在平叛英布的战斗中，他被流矢击中。离开沛县返回长安时，就开始发病，到了长安病情越发严重。

吕后请一个名医给他治疗，刘邦问医师自己的情况如何，医师安慰他说病还是可以治的，刘邦大概对自己的情况心里有底，他很生气地说："我一布衣，提三尺剑取得天下，这不是天命吗？天命决定我要死了，即使神医扁鹊来了又有什么用呢？"于是给了医师一些赏赐，让他走了。

刘邦还是很相信天命的，在许多生死关头，上天眷顾了他，不仅让他幸免于难，更让他登上了皇帝之位，如今上天决定让他死，他也不准备再做无谓的挣扎了。

吕后看到刘邦很难痊愈，就问他："陛下百年以后，如果萧何也死了，可以让谁接替？"刘邦说曹参。吕后又接着问曹参以后呢，刘邦说："王陵可以接替曹参，但王陵缺乏计谋，可以让陈平帮助他，陈平智谋有余，但难以独任。周勃为人敦厚，不善言辞，但安定刘家天下的一定是周勃，可以让他担任太尉。"吕后还想问再以后怎么办，刘邦说以后的事情你也不会知道，无须再操心了。

公元前 195 年四月的一天，汉朝的创立者刘邦驾崩，庙号太祖，谥号高皇帝，所以历史上把他称作汉高祖。

回顾刘邦的一生，从沛县起兵到一统天下，再到诛灭诸侯，他的一生基本上是在连年征战中度过的，踏踏实实享受皇帝生活的好日子并不是很多，即便如此，他对自己的人生非常的满意。公元前 198 年，登基四年后，在一次宴会上他对自己的父亲说："早先您老人家总说我是无赖，不如我二哥能治产业，现在您看看，是二哥的产业多，还是我的多？"言语之间透露的那份得意劲儿溢于言表。

如何去评价和看待刘邦呢，除了对他诛杀有功之臣有些非议外，对刘邦的历史评价还是非常积极正面的，应该讲他是中国历史上一位杰出的政治家，他不仅统一了国家，使老百姓免于连年战火，同时在建立汉朝后，废除秦朝严苛的刑罚，下令释放奴婢，让军人解甲归田，很快地恢复了生产秩序。他减轻百姓的赋税和徭役，实行休养生息的政策，百姓的生活得到了较大的改善，经济获得了长足的发展，为以后的"文景之治"奠定了基础。

第九讲　毒蝎女人的演化史

一

刘邦死后，太子刘盈即位，是为汉惠帝，他的母亲吕雉做了太后，从此吕雉一步步走到了历史的前台。身为皇后，吕后一辈子为刘邦生了一儿一女，儿子是惠帝刘盈，女儿是鲁元公主。

惠帝只活了二十二岁，他短暂的一生大部分时间是在不幸和恐惧中度过的。他出生时，父亲刘邦只是一个小小的泗水亭长，家境并不宽裕，他从小与母亲和姐姐在田里干活，后来刘邦因私放刑徒，躲到了山里，他和父亲几乎无法见面。好不容易见到父亲时，由于楚军紧紧追赶，刘邦为了自己逃命，三次将他和姐姐推下车去，幸亏侍从夏侯婴下车救了他们，才幸免于难。

由此可以看出，刘邦和刘盈的父子感情并不深厚。刘邦登基后，虽然刘盈被立为太子，但他的太子之位一直摇摇欲坠。此时刘邦已经对吕后不感兴趣，他最宠幸的一个女人叫做戚夫人，戚夫人也很争气，为刘邦生下一个儿子，叫做刘如意，爱屋及乌，刘邦对刘如意很是喜欢，总觉得刘盈生性柔弱，不像自己，而刘如意与自己颇为相似，心中动了改立太子的念头。

公元前197年，经过一段时间酝酿后，刘邦终于在朝堂上提出了改立太子的问题，大臣们纷纷表示反对。其中有位大臣周昌，是一个不怕死的硬汉，曾经有一次，他入宫上奏，碰巧遇到刘邦和戚夫人亲热，他想躲开但被刘邦发现，刘邦追上他并抓住他问："我是一个怎么样的皇帝？"周昌说："你是一个和夏桀、商纣一样的皇帝。"夏桀、商纣都是历史上有名的暴君，此言一出，周昌自己都有些惶恐，好在刘邦也没太往心里去，仰面大笑，但心里多少对周昌有了一些敬畏。

周昌平日里有口吃的毛病，听到刘邦要改立太子，生气之下口吃更加严重，他对刘邦说："我的口才虽不好，但我知道这样做是不行的。陛下您如果废掉太子，我坚决不能接受您的旨意。"看到周昌特别费劲据理力争的样子，刘邦不禁笑起来，也就暂不提这一话题了。吕后当时在厢房听到了这些对话，非常感激周昌，遇到周昌跪谢说："若不是您的据理力争，太子几乎就要被废了。"

吕后很清楚这件事情仅仅是开始，不会就这样轻易结束。倘若刘盈真的被废，她的命运好不到哪里，所以她要拼尽全力保住刘盈的太子之位。

于是，她想到了张良，让自己的哥哥吕泽去找张良问询意见。张良在刘邦登基称帝后选择明哲保身，能不管的事情尽量不管，所以在这件事情上，起初并不愿意掺和，他对吕泽说："以前在危急时刻，皇上会采纳我的意见。现在天下安定了，陛下处于个人的感情，想换太子，这是他们家庭内部的事情，我们都是外人，无法干预，陛下也不会听我的。"

吕泽还是执意请张良无论如何也要想个办法，张良被逼无奈，就出了一个主意，他说："皇上的心意，很难用言语来改变，皇上有四个一直想请但至今无法请到的人，年岁都很大，他们认为陛下傲慢无礼，所以宁可逃到深山躲起来，也不愿做皇上的臣子。如果你们多备些礼物，让太子写封信，言辞谦恭恳切，再派一个能说会道的人去请他们，估计他们会来。如果能来，就让他们作为太子的宾客，经常随太子上朝，故意让皇上看到，这样应该会对太子有很大的帮助。"吕后听从张良的建议，经过努力，把这四位号称"商山四皓"的高人请了回来。

正在这时，英布谋反了。刘邦有病在身，本来想派太子率军讨伐。这时候"商山四皓"开始发挥作用，他们找到吕泽说："太子领兵出征，即使有功劳也不会有什么帮助，倘若无功而返，恐怕就要遭殃了。出征的这些将军，都是与皇帝过去一起打天下的猛将，太子根本无法驾驭他们，他们也不会尽全力，这样的话，很有可能会无功而返，而皇上就会趁此机会废掉太子。"所以，他们建议吕后找机会向刘邦哭诉，就说英布是天下猛将，很会用兵，太子根本无法统领这些将领，很可能无法战胜英布。只有皇帝陛下亲自督战，诸将们定会奋勇争先，才能得胜回朝。

吕后按他们的建议向刘邦哭诉一番。刘邦无可奈何，叹息道："我就知道太子不中用，只能由我带兵出征了。"刘邦又一次亲临前线，这也是他最后一次带兵出征。刘邦击溃了英布，但自己也负了伤，回到长安后病情逐渐加重。到了这时候，刘邦改立太子的念头更加强烈，张良苦谏，刘邦也听不进去，叔孙通以死相谏，刘邦虽然假意答应，但心里却一直想寻找机会换掉太子。

有次宫中举行宴会，刘邦发现太子身后跟随了四个人，须发皆白。刘邦很奇怪，就问："他们几个是什么人？"四个人各自通报了姓名，刘邦大惊说："我找你们好几年，你们都避而不见，今天为什么会在太子身边？"四个人说："陛下待人很轻慢，我们不愿意受辱，所以就隐居了。现在太子仁孝，对人礼敬有加，天下读书人都把太子当做伯乐，所以我们几个就来了。"刘邦听到这话，只好说："那就有劳你们，好好调教太子吧。"

宴会结束，"商山四皓"离去，刘邦望着他们的背影，对身边的戚夫人说："我本来是想废掉太子，改立如意的，但是如今连'商山四皓'都出来追随太子，看来天下公论在太子一边，他已经羽翼渐丰，不能再废掉他了。"

戚夫人听完此言，或许是因为梦想的破灭，也或许想到自己未来的命运，顿时泪如雨下，刘邦心里也感到些许悲伤，他让戚夫人起舞，自己来唱歌，刘邦又一次一展歌喉，当时没有录音设备，刘邦的歌应该唱得不错，只是这次比《大风歌》唱得更加伤怀，惊心动魄的太子之争就此落下了帷幕。

二

刘邦尽管打消了改立太子的念头，但依然担心自己死后，吕后可能会对戚夫人和如意下毒手，为此他采取了一些措施。他命周昌到赵王如意那里做国相，实际上就是让周昌保护刘如意。刘邦弥留之际，听说自己死后，手下大将樊哙，也就是吕后的妹夫，要带兵去诛杀戚夫人和赵王如意，就命令陈平和周勃带兵剿灭樊哙，但陈平和周勃并没有坚决执行。刘邦到死都非常惦念戚夫人母子安危，只可惜他的这些措施对吕后而言，基本上形同虚设。

惠帝即位时还没有成年，吕雉临朝称制。说起吕雉，普遍的印象她是一个残酷无情的毒蝎女人，实际上，这应该有个逐步变化的过程，当初吕雉应是一个温婉能干的女人，按照父亲的意思嫁给刘邦后，就没过几天好日子。刘邦起兵造反后，吕雉基本上在牢狱中度过，先是秦朝的监狱，后是项羽的牢狱，鸿沟之约后，好不容易回到刘邦身边，却发现刘邦另有所爱，不仅如此，自己儿子的太子之位受到巨大威胁，让她每天提心吊胆。整日在阴暗中度日的经历，使她渐渐由良妇变成了怨妇，进而由怨妇又变成了毒妇。

正因为如此，吕后恨死了戚夫人。刘邦尸骨未寒，她就命令将戚夫人囚禁起来，剪去长发，带上铁项圈，穿上囚衣，每天干累活，就跟奴婢一样，极尽侮辱。

同时她开始策划除掉赵王如意，吕后派使者到赵国，召赵王如意入朝觐见，使者去了三次，赵王都没有应诏入朝，这实际上是周昌的主意，周昌对使者说："高祖曾经托付我照顾赵王，赵王年龄还小，听说太后怨恨戚夫人，所以我不敢让赵王入朝，恐遭不测，而且赵王身体一直有病，根本不能觐见，还请太后恕罪。"吕后听后很生气，决定先把周昌这把"保护伞"打掉，她派人去传旨意，让周昌入朝觐见，周昌只得奉命。周昌不在了，吕后再派使者召见赵王如意，赵王没有办法只好入朝。

惠帝心底非常善良，虽然他与赵王如意曾经是竞争对手，但他害怕吕后加害自己这个同父异母的弟弟，所以亲自到霸上迎接赵王，进宫后和赵王如意同吃同住，使得吕后找不到很好的下手机会。

有一天惠帝早起去打猎，赵王没有起来，惠帝不忍心叫醒他，就自己去了。在惠帝身边的耳目，将赵王独自在家的消息告诉了吕后，机不可失，吕后派人去毒死了赵王如意。等惠帝打猎回来，发现赵王手脚冰冷，没有了气息，惠帝知道是自己母亲所为，但也没有什么办法。

毒杀赵王后，吕后将矛头指向了最为痛恨的戚夫人。她命人将戚夫人四肢全部剁掉，将两只眼睛挖出，留下两个黑洞，将耳朵搞聋，还强迫喝下哑药，变成了哑巴，下这样的毒手，可以说旷世未见，可见吕后对戚夫人有多么仇视。这还不算完，她下令将戚夫人扔到厕所里，还给戚夫人起了一个称谓，叫做"人彘"，就是"人猪"的意思。

一天，吕后带着惠帝去看戚夫人，惠帝看到似人非人似鬼非鬼的景象后非常震惊，问自己的母亲此人是谁，吕后说是戚夫人。惠帝看到曾经美丽异常能歌善舞的戚夫人变成这个样子，受到了极大的刺激，大哭一场后从此病倒，一病就一年多。

在卧床养病时，他派人带话给自己的母亲说："戚夫人变成这样，这是一个人很难做出的事情，母亲这样残酷狠毒，做为您的儿子，我还怎么能治理天下呢？"因为此事，惠帝三观尽毁，心灰意冷。从此以后沉迷酒色，不理朝政，身体越来越差，整个朝政完全掌控在吕后的手中。

三

除掉戚夫人和赵王如意后，吕后下一个目标是刘邦的其他儿子们。除了惠帝是自己所生外，刘邦还有七个儿子，后来都被封了王。

长子叫刘肥，是刘邦在与吕雉成亲前的私生子，也是惠帝唯一的哥哥，后被封为齐王。薄夫人所生的刘恒，被封为代王。还有一些是在历史上没有记载的姬妾所生的，其中刘恢被封为梁王，刘友被封为淮阳王，刘长被封为淮南王，刘建被封为了燕王。此外，刘邦还封自己的弟弟刘交为楚王，哥哥的儿子刘濞为吴王。这些都是刘姓王。异姓王里唯一留下来的是长沙王吴芮，吴芮死后，他的儿子吴臣承袭王位。

吕后先拿齐王刘肥开刀。据《史记》记载，有次惠帝和刘肥在吕后面前饮酒，惠帝觉得刘肥是自己的哥哥，就让他坐了上座，吕后看到后非常生气，想毒杀刘肥。他让人斟来两杯毒酒放在刘肥面前，然后让刘肥以此酒给她祝酒，没想到惠帝端起另外一杯，要一同敬。吕后见状急忙将惠帝手中的酒杯打掉。后来刘肥才知端上来的两杯都是毒酒，为了不让自己儿子中毒，吕后才打掉酒杯。刘肥非常害怕，听从手下人的建议，将自己的部分封地献给了吕后，这才让自己得以脱身。

接下来是赵王刘友，刘友最早被封为淮阳王，赵王如意死后，被改封为赵王。刘友先前娶了一个吕家的女子，但是并不喜欢她，这个女子一气之下离开了赵国，在吕后面前说了不少刘友的坏话，说刘友有意要诛灭吕氏家族，吕后听后大怒，就召刘友进京，然后将其囚禁，不给饭吃，最后竟然把赵王刘友活活饿死。

刘友死后，吕后又将梁王刘恢改封为赵王，吕后将自己哥哥吕立的女儿嫁给刘恢，刘恢本来有一个自己很喜欢的女子，结果被这个吕王后毒杀，刘恢十分悲伤，选择了自杀。吕后听说后，说刘恢为了一个女人不顾宗庙而自杀，趁机废除了刘恢后人的继承权，这样三位赵王先后丧命。燕王刘建死后，留下了一个姬妾生的儿子，吕后派人将这个小孩杀死，取消了燕国的封号。经过吕后的残酷打压，刘邦这些儿子们对吕后无法构成威胁了。

惠帝自从受了那个刺激，沉迷于酒色，身体很快垮掉，公元前188年，年仅二十二岁的惠帝刘盈驾崩。

惠帝下葬后，吕后将惠帝与一个宫女所生的儿子立为太子，继承帝位。同时杀了这个小皇帝的母亲，这个新皇帝只有三岁多。朝政完全被吕后掌控，开启了"太后称制"，就是太后代替皇帝行使权力。因此，虽然吕后没有称帝，但她成为中国历史上第一位真正意义上的女性最高统治者。

四

吕后当政后首先想做的是分封吕氏家族的人为王，当年刘邦在诛灭异姓王后，曾经有过"白马之誓"，异姓不能分封为王，否则可以共同讨伐之，这是摆在吕后面前最大的障碍。

吕后找当时的右丞相王陵说了自己的想法，王陵就拿出"白马之誓"来说事儿，坚决不同意。吕后很不高兴，又找左丞相陈平和太尉周勃商量，他俩比王陵圆滑，同意吕后加封自己家族的人为王。

王陵见到陈平和周勃就责备他们丧失原则，陈平和周勃解释说："现在吕后大权在握，如果坚决不同意她的意见，恐怕要生内乱，这对刘家人也不利，唯有这样做才能保全刘氏家族"。吕后由此对王陵很不满，找了个机会剥夺了他右丞相的职位，将陈平升任右丞相，让自己的心腹审食其做了左丞相。

前期工作做好后，吕后准备开始大封吕氏家族了。不过，她还是担心大臣们会反对，采取了"先封死人再封活人"的策略，"先封死人"，就是她先追封自己的父亲，那位慧眼识得刘邦的吕公为宣王，继而追封在战场上死去的哥哥吕泽为悼武王，追封这两位后，朝中没有太大的反应。这个时候，自己的女儿鲁元公主去世了，她追封鲁元公主为鲁元太后，封公主的儿子也就是自己的外孙为鲁王，朝中还没有什么反响，这样吕后心里就比较踏实了。

接下来她开始加封活人，她封吕泽的儿子吕台为吕王，吕台死后，其子吕嘉担任吕王。她还封自己的妹妹，也就是樊哙的老婆吕媭为临光侯，这在中国历史上是比较少见的。女子被封王封侯，反映了当时女子的地位还是比较高的。封吕通为燕王，吕禄为赵王，吕产为梁王，还封了五个姓吕的去当诸侯国的丞相。总之，吕氏家族封王授侯，权势达到了鼎盛。

物极必反，吕氏家族也跳不出这个规律。他们的衰亡是从吕后驾崩开始的。据历史记载，吕后有次出外祭祀回宫的路上，遭到了一个黑得像狗一样的东西袭击，袭击后这只动物跑得无影无踪。吕后很奇怪，就请来几个方士占卜，方士们说这恐怕是死去的赵王如意作怪。

吕后回宫后就病倒了。几个月后，她的病情越来越重，开始考虑身后之事，她封赵王吕禄为上将军，掌管北军，令梁王吕产掌管南军，她把吕禄、吕产叫来，嘱咐他们说："高祖有白马之誓，不让封刘姓以外的人为王，现在吕姓的都称了王，大臣们一直愤愤不平，现在皇帝年幼，我死以后恐怕会有人起来作乱，你们要牢牢掌控军权，不要给我送葬，以免被人家收拾了。"做了最后的布置后不久，吕后就去世了。

五

果然如吕后预料，她死后不久，当时的齐王刘襄率先起兵发难，他发布檄文，痛斥吕氏一族所为，号召大家起来一起讨伐。消息传到长安，相国吕产命令灌婴率军前去镇压。灌婴当年曾经率领五千多人追杀项羽，最终逼迫西楚霸王自杀。吕产派灌婴去，很大原因是灌婴为吕后的妹夫，所以比较放心。谁知灌婴还是心向刘家，他率军走到荥阳就停下来，派人与齐王联系，准备反戈一击。

灌婴的倒戈，带来的直接效果是让陈平、周勃等人下定决心，诛灭吕氏一族。周勃当时是太尉，是名义上的军事上最高官员，但实际上并没有军权。吕后死之前，将南军、北军的兵权给了吕禄和吕产。拱卫宫廷的两只军队中，北军的实力强于南军。

为了夺取北军的兵权，陈平和周勃商量了一个计策，掌握北军的吕禄有个很好的朋友叫郦寄，陈平和周勃派人劫持了郦寄的父亲郦商，逼迫郦寄去游说吕禄，郦寄没办法，去和吕禄说："高祖和吕后共同平定天下，刘姓封了九个王，吕姓封了三个王，这些都是大臣议定并昭告天下的，如今太后驾崩，皇帝还小，你作为赵王，不回自己的封地，而在这里掌控兵权，很容易让人觉得你有谋反篡逆之心。"吕禄问他该如何办，郦寄说不如把兵权交给周勃，这样就会取得天下人的信任，齐王也会不战而退。

吕禄比起自己的姑姑，政治头脑实在差得太多，居然准备接受郦寄的建议，他征求吕氏家族的意见，有人赞成，有人反对，反对最为激烈的是樊哙的老婆吕媭，她对吕禄说："你身为大将军而自动放弃军权，吕家之人不久后就会死无葬身之地。"

吕产这时候听到一些风声，听从手下的建议想进宫控制小皇帝。形势到了最危急的时刻，周勃赶到北军大营，但由于没有皇帝掌管兵权的印符，他无法进入大营之中。掌管印符的人叫做纪通，他在关键时刻帮了周勃一把，他派人假传圣旨让周勃进入北军。

周勃进入军营后，让郦寄再次劝说吕禄交出兵权，否则会惹来杀生之祸。本来一直犹豫的吕禄就把兵权交给了周勃，周勃对全军下令："凡是拥护姓吕的人，请露出右臂，拥护姓刘的请露出左臂。"全军全部露出左臂示意拥护刘家，这样，周勃顺利接管北军。

下一步是要除掉吕产。此时吕产准备入宫，周勃已经传令让卫士严禁吕产入宫觐见皇帝，吕产只能在宫外徘徊。周勃又令朱虚侯刘章率兵进宫，保护天子。刘章进宫时，发现吕产就在宫门以外，随即率兵追杀，吕产逃避不及被杀。

周勃听说吕产被杀，悬着的一颗心终于落地，下令把吕氏家族的人统统抓捕，然后全部处死。丢掉兵权的赵王吕禄被杀，吕媭被乱棍活活打死，燕王吕通被杀，鲁王被废掉了王位。

齐王刘襄听到吕氏被灭族，自己目的已经达到，也就退兵了，灌婴率军撤回了长安。就这样，在吕后死后不到二个月的时间里，权倾一时的吕氏家族被一扫而光，政治的残酷又一次显露无疑，令人感叹，也令人唏嘘。

应该怎么评价中国历史上第一女性统治者呢，还是应一分为二，作为一个人来讲，她确实冷酷无情，心肠毒辣，尤其是在刘邦死后，对待戚夫人，使用手段之狠毒，连自己的亲生儿子都看不下去，这无疑是她人生最大的污点，也是人性扭曲的集中体现。

但另一方面，在她统治时期，继续执行休养生息的政策，奖励农耕，减轻百姓负担，实行"省徭役，以宽民心"的执政策略，即使修筑长安城墙这样浩大的工程，所动用人力也极为有限，不像秦王朝那样横征暴敛、滥用民力。

在思想上，她废除了秦王朝的私藏书籍处以严刑的法令，思想摆脱了束缚，儒家思想开始活跃起来，为以后汉武帝"独尊儒术"奠定了基础。在外交上虽然受到冒顿单于的书信侮辱，但她以大局为主，继续执行和亲政策，边疆基本保持了稳定局面，司马迁如此评价吕后的统治，"刑罚罕用，罪人是希。民务稼穑，衣食滋殖"，这个评价是客观公允的。

所以说，作为一个女人来讲，吕雉确实可以称得上是毒妇，但作为一个统治者而言，对国家统治比较有序，老百姓的生活得到了改善，经济得以继续发展，大汉王朝的国力蒸蒸日上。

第十讲　父子俩的盛世

一

吕氏一族被诛灭，权力又重新回到了刘家手中。这时候，朝中群臣面临一个很重要的问题，就是该如何处置吕后所立的小皇帝刘弘。

周勃、陈平等讨论认为，这个小皇帝为吕后所立，实际上根本不是惠帝的后代，所以不能再让他当皇帝，而要选择新的皇帝。当时只有三位人选符合条件，分别是齐王刘襄、淮南王刘长和代王刘恒。选择面并不大，主要是因为吕后为了巩固自己家族的权力，对刘邦其他儿子进行迫害，三任赵王先后身亡，所以只剩下了这三位。

这三人里，刘襄是热门人选，因为他父亲刘肥是刘邦的长子，他就是长孙。在吕后去世后，他率先起兵发难，为最终铲除吕氏家族立下了功勋。

但是朝廷的这些大臣被吕后专权吓怕了，在选择新皇帝时立了一个标准，重点考量皇位继承人的母亲和娘家人情况，权势大名声差一律排斥，以免重蹈吕后专权的后尘。按照这个标准，刘襄和刘长由于母亲的娘家人名声不好，就被排除了，代王刘恒是高祖现存儿子中年龄最大的，母亲娘家人的名声也不错，就被确定为皇位的继承人。

刘恒的母亲叫做薄氏，她是魏国人。当年刘邦攻下魏国，把魏王宫的一些宫女带回来,让她们在宫中负责织纺。有一次刘邦闲逛到织坊,发现一个女子长得不错,把她带回了后宫。但刘邦很快就把这事儿给忘了。

后来刘邦与另外两个美人作乐,这两个美人与薄氏是一起从魏王宫带来的,当年曾经是很好的"闺蜜",也曾相约"富贵不能忘"。这两个人说起了薄氏的一些事情,刘邦这才想起了薄氏,于是就命人把她召来,临幸一回,这才有了刘恒。

刘邦对薄氏没什么感情,不像对戚夫人一样,自那以后,很少去关注薄氏,因此刘恒和母亲一直被冷落,只能谨小慎微地活着,表现得非常低调,这反倒给大臣留下了很好的印象。

同刘邦其他儿子一样,刘恒在七岁时被封为代王。但是他母亲薄氏的地位一直很低,直到刘邦驾崩,也没有被封为"夫人",仅仅算是姬妾中的一个。也许正因为如此,吕后并没有把他们作为主要对手,从而平安地活了下来。

这些重臣们议定由刘恒继承皇位后,派使者到了代国国都代郡告诉刘恒。也许是幸福来得太突然,也或许是诸王惨死的现实过于残酷,总之,刘恒起初并不相信使者所言。他手下的臣子也有人认为这其中必然有诈,但有位叫做宋昌的大臣认为这是真的,这位宋昌的父亲是宋义,就是当年在巨鹿之战前被项羽杀死的那位上将军,他给刘恒分析了一下形势,说高祖刘邦的儿子只剩下刘恒和刘长,刘恒年长且印象一直不错,那皇位非他莫属。刘恒此时很纠结,就决定用占卜来做决定,占卜的结果表示他即将成为皇帝。

于是,刘恒决定进京。但是他这个人非常谨慎,他先派自己的舅舅薄昭到长安打探虚实,得到肯定答复后,刘恒才开始启程。走到距离长安五十公里的高陵时,他先暂时停止前行,派宋昌进城看看情况,宋昌进城后发现一切正常,大小官员已经等候准备迎接代王入京。宋昌将情况告诉刘恒,刘恒这才放心,进入长安城,在陈平、周勃等群臣的拥戴下,继承了皇位,是为汉文帝。

二

虽然登上了皇位，但刘恒很清楚，一直被冷落的自己能一跃成为皇帝，实属不易，但想坐稳这个位置，更加不易。

为了让自己能够真正把控住局面，他即位后采取了一系列措施，首先任命宋昌为卫将军，统帅拱卫京城的南北军，把军权抓到了自己手里。任命自己另一个心腹陈武为郎中令，负责守卫宫廷门户，把宫中的一切事务控制在手中。同时，对拥立他的功臣们一一赏赐，封官进爵，对被吕后贬斥的刘姓王都恢复了称号和封地，通过这些措施，他的皇位迅速得以稳固。

地位稳固后，接下来就是要树立权威，这就需要"杀鸡给猴看"，最大的功臣周勃就成为了这只"鸡"。周勃在诛灭吕氏，拥戴刘恒上位立了大功，当时的右丞相是陈平，他很聪明，上书说："高祖的时候，周勃的功劳不如我，诛灭吕氏，我的功劳不如周勃。"他表示应该将自己的位置让给周勃，在他一再请求下，文帝将周勃任命为右丞相，即第一丞相，陈平为左丞相，周勃成为了大汉王朝百官之首。

升职后的周勃头脑开始发热，在朝堂上显得有些骄慢，文帝比较有涵养，起初对他一直礼遇有加。有些大臣看不下去，对文帝说这样不对，有失君臣之礼。刘恒觉得有道理，开始对周勃态度变得严肃许多，周勃感到了变化，心里产生敬畏。这时候有人劝周勃说"你诛吕氏，立代王，威震天下"。但要小心功高盖主，引火上身，周勃这才清醒过来。

同时他觉得自己的水平确实比不上陈平，在这个位置上有些勉为其难。有一次文帝问周勃现在天下有多少刑事案件，周勃压根不知道，文帝又问他一年的财政收入情况如何，周勃还是不知道，又急又恐出了一身汗，文帝转问陈平，陈平说司法刑狱的问题可以问廷尉，钱粮方面的问题可以问治粟内史。文帝问："假如各有主事，那丞相管理什么呢？"陈平答道："丞相要管丞相的事，佐天子以理阴阳、顺四时，下遂万物之宜，外镇抚诸侯，使百姓亲附，使卿大夫各得任其职。"对他的回答，文帝深以为然。

周勃随即提出辞去右丞相职务，这正是文帝求之不得的，毫不犹豫答应了。文帝不再设左右丞相，而让陈平单独任丞相。没过多久，陈平死了，丞相之位暂时找不到合适人选，又让周勃担任了丞相，但过了不到十个月，文帝下令免去周勃的丞相之位，让他回到自己的封地绛县（山西省曲沃县东）。

没过多久，有人告发周勃意图谋反，文帝派人将他抓捕。周勃通过文帝的舅舅薄昭向薄太后解释并求情，说自己根本就没有谋反之心。薄太后也认为周勃不可能谋反，文帝找人重新去调查，没有找到确凿的证据，就把周勃放了。周勃最后颐养天年，终老而死，应该说结局还是很圆满的。

周勃的结局，让文帝在历史上留下了美名。通常来讲，谋反是灭三族的重罪，特别是对于功高盖主的功臣而言，经常会被皇帝以此为名诛杀，不管其是否真的要谋反，韩信、彭越都是如此，历史这样的惨剧还有很多，相比而言，文帝显得宽容大度，能做到这一点，确实很不容易。

三

从处理周勃这件事上，可以看出文帝有成为"圣贤之君"的潜质，但这仅仅是他圣贤之处的小小方面，在历史上对文帝的评价很高，能取得这样高的评价，大概因为他有三个方面的突出优点。

首先是从谏如流，就是能够虚心听得进别人的意见。人总是喜欢听一些好听的话，但真正有建议性的意见往往并不中听，所谓"忠言逆耳"，所以能否虚心听取臣下的意见，是判断帝王是否贤明的一个重要试金石。同时，它还有一个正激励的作用，如果能够听取逆耳的忠言，就会让手下的臣民更敢于直言，营造一种良好的氛围，这对有效统治国家无疑大有益处。

在这一点上,文帝做得非常不错。举两个例子,文帝手下有个叫做张释之的大臣,这个人非常耿直,直到什么份儿上呢,有一次文帝的两个儿子,太子刘启和梁王刘武同车入朝,在经过司马门时没有下车。司马门是皇宫的外门,按当时的规定,出入司马门都要下车,否则就要受到处罚。

一个太子、一个诸侯王没有下车,换做常人,可能睁一只眼闭一只眼就过去了,但偏偏赶上张释之,他拦住两人的车驾不让他们进宫,随后上书说太子和梁王犯了"不恭敬"的罪过。薄太后也听说了这件事,文帝亲自向自己的母亲认错,说没有管教好自己的儿子,薄太后见此就派人传皇上旨意,赦免太子和梁王,这两人才得以入宫。这件事后,文帝并没有怪罪张释之,反而觉得这个人很正直,一路提拔他担任了廷尉这样的高官。

张释之做了廷尉后,又发生一件事情,有次文帝出行,有个人惊了文帝所坐车驾的马匹,这人就被抓起来交由张释之处理。张释之调查了解有关情况,知道这个人远远地看到了车队,闪避不及就躲在了桥下,等了好一会儿觉得车队应该过去了,他出来时结果刚好碰到了正在通过的车队。按照当时的法律,这种情况应判"罚金四两",张释之也是这样判的。

文帝听说后非常生气,认为此人惊了皇帝的坐骑,却只判了罚款,实在难以接受。张释之解释说:"法律是陛下和天下人共同遵守的,现在法律就是这样规定的,要判重了,就会令法律在百姓中失去威信,如果当时把这个人杀了也就算了,现在让我来处置,我只能严格按照刑律来处罚。"文帝琢磨了一会儿,觉得张释之是对的,同意按照他的意见办。

还有一个直臣叫做冯唐,有一天文帝与冯唐聊天,冯唐讲起了赵国著名将领廉颇和李牧的故事,文帝听后感叹说如果自己有廉颇和李牧这样的将领,就不会再怕匈奴了。

冯唐当即泼了一瓢冷水，他说，陛下即使有了廉颇和李牧，也不会好好使用。文帝有些生气，问他何出此言。冯唐接着说，廉颇、李牧之所以能打胜仗，是因为赵国国王非常信任他们，只要求打胜仗，不插手具体事务。现在陛下手下有个将军叫做魏尚，曾经担任云中郡太守，他统兵有方，屡立战功，使匈奴不敢靠近云中，但却因上交敌人首级比上报的少了六个，就被陛下罢官、削爵、判刑，立了功劳却得不到封赏，犯了小错却受到如此重罚，魏尚尚且如此，即使有廉颇、李牧，又怎么能使得好呢。文帝听后不仅没有生气，反而因感觉听到真知灼见而高兴，立即恢复了魏尚云中郡太守的职位，还晋升了冯唐的官职。

第二个优点是善待百姓。与秦朝奉行法家思想统治国家不同，汉初实行的是"黄老之术"，倡导无为而治，简单说就是不瞎折腾，让老百姓休养生息。应该讲，这是顺应形势的理性选择，不想重蹈秦朝二世而亡的覆辙，就必须这样做，似乎没有别的出路。高祖时代，减轻赋税，厉行节俭。惠帝吕后时，依旧轻徭薄赋，慎用民力。

文帝继续沿用这样的治国理念，他即位不久，下诏书颁布养老令，对八十岁以上的老人发放米、酒、肉、帛等物品予以救济。同时下令各郡县不要搜罗奇珍异宝上贡朝廷。他多次下令降低田税和徭役，特别是将成年男子徭役减为每三年服役一次，在中国古代史上是个非常巨大的进步。

在减轻刑罚方面，他下令废除了肉刑，所谓肉刑就是那些损害身体而不能恢复的刑罚。文帝之所以下决心废除肉刑，和一个著名的历史故事有关。

当时齐国有个人叫做淳于意，他本是齐国的太仓令，后辞官行医，因常拒绝为富豪权贵出诊行医，被罗织罪名判处肉刑并被押送到长安。他没有儿子，只有五个女儿，他被抓走时非常失望地说："生孩子不生儿子，遇到紧急情况，一点儿用也没有。"或许受到这席话的刺激，他的小女儿缇萦伤心痛哭，跟随自己的父亲到了长安，上书朝廷为自己的父亲鸣不平，她说："死者不能复生，人被处以肉刑，便不能恢复原样，即使想改过自新，也没有办法。"她表示愿意为婢，替父亲赎罪。这份上书写得很恳切，恰巧被文帝看到了，文帝被她的孝心所打动。

文帝认为缇萦讲得很有道理，虽然有肉刑这样残酷的刑罚，可犯法的事情却远远没有禁止，过失在哪里呢？是因为道德的教化不够，有人犯了罪，还没有施以教育就砍断犯人的肢体，损伤犯人的肌肤，而且一辈子都不能恢复，根本不给他们改善从良的机会，这是非常不道德的。所以文帝下决心废掉了割鼻、断足、脸上刻字等肉刑，代之以剃头发、戴足枷、鞭打等，虽然会有外伤，但很快就会恢复。

文帝还下令废除了"诽谤妖言罪"，文帝意识到有这样的罪名，大家就都不敢讲真话，君王就没有办法知道自己的过失，无法召来天下贤良之士，所以文帝决心废除此罪，广开言路，以便听到各种不同的意见。

善待百姓还体现在对外关系上，在南部通过和平方式解决了南越王赵佗长期与中央对抗的问题，使赵佗削去帝号，重新臣服大汉。对北边的匈奴，继续采用和亲的政策，以维护稳定。这并不意味着文帝没有血性，而是他希望能用和平方式解决的就不采用战争方式，归根到底是为了老百姓着想，不再让战火连年不断。对外征讨看上去很热闹，但受苦受难的还是普通百姓，因此营造一个和平的外部环境，让百姓休养生息，在当时无疑是非常重要的。

第三个突出优点是勤俭节约。中国历史上四百多位皇帝，除了早逝来不及享受的外，大多喜欢奢华生活，动用天下资源，满足自己的私欲。能够像文帝这样节俭的，应该讲非常罕见。

他在位二十三年，宫殿、园林、服饰等没有任何增加。有次他想建一个露台，请人算了一下，需要耗费百余斤黄金，他说这相当十户中等人家的全部财产，现在享用先帝的宫殿，常常觉得有辱于先帝，还要建这样的露台做什么呢，于是下令取消了这个项目。

文帝平日穿的都是比较粗糙的丝制衣服，他也要求宠爱的慎夫人不要穿拖到地面的裙服。文帝使用的蚊帐不允许使用绣花的丝织品，他这样严格要求自己，就是要为天下人树立简朴的榜样。平心而论，作为最高统治者，能做到这一点并不容易。因为他控制着整个国家的资源，同时人的欲望非常容易膨胀，资源与欲望的结合，会产生巨大的叠加效应，很容易让帝王们在形形色色的诱惑面前迷失自己。

难能可贵的是文帝的节俭不是心血来潮，也不是短暂的作秀，而是一以贯之，直到他驾崩。他规定自己死后，建造陵墓一律用瓦器，不准用金银铜铁等金属做装饰，也不要建高大的坟丘，一切从简，不要耗费太多的人力物力。文帝的霸陵依山起陵，没有封土，从出土的一些文物看，确实只有瓦器，没有金银珍宝，如此简朴的帝王陵墓，在中国历代帝陵中非常罕见。

文帝用自己杰出表现，使自己成为中国古代史上一代明君典范。在他统治下，国家秩序井然，没有大的战乱，百姓安居乐业，汉朝逐步走向了强盛。

公元前157年，文帝刘恒在未央宫驾崩，走完了自己四十五年的人生，谥号"孝文"，庙号"太宗"。

死前他留下遗诏，笔者认为这份诏书写的很好，值得千古流传，遗诏开篇说道："朕闻盖天下万物之萌生，靡不有死。死者天地之理，物之自然者，奚可甚哀？当今之时，世咸嘉生而恶死，厚葬以破业，重服以伤生，吾甚不取。且朕既不德，无以佐百姓；今崩，又使重服久临，以离寒暑之数，哀人之父子，伤长幼之志，损其饮食，绝鬼神之祭祀，以重吾不德也，谓天下何！"

意思是说：朕以为天下万物只要有生命，没有不死的。死，是天地之间的常理，是万物消长的自然规则，没有什么可悲的！当今之世，人们都乐于生而厌恶死亡，为了追求厚葬而不惜倾家荡产，为了强调服丧尽孝而损害身体健康，朕很不赞成这种做法。何况朕既没有什么德行，又没有给百姓带来好处，而今死了，如果再让臣民长期为朕服丧哭祭，遭受寒冬酷暑的磨难，使天下悲哀伤心，使老人流涕伤感，守丧期间再限制饮食，停止对鬼神的祭祀，这正是加重朕的失德，让朕怎么对得起天下的人呢？

接着说道："朕获保宗庙，以眇眇之身托于天下君王之上，二十有馀年矣。赖天地之灵，社稷之福，方内安宁，靡有兵革。朕既不敏，常畏过行，以羞先帝之遗德；维年之久长，惧于不终。今乃幸以天年，得复供养于高庙，朕之不明与嘉之，其奚哀悲之有！"就是说：朕有幸获得拱卫先帝宗庙的祭祀，以渺小的身子，称尊于天下诸侯王之上，已有二十余年了。感谢上苍神灵保佑，国家有福，境内一片升平，没有战争。朕并不聪明，时常担心自己做了错事，玷污先帝盛大的恩德。惧怕寿命太长，自己因失德而不能善终。现在万幸的是我得以享尽天年，将追随先帝的在天之灵，还有什么值得悲哀。

对于自己后事的安排，文帝提出的要求非常具体，他下令从遗诏颁布之日起，悼吊三日，便都换下丧服。不可禁止百姓娶妻、嫁女、祭祀、饮酒、吃肉。从办理丧事、参加祭奠的亲属和官员开始，都不要打赤脚。头系的麻巾，脚扎的麻绳，宽度都不要超过三寸。不要在车辆和兵器上套戴丧服的标志，不要组织百姓到宫中来哭灵吊丧。宫中应当哭祭的亲属和官员，都要在早晚规定的时间来，致祭时才哭，祭罢，即行停止。非早晚哭祭时间，严禁任何人擅自到祭坛哭泣。安葬之后，应穿九个月丧服的，改穿十五日；应穿五个月丧服的，改穿十四日；应穿三个月丧服的，改穿七日，期满即行脱下。他要求自己陵墓周围的山脉河流，都保持原貌，不许更改。后宫的嫔妃，从"夫人"到"少使"，都送她们回家。

这份遗诏在《汉书》中被记载，真实性应无问题，遗诏中文帝没有标榜和吹嘘自己的功劳，只有对死亡的从容坦然，对臣民的体恤关爱，他自认为自己渺小而微不足道，故不希望自己的死给国家造成浪费，给百姓带来负担，文帝生前最后的嘱托，所表现出的开明大义和胸怀气度，在中国历代帝王中堪称典范。故司马光如此评价道："专务以德化民，是以海内安宁、家给人足，后世鲜能及之。"

四

文帝驾崩后，太子刘启继位，是为汉景帝。刘启并不是文帝的长子，文帝在做代王时，自己的王后早早去世了，王后所生的四个儿子也都不幸陆续去世，这样刘启成为活着的儿子中的老大。刘启的母亲窦姬当时很受文帝宠爱，于是文帝继位后，封刘启为太子。刘启做了二十多年太子，在自己三十二岁那年登上了皇位。

景帝统治时期，发生的最大历史事件是"七国之乱"。其源头是西汉初年高祖分封了许多刘姓诸侯王，这些诸侯王有土地有军队，权力很大，逐步成为中央政权的威胁和隐患。

在文帝统治时期，先后发生了济北王刘兴居反叛和淮南王刘长谋反事件，就已为中央朝廷敲响了警钟。当时著名的才子贾谊上书文帝，就如何处置藩王隐患提出了建议。

在这篇著名的《治安策》中，贾谊指出危害西汉王朝政治安定的首要因素，是诸侯王的存在以及他们企图叛乱的阴谋。他说在文帝初即位时，天下还算安定，主要因为不少诸侯王年纪尚幼，而汉王朝派去的太傅、国相还能掌握实权。但是，几年之后，诸侯王们大都长大，而汉王朝派去的太傅、国相年老多病，各诸侯王国的丞、尉以上的官职，都被诸侯王们安插了自己的亲信来担任。这样的形势发展下去，天下很难继续安定。

贾谊形象地指出如今汉朝就像得了浮肿病，一条小腿肿得几乎同腰一样大，一个指头肿得几乎和大腿一样粗，只能平放而不能伸屈，一两个指头疼起来就不得了。如果不及时治疗，一定会成为不治之症，将来虽有扁鹊那样的名医，也没有办法治了。

那么，切实可行的对策是什么呢？贾谊根据"大都强者先反"的历史教训，提出了"众建诸侯而少其力"的策略。也就是说，在诸侯王死后，他的封地应该分割为若干块，分封给他的几个儿子。这样，可以让诸侯王的子孙们放心，他们知道会按制度受到分封，就不会反叛朝廷了。诸侯王的封地，一代一代分割下去，愈分愈少，直到"地尽而止"，力量也就愈来愈削弱下去了，这就叫做"割地定制"。

文帝对此虽然深以为然，但是他一直倡导清静无为的治国方针，不愿意由此生出波澜，况且全面削藩的条件在当时也不具备，所以并没有完全采纳贾谊的建议。但是后来齐王死的时候，文帝把齐国分割成六块，立齐王的六个子弟为国王，又把淮南国分割为三块，文帝多少还是在这方面做了一些实践，但也只能做到这一步。

景帝即位后，中央朝廷中又出现了"削藩"的呼声，其中表现最坚决最高调的是晁错，他胸怀大志，博学多才，同时能言善辩。他在文帝时代就曾建议，要设法消除诸侯王的威胁，文帝当时没有采纳。景帝继位后，他又向刘启提出相同的建议，景帝本来就有这样的打算，两人一拍即合。

晁错认为藩王中实力最强的是吴王刘濞，刘濞是高祖刘邦哥哥刘仲的儿子，论辈分比景帝大得多。刘濞封地自然条件得天独厚，有铜山可以开采，还有海盐可以提炼，他自己铸钱，使得"吴钱通天下"。同时由于国家很富裕，百姓也不用交赋税，极大地笼络了人心，日益成为中央政权最大的威胁。

刘濞在历史上和景帝有很大的过节，刘启少年时与刘濞的儿子一起下棋，两人发生了争执，刘启将棋盘向这位吴国太子掷了过去，不巧正好击中吴太子的要害，吴太子不治身亡。刘濞听到此消息，非常伤心和气愤，吴太子遗体被送回吴国，刘濞愤怒到达了顶点，说道："天下的刘家是一家，既然死在长安，就应葬在长安，何必送回吴国呢。"于是又将遗体送回了长安。从此后，刘濞不再进京觐见，虽然这样做有违君臣之礼，但文帝知道真实情况后，没有怪罪于他，默许他不来京觐见。

晁错建议拿吴王先开刀，他对景帝说现在削去吴王的封地，刘濞一定会造反,不动手他迟早也会反,既然如此,早点动手效果更好,时间拖得越长隐患就会越大,景帝令公卿列侯和皇族讨论此事,其他人没有意见,只有外戚窦婴站出来表示强烈反对,景帝将此事暂时放到了一边。

景帝先对其他诸侯国采取了措施,先后借机削减楚王、赵王、胶西王的封地,诸侯王们都知道背后出主意的是晁错,所以恨透了他。

晁错父亲听说这件事后,从外地赶到长安劝说自己的儿子收手,他对晁错说:"侵削诸侯,疏人骨肉,口让多怨,公何为也!"意思是这都是人家刘家自己家里的事情,犯得着多管闲事而给自己带来祸患吗。晁错不这样看,他对自己父亲说,他这样做是为让天子的权威能够立起来,让大汉的江山社稷更加稳固。晁错父亲规劝无效,觉得大祸会很快降临到晁家,不久便自尽而亡。

父亲的死,并没有动摇晁错削藩的决心,刘濞看到其他诸侯王纷纷遭到打压,感到阵阵寒意,他知道自己作为实力最强的诸侯王,一定是皇帝心头最大的隐患,灾祸迟早会降临到自己头上,与其坐以待毙,不如起来造反。

不过如果只是自己起兵,显得有些势单,他听说胶西王勇猛好武,就派使者去说服胶西王联合造反,胶西王刘昂起初并不愿意,在使者不断劝说下,刘昂最终同意铤而走险。刘濞还联络楚王和其他几个诸侯国,可能是对于削藩的恐惧,几个诸侯国都同意参与造反。公元前154年,景帝下令削去吴国两个郡的封地,刘濞认为景帝要对自己动手,于是正式起兵叛乱。楚、赵、胶西、胶东、淄川、济南六国纷纷响应,历史上把这次叛乱称为"七国之乱"。

五

刘濞为造反做了充分准备,他将国内十四岁到六十二岁男子征召入伍,组成了二十多万的军队,他同时为叛乱找了一个冠冕堂皇的理由,即"清君侧",意为起兵并不是要推翻皇帝,而是帮助景帝清理身边的奸臣晁错。

七国联合叛乱,震惊了朝廷。这时窦婴向景帝推荐一个人,此人名叫袁盎,曾经在吴国做过国相,他对吴国情况非常清楚,景帝召见他问询有关事宜。

景帝问袁盎对七国之乱的看法,袁盎表示虽然叛军来势汹汹,但并不足为忧。景帝不解,袁盎解释说刘濞虽然实力雄厚,但真正的豪杰不会帮助他,他麾下的大多是被物质诱惑的无赖子弟,乌合之众成不了气候。景帝接着问他有何退敌之策,袁盎表示要让包括晁错在内的人全部退下后方才能说,众人离开后,袁盎对景帝说七国叛乱的目的是诛杀晁错,恢复过去的领地,如果立即杀了晁错,并赦免他们叛乱的罪行,应该可以兵不血刃地平息此乱。

景帝听后陷入沉默,他的内心此刻非常矛盾,他一方面觉得袁盎说得有道理,毕竟叛军打的是"清君侧"的旗号,并不是朝着自己来的,但另一方面觉得晁错忠心耿耿,他提出削藩的建议也是为了大汉社稷的稳固,对晁错痛下杀手,景帝觉得于心不忍。

但景帝转念想,如果不能和平解决这场叛乱,定会天下大乱,血流成河,即使最后平定叛乱,国家实力也会大为折损。权衡许久,景帝下定决心,为了天下安定而不能怜惜晁错一人。景帝下令在上朝时逮捕晁错,并直接押送到东市腰斩,晁错死时还穿着朝服,心里还没搞清楚怎么回事,便丢掉了性命,不幸的是他父亲当年的预言居然真的得到了应验。

杀掉晁错后,景帝派袁盎去见刘濞,告知其晁错已死,要求刘濞退兵,但遭到刘濞的拒绝,刘濞说:"我已为东帝,尚何谁拜?"他的目标是那个高高在上的皇位,除掉晁错只是清除了一个障碍,接下来他要清除通往皇位上最大的障碍——景帝刘启。

消息传来,景帝非常悔恨,顿时觉得自己好傻好天真,但世间没有后悔药,此时能做的是整顿军备,全力以赴武力平叛。此时景帝想起了父亲身前的嘱托，如遇危急的形势，周亚夫可以委以重任。

周亚夫是诛灭吕氏一族头号功臣周勃的儿子，文帝之所以这样信任周亚夫，是因为一件事情。

文帝在位时，匈奴会有些小规模的袭扰，文帝命周亚夫等几位将军驻兵于长安周围，有一次文帝到几个军营劳军，在其他兵营很容易就能进得去，但在周亚夫驻扎的细柳军营，将士们身披盔甲，手持利刃，拉满弓弦，一副马上要打仗的劲头。文帝快到时，手下对守营卫兵大喊："天子即将驾到。"军士却说在军营中只听将军号令，文帝到后，军士不让其进，文帝派人到军营找到了周亚夫，方才进入营门。进去后军士又说，军营内不能快马急行，文帝只好让车马缓缓而行。

经过一番折腾，好不容易见到周亚夫，只见周亚夫手持兵器行礼，表示自己军令在身，只能行军礼，不能行跪拜之礼，文帝手下都很生气，觉得周亚夫有些过分，文帝却说周亚夫才是真将军，其他军营如同儿戏，如果敌人来袭，一定会被击败，从此以后，文帝对周亚夫另眼相看，觉得他是大将之才，所以推荐给自己的儿子刘启。

六

景帝任命周亚夫为统帅，领兵前去平叛。同时命窦婴为大将军，坐镇荥阳，作为接应。此时在东进路上的吴楚联军，遭到了景帝之弟梁王刘武的顽强抵抗，这位皇弟表现得非常给力。

在叛军不断攻击下，梁王刘武向朝廷告急，周亚夫认为吴楚联军势大，正面决战难以取胜，建议用梁王军队拖住吴、楚主力，寻找时机切断对方补给，最终击溃叛军，景帝同意了周亚夫的计划。

但梁王感觉很难再撑下去，他直接向周亚夫求援。周亚夫没有理会，派军队向东，屯兵于梁国以北的昌邑（在今山东巨野西南），坚守不出。梁王再次派人求援，周亚夫还是不发救兵。最后梁王无奈写信给自己的皇帝哥哥，景帝下诏要周亚夫派兵增援，周亚夫还是不为所动。刘武只能横下一条心，凭借自己的力量死拼到底。

在刘武的拼死抵抗下，吴军迟迟无法攻克梁国，转而杀向周亚夫的军队。周亚夫坚守壁垒，另派轻兵南下，断绝了叛军的粮道。吴军断粮后，士兵饥饿而不能久战，想加大攻击力度，意图早日攻克昌邑。但无论如何挑衅，周亚夫都不出战，无奈之下只能夜袭周亚夫军营，周亚夫对此早有准备，吴军大败，周亚夫率军追击，大破吴、楚联军。

刘濞乘夜逃走，渡过淮河逃至丹徒（今江苏镇江），退守东越，并派人招集残兵。汉廷派人以利引诱东越王，东越王找个机会刺死刘濞，将其首级献给朝廷。叛军溃散后，楚王刘戊自杀而死，不久后，胶西王、赵王自杀而死，胶东王、淄川王、济南王也都伏法被诛。只有济北王刘志是因被胁迫参与叛乱，后坚守不发兵，所以得到赦免。

这场叛乱持续了三个月，虽然时间不长，但却引起了朝廷巨大的震动，让景帝真真切切感受藩王的强悍，极大增强了景帝削藩的决心。趁着平定叛乱的余威，他下令诸侯国的丞相改为"相"，御史大夫、廷尉等和中央机构同名的官职被废除，大幅增加中央派遣官吏人数，这些官员不是为诸侯王效力，而是负责监视诸侯王。同时诸侯王的收入仅限于由中央派遣的官吏在其封国内征收的租税，不允许其通过擅自经营制盐、冶炼等获得其他收入。通过这些措施，诸侯国的独立性遭到削弱，较大程度减轻了藩王对中央的威胁。

除了七国之乱给百姓带来短暂灾祸外，景帝对国家的治理相当不错，他和自己的父亲一样，继续实行休养生息的政策，把赋税调整为三十税一，就是官府只要百姓收成的三十分之一，极大减轻了百姓负担。同时他慎用民力，在位期间，除了为自己修了一座规模不大的陵墓外，基本上没有兴建大型工程。

在减轻刑罚方面，他延续文帝的做法。文帝时期取消肉刑，代之以鞭刑等刑罚，但接受鞭刑的人常常被打残打死，景帝因此下令废除了鞭刑，将分裂尸体的磔刑改为弃市。他强调"治狱者务先宽"，要求办案人员要依法定罪，疑罪从轻。凡是有罪犯不服的案件，都必须重新评议，不得草菅人命。在思想领域，继续采用兼容并包的策略，允许百家争鸣。外交上则延续和平政策，不轻易付诸武力。

在对待外戚上，景帝保持清醒头脑，他既不让外戚专权，也会任用有才干的外戚担任一定的官职，窦婴在平定七国之乱中立下功劳，窦太后几次请景帝任命窦婴为丞相，景帝都没有答应，景帝认为窦婴虽然有才干，但行为比较轻薄，丞相之位需要沉稳之人担任，窦婴并不合适。

在景帝统治时期，经济社会继续发展，百姓生活持续改善，将汉初残破景象一扫而光，出现了社会安定、经济繁荣、百姓安乐的景象。司马迁在《史记》中记载说："非遇水旱之灾，民则人给家足，都鄙廪庾皆满，而府库余货财。京师之钱累巨万，贯朽而不可校；太仓之粟陈陈相因，充溢露积于外，至腐败不可食。"就是说太仓里的粮食多到腐烂，国库里钱财太多连串钱的绳子都朽断了。历史上把文帝和景帝统治时期称作"文景之治"，这是中国古代史上第一个盛世，大汉由此一步步走到了最强盛的时期。

公元前141年，景帝刘启驾崩，他在位十六年，死时年仅四十八岁。他的父亲文帝刘恒活了四十五岁，两人的寿命都不算长，但他们联袂创造的文景盛世，永远照耀着中国历史奔腾不息的长河。

第十一讲　犯大汉者虽远必诛

一

景帝驾崩后，中国历史非常著名的一位帝王——汉武帝刘彻走上了历史舞台。刘彻的生母叫做王娡，是一位具有传奇色彩的女性。

王娡的母亲是七个异姓王中最早造反的燕王臧荼的孙女，名字叫臧儿。臧儿先将自己的这个女儿许给了一个姓金的普通人家，后来听算命的说，王娡是大富大贵之人，臧儿对这桩婚姻感到很是后悔，便想让王娡离婚，但金家不肯，于是臧儿想法设法将王娡送进了太子府，没想到她被当时还是太子的刘启看上，接连生下三女一子，其中的男孩就是汉武帝刘彻。

王娡虽然很受景帝宠爱，但她并非当朝皇后，只是一位"夫人"，这注定刘彻登上皇位的路途不会一帆风顺。

起初刘彻最大的威胁是梁王刘武。景帝的母亲窦太后先后生了二男一女，兄弟俩是景帝刘启和梁王刘武。女儿叫做刘嫖，也称长公主。

景帝和自己弟弟刘武关系很好，从小形影不离，在一次宴请梁王刘武的酒宴中，景帝有些喝高了，情不自禁对刘武说："等我百年以后，就把皇位传给你。"当时窦太后和刘武都感到有些吃惊，但也没太往心里去，只当做是景帝的醉话。

七国之乱中，刘武奋力拼死抵抗，体现了对皇兄的绝对忠诚，为最后平息叛乱立了大功，窦太后心里渐渐有了这方面想法。刘武在自己封地大兴土木，营造宫殿，外出的礼仪搞得很隆重，表现得很高调，似乎也在为当皇帝做热身。

这时候，朝中的大臣袁盎等听到一些风声，他们向景帝陈明利害，坚决反对将皇位传给刘武，景帝觉得他们说得有道理，就不再提传位于刘武这件事。梁王由此感到很失望，失望之余做出一件蠢事，他派人去刺杀袁盎等人，但事情败露，刺客被抓后供出了刘武。景帝看在兄弟情分上，原谅了自己的弟弟，但从此不再信任他，刘武不久后在郁愤之中暴病而亡。

梁王对皇位的威胁解除后，与刘彻争夺皇位的是景帝其他儿子们。景帝一共有十四个儿子，但由于景帝的第一位皇后薄氏没有生下儿子就死了，所有景帝没有嫡子，这就意味着这十四个儿子都有可能成为太子，这样的情形下，最占优势的是长子刘荣。

果不其然，景帝把刘荣立为太子，同时封刘彻为胶东王。刘荣最后之所以没有登上皇位，问题的根源出在他母亲栗姬身上。

曾经有一个很好的机会摆在栗姬的面前，抓住了这个机会，刘荣继承大统基本是板上钉钉。这个机会就是景帝的姐姐长公主刘嫖，想把自己的女儿陈阿娇许给刘荣，意思不言自明，是想让自己的女儿将来能成为皇后。栗姬如果答应这门亲事，就建立起与长公主、窦太后之间的紧密关系，而景帝非常尊重自己的母亲和姐姐，如此这般，刘荣登上皇位应无太大问题。但出人意料，栗姬竟拒绝了这门亲事，也无从知道她是如何想的，但从此长公主与她结下了梁子。

长公主一直很喜欢刘彻，在被栗姬拒绝后，又想着把陈阿娇许给刘彻，这对王娡来讲是求之不得的好事，她立即表示愿意结亲，唯一的障碍是陈阿娇比刘彻大几岁，景帝因此开始不太同意。长公主就当着景帝的面问刘彻是否愿意，尚处年少的刘彻说："如果能娶阿娇为妻，我一定要造一所金屋给他。"这就是成语"金屋藏娇"的由来，景帝一看你情我愿，也就不再阻拦，长公主和王夫人成为了儿女亲家。

据历史记载，栗姬的嫉妒心比较重，在后宫人缘比较差。所以景帝虽然立了刘荣为太子，但迟迟没有立栗姬为皇后。景帝担心自己死后吕后专权一幕会重演。正在纠结之即，长公主站了出来，她抓住一切机会为刘彻说好话，长公主对弟弟的影响非常大，同时景帝觉得刘彻确实聪明可爱，在权衡许久后，景帝决定废掉刘荣的太子之位。

不久，景帝立王夫人为皇后，刘彻为太子，原太子刘荣废为临江王，刘彻就这样在皇位之争中脱颖而出，成为皇位继承人。成为太子后，景帝非常重视对刘彻的培养，请来丞相卫绾做刘彻的老师，青少年时代的刘彻非常爱学习，这为他以后的治国安邦打下了良好的基础。

二

景帝驾崩后，刘彻登上皇位，开始他波澜壮阔但又众说纷纭的一生。刘彻登基时是十六岁，他的父亲和爷爷给他留下相当不错的家底。

新官上任三把火，这位新皇帝也如此，刘彻刚登上皇位，就显得与众不同，下发的第一道诏书要求各地推举贤良之士，来辅助自己成就一番伟业。接着对人事做了调整，并提出了一系列改革措施，其中不少举措是要推崇儒家，这遭到了自己祖母窦太后的反对。

窦太后本来很少干预朝政，但她对一件事很敏感，即"好黄老言，不说（悦）儒术"，窦太后对他夫君也就是汉文帝所奉行黄老无为政策很推崇，对儒术非常反感，所以对武帝一些做法有些意见。

此时御史大夫赵绾上书，提议朝中的事情索性不要告诉窦太后。这一下子捅了马蜂窝，窦太后知道后大怒，她迫使武帝罢免了丞相窦婴和太尉田蚡，把上书的赵绾和郎中令王臧关押起来，这两人后被逼自杀。窦太后从被立为皇后开始，历经三朝，已经四十多年，在朝廷里根基很深。胳膊拗不过大腿，汉武帝只能暂时退让，等待时机。

公元前135年，历经三朝的窦太后去世，刘彻终于可以自己说了算了,他立即下令将自己祖母安插的大臣罢免,并清除了其党羽亲信,任命自己信任的人担任丞相、太尉、御史大夫等重要职位。解决了人事问题后,武帝准备挥开膀子大干一场了。

武帝首先要解决的是统治思想问题。通常来讲,一个王朝用什么样的思想进行统治,与面临的形势时局密切相关。秦朝推行的是法家思想,推崇暴力和刑罚,这使得秦朝在战国乱世中得以强大,并最终灭掉了六国,但统一天下仍然沿用这样的统治思想,致命缺陷便凸显出来,这也是导致秦帝国过早灭亡的重要原因。

汉朝初建,整个王朝最重要的任务是尽快医治战乱创伤,稳固大汉统治,所以高祖、文帝和景帝时代,基本上采用"清静无为、与民休息"的方略,不让过多的国家行为干扰百姓生产生活,用现在的话说,就是"不瞎折腾",这种思想实质上是老子倡导的"无为而治",在当时被叫做黄老学说。

基于黄老学说所构建的治理模式,在当时非常有效,产生了中国历史上著名的盛世——"文景之治",但是随着战争创伤的抚平,经济社会的发展,利益诉求出现了多元化,社会情况变得非常复杂,出现了统治隐患和危机。所以黄老学说很难继续一成不变地维系下去。形势的发展要求必须要从"无为"转向"有为",采取积极措施维持良好的统治秩序。在景帝时代,这个问题已经开始显现,到了武帝时代,已经到了非解决不可的地步。

武帝登基后,便意识到这个问题,逐步开始调整统治思想,但却遇到了祖母窦太后的阻挠,等汉武帝终于可以说了算后,很快就将此事提上议事日程。

公元前134年,武帝下诏征求治国方略,一位叫做董仲舒的读书人作为贤良被推举参加对策,他本身是以研究《春秋》而著名,自然要站在儒家的立场上说话,武帝策问三次,他对策三次,这三次对策文字,形成了著名的《举贤良对策》。

在对策之中,董仲舒最吸引武帝的是"大一统"的思想。董仲舒认为,

《春秋》里所主张的"大一统"是天地的常理，是适应古今任何时代的道理。根据"大一统"的普遍法则，思想也必须大一统，统一到哪里呢？董仲舒建议凡是不在"六艺之科、孔子之术者"，皆视为"邪辟之说"，予以禁止。只有这样，才能用统一思想规范社会，每个人都不会因想着天上掉馅饼而铤而走险，大汉的统治才能够稳固。

这就是"罢黜百家、独尊儒术"的由来。当然，这八个字并不意味着其他思想全都被抛弃，它的真正目的是建立一个以儒家为核心，融合诸子百家思想，满足大一统国家所需要的主流意识形态。

不过在武帝时代，董仲舒虽然提出了这样的思想，得到了武帝的认可，但并没有完全落实在治国策略之中，而是更多地把它作为一种意识形态来倡导，从具体治国举措上，武帝还是比较务实的。

首先从他的用人上可以看出，班固曾经罗列汉武帝重用的一批人才，包括公孙弘、卜式、倪宽、李延年、桑弘羊、张骞、卫青、霍去病、霍光、金日䃅等，其中能够称得上儒学出身的，只有公孙弘、董仲舒和倪宽，而三人中，董仲舒的儒学素养远超于公孙弘，而且比公孙弘年轻二十一岁，但是武帝认为公孙弘更为实干，加以重用，让其官至宰相，而董仲舒，虽然学问更高，并提出了一系列学说，却始终没有得到重用。

从武帝的治国套路上看，对内强化中央集权，对外通过武力开疆拓土，这些也都不是按照儒家行事，所以，后世把武帝的治国策略归结为"外儒内法"，或者也可称之"儒表法里"。

虽然如此，武帝看到了儒家作为一种意识形态，在维护皇权方面的重要作用，他由此采取了一系列提升六经和儒学地位的举措，比如设立了太学，这是中国历史上第一所国立大学，国立大学的历史可以由此追溯。又如在如何选拔人才的问题上，武帝听从了董仲舒的建议，建立了由察举、太学、征召等形式组成的选人机制。

钱穆先生在《中国政治制度得失》中对这样的人才选拔机制做过一番论述："一个青年跑进太学求学，毕业后派到地方服务。待服地方行政有了成绩，再经长官察选到中央，又须经过中央一番规定的考试，然后才正式入仕。"钱穆先生认为由这些人组成的政府，不能叫做贵族政府，或者军人政府或资本主义政府，而应该叫做"读书人政府"。而这些读书人中涌现出一批政治、经济、军事、外交等方面的人才，为西汉的强盛做出了重要贡献。

　　解决了统治思想问题，紧接着武帝推出一系列内政方面的改革，这些改革的核心是要进一步加强中央集权，最重要的措施是颁布了"推恩令"，这个命令直指分封制。自西汉建立伊始，各诸侯国成为中央政权的威胁，"七国之乱"后，景帝采取一些方法，使得藩王对中央的威胁有了较大削弱。为了一劳永逸解决这个问题，武帝采纳了主父偃的建议，实施了"推恩令"。

　　推恩令的内容是什么呢？就是规定诸侯国除由长子继承王位外，还可以推恩将其他诸子在原封地封侯，新封的侯国不再受国王管辖，直接由各地郡县来管理。这表面了给了诸侯王更大的权力，可以加封其他儿子，但实际上是将一个大的诸侯国变成了一个个小的侯国。诸侯王一般都是妻妾成群，子孙满堂，开了这个口子以后，这些子孙都会要求封侯，诸侯王很难拒绝，子孙越多，恩就越推越广，王国就会越发缩小，诸侯国的政治军事权力基本被剥夺，说到底，这是一个"釜底抽薪"的策略。这个办法确实不错，不仅彻底消除了藩王对中央的威胁，还落了个"推恩"的好名声。

三

　　诸侯割据的危机消除后，武帝可以腾出手解决外患了。西汉最大外患无疑是匈奴，自从汉高祖白登之围后，西汉对匈奴奉行和亲政策，虽然有些小的冲突，但大体上北部边境还算安稳。不过这份安稳的背后，却夹杂着一份屈辱。

　　在刘邦去世后，匈奴的冒顿单于给吕后写了一封信，信中说："孤偾之君，生于沮泽之中，长于平野牛马之域，数至边境，愿游中国。陛下独立，孤偾独居，两主不乐，无以自虞，原以所有，易其所无。"意识是说："我生于北方草原，有几次来到汉匈边境，很想到汉朝去看看。你现在是单身，我也是单身，都很寂寞，我们为什么不能结为夫妻呢，我们彼此交换有无、互相取悦？"这封像是"情书"的信件，字里行间显得相当不敬，充满了一种调戏和侮辱之意。

吕后认为受到了奇耻大辱，想出击匈奴。自己妹夫樊哙主动请缨，愿率十万雄兵出击匈奴。但中郎将季布指出刘邦当年在与匈奴之战中未占得便宜，不得已采纳刘敬的和亲建议，才换取汉初社会经济的恢复与发展，如今汉朝的军事实力依然不及匈奴，还是宜继续和亲为上。

吕后思量后觉得季布说得有理，汉朝的实力确实不足以与匈奴对抗，所以只能先忍着，她命人回了一封信说："单于不忘弊邑，赐之以书，弊邑恐惧。退而自图，年老气衰，发齿堕落，行步失度，单于过听，不足以自污。弊邑无罪，宜在见赦。窃有御车二乘，马二驷，以奉常驾。"说自己已经年老色衰，走不动了，不足以侍奉单于，现在只能送"御车二乘，马二驷"用作陪伴单于的座驾。实际上是低声下气的婉言拒绝。单于笑纳之，表示歉意，"因献马，遂和亲"。

经过文景之治，经济得到恢复和发展，武帝如今有了解决外患的本钱，他下决心要洗刷前耻。

虽然下了决心，但武帝没有贸然发动进攻，他从匈奴人那里听说，有个国家叫做月氏，这个国家的人原来生活在敦煌和祁连山之间，后来在匈奴的攻击下被迫西迁，月氏由此恨透了匈奴，一直想复仇，但又担心自己实力不济。

武帝听到这个讯息，就想派人去与月氏联络，联合夹击匈奴。武帝下令招募出使之人，一个叫做张骞的郎官愿意去冒这个险，汉武帝令他率一百多人，从长安出发出使西域，联络月氏。

在汉朝和月氏之间，大片的区域被匈奴控制，张骞和随从走到这里的时候，被匈奴人发现并扣押，这一扣就是十几年，匈奴单于对他还算不错，不仅没有杀他，还给他娶了一个匈奴老婆。但张骞一心向汉，一直等待着能有逃跑的机会。苦苦地等待了十几年，终于等到了一个良机，他和自己的随从甘父成功逃脱。

逃走后的张骞并没有向东南返回汉朝，他牢记自己的使命继续西行去寻找月氏，先到了大宛国。大宛国王听说过汉朝比较强大，所以对张骞很友好。张骞请求大宛国王护送自己到月氏。经过一番波折，张骞终于到了月氏，如今月氏人定居在妫水流域一带，这里气候温暖，土地肥沃，月氏人在这里安居乐业，建立了"大月氏"国，对报复匈奴早已没有兴趣。

张骞住了一年多，觉得说服月氏联合夹击匈奴已没有可能，于是决定返回长安。回程虽然改变了路线，但他还是被匈奴人抓住了，不过这次还算幸运，过了一年，由于匈奴发生内乱，张骞带着自己的匈奴媳妇和甘父顺利逃脱，历经千辛终于安全返回长安。

张骞虽然没有完成使命，但是他在西域住了十几年，所见所闻甚多，回到长安后，他把这些见闻讲给武帝听，武帝觉得很新奇，顿感大开眼界，非常想联络这些国家，但由于匈奴横亘在中间，暂时没有太好办法。

七年以后，在取得对匈奴的阶段性胜利后，张骞向武帝提出再次出使西域，联合乌孙人攻击匈奴，武帝同意了他的建议，张骞此次出使与上次不可同日而语，规模要大很多，这次，张骞顺利到达伊犁河流域和伊塞克湖一带，但正赶上乌孙闹内乱，乌孙人不愿与匈奴为敌。在这次出使中，张骞派诸多副使到了西域各国，建立了与这些国家的联系。

严格的说，张骞的两次出使都带有军事目的，从这个意义上说，张骞并没有完成自己的使命，但却产生了更为重要的历史意义，便是建立了汉朝与西域各国的直接联系，伟大的"丝绸之路"由此诞生，从此中原的丝绸、铁器、工艺品以及后来的纸张从这里传递到西方，西域的葡萄、石榴、苜蓿、皮毛以及音乐、舞蹈和后来的佛教等进入中原，影响异常深远而又广泛。

四

武帝在张骞第一次出使后，一直等着好消息，左等右等却没有丝毫踪影，武帝决定不再等月氏而选择自己单干。公元前133年，北方边境要塞雁门一个叫做聂壹的富商通过大臣王恢向武帝献计，建议采用诱敌之计围歼匈奴，武帝采纳了他的计策，调集三十万大军，埋伏在马邑山谷，准备给匈奴出其不意一击。

聂壹出塞见到了军臣单于，建议他派兵攻击马邑，自己会里应外合，攻击所得都归单于。单于觉得有利可图，率兵十万向马邑而来，走到离马邑还有百余里的地方，发现牛羊遍地，但无人放牧，单于觉得很可疑，向附近一个汉朝的哨亭发动攻击，抓到一个汉朝官员，这个官员将汉军准备围歼匈奴的事情告诉单于，单于大惊，急忙退兵。汉军精心策划的军事行动最终一无所获。这个事件直接后果是匈奴断绝和亲，汉朝和匈奴和平局面濒于破裂，从此以后，匈奴经常进入内地侵袭。

既然撕破脸皮，武帝也就没有什么可顾忌的了。在准备了几年后，公元前129年，他命令卫青、公孙贺、公孙敖和李广四位汉将各率一万人向匈奴发起攻击，汉匈战争正式打响。不过首次攻击并不顺利，除了卫青打了胜仗，略有斩获外，公孙贺无功而返，公孙敖和李广损兵折将，其中号称"飞将军"的李广还被匈奴人俘虏，好不容易才逃出来。

唯一取胜的卫青是武帝的小舅子。虽然贵为皇亲，但他的前半生过得并不容易，卫青出生低微，小时候给人放羊，成年后到平阳侯府当家奴，他的一个姐姐卫子夫也在平阳侯府，平阳侯府的女主人是武帝的姐姐平阳公主。有次武帝去姐姐那里作客，在酒宴上，公主让卫子夫唱歌助兴，卫子夫人长得漂亮，歌唱得也很好听，武帝一下子就看上了卫子夫，将她带回了后宫，卫子夫很快为武帝生下一子，这是武帝首次得子，对她更加恩宠，卫青的命运从此得到根本的改变。

卫青长得一表人才，擅长骑射，武帝觉得他有将帅之才，对他格外器重，第一次对匈奴出征让他统领一路兵马，为此朝中大臣颇有微词，认为卫青上位完全是靠裙带关系，但首战卫青就用战功封住了这些人的嘴。从此卫青的命运就与抗击匈奴紧紧联系在一起。

据《史记》记载，卫青曾七次出击匈奴，其中第四次出击时，他率军抓住了匈奴右贤王麾下小王十余人，俘虏一万五千余人，牲畜几百万头，大获全胜。武帝得到捷报，兴奋得都等不及卫青回到朝廷，派人到军中封卫青为大将军。

卫青不仅仗打得好，也很会为人。一般来讲，像他这样，自己军功累累，姐姐又受皇帝宠爱，很容易骄傲自大，甚至飞扬跋扈，但卫青始终谦逊低调。武帝曾经打算封卫青的三个儿子为侯，卫青婉言谢绝，他说，之所以打胜仗，是因为陛下的神武和将士的浴血奋战，自己儿子不配享有这样的恩宠。武帝于是将与卫青一起作战的将军封侯加爵，这样的做法不仅使武帝更加信任他，他手下的将士也更加卖命，同时让其他公卿大臣对他敬仰三分。

正当卫青被胜利光环所笼罩的时候，一位年轻将军横空出世，耀眼的光芒甚至盖过了卫青。这个人不是别人，正是卫青的外甥霍去病。

卫青除了卫子夫以外，还有个姐姐叫做卫少儿，霍去病就是这个姐姐的儿子。霍去病从小习武，成年后正赶上卫青第五次出兵匈奴，武帝觉得霍去病不错，就让卫青带着他历练一下。霍去病首战就不负重望，率领八百骑兵，深入敌境，不仅斩首两千多匈奴兵，还斩杀单于的一个叔祖，生擒了单于的一个叔父，战绩卓著，武帝听说后很高兴，封他为"冠军侯"。

又过了两年，霍去病再度率军深入敌境，最远到达祁连山，又是大获全胜，斩首俘虏众多，不仅俘虏了匈奴五个王，还俘虏了单于的老婆，霍去病的胜利，使得西汉从此以后控制了河西走廊，"丝绸之路"得以真正开通，但对匈奴人来讲，却是损失重大，有一首著名的匈奴歌谣，如此唱道："亡我祁连山，使我六畜不蕃息；失我焉支山，使我妇女无颜色。"这场大胜后，武帝更加信任霍去病，霍去病靠努力基本上可以与自己的舅舅平起平坐了。

两年之后，武帝命卫青和霍去病各率五万大军，出击匈奴，舅舅和外甥终于可以在同一起跑线上来证明自己，卫青遇到单于主力，虽然重创敌人，但自己也损失不小，最后还让单于成功逃脱。霍去病却非常神勇，击败匈奴左贤王主力，一直杀到了今天贝加尔湖畔，俘虏斩杀大量的匈奴贵族和士兵，并且在狼居胥山举行了封神礼。封狼居胥，从此成为以后渴望抗御外敌将军们的梦想。这次霍去病风头似乎盖过了自己的舅舅。通过这一战，匈奴只好撤往大漠以北，彻底扭转了汉匈的力量对比，"匈奴远遁，而漠南无王庭"，西汉从此取得了战略上的主动。

武帝为了平衡两人的关系，设立了"大司马"的职位，这个职位可以与丞相平起平坐，武帝封卫青和霍去病同为大司马，此时霍去病才二十岁出头，能获得如此恩宠，是与他卓越战功分不开的。

非常遗憾的是，霍去病就像流星一样，在生命中最璀璨的时候滑落。公元前117年，霍去病因病去世，只有二十四岁。武帝非常悲痛，下令为他举行了规模盛大的葬礼，并把他葬在茂陵旁边。茂陵是武帝为自己修的陵墓，让霍去病葬于自己陵墓旁边，显示了武帝对这位"匈奴未灭，无以家为"的年轻才俊的喜爱。

他下令将霍去病的坟墓设计成祁连山的样子，因为霍去病曾在那里大破匈奴，以此纪念他的丰功伟绩。十一年后，卫青去世，武帝下令将其葬于霍去病墓旁，这对戎马一生的舅舅外甥终于可以永远在一起了。

匈奴只是汉武帝出击的一个主要方向，除匈奴以外，武帝对南方、西南、东北先后出兵征战，南方主要攻击南越国和闽越国，经过二十多年的战争，武帝征服了这个地区，并且控制了海南岛，设置了十个郡。

西南方主要针对云南、贵州、四川一些地区的少数民族，其中就包括夜郎国，这个夜郎国王对汉朝没有概念，问汉朝的使者说，你们汉朝和夜郎相比，到底哪个大呢，"夜郎自大"这个成语由此而来。运用军事和政治手段，汉朝也征服了这个地区，设置了七个郡。东北方向是朝鲜，经过艰苦作战，控制了朝鲜半岛北部和中部地区，设置了四个郡。

第十二讲　武帝的自我批评

一

汉武帝经过四面出击,建立了空前庞大的帝国。南到越南中部,北到今天的蒙古,东至朝鲜,向西一直越过帕米尔高原。武帝站在如此幅员辽阔的版图前,心中充溢着一种前无古人的自豪感。

和秦始皇一样,武帝觉得自己的丰功伟绩应该让上天知道,于是他决定去泰山封禅。公元前110年正月,汉武帝开始了封禅之旅,四月在泰山东举行了封泰山大典,礼毕后,他带着霍去病的儿子霍子侯登上山顶,实现这个心愿后,武帝将年号由元鼎改为元封。

熟不知,这一切透支着整个帝国。作为一个拥有雄才大略的帝王,在他统治的中后期却昏招频出,险些葬送了西汉王朝。所幸最后幡然醒悟,悬崖勒马,这才没有重蹈秦亡的覆辙。

说起武帝的昏招,可以概括为以下几个方面:

第一是好大喜功。武帝亲政后对外连年征战,虽然拓展了不少疆域,但付出的代价也极其沉重。有些战争是必要的,譬如对匈奴的征战,因为长期以来匈奴就是西汉王朝最主要的外患,而汉朝恰好涌现出卫青、霍去病、李广等军事奇才。在这样的情况下对匈奴采取军事行动以解除威胁,应该说没什么可指责的。

但有一些战争是完全可以避免的。比较典型的就是对大宛国的两次战争，当年张骞出使西域时曾经去过大宛国，并受到了良好的接待。同时从那里带回了一个重要的信息，说大宛国盛产汗血宝马，据传这种马能够日行千里，奔跑后会流下像血一样的汗水。

作为超级"马迷"的武帝对此很向往，派使者用黄金浇铸的金马去换活马，但是大宛国贵族觉得汗血宝马是国宝，不肯给汉朝。汉朝使者很生气，对大宛人出言不逊，大宛贵族看不下去，命人半路把汉使给截杀了。或许大宛国这些贵族觉得自己距离长安远达万里，汉朝不会大动干戈。但他们太低估了武帝。

一直顺风顺水的武帝怎会咽下这口恶气，他没有太多犹豫就决定讨伐大宛并夺取宝马。此时，卫青、霍去病都已经去世，武帝任命李广利为"贰师将军"，统帅军队出征，贰师城是大宛国的一个城市，据说汗血宝马藏在那里，这样的命名显示这次出征的主要目的直指汗血宝马。

李广利何许人也，为何要让他做统帅呢。这里面隐含着武帝的私心，这位李将军是武帝非常宠爱的李夫人的哥哥，武帝这样做，是希望李广利和当年的卫青一样，能够通过军功来换取名禄。

这场长途远征出乎意料的艰难，一万多里的路程，数万军队出征，人吃马喂，后勤补给非常困难，只能边打边解决粮草问题，结果还没有打到大宛国，就已难以为继。无奈之下，李广利只能带着残兵退到敦煌，活着回来的不及出征时的十分之一。

这次远征失败让汉武帝感到震怒，听说李广利想带着残兵回来，武帝怒斥仗打成这样还有脸回来，他派使者赶到玉门关，把残兵挡在关外，并下令胆敢入关者杀无赦，李广利吓得只好屯兵敦煌，打消了回长安的念想。

武帝认为这场败仗，使得大汉王朝在西域的颜面尽失，他自然不会甘心，过了不到两年，武帝决定第二次远征大宛，这次充分吸取了上次失败的经验，集结了大量的军队，几乎动员了全国的力量，准备充足的牛、马、骆驼以及粮食和兵器，组成了庞大的后勤保障队伍，浩浩荡荡向大宛进发。

有了强有力兵源和后勤保障做基础，这次成功打到了大宛国。汉军断绝大宛国都城中的水源，使得大宛内部发生了动乱，贵族们杀死大宛王后请求投降，并贡献了一些汗血宝马，算是满足了武帝的愿望。

司马迁对这次出征持严厉批评的态度，他认为在出兵大宛时，西汉主要粮食产区的关东地区发生了大面积的蝗灾，武帝置这样的灾难于不顾，不惜耗费巨大人力财力，去抢汗血宝马，并不忘给自己大舅子提供立功的机会，付出了极为惨重的代价，实属不应该。

除了穷兵黩武外，武帝还有一个很大的喜好，便是像秦始皇一样喜欢出巡，先后出巡十几次，走一路赏一路，耗费远远超过秦始皇。

武帝如此做派，带来的最大问题就是财政吃紧。汉朝经过文帝和景帝的休养生息，经济得到了恢复和发展，百姓的日子一天天好起来，据《史记》记载，在高祖刘邦时代，皇帝都找不齐四匹毛色一致的马匹来拉车，将相只能用牛来拉车，百姓的生活就更加清苦，到了武帝初年，马根本就不再稀奇，乘母马的人都会被人瞧不起。这说明，文帝和景帝给武帝留下的家底是相当不错的。

武帝喜欢铺张，生活奢靡，再加上连年用兵，这些家底很快就被耗光。如果还这样继续下去，国家难以维持，很可能天下大乱，形势逼迫武帝不得不采取一系列经济措施，他重用一个叫做桑弘羊的大臣，让其采取措施来改善财政状况。

首先进行的是盐铁专卖，就是把制盐和炼铁的经营权收归国有，由政府垄断经营，这个来钱很快，为政府带来了一大笔收入，尝到甜头的武帝，在后期把酒也作为了专卖产品，凡是能带来高昂利润的产业都没有逃过武帝的法眼。

在增加税收方面，实行算缗、告缗制度。"缗"就是穿钱的线，一千钱一串，就是一缗钱，缗就成为计算财产的单位。所谓"算缗"，就是征收资产税，商人和手工业者自己申报收入，商人是一缗一算，也就是每一千钱抽取税赋一百二十钱，大概是12%的税率，手工业者减半，除此之外，还对运输业等也收取资产税。

"上有政策，下有对策"，出台如此严厉的征税政策，导致一些工商业者不可避免想隐瞒自己的收入，达到少交税的目的。为了解决隐瞒不报的问题，配套出台了"告缗"政策，就是对不如实呈报财产的人，鼓励告发，告发属实的，被告发者财产充公，而告发者则可获得财产的一半作为奖赏，这个政策的核心要义是"挑动群众斗群众"。武帝任用了一名叫做杨可的官员专门负责执行告缗令，《汉书》记载"杨可告缗遍天下，中家以上大抵遇告"，政府"得民财以亿计，奴婢以千万数，田大县数百顷，小县百余顷，宅亦如之"。

桑弘羊还搞出两个新花样：均输法和平准法。均输法，就是郡国应向朝廷贡纳的物品，均按照当地市价，折合成当地土特产品，上交给均输官，由均输官运往其他地区高价出售。所谓"平准"，就是政府在京师和各商业城市进行商品买卖，"贵即卖之，贱则买之"。为了保证这一政策的成功，在京师设"委府"，即商品仓库，贮存大量商品，作为调节物价的后盾。

当然，最重大的一项改革当属币制改革。汉初由于经济凋敝，国家对铸钱采取了放任自流的政策。元鼎四年，为了彻底整顿货币，汉武帝接受桑弘羊等人的建议，禁止郡国和民间铸钱，废除过去铸的一切钱币，而以新铸的五铢钱为全国唯一通行的货币。这次币制改革是中国历史上第一次将铸币权完全收归中央政府的一次创举，它最终将汉朝的币制稳定下来。

统一铸币并无问题，问题在于武帝并不满足于此，为了聚敛财富，他推出了"白鹿皮币"，就是用白鹿皮作币材，《史记·孝武本纪》记载："天子苑有白鹿，以其皮为币，以发瑞应，造白金焉。"鹿在当时只有天子才可以养，而白鹿又是极少的，物以稀为贵，白鹿皮币自然价格不菲。《史记·平准书》记载："以白鹿皮方尺，缘以藻缋，为皮币，直四十万。"意思是说，一平方尺大小的鹿皮，边缘用华丽的刺绣装饰，身价就一跃而升至四十万钱，这在当时几乎是一个天文数字。

白鹿皮币究竟是如何发行和流通的呢？说起来有些可笑。《史记·平准书》记载："王侯宗室朝觐聘享，必以皮币荐璧，然后得行。"按照当时的规定，每逢重大节日，宗室、王侯等都要进献玉璧，而进献玉璧时，要用一个皮荐垫在玉璧之下，以示恭敬。汉武帝颁布规定，宗室诸侯朝觐皇帝时，必须要用白鹿皮币做皮荐。也就是说，只有用白鹿皮包裹的玉璧，才符合朝廷的要求。而皮币本是朝廷独家发行的，数量有限，严禁私造。宗室诸侯要觐见皇帝，就必须要花四十万钱向朝廷兑换，然后再把皮币连同玉璧一起进献给皇帝。白鹿皮币转了一圈，又回到了皇帝手里，但武帝的钱包里却凭空多了四十万钱，真是生财有道。

在经济改革上，桑弘羊无疑是难得人才，采取一系列举措堵塞了财政漏洞，使大汉没有因财政问题而崩盘。但是羊毛终究还是出在羊身上，单靠这些财政措施，并不能创造财富，只是对财富的再分配，说的更直白些，这些措施很多是"与民争利"。盐铁专营导致盐和铁价格高、质量差，算缗、告缗加重了工商业者负担，均输法和平准法让政府直接参与商品经营，使得原本应维护社会秩序的政府变成了一个逐利机构。

桑弘羊因此成为在史册中留下恶名的人物，以至于后来发生旱灾，有位叫做卜式的大臣说道"烹弘羊，天乃雨"。但实际上，桑弘羊虽然操刀改革，但至多也只是一个替罪羊，真正的祸端是由他背后的武帝所引发的。

二

武帝的第二昏招是酷吏当道。所谓酷吏，就是指那些执法严酷，喜欢罗织罪名，以杀人为主要功绩的官吏。任用酷吏，是武帝维持统治的一个重要手段。《史记》中专门有一章叫做《酷吏传》，一共提到了十三个酷吏，其中武帝时代就有十个，占了绝大多数，所以说武帝时代酷吏当道并不为过。

其中比较出名的一个酷吏叫做张汤。他最初受到武帝赏识，是因为办理陈皇后的案子。陈皇后便是那位"金屋藏娇"的陈阿娇。陈阿娇出生高贵，所以处处趾高气昂，武帝虽然当初表示要专心宠她，但实际上并不喜欢她。因为如此，陈皇后很难为武帝生下一男半女。

可她又是一个醋坛子，非常嫉妒武帝当时宠幸的卫子夫，阴暗的心理使她做了一件蠢事，就是利用巫蛊诅咒。巫蛊之术是当时一种诅咒人的法术，操作方法其实很简单，就是想诅咒谁，就用木头刻成此人的形状，写上姓名和生辰八字，然后让巫师使用咒术，以求对方被咒死。现在看来，这种做法非常滑稽，但当时人们对这一套深信不疑。

有人告发陈皇后利用巫蛊诅咒，武帝就派张汤处理这个事情，张汤头脑很灵活，他先探查了武帝的大概意图，知道武帝是想趁此废掉皇后，但并不想杀皇后。所以最后的调查结论是皇后因受到了巫师的怂恿后采用巫蛊之术，但并不是想咒杀皇帝而只是诅咒卫子夫，武帝据此下令处死巫师并废掉陈皇后。在处理这个案件时，张汤进一步扩大了范围，最后因件事处死了三百多人，这件事情办得很合武帝心意，从此张汤官运亨通。

更能体现他酷吏本质的是有名的"腹诽"事件。当时武帝任命的大农令叫做颜异，他负责中央财政，职位重要而且官阶也很高。颜异这个人比较正直，武帝为了搜刮财富发明了"白鹿皮币"，颜异对此非常反对，这让武帝感到有些不快。

颜异因为一些事情被人检举，武帝派张汤负责调查，一直看武帝眼色行事的张汤，想利用这个案子进一步取得武帝的信任。可是张汤查了半天也没查出什么，只是在调查中发现一个细节，说是有一次颜异与别人谈话，有人说现在的法令有问题根本行不通，颜异听完既没有赞成也没有反对，只是嘴唇微微动了一下。

一般来讲，这样的反应太正常不过。但到了张汤这里却有了不同解读，张汤认为嘴唇既然动了，意味着有话要说，但却欲言又止，说明颜异想说的话肯定是要攻击朝廷的法令。于是张汤上书武帝，说颜异作为朝廷重臣，觉得法令不好就应该在朝堂上公开提出意见或建议，但他没有这样做，却在背地里诽谤攻击，阳奉阴违，罪当处死。武帝听从了张汤的意见，下令处死了颜异。这下子公卿大臣都开始害怕张汤，也不敢再在武帝面前提不同的意见。

后来出了个敢于挑战张汤的大臣，名字叫做狄山。朝廷当时讨论对匈奴是战还是和，狄山提出应该继续采用和亲政策。武帝问张汤的意见，张汤知道武帝好战，他说狄山过于迂腐才提出如此委曲求全的建议。狄山听到张汤的话后，忍无可忍展开反击。他对武帝说，张汤是个奸诈小人，根本没有是非观念而只会揣摩上意。

狄山讲出了大臣们想讲但不敢讲的话，但给自己带来了非常严重的后果。武帝问狄山，以你的才能，派你守一个郡能否抵抗住匈奴的进攻。狄山如实回答，说自己守不住。武帝继续问，如果是一个县呢，狄山仍说守不住，武帝问那一个边塞呢，狄山不好意思再说不能，只好硬着头皮答应，武帝就派他去驻守一个边塞。狄山是一个儒生，哪里会打仗，结果没到一个月，边塞就被匈奴攻破，狄山也被匈奴人砍了脑袋。消息传来，让大臣们都吓出一身冷汗，以后再没有人敢和张汤叫板。

"出来混迟早要还的"，酷吏如此残酷对待别人，最后自己的下场通常也会很惨烈。武帝元鼎年间，有人发现文帝的陵园被破坏，一些埋在地下的钱币被盗，这件看上去和张汤扯不上任何关系的事情，却最终让他丢掉了性命。

皇帝陵园被盗，自然要有人出来承担责任，丞相庄青翟和御史大夫张汤本来两人约好一起向武帝谢罪，但张汤却临时变卦，他编造了庄青翟事前知道但知情不报的谎言，想抓住这个机会除掉庄青翟，从而让自己取而代之。

庄青翟手下的三位长史为了保护主人，决定先下手为强，他们让官府逮捕了一个和张汤有交往的商人，此人叫做田信，田信供认说张汤和武帝议论的事情，张汤都透露给他，利用这些信息自己赚了大钱。这个事情传到武帝耳朵里，感到非常生气，武帝找张汤质问，张汤不承认也不谢罪反而装做很惊奇的样子，武帝觉得张汤为人奸诈，犯有欺君之罪，失去武帝信任的张汤在重压之下自尽而亡。

张汤虽然是个酷吏，但却是一个难得的清官。他死后被抄家，办案人员发现"家产直不过五百金，皆所得奉赐，无他赢"，由此他与田信坐地分赃的说法不攻而破。他的兄弟之子要厚葬张汤。张汤的母亲说："张汤作为天子的大臣，被恶言污蔑致死，有什么可厚葬的！"就用牛车装载他的尸体下葬，只有棺木而没有外椁。汉武帝知道后说"非此母不能生此子"，并下令将三位长史处以死罪，丞相庄青翟也被迫自杀。

这些酷吏出生大多不显贵，有些从小家境贫苦，为了上位通常不择手段，而对这些寒族出生又想出人头地的人，武帝更容易控制。这些酷吏和武帝的关系，说到底就是鹰犬和主子的关系，他们看武帝的眼色，帮武帝出面解决问题，为武帝扫除许多障碍，武帝充当他们的保护伞，一旦别人攻击这些酷吏时，也会给予他们一定保护。

但是，如同张汤一样，这些酷吏的下场大多不好，武帝时代的十个酷吏，有六个最后自杀或被杀。尽管他们为自己所作所为付出代价，但造成的影响是极其恶劣的，在一定意义上形成了白色恐怖，让武帝统治的中后期变成了一个残酷压抑的时代。

三

第三个昏招是求仙问道。在这一点上，武帝和秦始皇很相像，应该讲汉初几位皇帝对待生死的态度都比较从容，高祖刘邦病重时，劝退了吕后找来的名医，他知道这是命运的安排，所以也只能接受。文帝更是参透生死，认为死是人之必然，没有必要因此过度哀伤。

但武帝却不一样，或许是自感建立了旷世奇功，更加渴求长生不死，他所用的套路和秦始皇基本一致，就是求助于方士，于是一些江湖骗子蜂拥而至，以求利用武帝的癖好来获得荣华富贵。

第一个"大忽悠"叫做李少君，李少君能来到武帝身边，和武帝的舅舅田蚡有关。李少君看上去像是四十多岁，但常自称是七十岁的人，李少君曾经参加田蚡举行的宴会，宴座中有一位九十多岁的老人，李少君说起和老人的祖父在一起游玩射猎的地方，老人在小孩的时候曾跟着他的祖父出行，认识这个地方，整个参加宴会的人都感到很惊奇。

这个事情被传的神乎其神，李少君因此被武帝召见，见面后武帝拿出一件珍藏的青铜器，李少君说这是齐桓公时期的器具，当年放在哪里，做什么用的，说得活灵活现，好像亲眼见过一样。汉武帝让人查看青铜器上的铭文，果然是齐桓公的器物，整个宫廷的人都惊呆了，认为李少君应该有几百岁了，是个活神仙，汉武帝从此成为他的粉丝。

李少君和武帝讲他自己和那些神仙交往的故事，武帝听得入了迷，在李少君的指导下，他开始求仙人、炼仙丹，正在忙得不亦乐乎的时候，可笑的事情发生了，李少君死了！宛如神仙的他其实就是一个江湖术士，长生不死只是他欺骗武帝的一个伎俩，但武帝并不这样认为，作为李少君的铁粉，他不相信李少君死了，而认为是化仙而去。

武帝求仙之路并没有因为李少君的死而停止，由此引来了更多的投机分子，其中比较出名的一个叫做栾大，他对武帝夸下海口，说自己可以练出不死之药，还能够找来仙人。武帝对他寄予很大期望，先拜他为五利将军，很快又给了他三个将军头衔，不仅如此，还封他为乐通侯，这样还觉得不够，居然把自己的一个女儿许配给他。武帝经常与他一起探讨求神不死的问题，但折腾了半天也没有什么效果。后来栾大和武帝说要去大海求仙，武帝派人和他一起向东到了海边，看他是否真的能见到仙人，但最终连神仙的影子也没有看到，武帝此时才意识到栾大是个骗子，就命人把他杀了。

世界上本没有神仙，但武帝却不信这个邪，他虽然杀了一些骗子，但一直对此深信不疑，于是方士们像飞蛾扑火一样络绎不绝，为什么武帝明知方士们都是骗子，还如此执着呢，司马迁说这是因为"冀遇其有"，就是说武帝一直心存侥幸，认为虽然大部分都是骗子，但万一遇到一个真的呢。用现在的话说就是"梦想还是要有的，万一实现了呢"。但武帝为他自己的梦想，透支着整个国家，为此多次巡游并大兴土木，消耗许多但注定是竹篮打水一场空。

四

第四个昏招更可怕，那便是疑神疑鬼。到了统治后期，武帝的健康情况恶化，疑心也变得很重，总觉得有人想害他，由此引发了极为惨烈的历史悲剧。当然，他知道别人公开谋害自己很困难，所以最担心有人在背后采用"巫蛊之术"，陈皇后就因此被废除并株连了三百多人。到了武帝后期，由于巫蛊引发的悲剧逐渐步入高潮，而这个高潮的前奏是公孙贺事件。

公孙贺是当时的丞相，位高权重。但公孙丞相的儿子很不争气，这位"官二代"飞扬跋扈，贪赃枉法，被人告发后投入监狱，公孙贺为此很着急。这时候，朝廷正在抓捕一个叫做朱安世的江湖大侠，但一直抓不到。公孙贺向武帝主动请缨，立下保证去抓朱安世，以求减轻对自己儿子的处罚，武帝答应了他的请求。为了自己的儿子，公孙贺下了很大力气，终于抓住了朱安世。但没想到，这非但没救了儿子，反而把自己的命也搭上了。

朱安世被抓以后向朝廷告发，说公孙贺的儿子不仅与武帝的女儿阳石公主私通，还在去往甘泉宫的路上埋了不少木偶，并下了巫蛊之咒。甘泉宫离长安有几十里路，这条路武帝经常走，在天子经常走的路上进行巫蛊那还了得。武帝查实后，将公孙贺父子处死，还诛杀了两位受此牵连的公主，这两位公主都是皇后卫子夫所生，还有一些人受到牵连被杀，其中包括大将军卫青的长子卫伉。

前奏结束后不久，真正高潮很快就到来了。这场悲剧的主角是太子刘据。刘据是卫皇后所生的独子，卫子夫被立为皇后，刘据就成为了太子。武帝对刘据的教育非常重视，专门修了博望苑让他在里面安心读书。但刘据的性格和武帝反差很大，生性比较温厚宽顺。

武帝到了晚年，大部分时间住在甘泉宫，与住在长安的卫子夫、刘据见面很少，沟通少了自然就有了些许隔阂。这时候一个关键人物出现了，这个人叫做江充。据记载他身材魁梧，仪表堂堂，对武帝非常忠心，武帝安排的事情办得都很漂亮。但江充喜欢挑拨离间，经常在背后告发别人。武帝的信任使得江充渐渐膨胀，根本不把其他人放在眼里，这里面也包括太子刘据。

有一次，太子派人去问候武帝，结果太子手下不小心把马车走到了天子专用的道路上，不巧被江充发现了，他随即没收了马车。太子知道后向江充求情，希望不要把这件事告诉武帝，刘据担心武帝知道了会责备自己对手下管教不严，从而影响父子之间的感情。但江充并不买账，最后还是告诉了武帝。这件事情得到武帝的高度赞赏，认为江充不畏权势，尽职尽责，表扬他说"人臣当如是矣"。

不过随着武帝年龄越来越大，身体也越来越弱。江充心里感到一丝恐惧。原因很简单，武帝驾崩后，如果太子刘据即位，有可能会借机打击报复，自己不会有什么好果子。

正在倍感焦虑之际，一个难得的机会到来了。武帝有段时间经常做噩梦，梦到许多木偶用大棒打他。江充对武帝说这一定是有人背地里使用巫蛊之术，武帝派江充去调查。江充先查办了许多人，看到武帝对此并没有什么反应，于是一步步将灾祸引向了太子。他派人去太子处找到了一些木偶，实际上这很可能是江充所为，为的是故意栽赃太子刘据。

刘据听说这件事情，吓得顿时不知所措。有人给他出主意，说如果江充将此事告发武帝，太子的命运堪忧，公孙贺就是前车之鉴，所以不如先杀了江充，再向武帝禀明真相，或许才会有转机。

太子听从了这个建议，派人把江充抓来杀掉，但杀掉江充后，太子并没有按计划立即向武帝报告，而是去找自己的母亲卫皇后商量，并打开兵器库武装了宫廷卫队，随后莫名其妙地起兵。这样做确实比较让人费解，历史上对此也没有详细合理的解释，大概刘据是想一鼓作气肃清江充的党羽。

在甘泉宫的武帝听说太子起兵叛乱，命令丞相刘屈氂领兵镇压，两军在长安城里恶战了五天，太子刘据实力不支逃出了长安，被人发现踪迹后被迫自杀。他的母亲卫皇后，这位与武帝共同生活了四十八年的女人也被赐死，太子妃史良娣、太子的儿子、女儿等全部被诛杀。

卫子夫为武帝生了三女一男，在两次巫蛊之祸中，二女一男连同自己都以惨死而告终。不知卫子夫是否还怀念当年在平阳侯府的生活，如果不被武帝发现，或许会平平淡淡地度过一生，虽然没有后来的荣华富贵，但也不会有杀身之祸。她和自己子女的命运一再昭明，人一旦陷入政治漩涡，便很难把控自己的命运，几十年的夫妻、父子、父女感情在冰冷的政治面前其实什么都不是。

过了一年，武帝终于安静下来，总觉得刘据一向温厚，不太可能起兵叛乱。经过调查后知道太子起兵是被江充所逼，始作俑者是江充，太子是被冤死的。这时候正好大臣田千秋上书为太子喊冤，武帝顺水推舟为太子进行了平反，一方面他诛杀了江充的族人，以示为太子复仇。另一方面在太子自杀的地方建了"思子台"，表达对太子的思念。在长安还修建了"归来望思台"，希望太子在外游荡的魂魄早日归来安息。但人死不能复生，如果说这场父子相残的悲剧有什么积极的东西，那就是促使武帝彻底反思自己的所作所为，从而没有一条道走到黑。

五

昏招频出导致统治秩序出现了很大问题，表面看由于对外战争的胜利，版图不断扩大，似乎又到了一个繁荣昌盛的盛世。但是连年征战、穷奢极欲，征调了大量的人力、物力，百姓的负担越来越重，已经苦不堪言。平静的表象下，巨大危机已经出现，大量的流民以及地方时常出现的反抗事件，看上去越来越像秦末的景象。

此时，对外战争上也到了强弩之末，匈奴经过十余年的休养，渐渐恢复元气，又开始不断侵扰边境。公元前99年，汉武帝派遣李广利带领三万骑兵出击匈奴，同时派李陵率领五千步兵，作为接应。这位李陵是著名的飞将军李广的孙子，不幸的是李陵遭遇八万匈奴骑兵包围，顽强抵抗了八天后，寡不敌众，最后投降匈奴。

消息传到长安，汉武帝大怒，几乎所有大臣都顺着武帝的意思来谴责李陵的投降行为，只有一个人站出来为李陵说话，他便是《史记》的作者司马迁，或许他是因敬仰李广将军，想为他的孙子说句公道话，亦或许如司马迁自己所解释的，这样做是为了宽慰武帝，但后果却是相当严重，武帝一怒之下将司马迁打入大牢，并处以宫刑。

司马迁在《报任安书》中写到："文王拘而演《周易》；仲尼厄而作《春秋》；屈原放逐，乃赋《离骚》；左丘失明，厥有《国语》；孙子膑脚，《兵法》修列；不韦迁蜀，世传《吕览》；韩非囚秦，《说难》、《孤愤》；《诗》三百篇，大抵圣贤发愤之所为作也。"司马迁如他们一样，忍受着巨大的屈辱和痛苦，完成了"史家之绝唱，无韵之离骚"的伟大历史著作《史记》。

公元前90年，武帝命李广利率七万人出五原击匈奴，李广利出征匈奴前与丞相刘屈氂密谋推立李夫人之子刘髆为太子，后事发，刘屈氂被腰斩，李广利率军投降匈奴，其家族被夷灭，七万精兵也就这样全部丧送，整个西汉王朝已经到了内外交困的阶段。在这样的情况下，如果不改变治国之策，继续听之任之，很有可能与秦王朝命运殊路同归。

武帝此时应该意识到了问题的严重性。正好赶上桑弘羊上书，建议在天山附近一个叫做轮台的地方建筑边塞，并派军队驻守。按照过去武帝的性格，这样力主积极扩张的建议一定会被采纳，但这次却出人意料地被武帝拒绝了。不仅如此，武帝还就此下了一道诏书，对以前的治国之策进行了反思和检讨，这就是历史上著名的《轮台罪己诏》，汉武帝由此成为中国历史第一个以罪己诏来进行自我批判的皇帝。

在这份诏书中，武帝深刻反思了连年征战给国家和百姓造成的严重后果，他写到："朕即位以来，所为狂悖，使天下愁苦，不可追悔。"提出政策要实行根本转变，以后要严禁苛政，不得擅自增加百姓的赋税负担，要大力发展经济和农业，在军事上不再主动采取进攻，而以防御为主，即"禁苛暴、止擅赋，力本农"，并把这些做为今后的基本国策。

通过轮台罪已，武帝对整个政策进行了一百八十度的调整。这样的调整，在关键时刻挽救了武帝，也挽救了大汉王朝。司马光在《资治通鉴》中对此评价道"有亡秦之失，而免亡秦之祸"，的确如此，武帝的这次改弦易辙，犹如悬崖勒马，否则西汉王朝的命运真不好说，武帝本人在历史上的评价也可能完全相反。

坦率地讲，让一位皇帝主动深刻反思自己所作所为，特别是在文治武功方面建树颇多的武帝，把所有错误和责任都归结在自己身上，并不是件容易的事情。作为天下最有权威的人，把自己的错误公告于天下无疑需要巨大勇气，汉武帝的这份勇气还是值得赞扬的，这也是他超过秦始皇的地方。

全面调整政策后不久，公元前 87 年，统治这个帝国长达半个多世纪的武帝刘彻走到了生命的终点，终年七十岁。武帝临终前一天，下令立自己的最小的儿子刘弗陵为太子，并命霍光、金日䃅等为顾命大臣，嘱咐他们好好辅佐刘弗陵，做完这件事情，叱咤风云的武帝终于安心闭上了自己的眼睛。

第十三讲　谈管住家人的重要性

一

汉武帝驾崩后，幼子刘弗陵即位，是为汉昭帝。为什么武帝在死的前一天才指定刘弗陵为继承人呢，这大概是与原太子刘据有关，一方面武帝可能认为刘据本来是个不错的继承人，但很痛心发生了父子相残的悲剧，失去了才知珍贵，其他皇子似乎都比不上刘据。另一方面通过这场悲剧，武帝在立太子的问题上更加谨小慎微，害怕自己看走眼。所以在刘据死后，太子之位一直空悬着。

武帝一共有六个儿子。但是到自己晚年时，原太子刘据、齐王刘闳和昌邑王刘髆已经死了。有望继承皇位的除了昭帝刘弗陵外，还有李姬所生的燕王刘旦和广陵王刘胥。

广陵王刘胥不成器，从小不爱读书，但有一身蛮力，能举起铁制的巨鼎，也能赤手空拳搏倒猛兽。史书上说他"动作无法度"，这样莽夫般的皇子显然不适合做皇帝。

燕王刘旦有些才干，但为人上存在不少瑕疵，在武帝看来，刘旦是学问不错但野心不小。刘据死后，燕王觉得自己是太子的最佳人选，就迫不及待地上书武帝，请求"上京入宿卫"，表面上是请求去京城在武帝身边服侍。言外之意，就是想等武帝死后自己可以顺利接班。武帝看了燕王的上书很生气，不但把送信的使者投入监狱，还削掉了刘旦的一些封地。

刘弗陵是武帝六十多岁时才得到的儿子，属于真正意义上的"晚年得子"，而且刘弗陵从小聪明伶俐，武帝很喜欢他，觉得这个幼子很像自己，所以选择了刘弗陵作为自己的继承人。不过刘弗陵登上帝位也付出了巨大的代价，这便是自己的母亲被杀。

说起刘弗陵的母亲，据记载她是一个具有传奇色彩的女子。她虽姓赵，但人们一般称她为"拳夫人"，有这样的称呼主要是因为她的一只手掌生下来就紧握着，从来没有打开过。用现在的医学观点看，应该属于先天性残疾。她的童年非常不幸，父亲早死，母亲带着她流浪乞讨为生。她的母亲经常对外人讲，说自己怀女儿时做过一个奇怪的梦，梦中一位白发老人对她说，这个即将出生的孩子会有个怪异之处，如果遇到高贵的人触碰，怪异之处不仅会消失，这个孩子还会成为人上之人。一传十，十传百，这个奇闻很快散播了出去。

有次武帝出巡经过河间国，听说了这个故事，就命人将住在附近的母女俩找来，当年的残疾儿童已经出落成妙龄少女。武帝很好奇，就用手轻轻触碰了一下紧握的拳头，奇迹就此出现了，她的手徐徐展开，展开后手心中紧紧握着一个小玉钩，所以"拳夫人"后来又被称为"钩弋夫人"。

武帝很惊奇，又看到她长得标致可人，就将她带走送入后宫。很快被封为婕妤，婕妤是武帝新设立的嫔妃称号，地位仅次于皇后。过了一段时间，在钩弋夫人身上又发生了神奇的事情，一般人大多是十月怀胎而生，而钩弋夫人怀胎十四月才生下了刘弗陵。历史上传说先古时代圣君尧也是怀了十四月才生的，武帝不由联想起这个，觉得这个孩子非同一般，这为刘弗陵最终脱颖而出增加了不少分数。

武帝有心立刘弗陵为太子时，有一个问题开始困扰他，那便是钩弋夫人太年轻了，如果自己百年之后，刘弗陵即位，恐怕大权将落入钩弋夫人手中，可能又会重蹈吕后专权的覆辙。前思后想，左右权衡，武帝决定既然让刘弗陵继任,那他的母亲就不能活在这个世界上。于是,他找了个钩弋夫人的小错误而命令处死她。

对此,有不少人对钩弋夫人的受害颇为同情,对武帝这样残忍的做法有些异议,说:"且立其子,何去其母"。武帝对此心知肚明,他为自己解释道:"是非儿曹愚人所知也,往古国家所以乱也,由主少母壮也。女主独居骄蹇,淫乱自恣,莫能禁也,女不闻吕后邪?"

钩弋夫人死后,武帝在生命的最后一刻立刘弗陵为太子,并为年仅八岁的他选了几位辅助大臣,排在首位的是大司马大将军霍光,第二位是车骑将军金日䃅,另外两个是左将军上官桀和御史大夫桑弘羊。

二

辅政大臣排名第一的霍光不是普通人,他是霍去病的同父异母的弟弟。霍去病因为军功卓著而很受武帝的宠信,唯一遗憾的就是活得太短。在他死之前,把霍光带到长安,让他走上了仕途。

霍光这人头脑很清楚,自己能入仕是因为自己的哥哥,所以他为人非常低调,一直踏踏实实做事,《汉书》说他:"出则奉车,入侍左右,出入禁闼二十余年,小心谨慎,未尝有过,甚见亲信。"常说"伴君如伴虎",霍光在武帝身边二十多年,居然从未出过差错,可见为官之谨慎,所以深受武帝的信任。

武帝决定让刘弗陵当太子时,霍光就成为武帝心中首选的辅政大臣,他命令宫中画师画了一张周公抱着周成王接受诸侯朝拜的图送给了霍光,以此向天下宣告,将要让少子刘弗陵即位,以霍光为辅政大臣,同时希望霍光能像当年的周公一样辅佐刘弗陵。

另一个辅政大臣金日䃅。他不是汉人,而是匈奴人,这是件非常奇怪也很有意思的事情。武帝和匈奴打了一辈子的仗,怎会让一个匈奴人做为辅政大臣呢?

这要从霍去病大破匈奴说起,当时单于想诛杀吃了败仗的昆邪王和休屠王，这两位匈奴王爷出于恐惧决定降汉，事到临头休屠王有些犹豫，昆邪王将休屠王杀掉后归降汉朝。金日䃅就是被杀的休屠王的长子，最初他作为奴隶被派到宫中担任马夫。"三百六十行，行行出状元"，金日䃅养马很有一套，而武帝恰好是个"马迷"。武帝发现金日䃅养的马非常好，就派人将他找来，看到金日䃅仪表堂堂，一表人才，就下令取消他奴隶的身份，并让他到自己身边服侍，金日䃅一直兢兢业业为武帝做事，也深得武帝的信任。

上官桀获得武帝的信任，主要是因为他的乖巧，上官桀被武帝任命为未央厩令，也是管理马的官员。有次武帝生了大病，病好后发现上官桀养的马变瘦了，武帝大怒，斥责上官桀说："你以为我活不过来，再看不到这样些马了吗？"上官桀回答得很巧妙，他说："听说皇上生病，日日夜夜为陛下担心，哪里还有什么心思照看马啊。"话音未落不禁泪下，武帝转怒为喜，认为上官桀忠诚可嘉，他的官职就此也越升越高。

虽然顾命大臣有四人，但武帝主要托付的还是霍光和金日䃅。很大原因是两人出生并不显贵，做事认真，为人沉稳，很有分寸，而且两人跟随自己多年，值得信赖。事实表明武帝的眼光还是不错的。两人中，金日䃅知道自己是外族人，所以并不争权，而且昭帝即位后不久，金日䃅就因病去世了，朝中的事情基本上由霍光来主持。

昭帝和霍光面临的是武帝留下的烂摊子。武帝后期国库空虚，社会矛盾激化，所幸轮台罪己，悬崖勒马，但在调整政策仅仅两年后，武帝就驾崩了。武帝在遗诏中写到："善禺（遇）百姓，赋敛以理；存贤近圣，必聚精士；表教奉先，自致天子。胡孩（亥）自汜（圮），灭名绝纪。"里面有对太子的谆谆教诲，也充满着深深的忧虑，大汉能否继续强盛下去，还是会像秦朝一样灭亡，这一切都要取决于八岁的刘弗陵和背后的几位辅政大臣。

面对风雨飘摇的大汉，霍光不得不来收拾这个残局。他推行的国策，大多是武帝罪己诏所确定的一些措施，重点是与民休养生息，减轻百姓负担，逐步缓解社会危机。推行政策需要大量人才，此时谏大夫杜延年建议霍光在全国范围内推举贤良、文学之士，问询百姓疾苦。贤良、文学是汉代察举的科目，贤良指德行贤良，文学指通晓经义，霍光接受了他的建议。公元前82年六月，昭帝下诏令三辅、太常举贤良各两人，郡国举文学各一人。

完成人才选拔后，推举的贤良、文学与朝廷大臣齐聚一堂，在建章宫进行了政策问询，没想到这场问询会开成了辩论会，一上来火药味十足，贤良、文学纷纷抨击盐铁专营等经济政策，说是与民争利、杀鸡取卵。桑弘羊成为众矢之的，他压根没想到这些读书人会向他集中发难，他为自己辩解到这些举措是王朝主要财政来源，所以决不能废止，各自都觉得自己占理，谁也说服不了谁，会议最后也没有得出结论。

这次会议表面看集中在盐铁政策上，但实际是场事关执政理念和施政方针的辩论。尽管会议没有定论，但五个月后朝廷取消了酒类专卖和部分地区的铁器专卖，这表明桑弘羊无疑是失败的一方，因此埋下了霍光和桑弘羊决裂的隐患。

霍光大权独揽并强力推行一些政策，引发朝中一些人的不满，一场针对霍光的宫廷政变正悄悄地酝酿。站在霍光对立面的主要有四个人，一是燕王刘旦，他一直认为自己是皇位的最佳人选，没想到武帝最后选择了刘弗陵，刘旦认为在此中间霍光没起什么好作用，所以对昭帝和霍光心怀不满。

第二位是桑弘羊，霍光还是伺候武帝的小人物时，桑弘羊已经是位高权重的重臣，虽然自己后来也被确定为辅政大臣，但却排名第四，一切都要听从霍光的，况且在盐铁之争上受到挫折，使他投入到反对霍光的阵营。但是与其他几人不同，他与霍光之间的问题更多是政见上的分歧。

第三位是上官桀，很有意思的是，他和霍光是亲家，他的儿子上官安娶了霍光的女儿为妻，上官安的女儿后来进入后宫，成为了昭帝的皇后。换句话说，昭帝皇后的祖父是上官桀，外祖父是霍光，这种亲上加亲的关系是如何成为了死敌呢。

主要缘由是因一件事情，昭帝唯一的姐姐盖长公主与上官家关系不错，通过盖长公主的大力帮忙，上官桀的孙女才成为了皇后。上官桀为了报答公主，请霍光封昭帝姐姐盖长公主的一位"相好"丁外人为候，但没想到被霍光以"无功不侯"的理由拒绝，上官桀退而求其次请封为光禄大夫，霍光依然不准。霍光的铁面无私让上官桀觉得非常没面子，想当年自己位居九卿高位时，霍光不过是武帝身边的一个随从，如今霍光大权独揽，太不把自己当回事儿，心里怨气不断积压，使得他对霍光充满了怨恨。

第四个就是盖长公主，因为自己的相好没有得到封赏，对霍光心怀不满。

出于对霍光不满，四个人最终走到了一起，积极策划推翻霍光的统治。正在这个时候，霍光出京检阅羽林军，反霍集团收集了一些证据材料，让燕王出面来弹劾霍光，说霍光出京检阅羽林军，违反帝制，擅自调增幕府校尉，专权自恣，恐有谋反之心。当时的官员每五天有一天休假，他们特意选择霍光休假之日上书，想通过突然袭击先发制人。

当时昭帝虽然只有十四岁，但头脑却很清楚。他接到这份上奏后扣在自己手中，没有恩准下发，也没有接受上书的建议。

第二天霍光进宫，听说自己被弹劾，心里感到非常恐惧，不敢进殿面见皇帝。昭帝就派人召霍光觐见，霍光进殿后脱下头冠，等候皇帝的裁决。昭帝对他说："这份上奏是伪造的，大将军无罪。"霍光这才松了口气，问陛下怎么知道其中有诈。昭帝说这些事情发生不到十天，远在燕地的燕王怎么会知道呢，若大将军真要谋反，也无需这样做。昭帝少年老成，确实是个贤明之君。第一次推翻霍光的阴谋就这样宣告失败。

一计不成又生一计，他们准备让盖长公主请霍光吃饭，席间将霍光诛杀，然后废掉昭帝。但这一计划被盖长公主一个下人告发，昭帝和霍光当机立断，发兵逮捕并处死了上官桀、上官安父子以及桑弘羊，并诛灭三族。燕王刘旦和盖长公主被赐死，昭帝的皇后虽然也属于上官一族，但年仅八岁，也没有参与谋反，更重要的是她还是霍光的外孙女，所以并没有被废除。粉碎了这场政治阴谋，反霍集团土崩瓦解，霍光成为唯一的辅政大臣。

过了几年，昭帝年满十八岁，举行了加冠礼。亲政后的昭帝与霍光的关系处理得很好，依然将政事委于霍光，霍光则全力辅佐，这段时间西汉政局比较平稳，社会经济得到了恢复和发展。但可惜好景不长，昭帝亲政仅三年就暴病而亡，仅仅活了二十一岁。

三

昭帝死时没有儿子，谁来继承皇位成为了一个巨大的问题。首先应从武帝的儿子中来选择，此时武帝的六个儿子只剩下广陵王刘胥，从血统上讲，刘胥最有资格。但刘胥只有蛮力，毫无才干，霍光认为他"内外不修"，不能立为皇帝。

如此这般，只能从武帝的孙子辈里找合适人选，霍光选中了李夫人所生的昌邑王刘髆之子刘贺。霍光实际上对刘贺并不了解，只是认为不管刘贺如何，如果自己和其他大臣尽力辅佐，应该问题不大。于是就请皇太后下令请刘贺从昌邑出发到京城继承皇位。

刘贺此时不到二十岁，是一个名副其实的纨绔子弟，据史书记载在来京的路上就不守规矩，有些胡作非为，继承皇位后本性更显露无疑，在为昭帝服丧期间，他天天花天酒地，和宫女寻欢作乐。他还毫不顾忌祭拜自己的父亲昌邑王刘髆的庙宇，在告示中自称"嗣子皇帝"，乱了礼制。这一切霍光都看在眼里，渐渐觉得自己有些看走了眼。

但如果仅仅是生活奢靡，霍光或许还能忍受，但刘贺做的另一件事情让霍光实在忍无可忍，刘贺从昌邑带来了二百位家臣，几乎把昌邑的领导班子原封不动地搬到了朝廷，这些人既然来了，就要掌握一些重要的职位，大将军霍光等过去的重臣就会被边缘化。由此看出，刘贺想抢班夺权的意图很明显，这终于让霍光下定了废除刘贺的决心。他征得了杨敞、田延年等重臣们的同意，并取得了自己的外孙女皇太后的支持，以"荒淫迷惑，失帝王礼谊，乱汉制度"为由，将刘贺从皇位上赶了下来。

刘贺只做了仅仅二十七天的皇帝，还未过足瘾就被送回了昌邑，带来的二百位家臣几乎全被诛杀。后来刘贺被取消封国，降为山阳郡，后又改封为海昏侯。刘贺成为中国历史上非常少见的既当过皇帝，又当过王和侯的人物。2013年在江西发现了一座汉朝王侯的墓葬，经过考古发掘确认为海昏侯刘贺之墓，出土了大量的陪葬品。2016年三月在北京举办了出土文物展，一票难求，引起轰动，人们又开始关心这位历史上的短命皇帝。

刘贺被废后，谁来当皇帝又再次成为棘手问题。刘胥不能立，武帝皇孙里只剩下燕王刘旦的后代，但刘旦由于谋反被赐死，所以他的后代自然也不能立。正在一筹莫展之际，有人向霍光建议，孙子辈里找不到还有曾孙啊。霍光顿时茅塞顿开，武帝还真有一个曾孙，就是原太子刘据的孙子。

刘据早婚早育，虽然在巫蛊之变中，他和他的儿子、儿媳都死于非命。当时他的孙子刘病已尚在襁褓，被投入了大牢，负责审理这起案件的官员叫做邴吉，他对这位皇孙很是同情，让关在监狱里女囚喂养刘病已，使他侥幸活下来，稍微长大后，邴吉将他送到已故太子刘据的岳母史家去抚养。后来武帝遗诏赦免了他，恢复了宗室身份，并送到掖庭养育，掖庭是皇家普通下人待的地方。

霍光等大臣决定选择刘病已时，他已经成年，娶了许平君为妻，过着普通人的生活。说来也巧，霍光和刘病已还有些许亲戚关系，刘病已的祖父刘据，是武帝皇后卫子夫的儿子，霍光同父异母的兄弟霍去病的母亲是卫少儿，而卫子夫和卫少儿又是亲姐妹。

霍光选择他，并非考虑这种沾亲带故的关系，最重要的原因是他和刘贺不一样，长期生活在民间，而且太子刘据家族在蛊惑之乱中几乎灭绝，所以刘病已没有自己的势力，即位后只能继续依靠现在这些大臣，应该是个比较让人放心的人选。于是，在群臣的拥戴下，刘病已被封为阳武侯，先重新取得皇族资格，然后登上皇位，是为汉宣帝。

如霍光所愿，宣帝没有背景，也没有自己的势力，所以朝中一切由霍光说了算。此时，霍家的权势渐渐达到了鼎盛，他的儿子、弟弟、女婿、堂兄弟等占据了朝廷和军队的重要职位，形成了盘根错节的势力集团。

宣帝对此感同身受，每次与霍光一同乘车拜谒祖庙时，宣帝都觉得"若有芒刺在背"。《汉书·霍光传》说："威震主者不畜。霍氏之祸，萌牙骖乘"，也就是说，霍氏后来的下场，从宣帝与霍光同乘一辆车时就埋下了隐患。尽管如此，宣帝头脑很清醒，自己虽然贵为天子，但尚没有与霍氏家族抗衡的能力，只能逐渐地发展自己的势力，等待合适的机会到来。所以，宣帝在表面上对霍光还是非常尊重，给予他很高的礼遇。

尽管宣帝对霍光言听计从，但在一件事上他要坚决按照自己的意志办，那便是选立皇后。宣帝在民间时已经娶了许氏为妻，两人的感情一直很好，结婚一年后，许氏生下了后来的元帝刘奭。宣帝即位后，许氏被封为婕妤，皇后之位暂时空着，这时大将军霍光的小女儿霍成君没有出嫁，大臣们为了讨好霍光，纷纷提议册立霍成君为皇后。

宣帝对皇后的人选主意坚定，那便是许平君，一方面两人是患难夫妻，共同度过艰难岁月，许平君理应获得这个位置。更重要的是，如果选立霍光之女，宫外是霍光，宫内皇后是他的女儿，皇太后是他的外孙女，宣帝几乎没有自己的自由空间，这对在政治上想有所作为的宣帝而言，是无法接受的事情。

宣帝很聪明，他并没有明确地回绝大臣们想拥立霍氏的意见，而是让臣子们帮他去找自己的一把旧剑，说旧剑跟随自己多年，自己舍不得丢弃。言外之意是想让自己的原配许平君当皇后，领会宣帝意思的一些大臣上书请求立许婕妤为皇后，宣帝顺水推舟实现了自己的心意。

许氏成为皇后，有人提议应加封许皇后的父亲许广汉为侯，应该讲这个请求并不过分，但霍光却不同意，他认为许广汉为"刑余之人"，也就是受过宫刑的人，不可以封侯。拖了一年多，才勉强同意封昌成君。霍光这样做，表现上看好像是坚持原则，但骨子里却透出一种对皇权的蔑视，显得有些自我膨胀，更增加了宣帝对霍光的不满。

对于宣帝而言，这些尚可以忍受，真正让他无法容忍的事情很快就到来了。有一天，宫中突然传来了许皇后病死的消息，这让宣帝和群臣很震惊，因为许皇后得的并非不治之症，怎么突然就死去了呢。

据历史记载，这不是一起自然死亡事件，而是宫廷医生淳于衍下的毒手，背后的主谋是霍光夫人霍显。她一直想让自己的女儿成为皇后，但她也知道宣帝不会废掉许皇后，所以她背着霍光指使淳于衍利用许皇后生产之际下了毒手。

宣帝下令追查这件事情，霍显非常惊慌，害怕最终查到自己头上。无奈之下，她向霍光交代了事情的来龙去脉，霍光听后异常震惊，没想到自己老婆居然胆大到毒杀皇后的程度，他第一反应是想大义灭亲，向宣帝告发霍显，但冷静下来又怕因此牵连到自己，最后决定还是利用手中的权力，压案不报，大事化了。

许皇后死后，霍光的女儿霍成君被立为皇后。宣帝虽然同意硬塞给他的这位皇后，但他也借机留了后手，他封自己与许皇后的儿子刘奭为皇太子，岳父许广汉为平恩侯，算是与霍家的一种交换。

人心不足蛇吞象，宣帝立刘奭为皇太子让霍显恼怒异常，在她看来，刘奭出身在民间，没有资格成为太子，更重要的是，自己的女儿如果生了皇子，就不能再成为太子，据说她指使霍成君毒害太子，霍皇后屡次召见太子赐给他食物，但保姆总是先去品尝，她们的阴谋终未得逞。

小不忍则乱大谋，对霍家的所作所为，宣帝选择了暂时的隐忍。公元前68年，这份忍耐终于见到了曙光，这一年霍光去世了，宣帝把霍光的葬礼搞得很隆重，按照皇帝葬制的规格安葬了霍光。

平心而论，霍光一辈子所为对得住武帝的嘱托，他挫败上官桀等阴谋，尽力辅助昭帝，又以出色的政治决断力，废掉昌邑王，选择刘病已即位，引着西汉沿着正确的轨道前进。在他辅政期间，朝政基本稳定，经济得到发展，不仅收拾了武帝留下的烂摊子，还让西汉出现了中兴的气象。

但是大权在握后，霍光有些自我迷失，犯了两个重大错误。一是不知进退，霍光的权势让宣帝感到"芒刺在背"，说明宣帝对他的势力很是忌惮，同时宣帝已经成年，聪明刚毅，完全可以亲理朝政，但霍光却过于恋权，不肯让位。如果此时急流勇退，金盆洗手，想必他的家族应该会有个好结果，但权力犹如毒品一样，让他欲罢不能，原先的政治决断力荡然无存。二是没有管好身边人。一人得道鸡犬升天，他疏于对家人的管教，以至于自己的老婆居然毒杀皇后。他知情后心存侥幸，隐瞒不报，客观上更加助长了家人的无法无天，霍家一族占据朝廷重位，看上去富贵满朝，实际上埋下了灭族的隐患，等霍光一死，树倒猢狲散，霍家的最后覆灭已经不可逆转。

四

霍光死后，宣帝准备将失去的权力收归己有，他首先重用魏相和自己的岳父许广汉等人，把朝廷权力控制在自己手中。接着采取行动，剥夺霍氏集团控制的军权，通过一系列措施，霍家的权力基本被剥夺。

飞扬跋扈惯了的霍家人，面对宣帝全面夺权的行动，感到非常惶恐，担心如此下去恐有灭族之灾，于是就铤而走险，意图发动叛乱推翻宣帝统治。但消息败露，宣帝发兵镇压了霍氏集团的叛乱，包括霍显在内的霍家成员都被处以极刑，霍皇后被废后来自杀，曾经不可一世的霍氏家族就这样灰飞烟灭。

彻底剿灭霍家势力后，宣帝终于可以按照自己的想法来治理国家了。他和其他皇帝有一个很大的区别，就是早期一直生活在民间，所以他对百姓的疾苦有切身的感受。

　　他认为吏治的好坏直接关系到百姓的安居乐业，所以治理的重点首先放在了整顿吏治上。"为官一任，造福一方"，地方长官对一个地区稳定发展至关重要，所以宣帝特别重视对地方长官的选拔和考核。朝廷任命刺史、郡守等地方主官时，他都亲自过问，在赴任前，他亲自接见，当面考察，并让这些官员立下责任状，以便有针对性地对他们的政绩进行考核。他经常派出使者对各地进行巡查，对不合格的官吏给予撤职处分，对政绩优秀的给予奖励或破格提拔。

　　他同时清楚百姓对官吏贪腐非常痛恨，所以他强调严格执法，惩处不法的官吏和豪强。其中包括大司农田延年。当年霍光拥立宣帝，田延年也参与其中并立下功劳，但后来他因贪污被人告发，宣帝并没有因为他拥戴有功就赦免他，坚持追究他的责任，田延年最后畏罪自杀。

　　宣帝对吏治的整治，使得大量的循吏登上历史舞台。"循，顺也，上顺公法，下顺人情也"，循吏简单的说就是好官，它是与酷吏相对立的词语，武帝时代多酷吏，到了宣帝时代，循吏成为了主角。《汉书·循吏传》中记载了文翁、王成、黄霸、朱邑、龚遂、召信臣六人的列传，除了文翁外，其他都是宣帝时期的人物。

　　由于宣帝也曾经有过牢狱之灾，他对冤狱深恶痛绝。提出要废除苛法，平理冤狱。他亲自参加一些案件的审理以示重视。下令在朝廷增加官员，专门负责刑狱的评审和复核。在他统治期间废止了"首匿连坐法"，无罪的家属不再受到牵连。

　　公元前64年，宣帝将自己的名字由"病已"改为"询"，这样做是因为皇帝的名字要行避讳，"病已"这两字是常用字，所以经常有百姓因为忘记避讳而获罪，宣帝为了方便百姓，下诏将名字改为不太常用的"询"，并下令赦免所有以前触犯自己名字忌讳者的刑罚。

　　他还派人到各地巡查，平反冤案，检举处罚滥用刑罚的官员。有些举措颇有些现代法治的影子，例如他下令八十岁以上的老人，除诬告、杀伤人外，其他的一切罪行都可以免于刑罚。宣帝在位二十五年，先后颁布了十次大赦令，在这些措施的作用下，冤案大为减少，滥用刑罚得到遏制，社会矛盾大为缓解。

在经济上，宣帝继续奉行昭帝实行的轻徭薄赋的政策，对于武帝时代出现的流民问题，宣帝下令征收豪强的土地给他们耕种，他在民间的经历，深知百姓生活不易，所以不断减少百姓承担的赋税和徭役，他还委任农业专家蔡葵为"劝农使"，巡视全国，指导农业生产。这些措施的大力推行，使得农业连年丰收，谷价猛跌，创造了西汉的最低价，经济情况大为改观。

在对外关系上，宣帝取得了具有历史意义的成就，也是武帝梦寐以求但一直没有实现的夙愿——降服匈奴。宣帝统治时期，应乌孙请求派兵联合夹击匈奴，这是武帝以后规模最大的一次军事行动，匈奴被汉军击溃，实力大为削弱，后来发生分裂，表示愿意臣服西汉中央政府，自此，汉匈之间结束了长达一百多年的战争状态，边疆的硝烟渐渐散去，人民也免于战火涂炭。

宣帝用出色的政绩，成为中国历史上又一名贤君，在他统治期间，政治清明、社会和谐、经济发展、四海臣服，他的丰功伟绩使得自己与高祖刘邦、文帝刘恒、武帝刘彻一样，成为西汉正式拥有庙号的四位皇帝之一。

宣帝与昭帝共执政三十八年，这段时间整个社会和谐繁荣，呈现出"吏称其职，民安其业"的景象。历史上把他们统治的这段时间称为"昭宣中兴"。只可惜宣帝也不长寿，公元前49年，宣帝驾崩，年仅四十二岁。自此，西汉走完了辉煌的路程，一个王朝的衰败不可避免地到来了。

第十四讲　青冢上的那一滴泪

一

宣帝驾崩，好不容易开创的中兴局面戛然而至。接下来的皇帝叫做刘奭，是为汉元帝。史学家吕思勉讲过："汉室盛衰，当以宣、元为界。"从元帝开始，西汉开始走上了衰败之路。

刘奭是宣帝的嫡子，是被毒死的许皇后所生。他出生时宣帝还是一个庶民，所以刘奭并不是出生在皇宫，而是生于民间，宣帝刘病已登上帝位后，刘奭被封为太子。

从血统来讲，刘奭可谓根正苗红，但他成为皇帝的道路并非一番坦途。其中主要原因是刘奭的性格非常柔弱，在宣帝看来，充满书呆子气。这也不能完全怪刘奭，因为宣帝给他找的几位老师都是当时的大儒，他这样的表现和从小接受儒家思想熏陶不无关系。

有两件事情曾一度让宣帝动了废掉刘奭之心。一是刘奭认为宣帝治国偏重法家，批评自己的父皇"持刑太深"，建议要重用儒生。而宣帝认为自己深知百姓疾苦，所以必须要用严厉手段整治吏治，打击贪腐和豪强。要实现这个目标，需要启用能做实事的官吏，而不能任用只会空谈理论的儒生。在治国方略上须采用"霸王道杂之"的手段，而不能仅凭儒家学说。父子俩的争论凸显了治国理念上的重大分歧，宣帝认为太子不知世情，所以对他的批评感到不满，觉得他没有帝王应有的魄力。

另外一件事情则是因为刘奭的痴情，刘奭后宫有不少佳丽，但他却钟情于一个叫做司马良娣的女子，这位司马良娣一直病弱，根本就无法生育，这并不妨碍太子对她的宠爱，把其封为太子妃。由于多病司马良娣非常年轻就去世了。临终前她对太子说，自己之所以短命，一定是因后宫其他女子的诅咒。太子为她的离去感到悲痛万分，竟然大病一场，宣帝对太子的表现感到非常失望，认为作为一个将来的帝王，为一个女人竟然痛不欲生，如此这般，不可能治理好一个国家。

宣帝有个儿子叫做刘钦，当时被封为淮阳王，宣帝认为他比刘奭更胜一筹，一度有改立太子的想法。但是他无法割舍对许皇后的追思，无法忘怀当年那段艰苦岁月，正是刘奭的诞生，给自己带来了难得的慰藉，也许正是因为这种情绪的作用，宣帝最终没有下决心废掉刘奭，而是一面感叹"乱我家者必太子也"，一面把帝位传给了刘奭。

为了让刘奭能接好班，宣帝给他找了三位辅政大臣。分别是史高、萧望之和周堪。领衔的史高是宣帝外祖母史家的孙子，宣帝小时候由于父母双亡被史家抚养，因此和史高的关系非常不错。

萧望之、周堪则是元帝的两位老师。元帝对两位老师非常尊重和信任，治国理政上经常询问老师的意见，结果使得领衔辅政的史高倍感失落，史高就与朝中的宦官联系起来，动辄反对萧、周的意见，当时的中书机构被宦官所掌控，为首的是中书令弘恭和仆射石显，两派实力在朝廷中形成了对峙局面，元帝即位伊始，权力斗争的阴影就开始笼罩朝廷。

为了更好推行自己提出的政策，两位老师上书元帝，建议废除中书机构，至少不能让宦官来掌控，但元帝对此建议既不答应也不反对，迟迟犹豫不决，这为石显等人的反击赢得了宝贵时间。萧、周是大儒士，谈理论讲学问没有问题，但政治斗争远不是石显等人对手，外戚和宦官联起手来，没有多少力气，使得萧望之自杀，又气死了周堪。

元帝对自己老师之死很是悲痛，据史书记载，萧望之自杀的消息传来，元帝刚好准备吃午餐，听到消息不仅拒绝吃饭，而且痛哭流涕。他对老师的死终身难以释怀，每年都派使者去祭扫萧望之的墓。尽管如此，他并没有追究石显等人的责任，事后依然信任有加。

从这件事上可以看出，元帝要比自己的父亲差太多，作为一个帝王，政治上缺乏基本的决断力。他口口声声要推行仁政，却放纵宦官逼死了自己老师，使得推行仁政的力量荡然无存，这种政治上的短视和低能，注定了他不可能成为一个像自己父亲一样的一代贤君。

元帝的昏聩，带来的结果是石显等人胆子越来越大，元帝也被越骗越深，到最后索性一股脑将朝政完全委托给石显，事无大小皆有石显决断，开启了宦官专权的恶政。大权在握的石显排除异己，残害忠臣，导致纲纪紊乱，吏治腐败，贿赂成风。上梁不正下梁歪，宣帝整顿吏治所取得的成效荡然无存，贪官暴敛，酷吏横行，西汉不可避免地走上了衰败之路。

二

元帝统治时期，发生的最著名事件便是"昭君出塞"。早在宣帝时代，匈奴呼韩邪单于臣服于大汉，那怎么又会发生昭君出塞的故事呢？

主要原因是匈奴内部发生了分裂，其中的一支在郅支单于的带领下反叛西汉，元帝派兵镇压并诛杀了郅支单于，消息传到呼韩邪单于那里，他感到又喜又怕，于是他决定到长安觐见元帝。在这次晋谒中，为了拉近关系，他提出想成为汉朝的女婿，请求将宫中女子许给他。元帝自然不好拒绝，下令从宫女中选择一个，被选中的就是王昭君。

关于为何选中王昭君，有一段国人比较熟悉的故事。元帝后宫的女人很多，元帝就命宫廷画工为每一位宫女画肖像画，元帝选择其中美貌的予以宠幸，为了得到皇帝的宠幸，宫女们纷纷向画师行贿，希望将自己画得格外美丽。但是对自己容颜非常自信的王昭君却不吃这套，结果可想而知。

单于提出这个请求后，元帝通过宫女的画像选择人选，他当然舍不得把美女许给呼韩邪，于是就选中了画像中长相一般的昭君。后来单于带着王昭君向元帝辞行时，元帝才首次见到昭君的真实容貌，没想到昭君是一个如此绝色的美女。但君无戏言，况且这关乎汉匈的友谊，元帝只能献上祝福，眼睁睁地看着单于带着昭君北去。昭君走后，元帝很生气下令追查，结果把毛延寿等收受贿赂的画师全部处死。

这个故事虽然民间广为流传，但杜撰的可能性较大。按照范晔的《后汉书·南匈奴传》所记载，王昭君应属于自告奋勇，原因是王昭君进宫多年，连皇帝的影子也很难见到，王昭君于是想，与其寂寞终了一生，不如做出如此选择，听说皇帝要选宫女赐给单于，自己便毛遂自荐。

不管真实故事到底如何，历史上王昭君确有其人，千年以来，她一直被作为民族和解的代表而被后人称颂。王昭君与呼韩邪单于共同生活了三年，为他生了两个儿子。呼韩邪单于死后，按照匈奴的传统，昭君要嫁给继任单于，也就是呼韩邪单于和前妻生的长子，这种在汉族看来有违伦理的做法，王昭君是无法接受的，于是她向朝廷请求返回西汉，但得到的答复却是"从胡俗"，就是要她入乡随俗。

后来王昭君终死于那里，由于匈奴没有具体的历史记载，不知这个生在荆州的南国佳丽，在寒风凛冽的塞外过得如何，想必有不少的孤独和凄冷在其中。

昭君的陵墓在今天内蒙古首府呼和浩特，她的墓被称为"青冢"，之所以叫这个名字，有两种截然相反的说法，一说是附近一带的草都是白色的，唯独这座坟墓周边长不出草。还有一种说法是附近一带都是长不出草的荒地，唯独这座坟墓周边才能看到青草。

杜甫有诗云："一去紫台连朔漠，独留青冢向黄昏。"许多年前，笔者也曾经写过一首关于"昭君出塞"的诗：

遥望长安只能／止于这片绵绵的群山／春天正在那里蔓延／思

念却无法穿越 / 羌笛在这个夜里响起 / 消息于干涸的心床 / 风沙骤停 / 我在月光中独自落泪 / 那些为我坠落的雁儿 / 我感叹于你们的幸福 / 在荒芜的异域 唯你 / 能知悉我芬芳的美丽 / 我必将这样老去 静看 / 大漠夕阳无数个轮回 / 这片广袤的原野约定般 / 绿了又枯 枯了又绿 / 抚着这把斑斓的琵琶 / 旋律依旧清晰 / 只是记忆已那般苍远 / 归于雁儿无奈的长鸣 / 葬我于这片青山之隅 / 我将在微笑中酣然而去 / 一如 三十年前 / 那个有雾的清晨。

在昭君出塞的同一年，元帝走完了自己四十三年的人生。抛开乏善可陈的统治不说，据历史记载他个人多才多艺，能写一手漂亮的篆书，对于音乐和乐器很精通，吹拉弹唱，无不穷极其妙，令人叹为观止，可以算得上是一位才华出众的"文艺青年"。只可惜阴差阳错，这样的"文艺青年"被扶上了皇位，对个人不一定是幸事，对国家和百姓则是一种灾祸。

三

元帝死后，太子刘骜即位，是为汉成帝，他的母亲王政君成为皇太后。

刘骜能来到这个世界多少有些撞大运的意思。当年他的父亲刘奭独宠太子妃司马良娣，司马良娣病死时说自己是被宫中女人诅咒而死，悲痛之余的刘奭一度不再亲近其他女人。

此时的宣帝动了废掉太子的念头，为了保住太子之位，最好的方法就是要尽快有子嗣。比刘奭更着急的是宣帝第三任的王皇后。刘奭母亲是宣帝的结发妻子许皇后，许皇后被毒死后，刘奭就被王皇后养育，两人形同母子。

在王皇后的百般劝说下，刘奭终于同意从后宫女子中选一个，于是王皇后找了五个女子让刘奭选择，尚处在悲痛期的刘奭，对于选美根本提不起兴趣，为了满足王皇后的要求，就从中随便选了一个，有位女子穿得一身大红大绿的长裙，衣着很是炫目，座位正好靠近刘奭，所以便被刘奭选中，这个女子就是王政君。

实际上，刘奭并不喜欢王政君，按照《汉书》记载，是"一幸而有身"，意思是说只临幸了一次就有了成帝。刘奭有儿子的消息传来，宣帝很高兴，非常喜欢这个来之不易的皇孙，逐渐打消了改立太子的念头。所以说，刘骜来到这个世界，是一个凑巧加上另一个凑巧。但人的命运就是这样奇怪，偶然中都蕴藏着些许必然。

刘骜的太子之位一直还算稳固。但是他成年后非常嗜酒，经常举办酒宴，元帝认为作为太子不应如此享乐，对他有些不满。元帝后来非常宠幸一个叫做傅昭仪的女人，她生的儿子刘康被封为定陶王，爱屋及乌，元帝很喜欢定陶王，于是有了改立太子的想法。

元帝病重后，常让傅昭仪和刘康在榻前服侍，而王政君和刘骜却很难见上元帝一面，这让王政君和他的兄弟王凤很是担忧焦虑，关键时刻刘骜的老师也是元帝非常信任的大臣史丹挺身而出，他趁寝宫中只剩元帝一人时，声泪俱下为太子求情，元帝向来心肠软，看到史丹泣不成声，深为感动，表示不再考虑废立太子，让史丹将来好好辅助刘骜。

就这样，刘骜有惊无险地登上了帝位。他的性格和他父亲一样，柔弱内向，缺乏主见，没有帝王的雄才和魄力。就作为而言，他的表现比他父亲更差，他的一生大概可以概括为两句话，即独宠飞燕姐妹和王氏外戚专权。

"独宠飞燕姐妹"说的是赵飞燕姐妹的故事，赵飞燕是成帝的第二位皇后。第一位皇后是许皇后，还是在刘骜当太子时，由元帝择选成婚，刘骜即位后，封许氏为皇后。成帝和许皇后的感情起初很不错，但唯一的遗憾是许皇后所生的子女都不幸夭折，为了成帝能有子嗣，使成帝多和其他嫔妃在一起，王太后利用各种机会说一些许皇后的坏话，让成帝渐渐疏远许皇后。

于是成帝和许皇后的感情大不如前，成帝开始宠幸班婕妤，这位女子人长得漂亮，而且知书达理，自己得宠后，还把自己的侍女推荐给成帝，此女被成帝封为卫婕妤。继两位婕妤后，成帝又开始宠幸赵飞燕姐妹。

赵飞燕是阳阿公主家的舞女，面目娇好，体态轻盈。历史上有"燕瘦环肥"的说法，燕，就是赵飞燕；环，就是杨玉环。一次，汉成帝到阳阿公主家，公主盛宴款待，唤出几名美女歌舞助兴。成帝见其中有位女子歌声清脆，舞姿袅娜，顿时一见倾心，就把她带回了后宫。这有点像武帝当年在自己姐姐家看上卫子夫一样，区别是卫子夫能歌，赵飞燕善舞。成帝还听说赵飞燕有个妹妹叫赵合德，长得也非常漂亮，就召她入宫，将姐妹两人都封为婕妤，对她们格外宠幸。

赵飞燕姐妹入宫后，许皇后备受冷落，她的姐姐利用巫蛊之术诅咒其他嫔妃，被人告发，许皇后受株连被废黜，后又被赐死。据历史记载，赵飞燕应该参与了对许皇后的迫害。

许皇后被废后，皇后之位空置了两年，两年后赵飞燕被封为皇后，起初王太后以赵飞燕出身低微不同意立其为皇后，在王太后外甥淳于长的斡旋下，成帝先封了赵飞燕的父亲为侯，赵飞燕就成为侯门之女，为其登上皇后宝座扫清了障碍。

姐俩虽然备受成帝恩宠，但让二人非常郁闷的是，长时间以来都没有生下儿子，为了继续让成帝宠爱她们，她们残酷迫害那些有子的嫔妃，最后导致成帝到死也没有儿子。

赵飞燕怂恿成帝立远方侄子刘欣为太子。成帝死后，刘欣即位，大臣纷纷上书说赵氏姐妹祸国殃民，要求予以严惩，因赵飞燕拥戴有功没有被处罚，但赵合德被迫自杀。赵飞燕一直稳坐皇太后之位，直到后来王莽当政才被废为庶人，最后也以自杀而告终。

"王氏外戚专政"作为压垮西汉王朝的最后一根稻草，是从成帝时代真正开启。成帝即位之初，朝中还是宦官石显等专权，为了制衡石显，将大权收归己有，他用明升暗降的方法使石显离开权力中心，然后罢免其官逐回家乡，其走卒也纷纷被罢免。

但大权并没有回到成帝手中，王家成为了新的权力主人。王太后的兄弟纷纷走到了前台，王凤被封为大司马大将军，王凤死后，王商继任大司马，王商死后，王根继任，王根死后，王莽继任大司马，西汉的掘墓人就此出现。成帝在位二十多年，几乎没有亲自打理过朝政，而是姓王的轮流作为大司马把持朝政，他的母亲王政君则在后宫进行整体操盘。

对于外戚专政，有不少大臣提出异议，要求罢黜王氏，但成帝并没有听从。成帝把朝政交给王氏一族，自有他的考虑，他觉得大臣们靠不住，宦官也靠不住，最能靠住的无疑是自己的母亲和舅舅们，毕竟有最为亲近的血亲关系，因此，虽然不断有人上书反对王氏，但因为他这样的考量和本身生性懦弱，结果让外戚专权到底，直到把西汉搞垮为止。

公元前7年，成帝驾崩，终年四十六岁。经过元帝和成帝两个时代，西汉在衰败的路上越走越远，已无回头可能。接下来中国历史上非常有争议的一个人物要粉墨登场了，他就是王莽，也正是这个人结束了西汉王朝的统治。

第十五讲 "民选皇帝"的晋级之路

一

成帝时代，王氏一族专权，出现了西汉王朝的掘墓人——王莽。历史上对王莽的评价非常复杂，有的说他是改革家，但更多的人将"野心家"的帽子送给了他。有的说他是道德上的楷模，更多的人认为他是"伪善"的典型代表。

成帝刘骜即位后，朝廷的大权落到了以皇太后王政君为首的外戚集团手中。王莽的父亲王曼是当朝大司马王凤的弟弟。王莽虽然也属于这一集团，但是他从小与王家的富贵没有太大关系。

这主要原因是他的父亲王曼死得太早，没有轮得上封侯，眼见自己的姑姑成为权倾一时的皇太后，自己的叔叔们封侯进爵，但却没有人太多关注他们母子，王莽只能与自己的母亲相依为命，过着普通人的生活。也因为如此，他和自己那些招摇过市的表兄弟有很大不同，王莽从小非常懂事，"独孤贫，因折节为恭俭"，正所谓"穷人的孩子早当家"。

王莽从小很喜欢读书，在这方面母亲对他的要求很严格，虽然自己不识字，但她每天都要陪伴王莽读书到深夜。她希望自己的孩子能通过自身努力出人头地。王莽深知母亲的心思，所以非常刻苦。他从圣贤的著作中汲取了大量知识和教诲，并落实在自己日常之中。

他对人都彬彬有礼，总是用圣贤的要求规范自己的行为，譬如他在路上遇到比自己大的人，一定会退避三舍，躬身让长者先走，然后自己才直起身子继续走。他每次见师长，都郑重其事地沐浴，然后穿戴整齐带着礼品去拜见。

他家境虽然一般，但却经常帮助别人，对自己早亡兄长的遗腹子视为己出，尽心抚养，这些做法在一些人看来比较"怪异"，但在更多人眼里却是真正的"君子"所为，这为王莽赢得了很好的名声，也与那些耀武扬威、穷奢极欲的王家子弟形成了鲜明的对比。

但是要想在仕途上有所发展，仅有好的名声不行，还需要得到领导的赏识。很快这样的机会就来了，公元前22年，外戚集团的重要成员大司马王凤病倒了，按照孝道，做为族人的王莽到王凤府上照顾他，据《汉书》记载，王莽在此期间"亲尝药，乱首垢面，不解衣带连月。"可谓尽心尽力，比王凤的亲儿子还亲。

王凤对他的表现看在眼里，暖在心头。自己其他的子侄来探望，大多看一眼便匆匆离开，像王莽这样端屎端尿，对自己悉心照顾的少之又少。因此，王凤在临终前就将王莽托付给自己的妹妹皇太后王政君，希望她能多多关照王莽。

对于自己哥哥的嘱托，王政君很上心，没过多久就任命王莽为黄门郎。虽然这个官职并不高，但对于王莽来说意义重大，这标志着他终于踏上了仕途，并以此为起点一步步走上了权力的巅峰。

二

王莽获得任命的消息传开后，受到朝廷内外的一致赞誉，这让王政君大感意外。过去王氏子弟被任命，不少人会说三道四，而这次王莽入仕却是一致叫好，好像早就应该让他当官。由此，王政君对王莽另眼相看，很快就提拔他为射声校尉，成为了一个中级官吏。

王莽进入仕途后，依然保持着自己的良好传统。外戚贵族的蛮横骄傲之气与他绝缘，为人谦逊，生活简朴，孝义兼具，不由使人对他印象更加良好。

其中有两件事情比较突出，一件事是他倾其所有，将兄长的遗腹子的婚礼办得非常隆重。但在婚礼进行之中，王莽却频频离席进入后室，客人们有所疑惑，后来才知当时王莽的母亲正在病中，王莽时常离席是为了给母亲定时喂药。这虽然是件小事，但一下子就将王莽身上的"孝"凸显出来，而"孝"在中国古代被看做是一个人最重要的品质。

还有一件事情是人们听说王莽买了一个漂亮的奴婢，这样的事情对于其他人来言非常正常，但发生在王莽这样"德行至上"的人身上，人们还是有些吃惊，觉得王莽也过不了美人关。后来才知道这个女子是王莽买来送给自己朋友朱博的，因为朱博一直没有儿子，王莽这样做是为了帮助好友延续后代，由此王莽身上的"义"又开始被人纷纷乐道。

不仅如此，王莽待人谦恭有礼，非常清廉，在处理事务时秉公办事，不徇私情，王莽的出现，终于使得浑噩的官场出现了一股难得的清新，在一个外戚专权、道德沦丧的社会，王莽的所作所为更显出他的与众不同。

当然，这样的做法是王莽的真心所为还是所谓的"伪善"，不能轻易地下结论，还是要一分为二地看，一方面王莽所读的圣贤之书，让他从内心觉得为人理应如此，如不这样做他的良心过意不去。但另一方面他也真切地感到名声的巨大作用，相比于其他人而言，名声成为他取得成功的重要利器，为了能在仕途更进一步，他必须更加注重这个。

虽然由于不近权贵，王莽在短时间没有很快得到升迁。但是他贤明的形象却深入人心。"是金子总会要发光"，终于有人要出来为他说话了，这个人就是他的叔父，当时位高权重的大司马王商。

王商上书成帝请求将自己的一部分封地分给王莽。朝廷中本来有不少人想为王莽说话，一看王商挑头，都纷纷上书赞扬王莽的人品，请求加封王莽。因此，王莽被封为新都候，晋升为骑都尉、光禄大夫侍中，王莽一步步从中小官吏成为朝中重臣，他开始可以经常随侍在成帝和王太后的身边。

尽管地位越来越高，但王莽身上的品行并没有改变。通往圣贤的路上，他更加快马加鞭。为官上，他经常通宵达旦，不辞辛劳，把自己分内的事情处理得井井有条。生活上，他把皇帝的赏赐和自己的俸禄分给他人，自己的生活却非常简朴。

三

王莽的付出终于得到了回报，继自己叔父王根后，王莽成为了大司马，坐到了臣子的第一把交椅上，在自己三十八岁时达到了他权力的第一个顶峰。

但是此时摆在他面前的却是一副衰败景象。面对这样的局面，王莽并没有气馁，他认为遵循圣人的教诲，凭借自己的努力，应该可以扭转颓势，说不定还可以实现中兴。

他上台后首先做的就是狠刹奢靡之风，王莽在这方面做得一直不错，他希望自己榜样的作用能够起到示范作用。有次他母亲生病，许多公卿列侯夫人前来探望，迎接他们的是一位穿着布衣短裙的女子，起初这些夫人还以为是王莽家的佣人，一问才知道原来是王莽的夫人，大家都感到很吃惊。大司马尚且如此，这些人回去以后都开始有所收敛，社会上的奢靡之风得到了一定控制。

同时王莽还推出了"限田令"，禁止豪强大户强占土地。为了让这个法令能够顺利推行，王莽再一次以身作则，他以皇太后的名义，宣布将王家的土地，除了坟园以外，全部捐给贫民。

正当王莽准备大干一场的时候，一个重大的挫折却不期而来，那便是成帝驾崩了。成帝一直宠幸的赵飞燕姐妹自己生不出儿子，还迫害那些有子的嫔妃，导致成帝到死也没有子嗣，在赵飞燕的怂恿下，成帝立自己远方侄子定陶王刘欣为太子。成帝驾崩后，刘欣即位，是为汉哀帝。

汉哀帝即位后，开始依靠自己祖母傅家和母亲丁家两大家族，新的外戚势力开始掌控政权，位高权重的王家暂时失势。王莽很识相，上书请求"乞骸骨"，这是什么意思呢？在当时认为做官就是将自己躯体交给了君主，那辞职不做官就要请求皇帝归还骸骨，王莽的意思是要辞职归乡。

哀帝刚刚即位，觉得王莽还不能离开，况且王莽名声太好，不少大臣在哀帝面前为他说好话，于是没有同意他的辞职申请。

这时候发生一件事情，哀帝要尊自己的祖母傅氏为太皇太后，在一次宴会时，他要求将傅氏的座位与王政君的并列在一起。王莽对此非常看不惯，严斥宫中布置宴会的人，说傅氏只是一个藩王的妾，怎么能与王太后座位并排放在一起，他命人将傅氏的座位挪到了一边，这下可激怒了哀帝的这位祖母，她最后拒绝出席宴会。

王莽看看当前形势，觉得不是很妙，现在王家已经落于下风，自己又得罪了哀帝的祖母，继续在朝中待下去，恐怕没有什么好果子。于是他再一次上书要求辞职归乡。这次迫于自己祖母的压力，哀帝批准了他的请求，王莽离开了京城回到自己的封地。

王莽走后，朝中就成了丁家、傅家的天下。哀帝的表现比成帝更为差劲。历史上对哀帝流传最广的故事，就是他与男宠董贤之间的断袖之情。

那什么是断袖之情呢，这源于一个故事。哀帝与董贤朝夕相处，形影不离，有一次午睡哀帝与董贤同床，哀帝醒后发现自己的衣袖被董贤身体压住了，他为了不惊醒尚在沉睡的董贤，就用刀把衣袖割断，可见哀帝对董贤是多么的体贴。当然，董贤对哀帝也是极尽其所能。

如果仅仅是哀帝的私生活也就罢了，但哀帝却将其引入了政治，他居然封毫无治国理政经验的董贤为大司马，成为了一人之下万人之上的人物，他还把董贤的弟妹等亲戚都封了官，并赐予他许多土地，在政治上和经济上让自己的同性爱人得到了"双丰收",但这似乎还不足以表达自己的情感,他甚至想把皇位让给董贤,作为一个天子,这样的做法确实有些匪夷所思。

同时,他的祖母傅家和母亲丁家的亲戚们也都受到了重用,这些人一旦掌权,就不知道自己姓什么了,摆排场,比奢华,贪腐成风,整个朝廷被搞得乌烟瘴气。

没有比较就不知好坏,虽然同为外戚,但朝中大臣和民间百姓越来越觉得还是王家更好,特别是王莽,道德品质没得可挑,治理朝政也很有一套。于是人们开始更加想念王莽,而傅家、丁家则渐渐丧失人心。

王莽此时虽然远离朝廷,但他一直密切关注朝中的动向。不过他表面上不动声色,静养读书,也从不与人谈论朝中之事,以免惹祸上身。

在此期间,发生了一件事情使得王莽的声望又一次获得提升。王莽次子王获失手打死了一个奴婢。这对于贵族之家,本不算什么大事,因为当时的奴婢就如同牛马,打死了大不了赔一些钱了事,但是王莽却出人意料的让自己的儿子赎罪自杀。这让包括王莽夫人在内的家人都感到非常震惊,长跪哭着为王获求情,但都被王莽拒绝,王获最后只能以自杀谢罪。

对于这件事情历史上有不同的解读,有人认为王莽之所以大义灭亲是遵从理法所致,儒家常讲"天地之性人为贵",受儒家思想熏陶很深的王莽自然觉得奴婢也是人,杀人就应该偿命,不管这个凶手是不是自己的儿子,这样做正是要达到"灭人欲存天理"的境界。另外一种说法就是"伪善论",认为王莽以自己儿子的性命来成就自己上升的道路,这种严重不近人情的做法正是"伪善"的极致表现。

不论何种解读,这件事情在当时引起了极大的震动,在裙带成风的时代,居然有王莽这样大义灭亲之人,这也让他的形象直追圣人的高度,在民众最痛恨上层社会奢靡成风、官官相护的时候,王莽的所作所为击中了社会大众感情中最脆弱的部分,因此,为王莽上书的人越来越多，要求朝廷重新起用他。

赶得很巧，此时发生了一次日食。当时的人们对日食的成因搞不清楚，只是觉得是一个很不好的兆头，预示着上天对皇帝的警告。市井间都在议论，出现这样的天象是因为王莽被蒙冤罢官所致。哀帝对此也觉得十分惊恐，于是下令以服侍王政君的名义让王莽重新回到了长安。

王莽返京不久，哀帝就死了，仅仅活了二十五岁。在此之前，傅太皇太后和丁太后都已经死了。哀帝也没有儿子，关键时刻显示出王政君的政治经验，哀帝驾崩的当天，她就到未央宫收缴了皇帝的玺绶，并急召王莽入宫，命令朝中一切事务归王莽掌管。

王莽重新出山后，为了稳定局势，连烧了三把火。第一把火是让太后免除了董贤的职务，董贤在被免职的当天自杀。第二把火是王莽建议太后选立中山孝王之子刘衎为帝，是为汉平帝。当时刘衎只有九岁，为了防止外戚之患，王莽命令平帝的亲属一律不得进京，由王政君临朝称制，实际的大权掌控在自己手中。最后一把火是让王政君以毒杀皇子、骄奢淫逸的罪名废除赵飞燕的太后之位，并逼其自杀，将傅、丁太后的尊号取消，把傅、丁两家外戚族人全部赶出长安。

应该讲，这三把火烧得很及时，有些"拨乱反正"的意味，对于掌控权力，稳定局势很有成效，显示出王莽越来越成熟的政治经验，由此他更加得到了王政君的信任，同时整个西汉似乎看到了一丝曙光，但是历史并没有按照西汉臣民期望发展，登上权利顶峰的王莽却选择了另一条道路，直至将西汉王朝送进历史的尘埃中。

第十六讲　穿越时空的乌托邦

一

王莽在短暂的受挫后重新掌握了大权，他走到今天，应该说是众望所归。对于王政君来讲，王莽是家里人且表现突出，值得信任依靠。对于广大百姓来讲，他们被王莽圣人般的道德力量所感动，寄希望于他扶大厦于将倾。

平帝即位后，大司马王莽被封为太傅，成为小皇帝的监护人。但在不少人看来，与王莽的表现和作用相比，王莽得到的实在太少了。于是，大臣们上书王政君说王莽的功劳同当年的霍光一样，应该享受与霍光一样的封赏。王政君按照大臣们的请求下令封王莽为安汉公。

说起"安汉公"这个称谓，不得不说到"祥瑞"，这在王莽通向皇位的路上起到了重要作用。所谓祥瑞，也可以称之为"符瑞"，是指天下出现的一些非常吉祥的自然现象，比如五彩祥云、地出甘泉、奇禽异兽等。儒学认为，出现这样的现象，代表着上天对统治者的褒奖和赞扬。

在当时天是至高无上的神，它被认为支配着人世间的命运，皇帝称为天子，顾名思义只是天的代表，是在上天的庇护下实施统治，所以不能违抗上天的旨意，就此凶兆和祥瑞的意义就非同小可，凶兆意味上天庇护的消失，而祥瑞则意味统治的合法性和正统性得到了上天的认可。

王莽上台后，祥瑞出现的频率大大增加，重新掌权六个月后，南越人向朝廷进献一只白雉、两只黑雉，儒生们查阅经典，《尚书》中记载，在周朝时，越裳氏曾向周成王进献白雉，这件事居然在汉朝重现，于是有人上书，应该像封周公那样封王莽为"安汉公"，并增加封户。

但是王莽却死活不领这一封赏。他上书王政君表示功劳不是一个人，他是与王舜等四人共同制定的治国之策，希望能奖励他们，至于自己以后再说。王太后几次下诏，他都不领赏，王政君只好先封赏了其他人，王莽这才接受了"安汉公"的封赏，但是他退回了封赏的土地和民户，表示等老百姓都富裕后再说，这当然又一次提升了王莽的声望。

扭转社会奢华之风，成为他掌权后的工作重点，这项工作本来之前取得了不错的成效，但在哀帝即位后，丁家、傅家这些外戚把原来的工作成果悉数毁掉。王莽上书王太后，说丁、傅两家的奢侈挥霍带来了严重的后果，现在不少百姓吃不上饭，建议太后穿粗衣、降低饮食标准，以引导社会掀起节俭之风。他自己率先垂范，灾荒之年不吃肉，并捐钱捐地救济贫民，弄得太后派人慰问他，让王莽按时吃肉，注意身体。在他的带动下，大臣官员们纷纷响应，连太后也将供个人开支的十个县捐献出来，可见王莽的号召力此时已非同一般。

他的号召力从平帝选后的事件中得到更加充分的体现。平帝即位三年后，王莽提出要及早为平帝选立皇后，以免重蹈前几位皇帝无子的覆辙，王莽同时表示他的德行有限，自己的女儿才能不高，所以不适合成为皇后的人选。

王太后以为这是王莽的真心话，下诏时就没有把王莽的女儿列为皇后的候选人。消息一传出，大小官吏、普通百姓纷纷上书说"安汉公"功高盖世，他的女儿为什么不能参选皇后呢，这对为国无私付出的"安汉公"太不公平，所以要求王太后收回成命，选立王莽之女为皇后。

眼见上书的越来越多，王政君不得已只好同意王莽之女为皇后。

但王莽并没有立即答应，而是表示选后是大事应广泛听取意见，可以把女儿放入候选名单，但是否能立为皇后，还是应该考察一下。于是由一些官员组成了考察团，轰轰烈烈地走了一个过场，最后的结论是王莽之女成为皇后再合适不过，王莽就此变成了平帝的岳父大人。

正在这场选后活动进行时，发生了一件王莽很头疼的事情，这个事件的主角是自己的另一个儿子王宇。王莽选定刘衎为皇帝后，为了杜绝外戚之患，命刘衎的亲人不许进京，所以平帝刘衎的生母卫氏虽然被封为中山孝王太后，他的两个舅父卫宝和卫玄封为关内侯，但是他们只能留在中山国，母子一直无法团聚。

王宇觉得自己父亲的做法不对，将来平帝成年亲政后一定会因此忿恨而报复。于是他就私下与卫宝联系，让平帝的母亲卫太后上书恳求进京。但王莽非常担心哀帝时代大权旁落的事情再次发生，所以很明确予以了拒绝。

王宇听到上书被拒的消息，就找来自己的老师吴章和内弟吕宽来商量。王宇让吴章出主意，吴章认为王莽不会轻易回心转意，只能利用王莽的弱点试试。王宇说自己父亲最大的弱点在于迷信鬼神，讲究凶吉。吴章建议说可将牛马之血半夜洒在王府门前，警示王莽让他收回成命。这个任务落到了吕宽身上，但他成事不足败事有余，在涂洒过程中被王府门卫发现，被抓后很快就供出了王宇等人。王莽大怒将自己儿子送进监狱，并逼他喝毒药自尽。继王获后，第二个儿子也死在了王莽手上。王宇的妻子此时正怀有身孕，王莽命将其关起来，等生产后处死。

王莽利用这个机会大肆清除异己，特别是成为心腹之患的卫氏一族，除了卫太后外，大部分卫氏族人都被诛灭。王莽清除异己的行动并没有受到太多非议，毕竟他把自己的儿子和儿媳都杀掉了，相反，又一次的"大义灭亲"为他增加了更多光环。

二

　　清除异己以后的王莽，有了独步天下的感觉。"安汉公"的称号已无法满足他，不少大臣早看出端倪，于是有人见风使舵，说王莽的作用可以比肩于历史上的伊尹和周公。

　　这两位是何许人呢，伊尹是商朝的开国元勋，周公是辅佐周成王的忠臣。伊尹和周公在当时人们的心中地位很高。历史上称伊尹为"阿衡"，周公被称为"太宰"，于是有人建议将两人的称号连起来，以"宰衡"做为王莽的称号，这一提议得到了许多人的赞同，王政君顺应民意就下诏封王莽为宰衡，封他的母亲为功显君，他剩下的两个儿子为列侯。王莽又是百般推辞，称病不出，最后不得已才勉强接受，但是又把一些封赏给了他人，对这种"以退为进"的手法，王莽已经玩得炉火纯青。

　　获得"宰衡"称号的王莽，开始大力宣扬礼乐教化，他下令网罗天下学者齐聚长安，为这些学者建造了一万多套住宅。据历史记载，这些建筑只用了二十天就全部竣工，因为数量众多的百姓和学生积极参与，干得热火朝天，这从另一个侧面说明王莽强大的感召力。他在长安城中建造二百区的住宅，让流民居住。王莽想干的事情，民众都大力拥护，似乎没有什么干不成。工程完工后，在公卿列侯、博士大夫的请求下，平帝给王莽"加九锡"，王莽享受到仅次于皇帝的礼遇。

　　在历朝历代，权臣被加九赐，往往被视为篡位的前奏，通常情况下会出现不少的反对者，而王莽这次加封，情形却完全相反，据班固按照政府记载统计，当时请求为王莽加九赐的居然有四十八万余人，这意味着在长安附近，几乎所有有能力上书的百姓，都参与了对王莽的拥戴行动，可谓众望所归。

　　王莽登上做为人臣的最高地位，再往前一步就是皇位了。如果说王莽以前的所作所为，主要是想担当起中兴之臣的重任。但现在面对唾手可得的皇位，他很难再按捺住心中膨胀的欲望。

这时候平帝病了，没过多久就死在未央宫。对于平帝之死，历史记载是病死的。但也有另一种说法是被王莽所害，原因在于王莽诛杀了卫氏一族，也不让平帝母子团聚，他一直很担心平帝长大后会对此展开报复，据说有次平帝看王莽的眼神中充满着一种怨恨，这个眼神被王莽看到，感到心里一惊，与其坐等将来平帝亲政后灾祸来临，不如先下手为强。

还有一种说法，认为王莽不可能杀平帝。因为是王莽选立的平帝并将女儿嫁给他，平帝对其心怀感恩，同时将来自己的外孙可以成为皇位的继承人，杀掉平帝与王莽的利益背道而驰，所以"他不能采取促使平帝死亡的行动"，《剑桥秦汉中国史》持这样的观点。

平帝死后，谁来当皇帝呢，当时元帝的后代已经没有了，只能从宣帝的后代中选择，宣帝的曾孙有不少，但都已经成年。王莽觉得不好控制，提出"兄弟不能相互继承"。于是，他就在宣帝的玄孙中挑选了一个两岁的小孩刘婴立为皇太子，但王莽以刘婴过于年幼的原因，没有让他立即即位。太皇太后王政君命王莽"居摄践祚，如周公故事"，暂时代天子总理朝政。

就在王莽摄政期间，各种各样的符命祥瑞更加络绎不绝。武功县令孟通在井中捞得一块白石，上面用红颜色写着"告安汉公莽为皇帝"几个字，大臣们于是上书王政君，请求让王莽"为皇帝"，就是让王莽"摄行皇帝之事"，即代理皇帝的工作。王政君起初不许，但看到这是众望所归，最后被迫无奈同意。第二年王莽改年号为居摄元年，此后他的行事方法均按天子之制，篡位之心已昭然若揭。

正当王莽无限接近皇帝之位时，刘氏宗族开始起来反抗。首先发难的是安众侯刘崇，他带了几百人进攻宛城（今河南南阳市宛城区），但连城门都没有攻进去就失败了。第二年东郡太守翟义揭竿而起，立严乡侯刘信为天子，发布了讨伐王莽的檄文，一时声势很大。

王莽说到底是个书生，对打仗并不在行，听到叛军声势很大，内心感到很惊恐，一面表示自己摄政是暂时的，将来一定会让刘婴继承皇位；另一方面派遣大军前去镇压。翟义的队伍虽然数量不少，但大多是乌合之众，很快就被正规军击败，翟义被捕杀，从此以后，反抗王莽的行动基本消失了。

没有了反抗力量，王莽登上帝位只是时间问题了，但是他觉得直接登基有些有违伦理，显得过于简单粗暴，还需要再造一些舆论，让一切变得水到渠成。

于是乎，瑞兆又从各地频频传来。其中比较著名的一个故事，说是齐郡的一位亭长有天晚上做了一个怪梦，梦中天公告诉他"摄皇帝为真皇帝"，如果不信，可以看到明天他家里会出现一口新井。早上起来，这位亭长果然发现家里的院子里出现一口深约百尺的新井，类似这样的传奇故事不断传来，看来王莽不登基连上天也不答应了。

在一切准备就绪后，公元8年十二月，王莽终于登上了皇位，将年号改为初始，新的王朝就用"新"来命名，历史上空前绝后的"民选皇帝"就此诞生。至此，从高祖刘邦开始，延续了二百多年的西汉王朝走完了它的历史。

王莽登基最后的阻力来源于他的姑姑王政君，这位王太后嫁入刘家六十多年，虽然她一直把王家做为自己权力的根基，但内心还是忠于刘家的，她让王莽一步步上位，本想借助王莽实现汉室的复兴，但没想到最后王莽自己当了皇帝。此时，传国玉玺还在王政君手里，王莽派人入宫索要，王政君痛斥使者，心里充满了悔恨，没想到大汉居然断送在自己手中，但事到如今，已经没有挽回余地，只能将玉玺掷于地上，后来传国玉玺缺了一角，据说就因如此。

王莽改朝换代的行为，使他被史书钉在了"乱臣贼子"的柱石上。但实际上，可以清楚看到，在王莽一步步走向皇位的路上，几乎没有遇到什么像样的抵抗，反而是在一片欢呼声中登上了皇位。

究其原因，主要是因为在西汉的后期，无论是官吏还是百姓，对现实普遍感到不满，对西汉的前途已经丧失信心。而就在此时，王莽横空出世，几乎无暇的德行使他赢得了人心，他的登基不像是谋逆篡位，而更像是一位众望所归的"民选领导人"。

王莽代汉建新，开创了中国历史上通过禅让成为皇帝的先河。王朝的更迭，在此之前需要通过激烈的暴力革命，譬如西汉取代秦朝，战火连绵，百姓涂炭，相比较而言，这种不流血的革命代价很低，对社会和百姓伤害也最小。

王莽走上皇位，不单纯是为了追求权力的快感，更重要是为了实现自己的政治抱负，全力以赴建设一个"市无二价、官无诉狱、夜不闭户、道不拾遗、男女异路、野无饥民、邑无盗贼"的理想世界，不过这谈何容易，特别是对于王莽，可以看到，他先前的成功基本上因为道德感化和舆论力量，在执政能力上并没有特别突出的表现，而成为一国之君后，光靠道德力量是远远不够的，尤其是面对问题丛生的时局，没有很强的治国理政能力，很难驾驭整个王朝的走向，从后来的历史看，王莽有上位的能力，但执政能力实在是个问题，最终付出了极其惨重的代价。

三

"新"王朝就要有新气象，但是王莽面临的局势并不乐观，经济凋敝，矛盾丛生。不过王莽对自己收拾烂摊子非常有信心，这份信心来源于改革，在他看来，通过大力改革除弊兴利，应该可以将新王朝带上康庄大道。

在改革路径上，他选择了"复古"，在他看来，上古时代是个理想的社会，人人平等，安居乐业，过着田园牧歌式的生活，后来整个社会出现如此多问题，在王莽看来是因为"礼崩乐坏"，要实现政通人和，需要恢复西周时代的周礼制度。于是王莽仿照周朝的制度开始推行新政，进行所谓的"托古改制"。

王莽首先把改革措施指向了焦点问题——土地和奴婢。王莽宣布以后将天下的土地称为"王田"，禁止买卖。并规定每个男子不满八个的家庭使用的田不得超过一井（即900亩），多余的要分给九族邻里。一对夫妻耕地不满百亩的，由政府补足。

这样的改革举措，目的是要彻底改变土地私有制度。在西汉后期，土地私有导致的土地兼并愈演愈烈，皇亲贵族动辄拥有几十万亩土地，而无地的流民也以数百万计，上层社会奢靡成风，失去土地的农民卖身为奴，遇到灾年，饿死甚多。这种情形皇帝心知肚明，汉成帝曾在诏书中如此写道："灾异数见，岁比不登，仓廪空虚，百姓饥馑，流离道路，疾疫死者以万数，人至相食，盗贼并兴。"

王莽推行的王田制，类似于周代的井田制，就是为了解决社会不公，实现耕者有其田，缓解越来越大的阶层间的矛盾，应该说出发点不错，但是实际操作却遇到了巨大问题。。

首先是大地主豪强们强烈反对，逼他们交地就如同割肉一般。小地主和富裕一些的农民也不满意，因为如果自家的人口减少，就要把地交出去。所以有地阶层大多抵制改革，而王莽又没有强大的组织措施来保证将这场土地国有化改革落到实处，结果本来满心欢喜的少地或无地贫民等来的却是一纸空文，自然也很不满意。

"天地之性人为贵"，在王莽看来，买卖人口天理不容，必须要予以禁止，因此他下令奴婢成为"私属"，一律禁止买卖。但是这样的改革举措，对于奴婢本身来讲并没有什么实质改变，不让公开买卖，大多买卖行为都转入地下，并没有断绝。由于是暗中买卖，奴婢的权益更加得不到保障，同时这一举措使得失去土地无路可走的平民断绝了一条卖身为奴的生路，只能被迫成为流民。

因此，无论是关于土地还是奴婢的改革，出发点都不错，但搞来搞去，最后几乎没有受益者，而如果一项改革举措没有最终的受益者，必然难逃失败的命运。三年后，王莽下令恢复土地和奴婢的买卖，这样"拉抽屉"的做法，把本来拥护改革的人彻底给得罪了。

引发巨大争议的是币制改革。主要举措是禁止西汉的五铢钱流通，而改用王莽创造的币制体系。这个体系有大钱、壮钱、幼钱、幺钱等等，除了钱以外，还用"布"做为结算工具，布的分类非常繁杂，按照上古的制度，龟壳、贝壳又恢复成了货币，彼此的换算关系极为复杂，更让民众受不了的是平均不到三年改币一次，每次都带来极大的混乱。这样的改革，基本是不考虑实际情况的瞎折腾，自然会受到百姓的抵制。

为了推行这项改革，王莽规定携带五铢钱的人要受到流放等处罚，盗铸五铢钱的，"一家铸钱，五家连坐，没入为奴婢"。为了提高"布币"的地位，规定官民出行必须随身携带，否则会被拘留，货币居然成为了通行证，这样的改革确实匪夷所思。

另一项重要的改革是实行六莞五均政策。六莞政策中的"莞"即"管"，指的是政府对盐、铁、酒、水陆物产、铸钱和采铜六个行业实现国家垄断。五均政策是物价调节政策，在长安、洛阳、临淄、邯郸、宛、成都六个城市设置五均官，统制五谷、布帛、丝绵等价格，出现市场高于规定价格的情况就投放国家物资以防止市价上涨，而当市价低于规定价格时则由民众自由买卖，剩余商品由政府购买。

同时还推出了赊贷制度，规定民众因为祭祀、丧葬缺少费用时，可向政府借贷，不付利息，但用于祭祀的借贷必须在十日内归还，用于丧葬的借贷必须在三个月内归还。凡欲从事生产经营活动而缺乏资金者，也可向钱府借贷，按其经营所得的利润收取利息，一年利息的收取不得超过其利润总额的十分之一。

这些改革的举措出发点无疑是好的，确实为普通民众利益着想，有限制社会上层集团剥削压迫太甚的考虑。若能有效实施，客观上可以起到缩小贫富差距，缓和社会和阶级矛盾的作用。

但是六莞五均政策，犹如武帝时代采用的经济改革举措一样，是典型地运用政治权力进行经济管制和财富聚敛的措施。政治权力和商业利益结合在一起，不可避免地产生贪污腐败等问题，六莞政策将山林川泽收归国有，养肥了一批主管官员，国家财政收入没有增加，百姓的负担却更加沉重。五均政策的操作过程中，朝廷任用一些经验丰富的大商人来当执行官，这些商人与地方官员相互勾结，制作假账，哄抬物价，百姓不仅没有得到实惠，反而在大商人和高利贷主的压榨下更加苦不堪言。

王莽的改革举措中还包括改名，无论是地名、官名、建筑名统统都改回周代的名称，例如大司农改为"羲和"，后又改为"纳言"，大鸿胪和少府改为"典乐"和"共王"，地方官的名称也被更改，郡太守改为大尹，都尉改成太尉，县令改为宰。未央宫改做寿成宫，连首都长安也改名为常安，改名的举动虽然与那些经济改革措施来比，算是小打小闹，但是频繁的改名，使得官员和百姓根本记不住这些名称，给社会管理和百姓生活带来了极大的不便。

王莽这些改制举措不但得罪了富人，也失信于穷人，最终只能以失败告终，其原因是多方面的，首先是食古不化，王莽像是从周朝穿越而来，言必称三代，事必依《周礼》，按照《周礼》要求把政令措施搞得古香古色，但时代在前进，改革必须顺势而为，而不应"动欲慕古"，走回头路。王莽无疑是个复古主义者，更是一个理想主义者，但王莽始终没有解决好理想和现实的关系，理想的实现必须有赖于现实的土壤，脱离现实推行过度理想化的改革，只能像海市蜃楼一般，看上去很美丽，但注定会成为泡影。

其次是缺乏韧性。改革往往是重大利益的调整，注定不会一帆风顺，必然会遇到挑战和阻挠，如果认定改革思路正确，就需要保持定力和韧性，坚定不移将改革进行到底。王莽对改革的困难程度显然估计不足，他认为改革举措如果出发点是好的，再加上配套的处罚措施，就一定会畅通无阻，但事实情况并非如此，遇到问题和困难后，王莽却往往不再坚持，选择半途而废或轻易改作。这样使得反对改革者想方设法阻挠，以达到停滞或废除改革举措的目的，同时也让那些本来拥护改革的社会底层渐渐丧失了对改革的热情和信心。

再有就是刚愎自用。王莽一路走来，耳边都是喝彩声。上到皇太后，下到普通百姓，对王莽赞赏有加，这也让他有些自信爆棚，觉得自己做的都是对的，而且想做什么都能做成。他认为自己改革方案完美无瑕，找不出什么漏洞。所以一旦有人提出不同意见，他就会感到非常不舒服，给这些提出意见的臣子小鞋穿，堵塞言路的后果是他根本听不到真实的声音，在自我感觉良好的路上一直走到黑，最终成为孤家寡人。

最后是用非所人。改革路径确定后，执行者成为关键。用什么样的人去推动改革，是事关改革成败的关键因素。王莽所用之人多为阿谀奉承、颠倒黑白之徒，有次王莽听说发生了饥荒，问负责此事的王业，"业乃市所买梁饭、肉羹持入视莽，曰：'居民食，咸如此。'"王莽居然相信他的话。在推行六莞五均政策时，任用大量商贾来做为执行官，结果"乘传求利，交错天下，因与郡县通奸，多张空簿，府藏不实，百姓愈病"。

在对外关系上，西周时代关于严格区分"华与夷"观念也深深影响着王莽。所以他认为以匈奴为王违反古制，因而降格为侯，并将匈奴改为"降奴"，将单于名称改为"降奴服于"，他将"高句丽"改为"下句丽"，这种贬低少数民族的做法，自然引发了不满。匈奴重新开始侵扰边境，王莽由此发动了对匈奴的战争，耗费了大量的人力物力。这样的局面本来完全可以避免，结果让自己陷入了内外树敌的困境。

同时他胁迫羌人献出青海湖一带的土地，设立西海郡，以便与已有的北海郡、南海郡、东海郡合起来，凑成"四海"，显示出自己宾服四海的功德。但是西海郡本来就是一片蛮荒之地，为了使这个地方像个郡，王莽决定强制移民，一方面增加人气，另一方面解决关中关东地区人口激增带来的压力，这样的做法同样招来很大民怨。

内政外交的一系列失败之举，使王莽原本高大的形象渐渐黯淡下来，由当初的万众拥戴变成了众叛亲离。此时上天也很不给力，在王莽建立新王朝后，天灾不断，旱灾、蝗灾、瘟疫、黄河决口接踵而来，受灾面积大，灾情也很严重。经过一系列瞎折腾，国库已经空虚，根本无力有效救灾，这成为压倒王莽政权的最后一根稻草，一些被逼上绝路的百姓纷纷揭竿而起。

但此时的王莽依然沉醉在自己的宏图大业中，他通宵达旦地工作，在这个庞大的试验场里，实验着自己的种种幻想，沉浸其中，乐此不疲，尚不知自己和新王朝已经走到了悬崖边上，离彻底崩塌的日子愈来愈近。

第十七讲　那场绿林赤眉的故事

一

王莽不切实际的改革以及在对外关系所犯的错误，使刚刚建立的新王朝陷入了内外交困的局面，再加上频繁的天灾，王莽和他的王朝已经危机四伏，岌岌可危。

首先揭竿而起的是北方地区，在五原（今内蒙古包头西）的民众举行起义，这大概与王莽出击匈奴，造成边境地区百姓生活艰难有关。早期起义声势比较大的是琅琊郡海曲县（今山东日照县西南）吕母领导的起义，这位吕母是个"女汉子"，家里很有钱，他的儿子因小错被当地的县宰所杀，吕母出钱招募许多侠士，攻克了海曲县城，杀死了县宰为儿子复仇。后聚集上万人在琅琊一带游击，吕母死后，这支队伍投奔了赤眉军。

吕母起义仅仅是一个序幕，规模更大的起义爆发在公元17年，王匡、王凤等人在绿林山（今湖北京山境内）起事，队伍迅速发展到数千人，号称"绿林军"。新王朝的荆州牧发兵进攻绿林军，绿林军出山迎击并初战告捷，队伍不断发展壮大。

绿林军当时活动范围比较小，基本集中在绿林山地区。但好景不长，绿林山地区暴发瘟疫，导致绿林军死亡过半，绿林军没办法只能出山转移，军队分为两支，一支由王常、成丹率领，向西进发，称为"下江兵"。一路由王匡、王凤率领，北上南阳，称为"新常兵"。新常兵在攻打随县（今湖北随州）时，平林人陈牧等率"平林兵"加入。不久以后，舂陵人刘縯和刘秀起事响应，他们的队伍称为"舂陵兵"，下江兵、新常兵、平林兵、舂陵兵构成了绿林军的主力。

绿林军起事一年后，在山东莒县琅琊人樊崇率众举兵，附近民众纷纷归附，数量很快发展到上万人。这支队伍很有特点，没有文书和旌旗，也没有军规，只是口头相约"杀人者死，伤人者偿创"，各级首领称作"三老""从事""卒史"等，为了避免与王莽军混杂，这支军队用朱红色涂染眉毛作为标识，人们称他们为"赤眉军"。

绿林军的四支队伍中，舂陵兵挑头的是刘縯和刘秀两兄弟。他们的父母共生了三个儿子和三个女儿，刘秀排行老三，除了刘縯外，还有一个哥哥叫做刘仲。

刘縯和刘秀虽然是兄弟俩，但性格却迥然不同，哥哥刘縯非常外向，喜欢结交江湖人士，为人豪爽，史书里说他"性刚毅，慷慨有大节。自王莽篡汉，常愤愤，怀复社稷之虑，不事家人居业，倾身破产，交接天下雄俊"。相比较而言，刘秀则显得比较内向，脾性温和，处事谨慎。

年轻时刘秀被家人送到长安求学，在学习期间看到了当时负责管理长安地区治安的执金吾出行时很有派头，又见阴家有个叫丽华的女子很漂亮，于是他给自己立下了人生目标，便是"仕官当作执金吾，娶妻当得阴丽华"，这个目标本质上仍属于"老婆孩子热炕头"的志向，所以刘縯有些看不上自己的这个弟弟，他常把自己比作刘邦，把刘秀比作那位只求小日子过得安稳的刘邦的二哥。

挑头起兵的自然是刘縯，当时刘秀并不在舂陵，在豪强李通兄弟等人的百般劝说下，刘秀才同意在宛城（今河南南阳）起兵。刘秀虽然起兵晚，但却带来了强大的示范作用。这是因为造反是灭九族的大罪，刘縯虽然起兵，但他这个人平日就不安分，经常惹官司，所以不少人不愿和他掺和在一起，不敢加入起义军，当看到刘秀这样温和谨慎之人都起来造反，就觉得没有什么可怕的，选择纷纷加入起义军。

刘縯和刘秀起兵后，开始并不顺利，他们兵少将寡，装备很差，刘秀甚至没有战马可骑，只能骑牛作战，由此留下了"牛背上的开国皇帝"的佳话，在一次乱战中，刘氏兄弟被官军击败，刘秀的哥哥刘仲和姐姐刘元都死在乱军之中。

后来他们联合绿林各部，形势才大有起色，四处攻城略地，斩获颇丰，正当形势越来越好的时候，发生了一起让刘縯很受伤的事情。当时绿林军派系较多，为了协调行动，各路义军商定要设置一位最高统帅，因为起义军提出了"反新复汉"的口号，就决定立姓刘的为皇帝。当时的人选有两个，一个是刘玄，另一个便是刘縯。

刘玄在起义军中并不起眼，他加入义军多少有些"逼上梁山"的意思。刘玄这个人生性懦弱，胆小怕事。因为得罪当地官员而逃难，后听说自己的父亲被官府所抓，就采用"诈死"之计，放出风声说自己病死了，并做了口棺材送回老家安葬。官府听说他死了，就放了他的父亲，但假戏成真，从此刘玄有家难回，他听说平林人陈牧等人起兵造反，就来投奔加入了义军。

刘縯无论是才干还是军功，都远远胜于刘玄，应该是最佳人选，但起义军将领们却在这个问题上产生了严重分歧。南阳豪杰与下江兵统帅王常等希望拥立刘縯。但绿林军的其他将领则属意刘玄。他们对刘縯的强势有点忌惮，而刘玄性格怯弱，立他为皇帝较易控制。

王匡、王凤、张卬等人合议已定，将刘縯从前线召回，要他在刘玄为帝的问题上表态。刘縯明白这些人想逼迫他同意，让他主动放弃做皇帝的想法。刘縯虽心有不甘，但自己势单故不便明确表示反对，于是提出暂缓确立皇帝的建议。他说："眼下赤眉聚集青、徐二州，听说我们拥立宗室，必然也会效仿，义军拥立两个皇帝，必然会自相残杀，如此没有办法打败王莽。不如暂称为王，号令军中，如果赤眉所立的是贤人，也可以考虑跟从。或者等到击败王莽，收服赤眉，再推立天子也不迟。"

刘縯的这席话，说的有理有节，引起了一些将领的共鸣，张卬看到他们议决的事有可能破产，十分恼怒。他拔剑击地，声色俱厉地说："疑事无功，今日之议，不得有二！"众人看到如此情形，不敢提出异议，立刘玄为帝之事就这样定了。

公元23年二月初一，刘玄称帝，改元更始，是为更始帝。没有见过大场面的他，在登基仪式上显得战战兢兢，冷汗直流。他下令封拥戴有功的王匡、王凤为上公，刘縯为大司徒，封汉信侯，刘秀被封为太常偏将军。

二

刘玄称帝带来的直接后果，就是王莽把进攻重点由赤眉军转向绿林军。当初王莽面对绿林和赤眉两支起义军，把大部分主力用来镇压赤眉军，他让大将王匡、廉丹率领十万兵马进攻赤眉军，而在绿林军作战方向使用的力量相对较弱。

当刘玄称帝的消息传来，王莽意识到绿林军由一支起义军变成一个新政权，对自己的威胁更大，就将战略重心调整为全力对付绿林军，调集重兵准备与绿林军进行战略决战，于是发生了中国古代军事史上非常著名的"昆阳之战"。

昆阳是今天河南省平顶山市叶县。王莽任命大司空王邑和司徒王寻为统帅，组成了四十二万人的庞大军团，向昆阳扑来。据史书记载，这支军队中有精通六十三家兵法的高参，还找来一个叫做巨毋霸的巨人。更有特色的是一些猛兽随军而行，包括老虎、豹子、犀牛、大象等，准备在作战时将这些猛兽放出来，起到震慑敌军的作用。

几十万大军浩浩荡荡，而且有猛兽和巨人跟随而行，看上去相当有震慑力。但同时"人兽联军"带了一个很大的疑问，就是这些随军的猛兽如何分得清敌我，又如何可以用来作战，况且犀牛、大象等热带动物又怎么能驰骋在中原大地上，所以关于猛兽随军出征的故事很可能是杜撰的，应是为凸显昆阳之战"以弱胜强"的主题。

当时绿林军的情况是这样的。刘𬙂指挥大军围攻宛城，虽一时难以攻克，但宛城此时兵少粮尽，战局向有利于刘𬙂的方向发展。王匡和王凤率领近万人镇守昆阳，后来刘秀带几千人来到昆阳，绿林军在昆阳的兵力加起来也就一万多人。王莽军的进攻兵力与绿林军的防守兵力比例接近五十比一，形成了压倒性的优势。单从人数上看，这场大战似乎已经分出胜负，但是胜败往往不能只看人数，还要看士气、战术和英雄人物起到的关键作用。

在昆阳之战中，有一位英雄人物将横空出世，那便是原本看上去没有多大志向的刘秀。昆阳之战与巨鹿之战有些相似，一样是以少胜多，一样是决定一役，一样涌现出"一战成名"的英雄人物。一个是项羽，另一个就是刘秀，唯一不同的是两位英雄人物的命运迥异，项羽最后乌江自刎，刘秀则是成就了统一天下的伟业。

刘秀在昆阳之战中首先发挥的作用是稳定军心。看到王莽几十万大军向昆阳而来，王匡、王凤等人内心感到非常惊恐，对坚守昆阳城信心不足，绿林军的军心非常不稳，想弃城避战的大有人在。

刘秀看到这个情况对大家说，现在大敌当前，只有全力抵抗才可能有胜算，如果弃城分散而去，势必会被各个击破。平日里不显山露水的刘秀如此慷慨陈词，多少起到稳定军心的作用，但每个人心中的恐惧并未消散。

此时王莽大军已经到了昆阳城附近，形势非常紧迫。王匡、王凤征求刘秀的意见，刘秀建议在坚守昆阳的同时，应派人突围出去寻求援兵。城外都是密密麻麻的敌军，突围本身有很大的危险性，又是刘秀主动请缨，带了十三位勇士成功突围而出。

很快王莽军队开始向昆阳守军发起进攻，他们建起十多丈的"云车"，居高临下，持续攻击，一时间箭矢如雨，非常猛烈。本来人数处于绝对劣势的绿林军损失较大，又没有刘秀援兵的消息。无奈之下，王匡、王凤决定献城投降。

但出人意料的是王莽军队的统帅王邑和王寻竟然拒绝受降，他们认为攻克昆阳指日可待，接受投降有损军功。事实证明，这是一个非常愚蠢的决定。如果此时接受投降，昆阳之战就会落下帷幕，那以后的历史或许会被改写，至少王莽政权能够更长久一些。

既然连投降都不可以，绿林军只能横下一条心拼死抵抗了。陷入死地的绿林军反而增加了战力，任凭王莽大军猛烈进攻，但昆阳城始终没有失陷。

不久后刘秀从各地征调援军赶来解昆阳之围，只是他带来的援兵实在太少了，只有几千骑兵，与王莽大军相比，显得微不足道。或许正因为这样悬殊的对比，后来才更加显示出刘秀的英武。他带几千人来到王莽军队阵前，王莽军队有些看不上他们，只派出数千人迎击。刘秀率先冲锋陷阵，击退敌军。没过多久，刘秀再度带头杀入敌阵，连战连捷，杀开一条血路，进抵到昆阳城下。

刘秀此时命人散布消息说刘縯已经攻克宛城，不日将率军驰援昆阳。此时宛城确实已经被绿林军攻克，但这个消息尚未传到刘秀处，刘秀假传消息，无疑是想动摇敌人的军心，也增强昆阳城内守军的信心。

接着决定昆阳之战命运的时刻到来了。刘秀率几千人的敢死队，直扑王莽军队的指挥部，或许是因为轻敌，王邑、王寻下令其他军队驻守原地，无需移动，他们率一万多人前去迎战，结果被刘秀的敢死队击败，王寻在乱军中被杀。

见到王寻被杀，王邑无心恋战，王莽大军顿时群龙无首，乱做一团。刘秀指挥军队四处拼杀，城中的守军也趁势冲出，里应外合，王莽军瞬间溃败。此时正赶上大风和暴雨，河水猛涨导致王莽军队的士兵溺死许多，只有王邑率领几千人一口气逃回洛阳。

刘秀统领几千人将几十万人杀得人仰马翻，里面还是充满些许疑问，不排除史书为了凸显光武大帝的光辉形象而有些夸大其词。但无论如何，昆阳之战以绿林军的胜利而告终，这场战役具有决定性的作用，自此以后，王莽再也无法组织起像样的抵抗，离彻底覆灭只是时间问题了。

绿林军大获全胜后，更始帝入驻宛城，不久就发生了内斗，刘縯成为了牺牲品。刘縯攻克宛城，刘秀在昆阳之战中力挽狂澜，刘氏兄弟的突出表现，招来了更始帝刘玄和其他一些将领的嫉恨。他们担心刘縯的势力越来越大，于是找了个机会将刘縯杀掉。

噩耗传来，对刘秀而言面临着重大的考验。是为哥哥报仇，还是暂时隐忍，刘秀最终选择了后者，因为他知道自己实力还远不到能够报仇的时候，为了避免遭到与哥哥一样的命运，隐忍是此时最好的选择。于是，他赶到宛城向刘玄谢罪。

在刘玄面前，刘秀既不为自己的哥哥叫冤，也不提自己在昆阳之战中的功劳，每天吃喝饮酒，一如往常，好像什么都没有发生。但刘秀的内心却淌着血，"君子报仇，十年不晚"，他此时只能是观察时局等待时机。刘秀这样的做法，反倒搞得刘玄有些不好意思。就拜他为破虏大将军，封长信侯。

昆阳之战后，绿林军兵分两路。一路由王匡带领，进攻洛阳。一路由申屠建、李松率领，进攻武关，意图打开长安的南大门。

三

王莽面对四处起兵的局面，已经无计可施。为了挽回人心，他宣布自己称帝以来，所有不利于百姓的政令全部收回，但这对当下的局势已没有任何帮助。此时王莽政权内部发生分裂，卫将军王涉、国师刘歆和大司马董忠等密谋劫持王莽投降绿林军，但计划败露，董忠被处死，王涉、刘歆被迫自杀。刘歆是国师，王涉是宗室，连这样的人都密谋反叛，说明王莽已经到了众叛亲离的地步。

听说武关被绿林军攻克，王莽十分着急，此时有人向他建议，说在《周礼》和《春秋左氏》中有这样的记载——"国有大灾，则哭以厌之"。意思是说，国家遇到大灾难，通过大哭可以免除。所以建议王莽去哭天以拯救危局。

有些走投无路的王莽居然采纳这样的意见，带领群臣去南郊哭天。王莽对上天仰面长叹，说："苍天既然授命于我，为何不消灭反贼。若是我的过错，就请打雷劈死我。"越说越伤心，嚎啕大哭后竟然昏了过去。

王莽的痛苦发自内心，因为他觉得自己付出的太多，而得到的太少。除了他个人呕心沥血，克己复礼，严格自律外，他的家庭所付出的代价更加沉重。一个儿子因为打死奴婢，被他逼迫自杀；一个儿子为平帝说了几句话，被他赐死。太子王临与自己母亲的侍女私通，也被他逼着自杀。由于一个个儿子死于非命，王莽的妻子伤心地把眼睛哭瞎了。而自己的女儿嫁给平帝，但平帝十几岁就死了，女儿年纪轻轻就成了寡妇，王莽把国家治理得乱糟糟，自己的家庭搞得也是一塌糊涂。

为了能够让哭天取得成效，王莽命学生和百姓每天早晚两次去南郊哭天，为此在南郊架起大锅煮粥，哭饿了先吃粥，然后接着哭，而且规定凡是哭得悲伤的还会被封为郎官。这种做法显得异常荒诞，也是一种黔驴技穷的表现。

大哭没有带来实际效果，面对兵临城下的绿林军，王莽决定采取当年秦末章邯的办法，释放所有囚犯并发放武器，组成军队去应战。但与章邯取得的神奇功效不同，这支匆匆组织起来的囚徒部队，刚过渭桥就一哄而散。不仅如此，他们还烧毁了王莽夫人和父母的坟墓，王莽最后一招也失灵了。

绿林军很快顺利攻入长安城，对王莽最为忠义应该算是昆阳之战的败将王邑，他率部拼死抵抗，昼夜血战，保护着王莽跑到了未央宫沧池的渐台上，并以沧池为险继续抵抗。起义军将其层层包围，一时箭如雨下，王莽身边的人越来越少，义军越过沧池冲上渐台，进行最后的肉搏战，王邑父子等力竭战死。

乱战中王莽跑到一个小房间里，被追来的长安商人杜吴一刀砍死。

当时他并不知道自己所杀之人是王莽,因他取下了王莽身上的绶带作为战利品,军中有人认识王莽的绶带,就按照杜吴的指示,找到了王莽的尸体并割下了他的首级,历史上颇有争议的王莽就这样走完了自己传奇的一生。

他的首级后被送到更始帝刘玄处,刘玄不由感叹道,如果王莽不篡权,本可以成为另一个霍光。正所谓:"周公恐惧留言日,王莽谦恭下士时,假始当年身便死,一生真伪有谁知?"

王莽死后不久,另一支绿林军攻克了洛阳,刘玄从宛城移都洛阳。没过多久,占领长安的申屠建、李松请更始帝刘玄移都长安。公元24年二月,刘玄从洛阳移都长安,长安城又迎来了一位短命皇帝。

刚到长安城时,刘玄还比较收敛。但没过多久本性就显露出来,他整天与嫔妃饮酒作乐,不理政事,群臣们很难见到他,即使见到也是喝得烂醉。为了应付这些大臣,他让侍中冒充自己在帷帐里接见大臣,但这很容易露馅,因为大臣们听出这不是刘玄的声音,知道实情后大臣们非常不满。

拥立刘玄的这些将领,已经迫不及待地要分享胜利果实,刘玄一口气封了二十多个王。与此同时,起义军中的一些人,无论过去是地痞流氓,还是屠夫厨子,摇身一变成为大大小小的官吏,穿着绫罗招摇过市,并且经常寻衅滋事。长安百姓对他们非常看不惯,编了讽刺意味极浓的歌谣——"灶下养、中郎将;烂羊胃、骑都尉;烂羊头、关内侯。"就这样,绿林军迅速的腐化,革命还没有彻底成功,却过早地陷入"温柔乡"而不能自拔,最终导致功败垂成,这是古代农民起义中很常见也值得深思的现象。

四

就在绿林军迅速滑向腐败时,一个重大危机出现了。带来危机的是另一支起义军——赤眉军。

樊崇领导赤眉军起事后，成为王莽主要攻击对象。先是在公元21年，王莽派大将景尚率领官兵进剿樊崇领导的起义军。赤眉军和官军大战一年多，打了大胜仗，把景尚杀死。王莽大怒，又派遣太师王匡、更始将军廉丹率十万大军赶来镇压赤眉军，双方在成昌（今山东东平县）大战一场，王莽军溃败，王匡受伤逃走，廉丹被杀。

绿林军建立更始政权后，王莽调整了主攻方面，赤眉军的压力大为缓解，从而得以迅速壮大，很快发展成十多万人的武装力量。

听说绿林军取得昆阳大捷，后又听说刘玄称帝，樊崇决意率兵归顺，刘玄移都洛阳后，樊崇等二十多个赤眉军将领前往洛阳来投奔更始帝。但更始帝对其归顺表现的不是很热情，只封樊崇等二十几人为列侯，樊崇等人看到更始帝毫无威仪，颇感失望，又没有得到封地，更感恼火，于是离开洛阳，返回自己的军营，从此与更始政权分裂。

在绿林军占据长安后，赤眉军也开始向长安进发，一路攻城略地，队伍发展到三十多万人。进军到华阴时，赤眉军决定建立自己的政权，他们找了一个年仅十五岁的放牛娃刘盆子，拥立为皇帝，建立了"建世"政权。这样两支起义军都建立了自己的政权，彼此之间的一场火并已经无法避免。

正在赤眉军西进时，长安城里的绿林军发生了内乱。大将张卬对继续占据长安失去信心，想洗劫之后弃守长安。这一想法得到了申屠建等人的赞同，更始帝刘玄对此并不同意，他十分舍不得富丽堂皇的长安城。张卬等人知道刘玄的态度后，准备采取强硬措施，但事情败露，刘玄斩杀了申屠建，张卬不甘心失败，率军进攻更始帝刘玄的军队。刘玄兵败后躲到了自己信任的大将赵萌的营中。

经过这场突发事件，刘玄惊恐之余对手下充满了怀疑，他准备将手下大将王匡、陈牧、成丹等人悉数诛杀。他以召见为借口，杀掉了陈牧和成丹，王匡得知消息，率军投奔了张卬。刘玄命赵萌、李松领兵进攻张卬、王匡，无奈之下王匡等人投奔了赤眉军，在他们的配合下，赤眉军顺利进入长安城。

刘玄听说赤眉军进入长安，选择落荒而逃。逃跑路上遇到了自己手下右辅都尉严本，严本害怕放他跑了而被赤眉军追究责任，于是就将刘玄软禁起来。刘玄到了山穷水尽时刻，看到赤眉军所立皇帝刘盆子的哥哥刘恭此时在自己身边，就派他去赤眉军处表示愿意投降。赤眉军接受了投降请求，起初没有杀掉刘玄，改封他为长沙王。但后来在张卬的唆使下，赤眉军最终处死了刘玄，更始帝还没过足瘾，皇帝生涯就这样结束了。

赤眉军进入长安后，一场空前的浩劫由此开始。将领们整天饮酒作乐，吹嘘自己的功劳。士兵们趁火打劫，见谁抢谁，长安城里一片乱象。坐吃山空的赤眉军，很快就遇到了巨大的问题，长安城里的粮食耗光了，关中地区出现了"城中了无人烟，郊外白骨散乱，饥民争食人肉"的悲惨景象。

没有粮食，人数众多的赤眉军在长安无法待下去，决定向西转移，走以前把城中财物洗劫一空，然后纵火烧掉长安，雄伟无比的长安城由此变成了一片废墟。

引兵向西的赤眉军受到地方割据势力隗嚣的抵抗，再加上暴风雪的袭击，无奈之下只能掉头重新返回关中，在路过西汉皇家陵园时，赤眉军发掘帝陵，盗取陪葬宝物，令人发指的是竟然侮辱吕后等人的尸体。这是中国古代史上首次军队以武力挖掘帝陵，后来这样的事件出现过多次，最出名的应属孙殿英盗掘清东陵事件。

赤眉军退出长安后，刘秀手下大将邓禹趁虚而入，赤眉军折返回到长安时，与邓禹军队发生激战，邓禹兵败退出长安。赤眉军又回到了被他们夷为废墟的长安城。此时的这座都城已不能再给这支军队提供足够的补给，赤眉军待不下去，走投无路又一次弃城转移，这次方向与上次相反，他们引兵向东，意图返回山东老家。

但羽翼渐丰的刘秀不会放虎归山，他集结重兵，在赤眉军东归路上设下伏击圈。他手下的大将冯异在崤底（今河南渑池西）大破赤眉军，刘秀又亲自率军进攻宜阳（今河南宜阳西）赤眉军余部。赤眉军在刘秀军队的持续攻击下，粮草断绝、士气低落，已经无力再战，只能投降刘秀。

很有意思的是，赤眉军派出接洽投降事宜的还是刘恭，他曾经代表更始帝刘玄与赤眉军接洽投降，如今又代表赤眉军和刘秀部来商谈投降事宜，看来这位刘恭具有丰富的谈判经验，但此时已经没有太多讨价还价的余地。为了吃饱饭，刘盆子带着樊崇、徐宣等率军投降刘秀，同时把从刘玄那里抢来的传国玺绶交给了刘秀。

自此，绿林军和赤眉军这两支起义军告别历史舞台。连年的战乱给百姓带了深重的灾难，所幸他们迎来的是中国历史上一代贤君——汉光武帝刘秀。

第十八讲　唯隐忍方成功

一

在中国历史上，刘秀是一位非常著名的君主，他重建了汉室，并实现了中兴。但是一路走来，并非一帆风顺，而是充满坎坷。

刘秀成名源于昆阳之战中的神勇表现。但好景不长，昆阳之战结束不久，他遇到了前所未有的挫折，自己的哥哥刘縯被更始帝刘玄所杀，刘秀为了保存自己，亲自去向杀哥仇人刘玄请罪，避免了同刘縯一样的厄运。

但这件事情多少还是影响了刘秀，刘玄没有再让他去继续带兵。此时正值绿林军相继占领长安和洛阳，刘玄准备移都洛阳，就派刘秀去洛阳修整宫殿。这是危机之后刘秀获得的第一份差事，对于在千军万马中取对方首级的刘秀来讲，实在有些大材小用，但是他清楚此时自己的境况，唯有认真谨慎做好每件事，走一步看一步，方才有可能等来改变命运的机会。

一直忙于作战的刘秀，终于暂时赋闲下来。他利用这个时间实现了人生一个重要心愿——"娶妻当为阴丽华"。阴丽华是南阳新野人，阴家在当地是个大家族，有这样的家族背景，阴丽华不仅长的漂亮，而且落落大方。刘秀当年在长安求学时，曾经见过阴丽华，被她的容貌和气质深深吸引，所以立下如此宏愿。在宛城赋闲的日子，刘秀派人去阴家提亲，当时阴丽华的父亲已经去世，她的哥哥阴识替妹妹做主，同意了这门亲事，刘秀如愿以偿，当时他已经二十九岁，阴丽华只有十九岁。

新婚不久，刘秀奉命去洛阳监造宫殿，他很好地完成了这项任务，宫殿修好后，刘玄移都洛阳，不久后刘秀终于等到了改变命运的时刻。

当时在河北地区有不少起义军和地方势力，刘玄想派人代表他进行宣抚。在选择谁去的问题上，朝中发生了争执。大臣刘赐认为刘秀是最佳人选，而李轶、朱鲔则表示反对，他们曾怂恿刘玄杀掉刘縯，害怕刘秀借此增强实力，将来兴兵报复。或许是刘秀的低调让刘玄彻底打消了顾虑，他最终决定让刘秀以钦差大臣、代理大司马的身份招抚河北。

这个决定对刘秀来讲实在太过重要，犹如蛟龙被放归大海，猛虎重归深山，刘秀不仅远离了朝中权力争斗，更重要的是他获得了自己的战略空间，可以放手施展自己的杰出才干。倘若刘秀没有这样机会而一直跟随着刘玄，以后的历史恐怕会改写，东汉不大可能出现在中国历史的序列表中。

公元23年十月，刘秀北渡黄河开启了新的人生。不过初来河北的刘秀，面临的局势非常严峻。河北当时有二十多个割据势力，而刘玄没有给他军队，作为一个光杆司令，根本没有立足之地。

所幸此时有一个关键人物来到他身边。此人便是邓禹。邓禹是刘秀在长安求学的同学，他当年最佩服的人便是刘秀，刘秀在刘玄手下时，邓禹觉得自己无用武之地，所以隐着不出。等刘秀到了河北，他觉得可以施展自己的才干，便一路追随而来。刘秀见到邓禹，感到有些惊讶，开玩笑问他远道而来是否想做官。邓禹说并无此意，他来此地是为了辅佐刘秀成大业。

两人接着进行了一次非常重要的对话，这次对话可以与先前的刘邦、韩信的汉中对，后来刘备、诸葛亮的隆中对相媲美。邓禹说更始帝是庸才，部下众将没什么豪杰，都是贪财之徒，将来一定会败亡。邓禹认为刘秀如果能招揽英雄，收服人心，就一定可以重建山河，复兴汉室。

这次谈话为刘秀勾勒出清晰的战略，也增强了刘秀的信心。但复兴汉室总归是将来的事情，当务之急是如何在河北站稳脚跟，此时对他威胁最大的是王朗政权。

王朗本来是个算命先生，但他却自称是汉成帝的儿子。他如此自称，是因当年成帝独宠赵飞燕、赵合德姐妹，这对姐妹自己无子，还迫害那些有身孕的宫女，所以成帝到死没有子嗣。不过一直流传着另一种说法，说一位有身孕的宫女躲过了赵氏姐妹的迫害，皇子遗落到了民间。王朗利用这个传闻，对人宣称自己是那个流落在民间的皇子，本名叫做刘子舆，为了掩人耳目才改名叫王朗。

作为算命先生，他能说会道，而且很可能还会些法术，所以迷糊了不少人，其中就包括刘林。刘林有汉室皇族血统，是河北南部一带相当有势力的人物。他颇有政治野心，看到天下大乱，也想从中分杯羹，不过他并不愿意自己出头，遇到王朗后两人一拍即合。刘林联合地方豪强李育、张参等人拥立王朗做皇帝。有成帝之子作为招牌，再加上地方豪强支持，王朗政权建立后，势力扩展很快，控制了从河北南部到辽东以西的广阔地区。

刘秀来到河北，奉命招安这些地方势力，但由于王朗已经称帝，自然不会归顺。不仅如此，王朗、刘林等人认为刘秀深入自己的势力范围，构成了较大威胁，下令用巨金悬赏刘秀的人头。一时间刘秀处境非常艰难，不得不东奔西走，以逃避追杀。中间遇到了不少险情，所幸有惊无险。

事情慢慢有了转机，刘秀得到了信都太守任光的支持，总算有了落脚之地。接着上谷郡太守耿况，渔阳郡太守彭宠等加入刘秀的队伍，刘秀的队伍扩展到上万人，尽管如此，想要彻底击败王朗，实力还是不够，他还需要得到强援支持。

河北三王之一的真定王刘扬无疑是最合适的合作对象。为此，刘秀亲自登门拜访，答应刘杨娶他的外甥女郭圣通为妻，作为交换，刘杨愿意出兵帮助刘秀平定王朗。

刘秀此时不再是光杆司令，有了渔阳郡、上谷郡的骑兵，还有刘杨的十万大军，以及刘玄派尚书令谢躬带来的一部分援兵，其中渔阳、上谷的骑兵常年与匈奴作战，战斗力很强。这下刘秀底气顿时足了起来，他直接发兵攻打王朗政权的都城邯郸。在刘秀的攻击下，王朗感觉难以支撑，派使者向刘秀请降。

王朗的使者对刘秀说王朗是成帝之后，投降后希望能得到优厚的待遇。这个请求被刘秀断然拒绝，刘秀表示现在即使成帝再生，天下也不可能是他的，何况一个假称"刘子舆"的人呢，能够让他保全性命就不错了。王朗的愿望没有达到，准备固守顽抗，但他的手下感觉大势已去，向刘秀开门投降。王朗连夜逃走，后被追兵杀掉。

刘秀进入王朗宫殿后，发现这里保存了许多文书，这些文书都是当地一些人士向王朗表示恭敬之意的，实际上就是效忠信，如果进行深究，许多人都与王朗脱不了关系，但刘秀对这些文书一件没看，而是让士兵把这些堆积如山的文书放到院子里，当着众人面一把火烧掉，这样做最大程度安抚了人心，团结了一切可团结的人。

二

平定王朗，是刘秀命运的一次重大转折，从此他的实力大增，这是更始帝刘玄非常不愿意看到的，于是他派使者到河北，一方面封刘秀为萧王，另一方面命令刘秀脱离军队，带着有功的将领前往长安。

刘秀再次面临重要抉择，如不遵命属大逆不道，但如果遵命恐怕是重入虎穴。深入思量后，刘秀决定以"河北尚未平定"为由拒绝了刘玄的命令，此时的他已经做好与更始政权决裂的准备。

鞭长莫及，刘玄对刘秀已无太好办法，他非常后悔当初做出派刘秀到河北的决定，也才知道刘秀在自己身边如此忍辱负重，就是为了换来今天的局面。但是刘玄还是不甘心任由刘秀继续壮大实力，他命尚书令谢躬出任幽州牧，接管幽州兵马来牵制刘秀。刘秀既然决定撕破脸皮，也就不再有什么顾忌，授意手下大将吴汉借机将谢躬斩杀，并收编了他的兵马，自此刘秀与更始政权公开决裂。

羽翼渐丰的刘秀，下一个目标指向了铜马等农民起义军，他调集重兵先后击破并收编了各路农民起义军。最初这些被收编的起义军很担心，害怕自己被消灭。刘秀知道大家的心思，于是他轻车简从巡视这些部队，这样的用意是表明自己对降兵没有戒心，非常信任他们。被人信任的感觉相当良好，这些投降或被收编的将领士兵纷纷表示愿意以死相报。由此刘秀掌握了数十万大军，成为可以和绿林、赤眉平起平坐的重要势力，这时已经有人用"铜马帝"来称呼刘秀。

正在刘秀势力不断壮大的时候，赤眉军也在西进，意图夺取绿林军控制的长安城。刘秀敏感地意识到，绿林赤眉相争，必然会两败俱伤，自己夺取天下的机会来临了。

他根据当时形势做出重要部署，命令邓禹率军西征，顺利夺取河东后，渡过黄河向关中进发。任命寇恂为河内太守，镇守河内郡，并把河内郡作为夺取中原的基地。任命冯异为孟津将军，带重兵驻守孟津（今河南孟县西），用来保护河内，窥视洛阳。

完成这些部署后，刘秀返回河北。这时开始有人劝他称帝。刘秀起初对此坚决拒绝，称自己压根没有想过当皇上。但他手下仍不甘心，其中有位叫做耿纯的将军，对刘秀说："大家抛开家人和故乡，跟从大王出生入死，为得是能出人头地，封官进爵，现在大王推脱迟延，不敢称帝，违背了大家的心愿。如果大家都失望了，就会产生离去的想法。"这番话说得很直接也很实在。刘秀也意识到了这个问题，如果人心散了，队伍就不好带了，于是他松口说可以考虑这个问题。

到了鄗城（今河北柏乡县北）的时候，刘秀非常信任的大将冯异从前线赶回来，这个冯异，打仗时很勇敢，经常身先士卒，但论功行赏时却不积极，总是蹲在大树下面一声不响，人们称他为"大树将军"。

刘秀对此很欣赏，认为他忠实可靠，两人谈及这个问题时，冯异也劝刘秀，说现在更始帝刘玄败局已定，为了汉室复兴，还是应该听从大家的意见而登基成帝。这时候，有些儒生带着奇符来见刘秀，奇符上写着"刘秀发兵捕不到，四夷云集龙斗野，四七之际火为主"，说刘秀称帝符合天意。

一切都水到渠成，公元25年，刘秀在鄗城称帝，王朝的名称依旧是"汉"，意图重建被王莽夺权的汉室，为了与刘邦建立的"汉"相区别，按照地理方位，历史上把刘邦建立的称作"西汉"，刘秀建立的称作"东汉"。

由此同时出现了几位皇帝，绿林军拥立的更始帝刘玄，赤眉军拥立的刘盆子，淮阳的刘永，益州的公孙述，还有被匈奴人立为"汉帝"的卢芳，天下最后归属于谁，一时还看不出端倪。

三

刘秀称帝后首要问题是都城应设立在哪里。他经过一番思量后，决定以洛阳为都。刘秀做出这样的决定，在于他从南阳起兵，又在河北建立了根据地，洛阳离这些地方比较近，有利于巩固自己的势力范围，并可寻求更大发展。

洛阳一直在刘玄军队手中，更始帝刘玄派李轶和朱鲔驻守洛阳，这两人曾经劝说刘玄诛杀刘縯，应该属于刘秀的仇人。称帝前，刘秀发兵攻打洛阳，李轶有了降意，但这件事被朱鲔所知，朱鲔借机杀了李轶。

称帝后刘秀亲率大军包围洛阳，他并没有急着攻城，先派人劝降朱鲔，朱鲔参与杀害刘縯并劝刘玄不要派刘秀到河北，自感罪过太大不敢投降。刘秀不计前嫌，他知道要想成大事，就不能太计较过往的恩怨，于是向朱鲔发誓，只要他投降，一切可以既往不咎，不仅不杀头，还可以保留官爵。朱鲔被刘秀诚意所打动，把自己绑起来到刘秀军营来请罪，刘秀亲自为他解开绳子，赦免了他的罪过，任命他为平狄将军，封扶沟侯。刘秀军队进入洛阳后，秋毫无犯，并下令谁要违背军纪，一律诛杀，这与绿林军、赤眉军进入长安的表现形成天壤之别。

接着刘秀击败赤眉军而迫使其投降。刘秀对刘盆子和赤眉军的降将非常宽容，不仅没有杀他们，还在洛阳给他们安排了田宅，只是后来樊崇、徐宣等又有了反意，刘秀才诛杀了他们，包括赤眉军拥立的刘盆子在内，大部分人都颐养天年，终老而死，在你死我活的争斗中，能做到这点的君王并不多见。

刘秀平定赤眉军，但天下并没有统一，还有不少割据势力，严重威胁东汉王朝的安全。其中势力比较大的山东一带的刘永和张步，西北一带的隗嚣，西南巴蜀一带的公孙述。

张步是琅琊人，天下大乱时他起兵造反，占据了几个县城。刘永则具有皇家血统，他起兵后自封为天子，为了壮大自己的声势，他与张步联合，封张步为辅汉大将军。

刘秀对张步先是采用了招降的策略，他派光禄大夫伏隆去招降，准备封张步为莱阳太守。刘永听到这个消息，也派使者到张步处，封张步为"齐王"，刘秀、刘永两边都在拉拢张步，张步缺乏长远眼光，只顾眼头利益，在"太守"和"齐王"间选择了职位更高的，投靠了刘永，并杀了刘秀的使者伏隆。

刘秀听说伏隆被杀，非常生气，敬酒不吃吃罚酒，他派大将盖延进攻刘永，刘永兵败被杀，后又派大将耿弇攻打张步，在耿弇的猛烈攻击下，张步受到重创，最后选择投降。

在剿灭张步的过程中诞生了一个很著名的成语——"有志者事竟成"。这是刘秀对大将耿弇所说的，原话是："将军前在南阳建此大策，常以为落落难合，有志者事竟成也！"翻译过来就是说："耿将军以前在南阳就献策要攻齐，来平定张步，但是我一直认为这是件非常困难且不容易达到的事，如今耿将军达到了目标，真是有志者事竟成啊。"

消灭刘永和张步后，刘秀基本控制了广大中原之地。剩下势力较强的割据势力只有西北的隗嚣和西南的公孙述,这两股势力互为犄角,再加上拥有地势之利,想要消灭他们并非易事。

隗嚣在王莽统治末期起兵,占据了不少地方。更始帝刘玄移都长安后,派使者征召隗嚣入朝,封为右将军,后又封为御史大夫,赤眉军进抵长安时,更始政权内部发生内乱,隗嚣趁乱逃出长安,回到了陇地,自称西州大将军,聚集起大量兵马,成为实力很强的割据势力。

隗嚣东边是刘秀,南边是公孙述,而且这两人都已经称帝,建立了自己的政权。夹在中间的他,受到了两边的拉拢。开始时隗嚣与刘秀交好,接受了刘秀的封号,斩了公孙述的使者,并出兵攻击公孙述,使得公孙述不敢北进。刘秀因此非常尊重他,不把他当做一个普通的臣子,而是给他很高的礼遇。

但隗嚣心里有自己的小算盘,那便是保全自己的实力而不被任何一方吞并,在这方面他的警惕性很高。刘秀多次让他进攻公孙述,以夺取巴蜀,他总以自己实力不够而拒绝。实际上,他主要担心自己与公孙述血战后,两败俱伤,从而让刘秀得利。

刘秀很清楚他的心思。既然指挥不动隗嚣,刘秀就派大将耿弇等借道攻蜀。隗嚣不仅不配合,反而派兵阻止汉军进攻,于是双方发生冲突,隗嚣的军队在主场作战,起初大败汉军。刘秀重新调整部署,集结重兵准备反击,隗嚣上书刘秀表示这是个误会,请求恕罪,但由于其言辞傲慢无礼,所以被刘秀拒绝,隗嚣为了自保,转而向公孙述称臣,投靠了公孙述。

刘秀听说隗嚣投靠公孙述,亲率大军前来讨伐。双方大战在即,关键时刻曾经是隗嚣手下后转投刘秀的王遵,给隗嚣的大将牛邯写去一封书信,劝其投降,牛邯听从王遵的建议归降刘秀,接着隗嚣手下不少将领归顺刘秀,隗嚣被迫逃到西城(今甘肃天水市以西),刘秀命令大将吴汉、岑彭围困西城,又命大将耿弇、盖延包围上部。

正在此时,留守后方的大司空李通派人送来书信,说颖川盗贼四起,河东守军叛乱,已经威胁到京师,刘秀不得不从前线返回洛阳,走之前他告诉围攻西城的岑彭说："如果两座城都能攻下，就可以带兵南下攻下西蜀，人心苦于不足，才平定陇右，又想着蜀地。"这是成语"得陇望蜀"的由来。

此次围攻，后因汉军军粮耗尽而撤围。但在东汉军队的持续攻击下，隗嚣人力物力耗尽，隗嚣和他的队伍又病又饿，最后只能以稀饭充饥。公元33年，隗嚣在落魄中死去。他的部下拥立其子隗纯。一年后，在汉军的攻击下，隗纯和诸将投降，自此，刘秀平定了陇地。

此时只剩下公孙述了，公孙述本来是王莽政权的朝廷命官，他趁乱世自立为皇帝，公孙述拥有的条件得天独厚，蜀地与关中有秦岭相隔，南面又有三峡隔断，易守难攻。再加上坐拥天府之国，物产丰富，完全能实现自给自足，因此，建立了独立王朝的公孙述，在东汉初期的群雄中，实力显得颇为强劲，成为了刘秀必须要征服的目标。

刘秀派兵从两个方向向公孙述展开进攻，来歙、盖延等率军从陇西南下入蜀，岑彭等率军沿长江西进，过三峡，攻江州（今重庆市），两边的进展都很顺利。正面打不过，公孙述只能在暗地里使招，他先后派人成功刺杀了两路军队的主将来歙和岑彭，但这已经无济于事。

在汉军的攻击下，公孙述队伍节节败退，刘秀多次劝降公孙述，表示如果投降可以保全他的性命，并保证自己不会食言。从一贯的表现来看，刘秀应该可以做到这点，但是公孙述没有抓住最后的机会。

公元36年，汉军取得决定性胜利，公孙述受重伤不治而亡。他的手下延岑见大势已去，投降了东汉。自此，刘秀登基后用了十三年时间终于平定了天下，完成了"恢复汉室"的历史使命，王莽末期以来战火纷飞、四分五裂的局面终告结束，国家又重新获得了统一。

第十九讲　刚中有柔柔中有刚

一

刘秀用了十三年时间平定了天下，国家重新获得了统一。但是连年的战乱，导致经济凋敝，人口锐减。对于刘秀来讲，平定天下实属不易，治理好这个国家，看上去更难。

光武帝对国家的治理可以用两个截然相反的字来概括，一个是"柔"，另一个是"严"。

"柔"是光武帝基本治国之道。刘秀从小比较柔顺，起兵造反后，形势的需要使他不得不变得勇猛刚强。但即使在连年征战的过程中，也可以看出他"柔"的一面，譬如他喜欢用和平的手段解决问题，能不用武力的尽量不用武力，他对待投降的将领和士兵很少杀戮，即使不投降的城池被攻破后，也禁止采用屠城等残暴手段。当年他派大军攻蜀，公孙述拒不投降，手下大将吴汉率军攻破成都后，曾放纵士兵烧杀抢掠，光武帝很生气，公开下诏对吴汉等将领予以斥责。

平定天下后，刘秀曾经回到自己的故乡，大宴亲戚父老。其中看着他长大的一些大娘、大嫂，借着酒劲回忆刘秀当年的事情，说刘秀小时候为人厚道，不计较小事，就是脾气太过随和。光武帝听后大笑说："吾治天下，亦欲以柔道行之。"意为要用"柔和的方法"来治理天下，这是"柔道治国"的由来。

他的"以柔治国"体现在四方面。首先是对百姓，王莽后期天下大乱，损失最惨重的是普通百姓。光武帝平定天下时，天下人口居然是"十有二存"。为了医治战争创伤，让百姓过上安定的生活，光武帝采取一系列措施，首先是解放奴婢，他连续下达命令，使得因失去土地被迫沦为奴婢的农民获得释放，同时加重了杀害奴隶者的刑罚，废除了奴隶伤人必须处死的法令。这样的举措，将广大庶民阶层扩充为东汉的根基，同时解决了战乱后由于人口不足导致土地荒芜的问题。

与此同时，他实施减刑轻税。建武七年，刘秀下令释放除死刑犯以外的囚犯，并命令应判两年徒刑而在逃的罪犯，由地方官吏发布公告免治其罪，使其安心回家。建武二年，在还没有完全平定天下的时候，光武帝下诏恢复汉文帝时代三十税一旧制，百姓的负担大大减轻。

在精简政府机构力度更大，"并省四百余县，吏职省减，十置其一"。这样的举措，使得东汉成为中国历史官民比例最低的朝代。据统计，西汉的比例是1/794，东汉是1/7464，唐朝1/2927，元代1/2613，明代1/2219，宋朝介于唐明之间，清朝1/911。俗话说"建庙容易拆庙难"，精简政府机构和人员需要壮士断腕的勇气，光武帝无疑在这方面表现得很有气魄。

其次，"以柔治国"体现在对功臣的态度上。应该讲，如何安置开国功臣，是每一个新兴王朝必须面对的重要问题，也考验着开国君主的胸怀和智慧。

刘秀能夺取天下，以"云台二十八将"为代表的一批武将居功至伟。通常来讲"打江山就应坐江山"，但光武帝认为这些武将虽然与自己出生入死，但只善于带兵打仗，性情放纵不羁，对于治理国家和地方不太合适。基于此，光武帝在平定天下后，采取了"退功臣而进文吏"的策略。

"退功臣"就是解除功臣的权力，特别是兵权，降低他们的政治待遇。"云台二十八将"中除了邓禹、李通、贾复三人参议国家大事外，其他人基本都退出了权力中枢。对于这些不参与政事的功臣，刘秀保留他们爵位并加以赏赐。使得这些开国元勋们绝大多数都能愉快安度晚年，子孙后代也能享受到荣华富贵。

"进文吏"就是使用懂得治国安邦之术的读书人，让他们担任要职治理国家，逐渐改变官吏队伍的结构和素质，确立了一套以文官为中心的体制，实现了治理方式向文治的转变，为后世留下了宝贵财富。

刘秀用怀柔之术对待功臣，没有像刘邦、朱元璋等采取"狡兔死走狗烹"的做法，使得他与这些功臣之间和谐相处，没有猜忌和提防，成为历史上的一段佳话，清代王夫之对此赞叹道："三代之下，君臣交尽其美，唯东汉为甚焉。"

再次对战争的态度。据历史记载，平定天下后光武帝不愿再提战争之事，说他"知天下疲耗，思乐息肩，自陇、蜀平后，未尝复言军旅。"有次，太子问他当年打仗的事情，光武帝也不愿提及，对太子说这个问题不是你应该知道的。

光武帝不愿意提及战争，更不愿意再发动战争。建武二十七年，大臣臧宫和马武上书，请光武帝趁匈奴分裂，势力衰弱之际发兵攻击，以建立"万世刻石之功"，这个建议被光武帝拒绝，他的理由是"今国无善政，灾变不息，人不自保，而复欲远事边外乎！不如息民。"光武帝虽然曾东征西战，但他骨子里应该是一个和平主义者。

最后是对不驯之人。其中最著名的故事发生在刘秀和好友严子陵之间。刘秀当上皇帝后，严子陵隐名埋姓不愿意见刘秀，刘秀派人四处寻他，终于找到了他。三次派人才把严子陵请到了洛阳。刘秀去看他时，他在房间里躺着不起来，刘秀对他说："你到底为什么不肯出来帮我治理国家呢？"这时严子陵睁开眼睛说："人各有志，你又何必苦苦逼我呢？"刘秀一时没办法，只好失望而去。

过了几天，刘秀把严子陵请到宫中，不说做官之事，只谈过往旧事，两人聊得很投机，所以聊到很晚，刘秀让严子陵留宿宫中，并与他同榻而卧。严子陵在睡梦中把脚搭到刘秀的肚子上，但刘秀并不介意。

刘秀执意想让严子陵担任谏议大夫，但严子陵死活不答应。刘秀知道留人之身无法留心，就让严子陵离开洛阳去隐居了。从这个故事可以看出严子陵视富贵如浮云的气节，但同时也表现出光武帝恢弘大度的气概。

二

说起"严"，首先是对自己"严"，光武帝非常勤政，似乎除了读书和工作没有太多其他爱好，朝廷议事结束后，他经常与大臣们讨论儒学经典，一直到半夜才睡。他不喜欢饮酒，也不喜欢听乐曲，当了好几年皇帝，连宫廷音乐、祭祀用的典礼器具都凑不齐。他对自己皇陵的要求也是一切从简，要像文帝一样不随葬金银珠宝。总体上讲，光武帝是一位严以律己、力求简朴的君主。

对官吏"严"，西汉后期吏治败坏，官僚腐化。平定天下后，光武帝非常注重整顿吏治，他对官吏贪赃枉法的处罚相当严厉，无论是朝中的尚书三公，还是基层官吏，一旦有过错，往往受到严惩。时任大司徒的欧阳歙，在担任汝南郡太守时，贪赃千余万，后东窗事发被逮捕入狱。欧阳歙是位儒学大师，弟子遍布天下，所以成千上万儒生为他求情，不少人愿意代之受过，一向对读书人宽容有加的刘秀，对待贪腐官吏拒绝姑息，最后欧阳歙死在狱中。

经过一番整顿，官场风气得到很大改观。据《后汉书》记载，"内外匪懈，百姓宽息"。但是由于措施过于严厉，难免矫枉过正，当时规定俸禄二千石以上的州郡官员稍有过失，即行罢免，结果导致州郡官员更换过于频繁，使官员们心怀恐惧，虚报政绩，以求保住乌纱帽。后来在大臣的劝谏下，光武帝意识到这个问题，对政策进行了调整。

对豪强"严"，光武帝刘秀本人出身豪族，他统治集团的核心成员大多也是豪族出身，在夺取天下过程中，得到了南阳豪族和河北豪族的大力支持，因此在东汉初期，豪强的势力很大。一些豪强地主大量兼并土地，引发了巨大的社会矛盾。

刘秀看到豪族势力已经威胁皇权和国家利益，必须要采取一些措施加以限制，为此光武帝开始推行"度田"制度，他下令清查各州、郡人们占有土地和户口的数量，主要目的是为了防范豪强地主和不良官吏逃税。

这个措施触及到豪强地主的利益，受到了大地主、大豪强的抵制，他们勾结地方官员，虚报瞒报。王莽当年推行王田，受到抵制便选择妥协或放弃，但刘秀不是王莽，他采取了强硬手段，一怒之下诛杀了十几个州郡太守。部分拥有自己武装的大地主起兵反抗，一些不明真相的农民加入，一时声势较大。对于这些反抗，光武帝用镇压和安抚手段，最后平息了这些叛乱。历史上对于度田制是否取得成功存在争议，但不可否认的是，通过推行这个政策在一定程度上打击了豪强地主，缓解了社会矛盾。

在光武帝统治期间，涌现出一些不惜丢掉乌纱帽和性命与豪强地主进行斗争的官吏，总体上而言，光武帝对这些官吏持支持肯定的态度。譬如鲍永和鲍恢，曾经弹劾光武帝的叔父赵王刘良。光武帝父亲早亡，是靠刘良把他养育长大，两人的感情很深，但光武帝并没有怪罪他们，反而告诉皇亲国戚要约束自己的行为，从而"以避二鲍"。

硬臣里最出名的要属董宣，董宣担任洛阳县令时，光武帝大姐湖阳公主的一个奴仆行凶杀人后，躲到公主府内，逍遥法外。董宣决心将这个杀人犯绳之以法。有一天，湖阳公主外出，这个奴仆也陪同出行，董宣带人在半路截住了车子，当场宣布罪行并诛杀了那个奴仆。

公主哪里能受得了这个屈辱，到宫里向自己的弟弟哭诉，光武帝也觉得董宣做得有些过分，下令要用乱棍打死他。董宣对光武帝说："陛下因英明才复兴汉室，如今公主的奴仆杀人，陛下却置国家法律于不顾，还怎么能治理好天下，无需用乱棍打死我，让我自己撞死算了。"说罢将头撞到柱子上，顿时血流满面，光武帝赶忙让太监拉住他，心里觉得董宣说得有道理，但又碍于姐姐的面子，于是想退而求其次，让董宣给公主磕头算是赔罪，不料董宣认为自己没错而坚决不肯，光武帝命人按着他的脖子，强行让他磕头，但董宣双手撑地，死活不肯磕这个头。

湖阳公主见状非常不满，略带嘲讽对光武帝说："陛下早年经常庇护逃犯，官府都不敢上门追捕，如今当了皇上，却对一个小小的县官都没有办法吗？"光武帝苦笑说："天子与白衣不同。"事后光武帝奖励董宣，称他为"强项令"，就是刚强不肯低头的县令，这样的做法，使得一批官员起而效法，宗室、豪强的日子更加不好过。

三

通过"柔"与"严"并用的治国之术，战争创伤得以医治，阶级矛盾相对缓和，经济获得恢复发展，百姓的生活趋于安定，开创了历史上的"光武中兴"。刘秀成为中国历史上唯一同时拥有"中兴之君"和"定鼎帝王"的皇帝。

公元57年，汉光武帝刘秀驾崩，走完了自己六十二年的人生。他在遗诏中说："我无益于百姓，后事都按照孝文皇帝制度，务求俭省，刺史和二千石以上的长吏都不要离开自己所在的城邑，不要派官员或通过驿传邮寄唁函吊唁。"孝文皇帝就是汉文帝，从汉光武帝的身上能够看出不少文帝的影子，如果作为百姓而言，在无法选择统治者的专制社会，能遇到汉文帝和汉光武帝这样的皇帝，应该是人生一大幸事。

当然，人无完人，历史上对光武帝刘秀的一些做法也有批评的声音，譬如在用人上不能做到一碗水端平，对伏波将军马援就是如此。又如没有很好解决豪强贵族问题，使贵族当政和世袭大行其道，为东汉的衰落埋下了祸根。

在历史学家钱穆看来，光武帝最大的问题是处理好了人事，但没有建立好的制度，导致东汉中后期出现一系列问题，使整个王朝步入黑暗和混乱之中。当然，钱穆先生也表示这不仅仅是刘秀的问题，而是中国政治制度史上一个长期以来很难解决的大问题。

但是瑕不掩瑜，刘秀的表现在中国古代四百多位皇帝中非常杰出，这点在历史上得到公认。司马光对此评价："偃武修文，崇德报功，勤政治，养黎民，兴礼乐，宣教化，表行义，励风俗。继以明章，守而不失，于是东汉之风，忠信廉耻及于三代矣"，这个评价相当之高。

明末清初的思想家王夫之说："三代而下，取天下者，唯光武焉，夏、商、周，后，唯光武允冠百王矣。"就是说所有帝王都不如刘秀。毛泽东说刘秀是"最有学问、最会打仗、最会用人的皇帝"。南怀瑾先生的评价是："在中国两千年左右的历史上，比较值得称道的，能够做到齐家治国的榜样，大概算来，只有东汉中兴之王的光武帝刘秀一人。"

虽然后世对他有很高的评价，但刘秀似乎在国人心中始终不温不火。想当初在中学学习这段历史时，自己对刘秀的印象就不是很深刻，远不如秦皇汉武和唐宗宋祖，以及后来的康熙乾隆。笔者想，刘秀的历史评价和知名度不成比例。这大概与刘秀"不爱折腾"有关。人们通常喜欢那些个性鲜明或者四方征战、开疆拓土的帝王，相比之下，刘秀显得过于安静，所以很难提起人们的兴趣。

第二十讲　军功章上的另一半

一

光武帝刘秀驾崩后，太子刘庄即位，成为东汉历史上第二位皇帝——汉明帝。

刘庄的生母是刘秀的原配夫人阴丽华，虽然阴丽华是光武帝刘秀最宠爱的女人，但刘秀最初封的太子并不是刘庄，而是郭圣通所生的刘疆。

刘秀在平定河北期间，由于需要得到真定王刘扬的帮助，答应刘扬的请求，娶了他的外甥女郭圣通为妻。在河北征战期间，郭圣通跟随在刘秀身边，并很快为刘秀生下一个儿子，便是刘疆。

称帝后的刘秀面临着一个重要的抉择——在妻子们之中到底选立谁为皇后。照常理说，阴丽华是原配夫人，而且是刘秀最喜欢的女人，理应是皇后的第一人选。但在建武二年，光武帝刘秀却宣布立郭圣通为皇后，同时封刘疆为太子。

光武帝做出这样的选择，大概有以下几个原因。一是政治上需要。真定王刘扬帮助刘秀平定了王朗，但很快因拥兵自重意图谋反，被刘秀派人击杀，郭圣通因与此事无关而没有被波及。按说刘扬被杀，郭圣通失去了政治上的依靠，地位应该变得岌岌可危。但是当时刘秀面临局面非常复杂，四面有敌，政权很不稳固，刘秀必须要将刘扬事件波及范围控制到最小，因此要对刘扬的亲人和部属予以封赏，事后他很快将刘扬之子封为真定王。立郭圣通为皇后，封刘疆为太子一定有这方面的考虑。

二是郭圣通早生子嗣。有无子嗣对于皇帝来讲，实在太过重要，建武二年，郭圣通就生下了刘疆，此时刘秀已经登基成为皇帝一年多，也到了该册立皇后的时候，而阴丽华则是两年以后才生下了首子，就是后来的汉明帝刘庄。皇帝有子就意味着王朝可以顺利地传承下去，这个重要意义是不言而喻的，这也是立郭圣通的一个重要因素。

三是阴丽华的推辞。据历史记载，刘秀原本想立阴丽华为后，但阴丽华却坚辞不受，认为自己不够格当皇后，这听上去有些奇怪，也许阴丽华考虑到自己一直在家乡，而郭圣通跟随刘秀征战，自己没有为东汉建国立下什么功劳。抑或考虑到郭氏出生高贵且已有子嗣，或者还有什么其他考虑，总之是不肯接受皇后之位。在这样情况下，刘秀最后做出这样的抉择，册立郭圣通为皇后，同时封阴丽华为贵人。

有人说刘秀迎娶郭圣通并立为皇后，完全是处于政治考虑，两人之间的婚姻没有多少夫妻感情。这样的观点有失偏颇。毋庸置疑，当初刘秀娶郭圣通是为了政治需要，但两人成家后，关系还是相当不错，这在《后汉书》里有明确记载。从另一个角度来看，郭圣通先后为刘秀生下五个皇子，这也说明郭皇后是经常受到刘秀宠幸的，并非只是冷冰冰的政治夫妻。

虽然刘秀和郭皇后的感情不错，但刘秀与阴丽华关系更加亲近，自从把阴丽华从家乡接到洛阳，两人经常待在一起。有时候刘秀出征也会带着她，汉明帝刘庄就是阴丽华跟随刘秀征讨彭宠时生下的。后来阴丽华为刘秀先后生下了刘苍、刘荆、刘衡和刘京四子，和郭圣通一样，她同样为刘秀生下了五个皇子。

二

刘秀对阴丽华宠爱有加,渐渐引发了郭皇后的不满和嫉妒,刘秀与郭圣通之间因此发生了不少争执,两人的关系渐渐趋于冷淡。

建武九年,阴丽华的母亲和弟弟被贼人劫持杀害,为了安慰阴丽华,汉光武帝刘秀下诏:"吾微贱之时,娶于阴氏,因将兵征伐,遂各别离,幸得安全,俱脱虎口。以贵人有母仪之美,宜立为后,而固辞弗敢当,列于媵妾。朕嘉其义让,许封诸弟,未及爵士,而遭患逢祸,母子同命,愍伤于怀。"刘秀这个诏书很有意思,本来是安慰阴丽华丧母失弟的,重点却强调了自己与阴丽华的深厚感情,并明确表示郭圣通能成为皇后是阴丽华谦让的结果。此时,郭圣通被册立皇后已经过了七年,这时候将旧事重提,其中的寓意不言自明,刘秀下了这道诏书,郭圣通实际上就无法安于皇后之位了。

果然,建武十七年,刘秀完全平定天下四年之后,决定废掉皇后郭圣通,立阴丽华为后。他在诏书中称郭圣通无皇后之德,"有吕、霍之风",就是说郭圣通不按规矩办事,有吕雉和霍成君之风,所以必须废掉。但同时刘秀在诏书中称废后是"异常之事,非国休福",所以不得"上寿称庆",将废后的政治动荡减到了最小。

刘秀废掉郭皇后的同时,并没有同时废掉太子刘疆。但明眼人可以看出,这是迟早的事,刘疆对此非常清楚,内心深感不安,他一再请求辞掉太子之位,与其他兄弟平起平坐。对此,他表现得非常积极,不仅自己上书,还经常请其他皇子和大臣帮着上书,以此向父亲表达自己强烈的愿望,在拖了一年多以后,刘秀终于同意刘疆的请求,让他与已经被封为东海王的刘阳换了位置,立刘阳为太子,并让刘阳改名成刘庄。

虽然郭皇后和太子刘疆被废,但是他们与历史上其他被废皇后和太子的命运大为不同,他们不仅没有遭到杀戮,而且生活过得很不错。或许是刘秀觉得在这个问题上对郭氏母子有所亏欠,对他们关照有加。

光武帝多次到郭府与郭家人畅谈饮酒，以示亲近。他这样做，是想让众人知道，虽然皇后和太子被废，但他并没有放弃郭圣通和她的家族。

阴皇后和刘庄同样厚待郭氏家族，作为阴丽华，自己成为皇后之后，并没有落井下石，反而给予郭氏不错的礼遇。所以刘秀评价阴丽华"雅性宽仁"、"有母仪之美"，史书称她"性仁孝，多矜慈"。

阴丽华确实是一位生性善良、性格温和、心胸开阔的女性，刘秀当年在长安第一眼见到阴丽华，就认准了她，立下了"娶妻当得阴丽华"的誓言，刘秀的眼光真心不错，南怀瑾先生说："中国这么多皇后，算是好皇后的，第一是朱元璋的太太马皇后，第二是刘秀的太太阴丽华，当然唐太宗的长孙皇后也不错，所以齐家之道是最重要的，要有好的教育，但要做到齐家是非常困难的。"但阴丽华无疑做到了。

刘庄是阴丽华跟随刘秀征战途中所生，刘秀对刘庄一直很喜爱，他让经学大师桓荣做刘庄的老师。刘庄从小也表现出高于常人的聪慧，十岁就通晓《春秋》，刘秀觉得自己的这个儿子很了不起。

更让刘秀为他感到骄傲的事情发生在建武十五年，当时，刘秀正在推行度田制，他让各州郡官员进行呈报，十二岁的刘庄站在刘秀的背后，光武帝刘秀看到陈留县的吏牍上有这样一句话："颖川、弘农可问，河南、南阳不可问。"刘秀感到有些疑惑，问其他人也不求甚解。刘庄得到允许后插话说，这是郡里官员教陈留官吏怎么去核查土地，刘秀问为什么河南和南阳不能问呢，刘庄解释说："河南是首都之在，高级官员都住在这里；南阳是陛下的故乡，陛下的亲戚大多居住于此，因此对这两个地方的田亩数字，负责核查的官员当然不敢多问。"作为一个十二岁的孩子，有如此敏锐的眼光，令光武帝对他更加另眼相看。

三

刘庄即位时已经三十岁，这正是人一生中的黄金年龄。他本来不是太子，是刘疆礼让后才成为太子，并最后登上了皇位。有些人对此颇有微辞，他的一些兄弟心里也不太信服，所以刘庄当政后首要做的是要稳固政权。

刚刚即位，一个重要的考验就摆在了他的面前。他的胞弟山阳王刘荆伪造别人的手笔，给原来的太子现在的东海王刘疆写信，劝他举兵以取天下。刘疆接到信后吓坏了，马上把信转交给了明帝，明帝派人暗中调查知道此信为刘荆所为，但是为了避免引发较大的震动，明帝做了冷静处理，并没有追究下去，从这件事可以看出，刘庄颇有政治谋略。

冷静处理刘荆事件后，他开始建立自己的政治核心圈，他封开国元勋邓禹为太傅，同母胞弟刘苍为骠骑将军，光武帝时的太尉赵熹保留原职。这样的安排很有策略，使得功臣、宗室和官僚集团在权力核心圈都有了自己的政治代表，明帝通过权力分配平衡了各方利益，进一步巩固了自己的统治。

明帝和他父亲有一个重要的相似之处，就是选立了一个好皇后。明帝所立的马皇后，虽然名气不如阴丽华，但表现也是相当不错。

这位马皇后的父亲是光武帝时代的伏波将军马援。马援最初从占据陇地的隗嚣那里投奔刘秀。虽然他才能出众，善于用兵，但刘秀始终没有重用他，直到马援五十三岁时，交趾郡（今越南河内一带）发生叛乱，马援主动请缨，刘秀才让他带兵出征。平叛后他又奉命北征，去对付匈奴等少数民族。

为了平定武陵地区少数民族的暴乱，已经六十一岁的马援再次奉命出征。由于当地气候炎热，军中瘟疫流行，马援自己也染病不起，于是不得不放慢攻击速度，他手下一些将军打小报告，把攻击不力的责任推到马援身上，并污蔑他有贪污行为。

刘秀信以为真，下诏谴责马援，但诏书到达军队时，马援已经去世了。这件事情引起了很大争议，不少人觉得刘秀这样做对马援不公平。马援的侄子马严非常生气，上书刘秀请求选马援的三个女儿入宫，给太子当妃子。刘秀觉得自己做得确实有些不妥，为了平息大家的议论，就同意了马严的请求。

这三个女儿中年龄最小的就是后来的马皇后，虽然她在三人中年龄最小，但性格非常坚韧刚强，从小就帮着大人管理家庭事务，并且处理得井井有条。成为太子妃后，她自己生活过得很简朴，但对婆婆阴丽华孝敬有加，所以很得刘庄的宠爱，她先被封为贵人，明帝即位后，被立为皇后。

成为皇后之后，她保持一贯的作风。有一次公主们朝见皇后，看她穿了件与众不同的袍子，还以为是什么新式时髦花纹，结果一摸才知道，原来是一件粗糙的袍子。面对公主们的窃笑，马皇后却说这件布料虽然粗糙，但特别容易染色，不用太费事，所以做成了袍子穿。

明帝即位后，为了纪念功臣，他命人在洛阳南宫云台阁为东汉建国立下汗马功劳的二十八位将领画像，但是这二十八人里面并没有自己的岳父马援，这充分表明了明帝对外戚的态度。

马皇后理解明帝的心思，所以她从未为自己的三个兄弟请官。明帝的皇位坐了十七年，马家三兄弟的官职原地踏步了十七年。即使后来章帝即位，想封这三个舅舅为侯爵，也被已经成为太后的她拒绝。直到头发都白了，三人才被封为比侯爵低一等的关内侯，即使这样马太后也不是很高兴，写信给兄弟三人，让他们接受爵位后立即辞官退休。马氏做皇后十六年，皇太后七年，马氏外戚始终没有进入东汉政治核心。

马皇后同时很好履行了"贤内助"的角色，她饱读诗书，又会持家，明帝问她一些关于朝政的问题，她能分析的头头是道，有时候她还会指出明帝在治国方面的一些问题，特别是严刑峻法和株连无辜方面，但是这些交流都是私下进行，她从来没有公开干预朝政。

军功章上应有她们的一半，东汉初期，出现中兴局面，很大程度是刘秀、刘庄采取了正确的治国之策，但也与阴皇后、马皇后的温慧仁德无法分开。

四

在明帝统治时期，对以后中国影响最为深远的一件事情，就是佛教的传入。千年以来，佛教在中国广泛传播，拥有大量教徒，成为中国最主要的宗教之一，其源头大概就要从明帝时代说起。

据历史记载，这一切源于明帝的一个梦，在梦中出现了一个巨大的金人，头上被耀眼的光芒所笼罩，明帝刚想和他说话，金人就飞走了。第二天临朝，明帝就把这个奇怪的梦讲给群臣听，并让他们帮着解析，大家都感到很奇异，有位博士傅毅进言说："臣听说西方有个神，叫做佛。有佛经也有佛教。武帝时代，霍去病率军征伐匈奴时，休屠王曾经送给他一个金人。陛下梦到的金人，恐怕是佛的幻影。"这番话勾起了明帝的好奇心，就下令派郎中蔡愔和秦景去天竺求取佛经。

天竺就是张骞所说的身毒国，也就是今天的印度。佛教诞生于印度，佛祖叫做释迦牟尼，他本名叫做乔达摩西达多，原本是迦维卫国净饭王太子，从小过着养尊处优的生活，但他越来越不满意自己这样的活法，他认为人生在世，无非是生老病死，应当想办法解脱。于是他告别自己的双亲、妻儿，独自去修行。他在一棵菩提树下冥想数年后，终于大彻大悟，进入了一个至高无上的精神境界，成为了"佛陀"，也就是觉悟者。从此以后，他就开始传授教义，很快佛教就成为印度的一大宗教。后来佛教从印度向四方传播，到西汉时期，西域的一些小国也开始信奉佛教。

洛阳距离天竺路途异常遥远，蔡愔和秦景等人风餐露宿，走过千山万水，终于到了天竺，转达了明帝想要取经求佛的意愿，天竺国的高僧竺法兰和摄摩腾给他们讲解佛法，但是由于文化上的巨大差异，蔡愔和秦景很难领悟，于是邀请两位高僧与他们一同返回洛阳，两位高僧慷然应允。

于是他们带着佛经，经过一番艰辛，返回了洛阳。明帝请两位高僧带着一些人将佛经翻译成汉文，并按照他们的要求，修建了中国第一所佛寺，因为他们是用白马驮着佛经到了中国，因此这座寺院起名叫做"白马寺"。

佛经传入中国后，一些王公贵族首先开始信奉佛教，其中对此比较痴迷的是楚王刘英。刘英是许美人所生，许美人并不得光武帝宠爱，所以刘英不太被重视，得到的封地在诸王中最小。刘英听说佛经东来，就派人到京城向两位高僧求佛法，然后在自己的王宫供奉佛祖，朝夕跪拜，祈求多福。

但佛祖并没有保佑了他，很快他就惹上杀身之祸，史称"楚王之乱"。怎么回事呢，有一年有人上书，说刘英等人借信奉佛教之名聚众，图谋不轨。明帝接到报告后，派人去查证，结果证据确凿，负责审理案件的官员建议治其死罪，明帝减轻了他的刑罚，下令削夺刘英的爵位，将他迁移至丹阳泾县，刘英在迁徙路上自杀身亡。因为这件事情牵扯了上千人，其中大部分属于无辜。在马皇后和一些大臣的劝说下，明帝下令对这些人从宽发落，从而使得朝政安定下来。

五

在治国方略上，明帝和光武帝有很多相似之处，他一样"柔严相济"，对黎民百姓减税轻刑，在位期间他多次下诏减免赋税徭役，减轻刑罚。令官吏劝督农桑，治理病虫害，并以公田赐与贫民。此外，明帝大力治理黄河。西汉末年以来，黄河年久失修，为"兖、豫百姓怨叹"。明帝令著名水利专家王景等率兵卒数十万人治水，保障了黄河中下游农业生产的正常进行。

他对豪强宗室非常严厉。率领河西五郡归顺光武帝的窦融，是东汉的大功臣，他为人不错但不能约束自己的家人和子弟，结果子孙多有不法。窦融的长子也是光武帝的驸马窦穆因为封地离六安国比较近，就想占据六安，于是假传阴太后的旨意，让六安侯刘盱休妻而娶自己的女儿。后来此事被明帝知道，窦穆被免官，除了窦融外，窦氏家族其他人全被迁回老家。窦融也被斥责,吓得辞职回家养病。窦穆等后来被赦免,允许回京城居住,但明帝派人严格监视他们。窦穆心怀不满,口出怨言又贿赂官吏,结果他和两个儿子窦宣、窦勋被逮捕下狱,并最后都死在狱中。

对待官吏他比光武帝更加严格,从一件小事上可以窥见一斑。有次明帝赏赐西域使者十匹丝绸,文书错误地登记为百匹,明帝亲自查账发现错误,召来犯错误的尚书郎,亲自手持木杖责打惩罚,直到尚书长官闻讯赶来求情,明帝的怒气才渐渐平息下来。对于官吏的严厉,保证了政纲肃纪,吏治严谨,但是多少也有些过,后来的明太祖朱元璋对此评价说:"上苛刻则下紧迫,反有累于聪明也。"

明帝和他父亲治国之策最大的区别在对待匈奴的态度。光武帝采取偃武修文的方略,有大臣曾提议趁北匈奴分裂而发兵攻击,被光武帝所拒绝。汉光武帝是一心一意搞国内建设,以求尽早医治战争的创伤。但在明帝时期却与匈奴发生了战争,他所倚重的将领为窦固和耿秉。窦固出生豪门大族,他的伯父是窦融,耿秉出身将门,他的伯父也很厉害,是"云台二十八将"排名第四的耿弇。这两人都喜好兵法,在明帝看来,自己身边的窦固、耿秉就像当年武帝手下的卫青、霍去病,有了他们,自己对匈奴用兵有了底气。

公元73年春,明帝下令汉军兵分四路出击匈奴,其中由窦固率领的这一路进展比较顺利,窦固手下一个小军官率军攻占了伊吾卢城(今新疆哈密一带),这个小军官就是中国历史上非常著名的人物——班超。

班超从小就有远大的志向,班氏家族本来是大户人家,但到班超时,家道中落,生活贫苦,年轻时跟随母亲和哥哥到了洛阳,他的哥哥是《汉书》的作者班固,是中国古代写史仅次于司马迁的人物。班超到了洛阳后,以给官府抄书养家,可是他不愿意一辈子就这样在碌碌无为中度过。

有一天,他抄完文书后,把笔丢在一边,感慨道:"大丈夫就应有远大的志向,应该像傅介子、张骞等立功异域,争取封侯,怎么能老在笔砚之间讨生活呢？"旁边的人听后都嘲笑他，但班超却不以为然，说："小人物怎么能知道壮士的远大志向呢？"这让人不由想起当年陈胜发出"燕雀安知鸿鹄之志"的感叹。

班超后来投军来到窦固的军队，出征攻打北匈奴。在首战中班超就立了战功，击溃匈奴军队，占据了伊吾卢城，窦固非常高兴，派他与郭恂一起出使西域各国，重建各国与东汉的联系。

班超和郭恂首先到了鄯善国。刚到时鄯善国王对他们非常热情友好。没过几天，态度却突然反转。班超打听知道原来是匈奴的使者也到了鄯善国。他对自己三十多名随从表示，"不入虎穴焉得虎子"，只有将匈奴使者杀了，鄯善国王心存畏惧，才会对汉朝示好。

到了半夜，他带领三十多人，直奔匈奴使者的营房，他让十个人拿着鼓，绕到营帐后面。二十个人拿着刀枪弓箭埋伏在正门外，班超带几个人到处放火，火借风势迅速蔓延，顿时鼓声和喊杀声响成一片，匈奴人不知道到底有多少敌人，四散逃命，一会儿的功夫，班超和他的随从将匈奴的使者杀得一个不留。鄯善国王看到这样的场景，感到很惊恐，决定与汉朝交好，并把自己的儿子送到洛阳做人质。

窦固对班超所取得的成绩很高兴，上奏明帝为他请功，明帝封他为军司马。窦固又命他出使西域大国于阗，并让他带着更多的军队去出使，班超觉得没有必要，还是只带着三十多人到了于阗。

起初于阗国王对班超等人比较冷淡，原因在于国王身边的巫师。这位巫师对于阗国王说："大王千万不能与汉朝交好，否则神明就会发怒。汉朝使者有好马，应该杀掉祭祀神明。"于阗国王很迷信，听从巫师的话向班超索要马匹。班超让巫师亲自来取，巫师来后，班超二话没说，当场砍了巫师的头，并责备于阗国王不够友好。于阗国王听说过班超在鄯善国的故事，心里也感到害怕，就杀了匈奴使者，表示愿意与汉朝友好。

于阗、鄯善都是西域的大国，两国归附东汉后，其余小国也纷纷归附。不愿归附的，被班超等一一收拾，于是班超的威名响彻了整个西域。平定车师后，东汉设置了西域都护，负责监视匈奴，保护西域各国，自此从西汉末年被阻塞的丝绸之路又变得畅通起来。

不过安定局面没有维持太久，公元75年，汉明帝驾崩，焉耆国趁汉朝大丧的机会，围攻西域都护。而龟兹、姑墨等国纷纷反叛，班超采用"以夷制夷"策略，用了十几年的时间，终于将这些反叛平定，西域五十多个国家都归附了汉王朝，班超实现了自己当年所立下的立功异域的理想。

班超听说西方有个叫做"大秦"的强国，大秦就是当时的罗马帝国。于是班超派甘英出使大秦，甘英等人一直向西走到了波斯湾，面对大海，当地的水手不愿意远航，欺骗甘英说航行到大秦，顺风顺水也要两个月，如果运气不好，两年也未必能到。甘英信以为真，放弃西行而掉头东去。汉朝与罗马帝国的机缘就这样失去了。

公元85年，朝廷为了表彰班超的功勋，下诏封他为定远侯，这时候班超已经快七十岁了，叶落归根，他向朝廷请求返回洛阳。

此时东汉已经是汉和帝当政，他觉得班超熟悉西域的情况，换人会对东汉不利，所以一直拖着没有批准。班超的妹妹，也是中国历史比较有名的才女班昭，上书为自己哥哥求情，最终感动了和帝，同意班超返回洛阳。班超回到京师时受到了隆重欢迎，而他已经在西域已经待了三十多年。回到洛阳后不久，班超就因病去世，享年七十一岁。

班超离开西域时，告诫继任者，必须宽以待人，不要计较别人的小错误。所谓"完小过，总大纲"。但继任者将他的话当做了"耳旁风"，没有按照班超的要求从事，结果没过几年，西域大乱，班超几十年建立起来的良好局面毁于一旦。

就在班超忙于西域事务的同时，公元75年，汉明帝刘庄一病不起，在洛阳驾崩，享年四十八岁。明帝在位十八年，百姓安居乐业，是一个太平年代。据统计，光武帝后期，全国的户籍人口二千一百多万，到了明帝后期，不到二十年的时间，增加至三千四百多万，这个数字很说明问题。

第二十一讲　外戚专权标配的形成

一

汉明帝刘庄开创了一个太平时代，照这个趋势发展下去，东汉应该走向空前的繁荣，但历史往往不随人愿，有时甚至背道而驰，东汉的繁荣之路很快戛然而止，并一步步陷入混乱黑暗之中，将东汉带入如此境地的最大原因是外戚专政。

明帝驾崩后，他的第五个儿子刘炟即位，是为汉章帝。章帝并非马皇后所生，这位人品出众的皇后终生没有生下一个皇子。刘炟的生母是贾贵人，但在很小的时候，刘炟就被马皇后所收养，历史上对他的生母贾贵人没有太多记载。

马皇后对刘炟视若亲生，刘炟也把马家当做自己的外公家。马皇后和刘炟相处得不错，以至于马皇后常对别人说："人未必一定要自己生儿子。"明帝一共有八个儿子，因为刘炟为马皇后所养育，所以一直被视为嫡子，四岁时立为太子，十九岁时登上皇位。章帝对外戚的好，从一上台就体现出来。他即位不久就提拔了自己的三个舅舅，就是马皇后的三兄弟。这三人的官职在明帝在位期间一直原地踏步，体现出明帝对外戚势力的警惕和控制。但章帝认为这三个舅舅很不容易，所以迫不及待想提拔他们。这样做虽处于好心，但带给群臣信号很不好，那就是他准备重用外戚。仅仅提拔官职还不够，章帝还想为他的舅舅们封侯进爵，但遭到了马太后的强烈反对。

马太后对此发布晓谕，大意说："凡上书言封外亲者，皆欲献媚于我谋求好处，凡外戚贵盛至极，少有不倒台的。所以先帝在世慎防舅氏，令其不在枢机之位。况马氏兄弟德才不逮，我怎么能上负先帝之旨，下负先人之德，重蹈西京败亡的覆辙呢？"马皇后不让自己兄弟进入权力中枢的态度非常坚决。

在这篇晓谕中，她还充分揭示了外戚专权的重大危害，"凡外戚贵盛至极，少有不倒台的"，说得相当直白也很到位，算是对章帝以及以后的帝王们的告诫，不过很遗憾，马皇后的警言，章帝和以后的帝王们都没有真正听进去。

二

在马皇后的坚决反对下，马氏一族始终没有形成很强的势力，也没有进入东汉政治核心圈。不过，这并不妨碍其他外戚势力的兴起，第一个登台的是窦家。

这一切源于公元 78 年发生的两件大事，一是马太后去世。另一件是章帝册立原大司马窦融的曾孙女为皇后。窦皇后是同妹妹一起选入后宫，姐妹俩很受章帝宠爱，姐姐立为皇后，妹妹封为贵人。这位窦皇后起初表现不错，"进止有序，风容甚盛"，得到了宫里上上下下的好评。

章帝很有意思，非常喜欢姐妹花。在后宫内，除了窦氏姐妹，还有宋贵人姐妹、梁贵人姐妹等。窦氏姐妹虽然很受宠，但却一直没有生下一男半女，这点有点像汉成帝时赵飞燕姐妹。但与成帝终生无子不同的是，大宋贵人为章帝生下了皇子刘庆，小梁贵人生下了刘肇，由于刘庆早出生几天，章帝就立刘庆为太子。

"母以子贵"，窦皇后深知此点。皇帝的宠幸往往只是一时，想要保住位置最保险的是要生个皇子。倘若将来刘庆即位，朝廷必然是宋家的天下，自己的命运着实堪忧，想到此，窦皇后就倒吸一口冷气，强烈的嫉妒心和不安感，使得本来"进止有序"的窦皇后开始变得"心狠手辣"。

宋贵人母子首先成为她的眼中钉、肉中刺。于是窦皇后与自己母亲沘阳公主密谋，想除掉宋贵人母子。这位沘阳公主就是当年坚决辞掉太子之位的刘疆的女儿。她们所用的手段还是老一套——巫蛊之术。

宋贵人有次得了病，想用生菟做药饵，写信给娘家，让娘家准备一些送进宫。谁料这封信被窦皇后截住，并以此诬告宋贵人想用生菟做巫蛊害人。章帝竟然信以为真，于是，章帝下令将宋贵人姐妹禁锢起来，交由蔡伦审讯。

这位蔡伦就是发明造纸术的那位。作为发明家的他的确伟大，但作为一名太监，只是皇帝一个爪牙，蔡伦揣摩上意，对宋贵人姐妹严刑逼供，最后向章帝汇报说巫蛊之事属实，宋贵人姐妹因此相继服毒自杀。受此影响，太子刘庆被废，贬为清河王，章帝下诏改立刘肇为太子。

刘肇被立太子后，最高兴的莫过于梁家人，觉得家族的运气终于来了。但是他们太低估了窦皇后的能量，她费尽心思扳倒宋贵人，并非是为了让梁家得利，这只是她整个阴谋中的一个环节。

果不其然，没过多少日子，窦皇后让自己的几个哥哥在洛阳散布消息，说梁家企图造反，章帝又一次信以为真，下令将梁贵人姐妹的父亲逮捕法办，后被杖死在狱中，其他梁家成员被流放。梁贵人姐妹不堪迫害，郁郁而终。而当时只有五岁的太子刘肇顺势被窦皇后收养，就此成为窦家的人，这为以后的窦家专权打下了基础。

宋家、梁家相继被迫害后，窦皇后似乎还觉得不过瘾，他又把矛头指向了马家。此时马太后已经去世五年，马家的势力本来就不强，现在更加远离政治核心。但当年马太后很喜欢梁贵人姐妹，这引发了窦皇后的嫉恨。同时章帝一直对马氏三兄弟不错，所以窦皇后想借机除掉这个最后的隐患。很快，他们找人上书说马氏兄弟"奢侈跋扈"，章帝下令将马家兄弟逐出京城，自此，马氏彻底退出了政治舞台。

三

清理完宋家、梁家和马家后，再没有什么势力对窦家构成威胁了。窦皇后的哥哥窦宪被任命为侍中，弟弟窦笃担任了黄门侍郎。窦家成为了最有权势的外戚。许多趋炎附势之徒，看清楚了形势，围拢在窦氏兄弟身边，极尽阿谀奉承，形成了煊赫一时的势力集团。

或许幸福来的太突然，窦家兄弟一得势，就开始忘乎所以，他们居然低价强买章帝妹妹沁水公主的田庄，公主不敢与他们计较，只能忍气吞声，由此从另一个侧面可以看出窦家的嚣张气焰。

但恰恰是这件事情让窦宪惹祸上身。大臣第五伦不甘缄默，上书奏明此事。有一天章帝带着窦宪出巡，故意路过公主家的田园，章帝问这些土地现在归谁所有。这问话显然有意为之，窦宪心中惊恐，支支吾吾，不敢说出实情，章帝终于明白关于这方面的传闻的确属实。回宫后他把窦宪召来，痛斥一顿，说他如此骄横，就和当年赵高一样。章帝严厉警告他，作为天子他可以随时抛弃窦氏家族，就如同掐死一只老鼠一样容易。

这话把窦氏兄妹吓得魂飞魄散，虽然他们在外边可以飞扬跋扈，但在皇帝面前根本就不算什么，章帝可以给他们荣华富贵，也可以随时让他们身首异处。

看到章帝如此动怒，他们惶惶不可终日，一再向章帝赔罪，对自己言行收敛了许多，最后总算熬过了这一关。从这件事上，章帝也看到了外戚之害，从这以后直到自己驾崩，他再没有升迁窦宪的官职，窦家也就此消停了五年。

但章帝应该做的更多，他实际很清楚，窦家的沉默只是暂时的，一旦自己离世后，窦家注定会卷土重来。既然如此，就应该在自己当政期时割掉这颗毒瘤。但章帝并没有这样做，用司马光的话说是"知恶而不能去"，明知是祸患而不除掉，带来的后果可想而知。

公元85年，章帝驾崩，年仅三十一岁。他在位十三年，就治理国家来言，还是不错的，天下安定，经济发展，所以有人把明帝和章帝统治时期称作"明章之治"。

不过，明帝和章帝还是应该分开而论，明帝虽然较为严苛，但严格控制外戚势力，积极整顿吏治，把一个好摊子交给了章帝。而章帝虽然宽厚仁和，但却放松了对外戚的限制，最终铸成大祸。东汉的彻底衰败表面上是从和帝开始的，但真正的祸根却是章帝时代埋下的。所以曹丕这样评价明帝和章帝，说"明帝察察，章帝长者"，而正是这位"长者"将东汉推上了衰亡之路。

四

章帝死后，刘肇即位，是为汉和帝。此时刘肇才十岁，大权就落到了窦太后手里。

和帝即位，开创了东汉王朝真正意义上的外戚专权时代，因为从此以后没有一位皇帝即位时超过十六岁，有的甚至嗷嗷待哺。在这种情况下，就必须依靠母亲来管理朝政。而这些太后实际上年龄也并不大，社会阅历少，对她们来说，管理整个王朝勉为其难，只能依靠娘家的兄弟、叔伯或父亲，所以每次皇太后听政，带来的都是外戚专权，并且形成了一个周而复始的恶性循环。

窦太后掌权后，依重她的哥哥窦宪来执掌朝政。但窦太后不想把这一切做得过于直接，为了照顾大臣的情绪，她还略微包装了一下，任命开国元勋邓禹的后代邓彪为太傅，作为名义上的朝中领袖，但邓彪这个人老实懦弱，实际的权力紧紧掌握在窦家手中。

窦家上台后，首先做的就是为他们的父亲窦勋复仇，窦勋当年因犯罪而被处死，主审官叫做韩纡，当时韩纡已死，窦宪下令让门客刺杀了韩纡的儿子，然后提着他的首级去祭祀自己的父亲。"顺我者昌，逆我者亡"，很快窦氏兄弟周围聚拢了不少死党和爪牙，而反对他们的大臣，则遭到残酷的迫害，一时间搞得鸡飞狗跳，臣民议论纷纷。

窦宪等人的做法似乎连窦太后都觉得有些过分，这时候光武帝刘秀哥哥刘縯的曾孙刘畅通过各种关系与窦太后建立联系。刘畅能说会道，很快得到窦太后的信任。也许窦太后认为窦宪等人过于跋扈，为了平息朝野的不满，就想分些权力给刘畅。但窦宪哪里肯将自己的权力分给别人，派刺客杀死了刘畅，并把罪名推给刘畅的弟弟刘刚，说他们是兄弟相残。

许多大臣畏于窦宪的权势，对这件事情选择了沉默。只有太尉何敬站出来，主动要求主持案件调查。经过查证，抓到了刺杀刘畅的凶手，也查出窦宪是刺杀案件的主谋。当何敬把情况报给窦太后后，窦太后大怒，毕竟刘畅是自己势力范围之内的成员，窦宪竟然敢在光天化日下刺杀他，简直有些无法无天。

何敬所查证据确凿，窦宪无从抵赖，只能谢罪。太后为了平息众怨，命令将窦宪关在宫中反省。她本来想等一段时间，让事情风平浪静后再放窦宪出来。但是由于窦宪平日里作威作福，民愤很大，一时难以平息，朝臣们纷纷要求对窦宪予以严惩。

此时窦宪有些慌了，上一次遇到这样的情形，还是在被章帝斥责的时候。照此下去，不仅自己的前途堪忧，还很可能连累整个窦家。如何摆脱困境呢，左思右想，眼前出现两个字——"立功"。那如何立功呢，最简单的出路是对外征战。于是窦宪主动请命率军出征去消灭东汉最大的外患——北匈奴。

窦太后觉得这是个不错的主意，风口浪尖上的窦宪已经很难自保，不如让他戴罪立功。如果可以立下军功，便能将功抵过。即使无法建立战功，随着时间推移，事情也会慢慢平息。于是，任命窦宪为轻骑将军，耿秉为征西将军，率军出征塞外。这样的做法受到了一些大臣的反对,他们认为此次出征"师出无名",纷纷上书要求阻止北伐,但窦太后心意已决。

公元89年,窦宪率大军出击北匈奴,这次征战对他来说犹如一场赌博,赢了可以扭转被动局面,输了自己命运的如何可就不好说了。所幸这次他赌对了,首战大败北匈奴,斩杀敌军一万三千人。窦宪率大军追击,北匈奴又有二十多万投降。窦宪登上燕然山(今蒙古杭爱山)刻石记功,一时风光无限。他的部下接连大败敌军,北匈奴无法立足被迫西迁。从此,中国的史书上很少再出现北匈奴的身影。窦宪这次出击以大获全胜而告终。由于历史上对他的评价不好,所以史书刻意淡化了这场战争胜利的意义。

匈奴一直以来都是中原政权的重大威胁,从战国时代赵国李牧抗击匈奴,到后来秦朝大将蒙恬出击匈奴,双方互有攻守,总体上讲匈奴处于下风,但到高祖刘邦白登之围时,匈奴取得了一定优势,汉朝基本靠和亲来维持北部边境的安宁。汉武帝雄才大略,重用卫青、霍去病等大败匈奴,匈奴暂时消停了一阵,到武帝后期又开始频频侵扰中原,在宣帝时由于匈奴内外交困,内部分裂方臣服西汉。王莽篡汉后天下大乱,匈奴又开始与中原交恶,东汉初年,匈奴分裂为北匈奴和南匈奴,南匈奴依附于汉,北匈奴则被窦宪大败,自此匈奴一蹶不振,逐渐消失在中国的历史之中,从这个意义上说,窦宪的功劳应不亚于卫青、霍去病当年的胜利。因此尽管窦宪出征的目的不纯,但取得胜利的意义还是值得肯定的。

当然,匈奴从中国历史上彻底消失,窦宪、耿秉的大胜是重要因素,但不是全部原因。还有一个非常重要的原因是匈奴在漠北的主要活动区域,已经被鲜卑、丁零等少数民族所占领,在东汉、南匈奴以及这些少数民族不断打压下,北匈奴只好离开故土,向西迁移,在西迁的过程中曾经建立了强大的国家,最终影响到西罗马帝国的存亡,这是后话了。

五

取得凯旋的窦宪，一扫出征前的狼狈，被封为大将军。这是东汉建立以来所封的第一个大将军，开启加封大将军的先河。以后又出现了六个大将军，这七个大将军无一例外都是掌权的外戚，由此皇太后＋儿皇帝＋大将军，成为了东汉王朝中后期外戚专政的标配。

在西汉时代，也曾设立大将军的头衔，但位置在三公之下。到了东汉，刘秀索性将大将军取消，只任命前、后、左、右将军，地位比大将军低得多。窦宪班师回朝，威震朝廷，朝中不少大臣见风使舵，请求将窦宪的大将军位置高于三公，窦太后当然答应。自此，内廷由窦太后控制，外朝由窦宪掌控，由表及里的外戚专权体制真正建立了。

权倾一时的窦氏家族，从此更加地有恃无恐。家族中有十个人在朝中为官，控制重要职位，互相勾结，表里为奸，党同伐异，剪除异己，先后杀死郅寿，逼死了乐恢等不肯依附的正直大臣。

有次和帝从洛阳出巡长安，召窦宪来觐见，一些大臣居然准备在迎接窦宪时行跪拜礼，并称窦宪为"万岁"。尚书胡棱严肃地对他们说"礼无人臣称万岁之制"，意思是说没有臣子被称万岁的规矩。众人听后，觉得惭愧，也就作罢。但可以看出窦氏权势之煊赫，气焰之嚣张。

不觉中和帝已经十四岁，窦氏一族的所作所为，越来越让渐已成年的和帝感到厌恶，甚至有些恐惧。于是他心里有了想除掉窦氏一族的打算。

但窦家的势力盘根错节，朝廷和军队里有不少是他们的死党和亲戚，除掉他们并非易事。搞不好，自己的皇位甚至脑袋都有危险。想干成这件事，首要的是要找到可靠的帮手，和帝仔细琢磨，觉得如今的情势下，只有两种人值得信赖，一是自家兄弟，另一种就是身边的宦官。

自家兄弟中，被废的太子刘庆与和帝关系一直不错。宦官中他选择了钩盾令郑众，史书记载郑众"为人谨敏有心机"，关键是他一心事主，绝不亲近窦氏，所以取得了和帝的信任。当时窦宪不在洛阳，驻军在凉州。窦宪手握兵权，如果此时动手，恐怕窦宪会铤而走险，局面很可能失控。于是，他们建议和帝，下诏以匈奴已灭让窦宪回朝辅政。

窦宪奉诏回京，和帝命人拿着符节出城迎接，犒劳将士，一切看上去都很正常。但就在当天夜里，和帝开始动手了，他下诏关闭城门，封锁皇宫出入门户，下令逮捕并处死了窦宪的亲信邓迭、郭举等人。

第二天一早，他派人到窦宪府上，收回窦宪大将军的印绶，并命窦氏兄弟即刻出发回到自己封地，甚至不许窦宪向窦太后告别。虽然看在窦太后的面子上，和帝并没有立即诛杀窦氏兄弟，但却安排了酷吏作为窦家封地的长官，用意显而易见，窦宪和几个兄弟相继被逼迫自杀。

窦氏权倾一时，有不少人跟着鸡犬升天。如今窦家成了这番样子，也有不少人跟着倒霉，其中包括班超的哥哥班固。班固很有才干，他的家奴曾经冒犯过洛阳县令。窦家倒台后，有人告发班固是窦氏党羽，这位洛阳令假公济私，秋后算账，把班固送进了监狱，班固不堪忍受死在狱中。和帝知道消息后，下令追查，最后将洛阳县令罢官，并将狱吏处死。

班固此时正在编著《汉书》，这是中国历史上第一部纪传体断代史。班固一死，《汉书》无法再编下去，和帝知道班固的妹妹班昭也很有才，下令让班昭接替哥哥继续编著。后来，《汉书》在班昭的努力下顺利完成，这也是中国二十四史中由女性作为主要人员参与编写的唯一一部。

窦氏一族的覆灭，使得外戚专政的乌云暂时消散。但另一块乌云在此过程中又在孕育形成，这便是宦官专权。在铲除窦氏的过程中，宦官作为一个重要的参与者，使得宦官接近了权力中枢，为以后的宦官专权埋下了伏笔。

第二十二讲　成也太监败也太监

一

汉和帝清除了窦氏家族,东汉第一个外戚专权结束了。但是乌云只是暂时散去,接下来一个个外戚专权接连出现,而且愈演愈烈。

窦宪死后过了四年,窦太后也在孤独中死去。这时候有人上书和帝,说和帝实为梁贵人所生,应该加封自己的生母。长期以来,由于畏惧窦家的权势,宫廷内外没有人敢与和帝讲这个秘密,直到窦太后死后,才有人将这个隐情说出来,和帝听后大为悲切,为了表达对母亲的追思,他封梁贵人为皇太后,并加封几个舅舅为侯,梁家由此转衰为盛。

同时,朝中的三公联名上书,请求废掉窦太后的封号,并不许窦太后与章帝合葬。对于此建议,和帝予以拒绝。他说:"虽然窦氏兄弟横行不法,但太后深明大义,生活简朴,我跟她十几年,非常清楚她的为人,这件事情就不要再议了。"他下令让窦太后与章帝合葬于敬陵,和帝对这件事的处理还算得体。

窦氏家族覆灭时,和帝已近成年,到了应该选立皇后的时候。在此之前,经过一番选美,已有一些女子进入了后宫,这些女子中比较受宠的是原执金吾阴识也就是东汉开国皇后阴丽华哥哥的曾孙女,不过和帝并没有马上立她为皇后,而是在四年后才进行册立,其中原因不得而知。

从章帝开始，东汉进入了外戚飞黄腾达的时代，因此许多家族争先恐后想把自己的女儿送进宫，希望女儿得宠后，能够改变家族命运。但在宫廷举行的一次选美中，有一位女子却与众不同，哭哭啼啼不愿入宫。

这个女孩子名叫邓绥，来头不小，她的爷爷是东汉的开国元勋邓禹。邓禹是光武帝的好兄弟，也是东汉的头号功勋人物，在云台二十八将中位列头名。邓绥不愧是名门之后，六岁时能写隶书，十二岁精通《诗经》、《论语》，因为书读的好，她的兄弟们都开玩笑叫她"女诸生"，就是女秀才的意思。

她为什么哭哭啼啼不愿入宫呢？并不是因为婚姻恐惧症，而是这个时候，她的父亲邓训恰好病死了，她觉得此时还继续参加选秀，是一种不孝的表现。她日夜哭泣，每天只吃些粗茶淡饭，不沾酒肉，也不梳洗打扮，面容异常的憔悴，这样的状态即使参加肯定也无法选上，但她的所作所为却为她带来了"孝女"的名声。

过了三年，守丧期满，恢复正常生活的邓绥，露出了天生的丽质。据说她身高七尺二寸，换算到今天的尺寸，大约应该在170厘米左右，别说在东汉，就是在现在，也属于高个子了。而且据史书记载，她长相出众，气质也很好。如此高个美女，名声早已在外，所以在后来的选美中顺利入选，并很快被封为贵人。

难能可贵的是，备受宠爱的邓绥，一如既往的低调谨慎。对阴皇后颇为恭敬，如果发现自己穿的衣服或戴的首饰与阴皇后一样，就会马上换掉，以示自己不能与皇后一样。在陪皇上赴宴时，别的嫔妃都打扮得花枝招展，她却一身素净，与众不同。她对下人非常和善，所以深得宫中宫女和太监的好感。更具牺牲精神的是，由于阴皇后和她都没有生下皇子，其他妃子生下的皇子也大多夭折，为了能让和帝有后，邓绥主动要求"退居二线"，让其他妃子来服侍和帝。

有人说邓绥很会隐忍，也有人说她充满心机，但无论如何，她的作为，赢得了上至皇帝下到宫女的心，因此在宫中人气爆棚。这不由引起了阴皇后的嫉妒，因此阴皇后经常在和帝面前说一些邓绥的坏话，但这些坏话与邓绥的表现相比简直不值一提，不仅没有起到应有的作用，反而使和帝对阴皇后越来越反感。

正在此时发生一件事情，彻底改变了阴皇后和邓贵人的命运，有次和帝生重病，阴皇后说了一句非常不应该讲的话，她对左右说："我如果得志，不会让邓氏有好日子过。"邓绥听到这个消息，感到委屈之余更觉得惊恐，一方面觉得自己对阴皇后尽力侍奉，不知阴皇后为何这样对自己。另一方面想到如果皇上真有个三长二短，自己的命运不知会如何。

她觉得生无可恋，准备自杀了事，手下宫女一时无法阻拦，就谎称"皇上的病马上要好了"，这招果然好使，打消了邓绥自尽的念头。说来也怪，如宫女所说，和帝的病居然很快就好了。有人将他生病期间的事情讲给和帝听，和帝对阴皇后的厌恶到了无以复加的地步，废后之事已经不可避免。

果然，没过几个月，有人告发阴皇后，说她与外祖母邓朱私下采用巫蛊之术，结果阴皇后的外祖母邓朱以及几个舅舅、表弟都被逮捕，后死于大牢中。她的父亲阴纲自杀，阴皇后本人也被打入冷宫，后来郁郁而终。

二

阴皇后被废，邓绥成为无可争议的继任者。作为皇后的她面临着一个最为重要的问题，便是没有儿子。这是东汉王朝很有意思的事情，除了光武帝两任皇后郭圣通和阴丽华分别生下五个皇子外，后来的马皇后、窦皇后、阴皇后、邓皇后包括紧接的阎皇后，都是终身无子，或许所有的福气被郭圣通和阴丽华消耗殆尽。

不仅邓皇后无法生下皇子，其他妃子生下的儿子也纷纷夭折。之所以这样，有人说是因受到了阴皇后的诅咒。但阴皇后死后，这样的情况依然没有改观,这就不能把罪名再推给阴皇后了。于是有些人认为皇宫中风水不对,需要换个地方来养育皇子。于是就把其他妃子生的两个皇子送到民间去养育,这件事情虽然做得极为机密,但邓皇后却一清二楚。

公元106年初,和帝刘肇突然病逝,享年只有二十七岁。和帝驾崩后,群臣不知道其他皇子的下落,不知该让谁来继承皇位,就请邓皇后定夺。邓绥知道有两个皇子在民间,年龄大一些的叫做刘胜,据说身体有毛病。小一点的叫做刘隆,邓绥下令立刘隆为帝,此时他刚刚百天。

一个只有百天的婴儿,尚在襁褓之中。于是,邓太后临朝称制,成为窦太后之后第二位临朝的皇太后。只有二十六岁的邓太后,想要掌控朝局,需要得力的帮手,她想到的第一个人是自己的哥哥邓骘。当年和帝多次想要提拔邓骘,都被邓绥谢绝,如今没有办法,毕竟此时还是自家人最为可靠,于是她一下子提拔邓骘成为轻骑将军。

或许是和帝的基因问题,他的皇子总逃脱不了夭折的命运,即使留下的这两位皇子,刘胜身体有毛病,而登上皇位的刘隆体质也非常虚弱,随时有病死的危险。邓绥留了个心眼,派人找清河王刘庆商量,把刘庆的儿子刘祜留在洛阳读书,以备不时之需。刘庆是当年被废的太子,也是帮助和帝除掉窦家的得力助手,将来他的儿子成为皇帝,于情于理可以说得过去。

果然,没过多长时间,刘隆夭折。这位幼主因为年龄太小,既无谥号,又无庙号,历史上称他为汉殇帝。邓太后建议立刘祜为帝,群臣没有异议,邓太后派邓骘找到刘祜,让刘祜以刘肇养子的名义即位,是为汉安帝,他的父亲刘庆当年作为太子被废,刘祜能有今天也算是帮助父亲弥补了这个遗憾。

三

邓太后临朝后,朝政比较稳定。面临的最大问题是羌族问题,当年在窦宪大破北匈奴后，匈奴对中原的威胁基本解除了，代之而来的是羌族。羌族是一个十分古老的少数民族，在西汉昭帝时羌族曾经起兵反抗，但被老将赵充国平定，直到西汉灭亡，双方一直和平相处。

东汉建立后，汉人和羌人的冲突渐渐多了起来，公元107年，羌族因不堪忍受沉重的赋税，起兵反抗，并推举一个叫滇零的人为盟主。邓骘亲率大军前去镇压，派任尚为先锋进攻，但遭到大败，羌族趁势进军，威胁到汉中和关中，使得东汉朝廷大为震动。

邓太后看出自己的哥哥不是将帅之才，把他从前线调回来，但作为败军之将的邓骘非但没有受到惩罚，反而出人意料被封为大将军，这也使得邓骘成为窦宪以后的第二位大将军。但不同的是，窦宪是在大破北匈奴后被加封，而邓骘寸功未立，而且损兵折将，却依然被封大将军，难免引发众人的议论。

就在邓骘受封大将军的同时，羌族各部落拥立滇零为皇帝，这是北方少数民族政权拥立的第一位皇帝。面对羌族咄咄逼人的攻势，邓骘建议放弃凉州，将兵力收缩，采取被动防御的策略。

邓骘身为大将军，又是邓太后的哥哥，所以朝中大臣对于他的意见没有太多异议。只有郎中虞诩站出来，表达了不同看法。邓骘觉得自己一言九鼎，遇到反对意见很不高兴，他说："凉州好像一件破衣服，衣服如果太破，补起来不划算，还不如扔了换新的。"虞诩对此反驳说："凉州不是破衣服，而是人体四肢，如果四肢被侵害不去医治，反而要放弃，最后心脏、躯干也不会保住。"

虞诩说得很有道理，如果一旦放弃凉州，意味着关中就会成为前线，不可避免会对洛阳构成威胁。因此，尽管邓骘很有权势，但最终虞诩的主张得到了大部分朝臣的支持。

虞诩这下可把邓骘得罪了，邓骘不肯善罢甘休，他故意让虞诩到盗贼横行的朝歌去当县长，意图想借刀杀人，他觉得虞诩是个文弱书生，无法对付这些盗贼，就像当年武帝派儒生狄山去对付匈奴而被杀一样。但虞诩不是狄山，他很有谋略，到任后采用不少有效的举措，最后把盗贼剿灭了。

虞诩虽然得罪了邓骘，但他的才干，邓太后看在眼里。提拔他为武都太守，派往抗羌一线。虞诩在上任路上就遇到了险情，他带着少数人马被大量羌族军队追赶，于是他一方面命令加快行进速度，另一方面在宿营时下令把灶台多砌一倍，这与《孙子兵法》中孙膑斗庞涓时采用的策略恰恰相反。对此手下有些疑惑，虞诩解释说："兵法要活学活用，孙膑兵力强于庞涓，唯恐对手不追，才故意示弱。我们现在兵力远不如敌人，所以要示强，方有可能保存自己。"

利用这样的计谋，虞诩等顺利进入武都，但是尚未脱险，面对羌族军队的围困，他先令手下用强弩杀伤大量羌族军队，然后派出疑兵，不断从几个城门进进出出，更换不同的旗帜和衣服，羌人以为汉军的大量援兵到达，便匆忙撤退。虞诩早料到这一点，派了军队在羌人撤退路上埋伏，结果大败羌族军队，虞诩趁势出击，连战连捷，稳定了岌岌可危的战局。

在任尚、虞诩的统领下，汉军一方面继续采用攻势，不断消灭羌人有生力量。另一方面采用"堡垒从内部攻破"的策略，拉拢瓦解羌人内部，使其产生内乱。在两方面综合作用下，羌族部落产生分裂，有些部落投降汉军。邓太后抓住机会，派自己的堂弟邓遵等率领大军前来助战，消灭了羌人的主力，历时十年多的羌族之乱基本被平息。虽然取得了最终的胜利，但东汉因此付出的代价也非常巨大，可以说元气大伤。

四

公元121年二月，邓太后得了重疾，支撑了一个月后去世了，终年四十二岁。

回顾邓太后的一生，在她当政期间力行节俭，并坚持从我做起。把仪仗、车马、伙食等标准大幅降低，针对受灾百姓，下令降低税赋，发放赈济，缓解了国内矛盾。虽然她把自己几个兄弟提拔到重要位置，但对邓氏兄弟管束较严，这几个兄弟也识相，没有过于放纵和跋扈，相比较其他时期的外戚乱政，邓氏一族还是不错的，没有引起群臣和百姓的太多反感。

但邓绥也有个大毛病，就是过于贪恋权力。人们常说"权力是男人的春药"，对有些女人一样如此。当初和帝去世后，有两个皇子可以选择，而邓太后选择了只有百天的刘隆，理由是年长的刘胜身体有病，事实上，据一些史书记载，刘胜根本就没有病，邓太后只是为了能让自己多几年临朝听政时间，最终才选择了刘隆。

刘祜即位后，到了二十多岁，邓太后还是不愿意退居幕后。有个叫做杜根的郎中上书，要求邓太后将朝政交给安帝刘祜，邓太后非但没听，反而让人用布袋子套住杜根，要将其活活打死。所幸杜根命大，昏死过去后从死人堆里爬出来，逃出京城后隐名埋姓，浪迹天涯，直到邓太后死后，才重新出山，杜根这种品德后被读书人所称颂。戊戌六君子之一的谭嗣同在被捕前写过一首诗："望门投止思张俭，忍死须臾待杜根，我自横刀向天笑，去留肝胆两昆仑。"其中的"忍死须臾待杜根"说的就是这件事。

邓太后死后，刘祜开始亲政。他虽然十几岁就成为了天子，但由于邓太后紧握权力，导致他无事可干，一直被当做孩子养着。他的父亲刘庆是废太子，后来也死了。母亲宋家受到迫害，家破人亡，父母家都没有什么可依靠。能依靠的只有身边一直陪伴他的奶妈王圣，还有几个贴身太监李闰、江京等。

邓太后死后，刘祜终于可以走到历史前台，他亲政后做的第一件事情便是秋后算账，他先清除了邓家势力，然后为祖母复仇。刘祜的祖母宋贵人，是被蔡伦严刑拷打后自杀的，所以他命人迫使蔡伦自杀。做完这些后开始论功行赏，李闰、江京等宦官被封侯，奶妈王圣和她的女儿也得到了很多赏赐。李闰、江京之流与王圣母女勾结在一起，将朝廷搞得乌烟瘴气。

宦官、奶妈已经把朝廷搞得够乱，外戚自然也不甘落后。刘祜的皇后叫做阎姬，刘祜亲政后，封阎姬的弟弟阎显等人为九卿、校尉等大官，东汉第三个外戚集团呼之欲出。这个外戚势力的作为实在无法与先前的窦氏、邓氏相比，至少窦家有窦宪平定北匈奴，邓家在治理国家上也可圈可点，而这个阎家除了争权夺利外，几乎一无是处。

五

阎皇后虽然很受刘祜宠爱，但始终无法生下一个皇子。刘祜就下令立另外妃子所生的刘保为太子。

刘保身边也有自己的亲信，包括奶妈王男，厨监邴吉等。一如刘祜一样，没有自己势力靠山的皇子，很容易将身边这些最亲近人的当做依靠。这引起了王圣、江京等人的警觉，因为他们非常清楚自己是如何上位的，如果刘保登上皇位，王男、邴吉自然就会取代他们。

为了保住自己的位置，他们怂恿阎氏姐弟想法设法废掉刘保。阎氏姐弟觉得王圣、江京说得有道理，刘保已经十多岁，到即位时已近成年，阎姬想作为太后临朝称制恐怕很难，同时正是阎姬害死了刘保生母，如果刘保继位后报复，阎氏家族命运堪忧。

于是，这两股势力联合起来，先是采用计谋将王男、邴吉处死，然后在刘祜面前不断诋毁刘保行为不端，这些人都是刘祜身边最亲近的人，对刘祜的影响非同一般。刘祜听信他们的话，将太子刘保废为济阴王。

刘祜的这个决定对群臣来讲，觉得有些匪夷所思，因为刘祜只有刘保这一个儿子，废掉太子，如果刘祜有个三长两短，将来谁来继承大统呢？所以，大臣们纷纷上书反对，希望刘祜回心转意，但刘祜却置之不理。

果不其然，大臣们的担心很快就变成了现实。第二年，在外巡游的刘祜突感不适，在途中驾崩，只活了三十二岁。这件事情发生得过于突然，虽然刘祜没有留下遗嘱，但他只有刘保一个儿子，于情于理于规，刘保都应该即位成为新皇帝。但刘保是被阎家姐弟、王圣母女以及江京等人赶下台的，如果刘保即位，他们自然不会有好果子吃，很可能有灭族之灾，所以无论如何也不能让刘保即位。

怎么办呢？他们决定学习李斯当年"秘不发丧"的做法。依然让宫女、太监按时送饭，对外称刘祜只是生病，没有大碍，同时快马加鞭日夜兼程赶回洛阳。回到洛阳后，假称刘祜留有遗嘱，立远亲刘懿为太子，然后宣布刘祜驾崩，刘懿即位，阎姬为皇太后，阎显为车骑将军，阎家姐弟开始把持朝政。

在对付共同敌人时，阎氏姐弟、王圣母女和江京、李闰等人紧密勾结在一起，但威胁消失后，为了各自利益，这些势力彼此开始发生冲突，而且愈演愈烈，阎氏姐弟和王圣母女矛盾逐渐公开化，宦官们也开始选择站队，李闰、江京等人与阎氏联手，樊丰等人依附王圣母女。最后的胜利者是阎氏一族，他们发动突然袭击，以结党营私为由，将王圣母女、樊丰等人逮捕，樊丰死在狱中，王圣母女被流放。

虽然在内部斗争中取得胜利，但阎氏姐弟实在高兴不起来，因为没过多久，小皇帝刘懿又死了，谁来当皇帝又成了一个大难题，在他们眼里，不管谁来当皇帝，刘保绝对不可以。

阎氏姐弟又想故伎重演，先不发丧，想选择一个合适的娃娃皇帝后再宣布，但这次不会像上次那般顺利，担任中常侍的宦官孙程将刘懿病重的消息早已报送给刘保。这位孙程以前服侍过邓太后，他和江京、李闰等不是一伙，所以长期无法出头，于是想拥立刘保，如能成功自己也可以封侯进爵，他秘密联合王康等十几个太监，准备等刘懿死后，除掉阎氏一族，扶立刘保当皇帝。

刘懿死后，他们决定起事，有天夜里，正值李闰、江京在宫内值班，孙程等十八个宦官带着武器直奔值班宫殿，江京、李闰等毫无防备，结果江京被孙程所杀，因为李闰在宫中颇为权威，还有利用价值，江程等人并没有杀他，而是要求他反戈一击，李闰毫不犹豫连声答应，他们一起拥立十一岁的刘保即位，是为汉顺帝。

大臣们本来就不满阎氏姐弟、江京等人，一听说刘保即位，纷纷投靠拥护，京城的军队也倒向刘保。阎家的下场可想而知，阎显等四兄弟被处死，阎家其他成员都被流放，阎太后虽然没有被废，但被赶出京城，不久便也去世了。

回头来看，阎氏兴衰是"成也太监，败也太监"，当年他们利用江京、李闰等人掌握权力，最后也因为孙程、王康等夺权而覆灭。宦官在拥立刘保的过程中立了头功，被封了侯爵。但不久后，在大臣弹劾下，孙程和其他十几个有功太监被勒令离开洛阳，返回各自封地。

刘保此时只有十二岁，没有太后临朝，也无法依靠宦官，所以很快又重新陷入依靠外戚的老路，而这次外戚专权却是东汉历史最专制、最恐怖的一次。

第二十三讲　跋扈将军的不归路

一

刘保登上皇位，开启了东汉最专制、最恐怖的一个外戚乱政时期，这次登上历史舞台外戚势力是"梁家"。

和前几次外戚专权一样，事情的源头在于顺帝刘保册立了一位姓"梁"的女子为皇后。这位梁皇后原名叫做梁妠，她的姑姑就是大梁贵人，梁妠十三岁时就跟着姑姑大梁贵人进宫，她知书达理、落落大方，在宫中表现很出色，得到了刘保的垂青，先被立为贵人，后册立为皇后。

梁妠成为皇后，她的父亲梁商受到了重用。顺帝刘保先封他为执金吾，没过多久，刘保又想提拔他为大将军，梁商坚辞不受，甚至为此称病不上朝，虽然在刘保的执意要求下，后来梁商接受了大将军的职位，但他一直保持清醒的头脑，知道自己是因女儿原因才如此位高权重，所以表现得谦恭谨慎，非但没有弄权专营，反而极力向刘保推荐贤能之人。

这些被推荐的贤能之人中包括李固和张衡。提起张衡，首先想到的应该是地动仪，在大部分国人的印象中，张衡只是一个科学家和发明家。实际上张衡是一个全才式的人物，在文学上，他与司马相如、扬雄、班固并称为汉赋四大家,文学造诣相当了得。在政治上,他历任郎中、太史令、侍中、河间相,最后官拜尚书,官做得很大,而且敢于直言,表现得很不错。

在当官和写文章之余,他发明了著名的浑天仪和地动仪,一个观测天相,一个检测地震。他还发明了指南车、可以飞的木雕等,在机械制造、数学、史学等方面建树颇多,他有点像西方文艺复兴时代的达芬奇,其取得的成就得到了世界认可,联合国天文组织将月球背面的一个环形山以他的名字命名,一颗小行星也被命名为"张衡星"。

梁商推荐人才,同时也尽力保护人才。公元133年,刚刚步入仕途的李固年轻气盛,上书弹劾顺帝刘保的奶妈及身边的宦官,顺帝虽然听从他的建议,让奶妈搬出了皇宫,宦官们也纷纷请罪,但这些人对李固恨之入骨,罗织罪状诬陷李固,顺帝下令追查,后来正是梁商等人出面仗义执言,李固才被释放,从而躲过一劫。

二

开创黑暗时代的人物是梁商的儿子,梁皇后的哥哥——梁冀。据史书记载,梁冀这个人长得很怪异,"两肩耸起来像老鹰的翅膀,眼睛像豺狼一样倒竖着",当然这样的形容有些夸张,应是史书为了故意丑化而描绘,但梁冀绝对不会是一个面善之人。

梁冀出身很好,妹妹是皇后,老爸是大将军,所以尽管他不学无术,还是很顺利地步入仕途。由于受到老爸梁商的管束,梁冀开始还能夹着尾巴做人。直到当上了河南尹后,本性开始逐渐显露。河南尹是负责管理首都洛阳和周边地区的一把手,职位很重要,权力也不小。

梁冀突出的一个恶习就是喜欢杀人,在河南尹任上,他开启了这一恶毒模式。当时洛阳令吕放与梁家多有来往,吕放在与梁商聊天时,说了一些关于梁冀不太好的话,并提醒梁商注意自己儿子身上的一些毛病。梁商听后很生气,把梁冀找来痛斥一顿。梁冀感到非常窝火,心想一个自己的下属居然到老爸那里告黑状，这还了得，一气之下，就找人将吕放刺杀了。

梁冀知道自己老爸的脾气，如果这件事让梁商知道，自己肯定是吃不了兜着走，梁冀便说是因吕放秉公执法，得罪了不少人而被仇家所杀。为了掩人耳目，他还推举吕放的弟弟吕禹继任洛阳令，吕禹不明真相，上任后抓了不少人，严刑拷打后抓到了所谓的"真凶"，此事株连了一百多人，而梁冀却金蝉脱壳，躲在一旁看笑话。

虽然杀害了吕放，但总体而言，梁商在世时，梁冀还有所收敛。但梁商一死，梁冀便开始无法无天。公元141年，梁商去世，死前他嘱咐梁冀对自己丧事一切从简，但梁冀以后应该怎么做，他并没有留有嘱托，"知子莫如父"，估计梁商觉得说了也白说。

梁商死后还未下葬，顺帝刘保就任命梁冀继任大将军，并让他的弟弟梁不疑接替他担任河南尹。梁冀担任大将军后，只善专权，不擅治理。他爱财如命，所以不少地方官员纷纷派人到京城贿赂梁冀，一时间上下贪污贿赂成风，民怨很大。

顺帝刘保派杜乔、张纲等八人出巡州郡，举荐贤才，同时查处贪赃枉法的官员，顺帝要求他们如果发现二千石以上官员有贪污不法的，要立即上书弹劾。这八人中，张纲年龄最小，刚出京城，他就不走了，他说："豺狼当道，安问狐狸。"用现在流行的话说，就是如果"不打老虎，只拍苍蝇"，贪腐是无法根除的。言外之意，贪腐的根子在朝中梁冀这些权臣身上，于是他写奏章弹劾梁冀和梁不疑兄弟。

这还得了，梁皇后正受恩宠，梁冀大权在握。虽然张纲奏折写得慷慨激昂，但所有人都为他捏把汗。刘保接到奏折后，觉得张纲说得有些道理，但他还是下不了决心来处罚梁氏一族，不过他也觉得张纲忠诚正直，所以也没有斥责处罚他，只是将奏折收起，就当什么都没有发生一样。

梁冀岂能善罢甘休，但迫于舆论压力他又无法公开报复，因此又祭出"借刀杀人"的老套路，他举荐张纲为广陵太守，此时广陵地区

（今天江苏扬州）正发生暴乱，一个叫做张婴的人聚众起事，声势不小。张纲到任后，直接到张婴的营中动之以情、晓之以理进行劝降，张婴十分感动，解散了部下，归附了朝廷。

张纲采用"攻心为上"策略，不战而屈人之兵，理应受到封赏。但由于梁冀从中作梗，张纲并没有获赏，过了一年多积劳成疾而病逝，张婴等人感恩于张纲，几百人身穿孝服将他的灵柩从广陵护送回四川老家。

三

公元144年，顺帝刘保突患重病，卧床不起，没过几天就驾崩了，终年三十岁。

东汉王朝皇后无子的规律依然延续，梁皇后没有生下子嗣，只有一个虞美人为顺帝生下独子，这个皇子叫做刘炳，当时只有两岁，群臣们拥立刘炳为帝，梁皇后晋级为皇太后。

但这位幼主身体虚弱，第二年正月，刚当了四个月皇帝的刘炳夭折了。当时有些地区发生叛乱，为了稳定政局，梁太后想先不发丧，但遭到了李固的反对，他以赵高和阎氏姐弟为例，指出秘不发丧的害处所在，梁太后听从李固的意见，当晚宣布了皇帝驾崩的消息。

刘炳年幼无子，同时他又是顺帝刘保唯一的儿子，他死后谁来当皇帝呢？当时和顺帝刘保血缘最近的有两个，一是清河王刘蒜，他是废太子刘庆的曾孙，此时已成年，名声也不错。另一个是刘缵，当时只有八岁。包括李固在内的不少大臣主张立刘蒜，因为东汉接连出现了一系列小皇帝，造成外戚、宦官专权，甚至连奶妈等也开始乱政。李固劝梁太后和梁冀以大局为重，不要效仿邓太后、阎太后，应立长者为君。

但梁太后和梁冀心中有自己的盘算，刘缵即位，梁太后依旧可以临朝，梁冀身为大将军能够继续辅政，如果刘蒜当上皇帝，一上台便可以自己亲政，梁家将会大权旁落。在这点上，他们与当初邓太后、阎太后的想法完全一致，在巨大的利益面前，李固的劝说不会有任何作用，梁太后和梁冀商定，迎刘缵入宫，立为皇帝，是为汉质帝。

梁太后虽然处于私心，迎立刘缵为帝，但她也觉得自己哥哥才干不够，一味让他控制朝中大权，恐怕天下会不安稳。于是她开始重用李固、杜乔等人，让他们担任重要官职，同时提拔了一批得力的地方官，在这些人的治理下，汉质帝即位后前几年，天下还算安定。

但梁冀对大权旁落心怀不满，他本来对李固很不感冒，这个人经常和自己过不去，此时心里就更加痛恨，只有除掉他才能解自己心头之恨。于是他派人写匿名信诬陷李固，并建议梁太后让他来进行查处，但梁太后不相信，将这个事情压了下去，梁冀的这个阴谋没有得逞。

更让梁冀感到不爽的是质帝刘缵，他年龄不大，但却明辨是非。有次散朝后，梁冀大摇大摆地走出大殿，刘缵看着他的背影，非常不满的说："这真是个跋扈将军。"隔墙有耳，这话很快就传到梁冀耳中。梁冀心里感到很惊恐，心想刘缵如此年少，已经这般厉害，对自己深感不满，将来长大成人亲政以后那还得了，于是一个恶毒的想法在他脑海中形成。

梁冀很快将想法付诸行动，他让宫中自己的心腹太监将毒药放在饼中呈给质帝，刘缵吃了几口，便觉得肚子巨痛，李固等人闻讯赶进宫中，刘缵已经奄奄一息，他向李固等人表示想喝水，梁冀害怕自己阴谋无法得逞，在旁边急忙劝阻，说喝水对病情更加不利，就这样，刘缵一命呜呼，死于非命，年仅九岁。

四

李固等人爬在刘缵身上大哭一场，但人死不能复生，当务之急是确定新皇帝人选。按理说，应该轮到刘蒜了。李固于是乎联络群臣，再次提议拥立刘蒜，梁冀一看这情势，尽管心里不愿意，但也不好说什么，只好沉默不语。

就在梁冀犹豫之际，一个叫做曹腾的宦官要求拜见梁冀，他对梁冀说："将军身为贵戚，大权在握，宾客如云，难免会有过失。清河王刘蒜向来严明，如果他被立为皇帝，恐怕将军会有灾祸。"曹腾为什么跑过来说这番话，因为刘蒜与他们这些平日里跋扈的太监多有过节，所以他们害怕刘蒜即位后对自己不利。

梁冀本就不想立刘蒜，曹腾的话算是说到了他的心坎上。但梁冀又担心群臣反对，曹腾针对梁冀的担忧说道："将军手握重权，一旦下令，何人敢违背。"梁冀就此下定决心。

第二天一早，梁冀把群臣召集起来，突然提出立蠡吾侯刘志为帝，他怒目圆睁，言辞激烈，很多大臣被震慑住了，只有李固和杜乔仍坚持先前的意见，梁冀不愿意让他们多说，匆匆结束了朝议。在这个问题上，梁太后的态度很重要。梁太后平日里对李固等人信任有加，但在关键时刻，还是站到梁冀一边，并为此罢免了李固的官职。

这是为什么呢？大概与这位新皇帝刘志有关。刘志长相俊美，梁太后非常喜欢他，就想把自己的妹妹许给他，于是召他入朝，商议婚事。这个节骨眼上，刘缵驾崩了，作为梁太后，为了巩固梁家的势力，当然愿意让即将成为自己妹夫的刘志继承皇位。在梁太后和梁冀的支持下，刘志即位，是为汉桓帝。

刘志的父亲是一个被处罚的皇族，所以他做梦也没有想到自己能登上帝位。登基后自然对梁冀感恩戴德，梁冀也就更加跋扈。

梁冀取得了压倒性胜利，他准备开始清除自己的政敌了。没过多久，在清河地区发生一起事变，有人起事并散布"刘蒜要当皇帝"的传言，事变很快被平息，但梁冀抓住这个机会，将清河王刘蒜贬为侯，刘蒜和这个事情本没有任何干系却被诬陷，一时想不开就自杀了。

这还不算完，梁冀借机污蔑李固、杜乔参与此事，将两人下狱。李固由于为人正直，很得民心，不少人特别是大量太学生请求梁太后释放李固，梁太后知道李固的为人，就下令赦免了李固。李固出狱后，人气更加爆棚，上至大臣下到百姓，都欢呼雀跃。梁冀听到这个消息，心里更加不痛快，心想李固有如此高的声望，如果他和自己继续作对，将对自己非常不利，于是下定决心一定要置李固于死地。

他和梁太后说李固收买人心，不清除恐怕会成为梁家大患，但梁太后并没有同意。于是他一不作二不休，擅自传达诏令，将李固再次投入牢狱。其他大臣畏惧梁冀的淫威，大部分选择袖手旁观，没过多久，李固死在狱中。李固死后，梁冀如法炮制，又逼死了杜乔。

即便如此，梁冀觉得仍不能解心头之恨，下令将两人的尸体扔到城北示众，并不许哭丧吊唁，否则定罪处罚。但什么时候都会有不怕死的忠勇之士，李固的学生和杜乔的老部下等几人不顾危险，前来哭丧吊唁，梁太后知道这个情况，觉得梁冀实在有些过了，下令赦免他们并允许收尸，将李固、杜乔的尸体送回各自故乡安葬。

经过这一系列折腾，梁太后也渐渐感觉力不从心，就把权力交给了刘志，交权后不久，她感到身体不适，病情越来越重，很快就去世了，活了四十五岁。

五

没有了梁太后的制约，梁冀更加恣意妄为。除了杀人，梁冀的敛财之术也相当了得。刘志为了感激梁冀，将他的封地增加到三万户，他还是不满足，以各种方式巧取豪夺。

有个叫孙奋的家里很有钱，被梁冀盯上了，梁冀送他四匹马，代价是和他借五千万钱，孙奋只同意借三千万。在梁冀看来，简直是敬酒不吃吃罚酒，找了个理由将孙奋抓起来，并打死在狱中，孙奋一亿七千万的家产落到了梁冀的口袋里。

梁冀贪财如命，他的老婆孙寿有过之而无不及。别看梁冀在外面作威作福，在家里却是一个"妻管严"，梁冀曾经在外面养了个"小三"，被孙寿发现，孙寿派人将"小三"和她的家人全部杀死，梁冀对此是敢怒不敢言。朝中有的大臣想走"夫人路线"，就奏请皇上说梁冀的功勋可比周公，如今他的几个儿子都已封侯，梁冀的夫人也应该加封。刘志准奏，加封孙寿为襄城君，以此每年可收入租税五千万。

不仅如此，据《后汉书》记载，当时从全国各地进献的贡物，好的、上等的都要先送到梁府，剩下的再送给皇帝。梁冀还派人去塞外去找高档进口货，"遣客出塞，交通外国，广求异物"，人心不足蛇吞象，梁冀欲望的鸿沟似乎永远都无法填满。

横征暴敛后，自然要追求极为奢靡的生活。梁冀和孙寿对街建起两座豪华的府邸，里面极尽奢华。各个房间都可相通，柱子墙壁雕镂图案，并镀上铜漆。大小窗户都镂刻成空心花纹，装饰着宫廷式样的青色连环纹饰，并画上云气缭绕的仙灵图案。还挖土筑山，筑起了九个山坡，模仿东西崤山的走势，其间还有饲养的珍奇鸟类和驯养的野兽。梁冀和孙寿一同乘坐着辇车，打着羽毛做的伞盖，伞盖用金银加以装饰，在宅第内游玩观光，后面还跟着许多歌妓和舞女，边走边伴随着鼓乐齐鸣。

梁冀还不满足，又在河南城西兴建兔苑，放养了许多兔子，曾经有个西域来经商的胡人误杀了一只兔子，因此事居然牵连处死了十几个人。即使梁冀的两个弟弟去打猎杀了几只兔子，他也不放过，虽然没有处罚弟弟，但将他们门下三十多个门客全部处死。在梁冀眼里，他养的兔子远比人命更为值钱。

除了疯狂敛财外，在政治上梁冀也拼命追求更高的待遇。梁冀由此获得了"入朝不趋、剑履上殿、谒赞不名"的极高礼遇，什么意思呢，就是其他大臣上朝要小步快走，梁冀可以大摇大摆慢慢地走。大臣上朝只能佩戴木剑，并脱掉鞋子，梁冀不受此约束。其他大臣奏事要称臣并自呼姓名，梁冀只称臣即可，这些待遇与西汉开国丞相萧何一样。同时，刘志授予他四个县的封地，这与东汉的开国元勋邓禹相当。赏赐给他金钱、奴婢、车马等与霍光的规格相同。

萧何、霍光和邓禹，都是非常重要的历史人物，对西汉、东汉做出了突出贡献。梁冀所作所为如何能和他们相提并论，因此一些正直之士对此愤愤不平。但梁冀觉得自己要比他们贡献还大，功劳堪比周公，所以应该获得更多的赏赐。

正当梁冀不可一世时，刘志的皇后去世了。这个梁皇后是梁冀的另一个妹妹，当初梁太后同意拥立刘志，和她不无干系。和梁冀一样，这位梁皇后平日表现得飞扬跋扈，其他嫔妃很难接触到刘志，她还疯狂地迫害怀有身孕的妃子。刘志对她非常不满，但碍于梁家的势力，也没有什么好办法，只能尽量不与皇后见面。梁皇后对此又急又气，一病不起，很快就去世了。

梁冀拥有如此大的权力，很重要原因是自己的两个妹妹都先后成为了皇后，如今两人都已去世，如果刘志另立他人为皇后，其他的外戚势力定会兴起，自己的地位就会受到威胁。他想如要保住自己的权势，还是需要宫中有人。于是他又将一位叫做梁猛女的女子进献给刘志，这位女子年轻貌美，很受刘志宠爱，梁冀见此才算放下心来。

安定了后方的梁冀，更加独断专行。当时百官升迁都必须先到梁家谢恩，然后才敢上任。其中有个人叫做吴树做了宛县县令，到任前向梁冀辞行，梁家有一些人居住在宛县，梁冀要求吴树到任后要对他的亲戚格外关照。吴树这个人比较正直，并没有答应，上任后处理了几个为非作歹的梁氏族人，梁冀怀恨在心。后来吴树调任荆州刺史，向梁冀辞行时，梁冀就用毒酒毒死了吴树。

对待反对或者不顺从自己的人，梁冀都是这样"除之而后快"。当时有个郎中叫做袁著，看不惯梁冀专权，上书弹劾他。梁冀知道后派人捉拿他。袁著被逼无奈，只能托病假死，买棺下葬，但不幸被梁冀识破，梁冀派人将其抓住，用乱棍活活打死，死时年仅十九岁。

被梁冀这样迫害致死的着实不少。但"出来混迟早要还的"，就在梁冀不可一世之时，已经成年的刘志对他起了杀机。

六

公元158年，洛阳出现了日全食。这种天文现象对于古人来讲无法解释，所以通常认为是不祥之兆，属于上天发出的一种警示。负责记录日食的太史令陈授写了份奏折，说"日食之变咎在大将军梁冀"。他把日食发生的原因归结在梁冀专权上。这份奏折虽然是专呈给刘志的，但梁冀的耳目遍布宫中，陈授上书的事情很快就为梁冀所知，他下令将陈授逮捕并处死。陈授惨死，对刘志的触动很大，让他对梁冀又惊又怕。

这还不算完，又过了一年，梁冀的屠刀挥向了与刘志更亲近的人。梁皇后死后，梁冀进献了梁猛女给刘志，受到刘志的恩宠。梁猛女的姐夫邴尊与刘志的接触很多，这引起了梁冀的猜忌，他派人刺杀了邴尊。一不做二不休，梁冀还打算将梁猛女的母亲也杀死，但由于刺客动静太大没有成功，梁母跑进皇宫向自己的女婿刘志求救。梁冀居然专横到要杀死皇帝的岳母，这件事情让刘志终于忍无可忍。

刘志由此下定了除掉梁冀的决心。但梁家的势力实在过于庞大，梁氏一族先后有七人封侯，从中央到地方，到处都是梁家的爪牙和耳目，除掉梁冀绝非易事，需要万般谨慎。

刘志左思右想，觉得可以信任的也只有身边的宦官。利用宦官除掉外戚，这是传统套路，当年刘祜除掉窦氏，依靠的是宦官郑众等人，后来阎氏姐弟被灭，也是宦官孙程、王康等人所为。于是刘志找来身边的宦官唐衡商议此事。梁冀平日作威作福，得罪了一些宫中的宦官，其中包括单超、具瑗、徐璜等人，刘志决心利用他们来完成除梁大业。

公元159年阴历七月，刘志秘密召集他们，商定一起除掉梁家势力，刘志亲自咬破单超手臂，几个人歃血为盟。他们的行动虽极为隐秘，但梁冀还是嗅出些异样的味道，他派心腹太监张恽入宫探听情况，以备不测。刘志和单超等人知道梁冀已起疑心，再不动手恐怕要前功尽弃，于是刘志发动突然袭击，他下令逮捕张恽，并命令忠于自己的虎贲、御林军包围梁冀的府邸，收回梁冀的大将军令，贬为都乡侯。

梁冀虽然起疑，但从未想到一直被自己玩于股掌之间的刘志会如此快动手，所以没有丝毫防备。事已至此，再无挽回余地，他想自己平日得罪人太多，下场恐怕会非常悲惨，于是他和自己的老婆孙寿选择了服毒自杀。这时候梁冀的两个弟弟都已经去世，无法继续追究。其他梁家、孙家亲属一律处死。许多依附梁冀的大臣被罢官和下狱，一时间朝堂上冷冷清清。

对刘志来说，灭掉梁家还有意外之喜，便是没收了大量财产，数额居然有三十多亿，这个数字恐怕刘志做梦也无法想到，这有点像后来清朝嘉庆扳倒和珅的情形，所谓"和珅倒，嘉庆饱"，刘志也是一样，得到了这一笔巨款，他下令减免当年全国一半租税，财政收入居然还比前一年高。

被梁冀送进宫并受到宠幸的梁猛女并没有受到牵连，刘志对梁家人恨之入骨，不愿意再让她姓"梁"，为她赐姓"薄"，过了几年，刘志得知梁猛女真正的姓氏应该是"邓"，就让她认祖归宗，重新做回邓猛女。

就这样，不可一世的梁冀和他的家族灰飞烟灭，似乎外戚乱政的局面一去不复返了。但东汉已经病入膏肓，一股比外戚更可怕、更黑暗的势力要粉墨登场了，这股势力就是在除掉梁家中立下汗马功劳的宦官们，一场剧烈的政治动荡不可避免，并一步步将王朝推向万劫不复的境地。

第二十四讲　谁说文人骨头软

一

汉桓帝刘志借助宦官，清除了梁冀和梁家势力，这让受尽了梁冀淫威的朝臣们感到异常振奋，头顶的乌云终于散去了，但是他们并没有迎来期盼中的阳光，反而是一场倾盆大雨接踵而来，一个空前黑暗的宦官专权时代来临了。

长期生活在梁冀阴影下的刘志，能重新过上一呼万应的真正帝王生活，全靠了单超、唐衡、具瑗、左悺、徐璜这五个太监。关键时刻这五人算得上忠勇，在当时梁家权倾朝野时，做这样的事情相当于把脑袋别在了裤腰带上。但有多大风险就有多大回报，成功铲除梁冀后，刘志下令加封五人为侯爵，其中功劳最大的单超封地两万户，其余四位每人一万户，历史把这个五个人称作"五侯"。

宦官被封侯在东汉并不是新鲜事，之前的郑众、蔡伦、江京、李闰、孙程、王康等宦官都被封过侯，但是"五侯"与他们有本质的不同。郑众、蔡伦非常守规矩，没有恃宠弄权。江京、李闰是第一批弄权的宦官，但主要权力还是控制在外戚阎家手中。孙程、王康等封侯后很快就被赶出了洛阳。

在前面几朝，虽然这些宦官帮助皇帝清除了外戚势力，但取而代之的是新的外戚，宦官始终没有走到权力中心。但这次却大不一样，以"五侯"为代表的宦官群体，逐步控制了朝政，成为了真正意义上的主角。

宦官制度实在是中国历史糟粕之一，虽然在古埃及、波斯帝国等一些其他国家也存在宦官，但中国的宦官产生之早，延续之久，影响之大，出现祸国殃民的大宦官之多，在中外历史上非常少见。唐朝时日本遣唐使学习并带回了许多东西，但却没有学习宦官制度，就是看到这个制度的危害性。

东汉后期，宦官逐渐走向权力中心，这实际与外戚专权紧密相关。大量的未成年皇帝即位，形成了外戚势力控制朝政的局面，但这些皇帝成年后，不愿意再做傀儡，想着自己能够主政，但外戚却不愿放弃到手的权力，于是渴望掌权的皇帝和不愿意放权的外戚之间形成了对立和矛盾。

皇帝虽然很想夺回本来属于自己的权力，但外戚势力往往过于强大，皇帝想实现自己的目标，必须要找到能够依靠的力量，和皇帝最为亲近的宦官无疑是最合适的选择。事实上，东汉后期皇帝能从外戚夺回权力无一例外的都是通过宦官帮助。夺权以后，皇帝自然要大力奖赏这些有功宦官。由此，形成外戚和宦官交替专权的奇怪现象。

宦官形成自己的权力体系，成为干预国家政治的重要势力，正是在桓帝刘志统治时期，这个"头"开得实在是可恶至极。

既然是一个权力体系，当然就不会只是他们五人，"五侯"只是这个权力体系的代表，他们利用梁家覆灭，权力出现真空的大好时机，大力培养自己的势力，一些实力派太监如侯览、刘普、赵忠等人纷纷投靠到他们的门下，这些人后来也都封侯，于是太监集团形成了一股强大的势力。

在这股势力的形成过程中，桓帝刘志起了推波助澜的作用。他虽然在清除梁冀时表现的颇有计谋，但说到底还是个昏庸之君，这些太监天天在他面前拍马屁、当孙子，刘志全盘消受，不断给他们加以赏赐，并给予他们皇权的保护，帮助宦官实现了势力的快速扩张。

二

　　宦官是个特殊的群体，很多人看不起他们。即使他们大权在握，那些读书人还是耻于与其为伍，因此在宦官势力不断扩大的同时，与之抗衡的一股势力也渐渐形成了，这股势力就是"党人"。

　　"党人"是一群什么样的人呢？简单地说，就是政治态度和道德水准较为相近的一群读书人。党人的形成与东汉时期儒学的昌盛密切相关，光武帝、明帝、章帝等大力倡导儒学，到东汉末期，仅聚集在京师的太学生就达三万多人，与此同时，由于东汉中后期外戚和宦官轮流把持朝政，任人唯亲，排斥那些刚直不阿的士人，这些士人进入仕途的渠道受限，他们就通过品评人物来表达自己的政治意见，称为"清议"。被"清议"褒扬的，名气就会飙升；被"清议"批评的，名声便会扫地。太学是当时的清议中心，一些士人中的领袖与太学生联合起来，形成了一个清流派士大夫群体，他们以匡扶王室、维护正义为目标，针砭时弊，抨击权贵，成为一股新兴的政治势力。

　　这些名士对自己的名声看得非常重，注定不会轻易与他人妥协，特别是他们非常看不上的宦官群体。在他们眼里，这些不男不女的阉人根本就是"异类"，何况宦官祸国殃民，残害忠良，简直就是万恶之源，这些以振兴天下为己任的党人，自然就会站出来与之抗衡。

　　宦官们与党人相反，他们出身寒门，也没有什么学问，所谓"无知者无畏"，在他们眼里只有皇帝，其他人都不在话下。清流派士人看不上宦官，宦官也不怕他们，或者说"党人是唯一敢顶撞宦官的群体，而宦官也是唯一不怕党人的权贵"。这种"针尖对麦芒"的关系，使得两者不可避免发生对抗，而一旦发生注定是你死我活。

　　首先发难的是白云县令李云，他看不惯宦官的骄横，上书弹劾，言辞颇为激烈，刘志看后异常愤怒，立即命人将李云逮捕入狱。朝中有个官吏叫做杜众听说此事，向朝廷要求一同入狱，表达对李云的支持。刘志更加恼怒，要将两人予以严惩。身居高位的党人领袖陈藩、杨秉等人为他们求情，被刘志拒绝并将他们的官职罢免。最终李云、杜众被处死，这无疑助长了太监们的嚣张气焰。

公元160年，"五侯"之首的单超病死，刘志十分悲痛，下令予以厚葬。他命人为单超修建了陵墓，并让将军、御史护葬。更让人大跌眼镜的是，居然允许用"玉匣"随葬。玉匣就是玉衣，分为金缕玉衣和银缕玉衣，前者只有皇帝和特许的诸侯王可以使用，后者也只有王室成员和特许的侯爵可以使用，刘志允许用玉匣随葬，应该讲是给了单超极大的哀荣。

单超死后，宦官的权势并没有因此而削弱。剩下的四侯更加骄横，他们争相建造府邸，里面陈设非常奢华。他们找来美女做姬妾，穿戴的和宫中的嫔妃一样。他们不能生育，就找同亲或异姓认作干儿子，以便承袭侯爵。他们的兄弟亲戚围拢过来，以求获得一官半职。单超的两个弟弟分别被封为河东太守和济阴太守，左悺的弟弟被封为陈留太守，徐璜的弟弟被封为河内太守，可谓"一人得道，鸡犬升天"。

三

他们的所作所为实在有些过了，很快士人集团就向宦官们发起了反击，领衔的是官复原职的杨秉，他联合司空周景上书刘志，说："如今中央到地方，出现很多人不胜任官职的现象，根据汉朝法律，宦官子弟是不允许当官的，更不许位居高位。现在宦官子弟犹如苍蝇满天飞，建议应予以清查，对不合格的一律清除。"

由于李云事件，杨秉对此次上书没有报太大的希望，只是想试试看。但没想到，刘志居然批准了上奏。杨秉等人立刻行动，展开了一场针对宦官的整肃，初始便有五十多人被杀或者被流放。

杨秉等人并没有见好就收，而是连连出击。负责司法的司隶校尉韩缤弹劾左悺、具瑗，说他们分别与自己的哥哥左称、具沛贪污腐败、为非作歹，结果左悺兄弟被逼自杀，具瑗兄弟被免职，单超、唐衡、徐璜等死去三侯的兄弟也都被降低爵位，或者干脆贬为平民。

通过这一轮斗争，终于清除了"五侯"的势力，一向对宦官恩宠有加的刘志难道真的准备改过自新吗？非也，他这样做，无非是为了巩固自己的权力。

刘志借用"五侯"清除外戚，但后来他感觉"五侯"大权在握，大肆安插自己的亲信，有些尾大不掉，他担心大权旁落，所以同意杨秉等人打击宦官的请求。

但刘志骨子里还是最信任身边的宦官，于是在清除五侯后，他迅速提拔了一批新的宦官，包括侯览、曹节、张让、王甫等，这些太监不像五侯有拥立之功，完全是因为刘志的信任才获得提拔，所以对刘志更加忠心耿耿。

这些新的宦官群体上台后，迅速对士人集团展开了反击。首先将矛头对准了党人领袖之一的李膺。

李膺，字元礼，他的祖父、父亲都做过高官，但是他并没有"官二代"的纨绔习气，他为人刚正不阿，多次以铁腕手段打击宦官及其党羽，从而赢得了士大夫群体的交口赞誉，被称为"天下楷模李元礼"，当仁不让成为了大名士。读书人和朝中官员都以与其结交为荣，如果能够得到他的接见，被称为"登龙门"，可见李膺地位之高，影响力之大。

在李膺担任洛阳尹时，有个原来的北海太守叫做羊元群，在当地搜刮了大量民脂民膏运回了洛阳，李膺对此深恶痛绝，上书刘志要求予以严惩。羊元群用了大量钱财贿赂宦官，以求自保。宦官对刘志说这是李膺恶意中伤，结果翻案成功，李膺因"诬告"被逮捕，在接替去世的杨秉出任太尉的陈藩反复劝说下，刘志才同意释放李膺，但这件事情无疑打击了党人，助长了宦官们的士气。

双方第一次摊牌的时候很快就到了，公元166年，接连发生了几件事，一是张俭事件，张俭是党人中的著名人物，他被任命为督邮，主要职责是巡查不法官员，大太监侯览的家就在他管辖范围之内，侯览在当地大修坟墓，为非作歹，张俭就命人拆了他的坟墓，没收了他的家产，侯览跑去向刘志哭诉，刘志下令逮捕了张俭。

二是黄浮事件，黄浮也是党人，他当时任东海相，在他的管区内有个下邳县，县令是五侯之一徐璜的侄子徐宣，徐宣看上一个姑娘，上门求婚被拒，劫持姑娘并将她杀害。黄浮听到这个消息，下令逮捕处死了徐宣。按照东汉的法律，一个郡的地方官是无权处死县级官员的，宦官们告发黄浮目无法纪，黄浮被抓了起来。后来张俭、黄浮都被定罪处罚。

这还不算完，紧接着发生了张成事件。张成是个算命先生，经常给太监们算命，和一些大太监过从甚密，是大太监的座上客，所以为人比较嚣张。这个算命先生很有意思，他算到朝廷近期要大赦，所以教唆儿子去杀了仇人。当时掌管司法的司隶校尉正是李膺，李膺将其子逮捕入狱，并判处死刑。尚未执行时，朝廷果然发布了大赦令，张成得意洋洋，等着儿子被释放。李膺实在看不惯他嚣张的样子，不顾大赦令而照样执行了死刑。宦官们又一次抓住机会，在宦官们的支持下，张成的门徒上书刘志控告李膺等，说他们"养太学游士，交结诸郡生徒，更相驱驰，共为部党，诽讪朝廷，疑乱风俗"。要求予以严惩。

一而再发生的事情，让刘志忍无可忍，他下令逮捕李膺、范滂等，并在全国范围内搜捕"党人"，结果二百多名"党人"被抓，刘志命令将案子交给宦官负责的北寺狱审理。李膺等人慨然赴狱，虽受刑但不改其辞，表现的很坚强。

太尉陈蕃一再上书，请求刘志释放党人。刘志嫌他多嘴，罢免了他的官职。这个时候出现两个人物，使整个事件出现了转机，其中一个是贾彪，他也是党人，但没有被列入抓捕名单，事情发生后，他赶到洛阳找到另外一个关键人物外戚窦武，也就是桓帝刘志的岳父，请他出面说情。窦武本来同情党人，同时也为贾彪的言辞所打动，答应出面为党人说话。与此同时李膺等人在狱中也没有闲着，他们故意供出不少宦官子弟，宦官们也害怕牵连到自己，有了想收手的意思。

在这两方面的作用下，公元167年阴历六月，刘志宣布大赦天下，二百多名党人被释放。但他们被"书名三府，禁锢终身"，就是终身罢黜，一辈子都不能出来做官。这就是"党锢"的由来，意为党人被禁锢不能为官，历史上把这个事件称作"第一次党锢之祸"。

在关键时刻，外戚窦武起了重要作用。当年梁皇后死后，刘志宠幸邓猛女并立她为后，那外戚怎么会变成窦家呢？这还是要从刘志说起，他作为皇帝治国无方，但却是荒淫有道。他在后宫的女人有几千人，这大概创造了大汉王朝的历史记录。

虽然刘志一度比较宠爱邓猛女，但邓猛女一直没有生下一男半女，再加上年老色衰。面对如此多后宫美女，刘志自然移情别恋。他当时最宠爱的是郭贵人以及田圣等几个宫女，邓皇后非常嫉恨郭贵人，两人之间的一场宫斗戏不可避免，结果却是两败俱伤，邓猛女被废掉皇后称号后打入冷宫，不久就被折磨致死，郭贵人从此也销声匿迹。

刘志想立田圣为后，但这位刘志宠爱的女子级别实在太低，是三等宫女中最低的一等，叫做"采女"。此前东汉各朝的皇后，马家、窦家、阴家、邓家等等，无一例外都是大家族出身，将一个地位如此低的宫女一下子册立为皇后，朝野恐怕都不同意。在众人的规劝下，刘志也觉得不妥，就把自己的一位贵人窦妙立为了皇后，这位窦妙是前朝窦太后的侄孙女，非常符合皇后的标准，而窦妙的父亲就是窦武。

第一次党锢之祸，虽然党人受到了一定的挫折，但并没有扑灭他们的斗志，与李膺齐名的党人领袖范滂，在被审讯过程中视死如归，他根本就没有准备活着走出牢狱，他说："我死之后，希望能够埋在首阳山侧，上不负皇天，下无愧伯夷、叔齐。"出狱后，范滂受到了士大夫的热烈欢迎。因此，第一次党锢之祸不仅没有消灭党人，反而借此更加提高了他们的声望。

第一次党锢之祸结束后不久，三十五岁的刘志突然病死。这位昏君没有对册立太子留下只言片语，唯一的遗言竟然是将田圣等九个宫女破格提拔为贵人，窦皇后为此很生气，刘志还没有下葬，她就下令将田圣等九人统统杀掉。

五

桓帝刘志足够悲催，后宫佳丽三千，但却身无一子。那该立谁为新皇帝呢？窦皇后让自己的父亲窦武帮着拿主意，窦武没经历过这些，也觉得犯难，一方面他把陈蕃召回，当做自己的智囊。另一方面找了一些亲近的人商议立君之事。商议的结果是立与刘志血缘关系比较远的一个皇室成员，叫做刘宏，窦武看中的是他的年龄，当时他只有十二岁。

按理说，窦武是读书之人，又与党人比较亲近，他很清楚东汉王朝一系列娃娃皇帝带来的危害，陈蕃做为党人领袖，更是曾经多次上书反对选立未成年皇帝。但最终他们选择一个十二岁的皇帝，原因很简单，如此一来，窦太后可以继续临朝听政，窦家依然能够掌控朝政。

于是，刘宏被立为皇帝，是为汉灵帝。如窦武所愿，曾经穷困潦倒的刘宏做梦也没有想到自己能成为皇帝，即位后自然对窦武感激涕零，将窦武提拔为大将军，而陈蕃当上了比三公地位更高的太傅，也就是皇帝的老师。

陈蕃的目的很快达到了，他说服窦武，解除了党锢，一些党人重新被起用。李膺、杜密、尹勋等党人领袖担任了重要的官职。一时间，党人们兴奋不已，摩拳擦掌，准备重振朝纲。但这些士大夫想要有所作为，就必须首先要清除专权的宦官，从此时的实力对比来看，朝中三大势力中，外戚和党人已经联起手来，看上去宦官的末日似乎快要到了。

但历史并没有这样发展。党人重新崛起后，宦官们感到惊恐不已，但他们绝不会坐以待毙，而是在暗中积蓄力量。太监曹节、王甫等人，一方面勾结灵帝刘宏的奶妈赵氏，百般讨好刘宏，赢得了刘宏的信任。另一方面他们对成为皇太后的窦妙百依百顺，努力讨其欢心，窦妙居然忘记了过去的惨痛教训，把他们当做自己的亲信，在许多事情上对他们言听计从。

窦武、陈蕃看到如此状况，担心宦官势力又会卷土重来，下定决心要彻底铲除整个宦官集团，公元168年五月的一天，洛阳发生了日食，朝廷上下一片惊恐，窦武、陈蕃以此为借口，要求解除宦官职权，统统绳之以法，所有官员改由读书人担任。但窦太后并没有同意，只是象征性地处死几个宦官，对曹节、王甫等大宦官予以了保护。

这条路没有走通，窦武、陈蕃决定"曲线救国"。他们借口"天象不利"，逮捕了曹节、王甫等人的一些死党宦官，交由党人尹勋严刑逼供，想通过他们将曹节、王甫等人牵扯进去，然后一网打尽。这招果然奏效，这几个死党经不住严刑，纷纷招供，尹勋把审讯记录和要求铲除宦官的奏章送到了窦武在宫中的办公场所。

但这天恰好窦武休假，这些东西被当值的一个叫做朱瑀的太监偷看到，看后心中大惊，因为奏章上除了要求杀掉为非作歹的大太监，还要求对他这样的宫中宦官予以全部清除。为了保命，朱瑀赶忙把这个消息告知王甫、曹节，他们跑到刘宏的寝宫，说窦武、陈蕃要造反，劫持刘宏后，以太后和皇帝名义下诏让羽林军平叛。

窦武听说事情败露，与自己儿子窦绍跑到自己掌握的军队，带着一千多士兵开拔到洛阳城外，准备以武力讨伐宦官。年过八旬的陈蕃听到这个消息，带着几十个幕僚，提刀冲进皇宫，正好遇到王甫带领的军队，寡不敌众，陈蕃等人被生擒并在当日被害。

陈蕃死了，窦武还在，而且还掌控着一千多人的军队。此时宦官们也很犯难，毕竟他们虽然掌控着军权，但没有一个人能指挥打仗。而且军中的将领并不向着他们，万一反戈一击，后果不堪设想。

这时候，正值名将张奂奉调回京，刚刚到京，还不知道内情，于是曹节伪造诏书让张奂领兵讨伐。张奂不知是计，率领大军出城攻击，他是身经百战的名将,带着的又是拱卫京城的精锐之师,窦武父子自然不是对手,兵败后双双自杀。就此,窦武和陈蕃意图铲除宦官的行动彻底失败。

这次惊险的经历,足够让王甫、曹节感到后怕,所以他们决心借这起事变彻底铲除党人势力,以绝后患。不过党人中只有少数人参与了此事,大部分并没有参与,如何才能斩尽杀绝呢。

宦官们抓住了党人一个弱点,就是太注重名气。党人们经常聚会,搞出一个"三君八俊八顾八及八厨"的"英雄榜",为首的三君"窦武、陈蕃、刘淑",全部参与了这个事件并死于其中。于是,宦官们以此向刘宏指控党人,说他们"相举群辈、欲为不轨"。

刘宏全权委托曹节等人处理这起事件,曹节等人得到授权后,立即行动,按照"英雄榜"开始大肆搜捕。于是,李膺、杜密、范滂等党人领袖相继被捕,并先后被迫害致死。在各地也掀起了抓捕党人的热潮,逮捕、杀死、流放、囚禁的党人达到六七百名,包括党人的家属、门生、故吏、父子兄弟和五服以内的亲属都被禁锢终生,不得为官,这就是历史上的"第二次党锢之祸"。

第二次党锢之祸显然比第一次要严重得多,第一次党锢之祸只抓了二百多人,后来又都释放,没有人被处死,而第二次上百人死于非命。从波及的范围看,第一次禁锢为官的只包括党人,而第二次连五服之内的亲属也包括在内,由此可以看出宦官们下手之狠。

尽管遭到残酷的迫害,党人们还是表现出了应有的气节。比如李膺,他早听到了风声,别人劝他逃跑,他表示"事不辞难,罪不逃刑"是做臣子的气节,于是主动投狱。再如范滂,负责抓捕他的督邮非常敬重他,接到命令后把自己关在屋子里整日痛哭,范滂知道这是因为自己他才会这样,于是主动去县衙投案。县令郭揖也非常崇敬他,打算和他一起逃走。范滂清楚自己逃走定会连累家人朋友,所以予以拒绝并从容入狱。

六

经过第二次党锢之祸,宦官们取得了绝对性胜利。但对东汉王朝来讲,只能加速了它的覆灭。大量的党人遭到清算,未遭清算的也心灰意冷,选择了隐居不出,本来嚣张的宦官失去了制约,整个王朝处于风雨交加之中,离最后垮掉只是时间问题了。

窦武、陈蕃结成的联盟看上去实力很强,为什么被宦官集团轻松击败,其中可反思的原因很多。从根本上讲,宦官这个群体与皇帝离得最近,关系最密切,而且由于没有子嗣,他们更容易让皇帝放心。东汉后期,宦官势力像一颗毒瘤一样,与皇权紧紧依附,从某种意义上说皇权的行使已经离不开宦官,如果彻底打击宦官,势必影响到皇帝,搞不好就变成大逆不道。

从实际操作上看,窦武、陈蕃犯了许多错误,最重要的是策略出了问题,他们把所有的宦官不分好坏都作为打击对象,不仅引起了窦太后的反感,还使本来并不是铁板一块的宦官们团结起来。"细节决定成败",在具体实施过程中又显得过于轻敌而不够周密,忽略了宦官在宫中的强大势力,导致诛杀宦官的奏章被敌人先看到,皇帝被宦官控制,最终只能仓促起事,结果身首异处。

对于党人的表现,历史上的评价不尽相同。司马光认为,桓帝、灵帝时代,政治已病入膏肓,根本无药可治。"党人"既无实力,也无能力,却想靠"口舌"拯救天下,只能自取其祸。

《后汉书》作者范晔则认为,李膺等人在个人面临危难的政治形势中,宣传正义的主张,影响民间的风习,赞颂"素治"而鄙弃"威权",崇美"廉尚"以撼动"贵势",从而使天下之士奋迅感慨,形成向黑暗政治抗争的潮流,深牢监禁、家族破败,都不能动摇其志向,甚至于"子伏其死而母欢其义",这是何等的壮勇。

历史学家黎东方先生表示,"党锢之祸"严格来讲是统治阶层内部的斗争,但是东汉党人的正义感、无私情怀、斗争意志和坚定气节,代表着一种进步的时代精神。他认为东汉党人的气节和品质，体现着曾经被鲁迅称为"中国的脊梁"的人们所代表的民族精神的主流，后来成为一种文化传统，得到历代有血性有骨气士人的继承。

笔者同意黎先生的观点，党人身上确实有不少问题，譬如过于清高，喜欢沽名钓誉，行事有些偏激等，但在宦官专权的黑暗时代，他们敢于挺身而出，不顾个人安危，确实体现出一种凛然气节。如果每个人面对强权，都选择明哲保身，向黑暗势力屈服，那这个民族就没有什么希望可言。虽然他们的结局很惨烈，但这并非是司马光所说的"自取其祸"，而更加凸显出他们身上有骨气有血性的精神，无论什么时候，我们这个民族都需要这样的精神力量。

党锢之祸后，东汉陷入了历史最黑暗的时期，已经到了悬崖边的王朝，离最后的崩溃已经咫尺之遥了。

第二十五讲 "暴发户"式的荒诞

一

第二次党锢之祸后,作为胜利者的宦官们被封官晋爵,收获颇丰。曹节受封官阳侯,王甫升迁为中常侍,那个偷看尹勋奏章而起到关键作用的宦官朱瑀也被封为列侯,朝政被他们所控制,东汉王朝进入了一个最为黑暗的时代。

在此次党锢之祸中,外戚与党人结成了同盟共同与宦官群体抗争,失败后在党人受到严酷迫害的同时,外戚窦家也一蹶不振。灵帝刘宏迎立自己的生母董氏为孝仁太后,而让窦太后迁往南宫。虽然没有废掉窦妙的太后称号。但地位和待遇却一落千丈。想必窦妙十分后悔,如果当初她不把曹节、王甫等人当做亲信,而是联合自己的哥哥窦武一起铲除宦官势力,现在恐怕是另一番天地。

到了南宫后,窦妙就成了孤家寡人,刘宏两年中都未曾探望过她一次,宫中冷冷清清。更为气人的是,刘宏册立的宋皇后,只去朝见董太后,而对这位正宫太后视作无物,窦太后越来越成为被人遗忘的角落。后来在其他人提醒下,刘宏也觉得做得有些过,毕竟自己能当上皇帝,窦太后还是起了关键作用。于是在窦太后生日那天,他率领群臣前来朝贺,窦太后喜出望外,难过的心情多少有些舒缓。

但好景不长，曹节、王甫等人又出来作梗，窦武被他们所害，他们不愿意让窦太后恢复原有地位，于是想办法隔阂疏远刘宏和窦太后的联系，窦太后感到抑郁苦闷，不久便郁郁而终。曹节等人连死人都不放过，他们上书要求将窦太后葬于别处，不能与桓帝刘志合葬。就这个问题，朝臣们展开了讨论，刘宏最后没有听宦官们的，而是听取了李咸、陈球等人建议，将窦太后与刘志合葬于宣陵。

曹节、王甫等人的专权，引起许多人的不满，但由于其权势熏天，不少人非常忌惮，不敢公开地表达不满。但暗地里的抗争却从未间断。有天夜里，在宫中的城墙上，有人用醒目的白字写了一句话："天下大乱，曹节、王甫幽杀太后，常侍侯览多杀党人，公卿皆尸禄，无有忠言者。"意思是说，大臣们都不敢说话，导致曹节、王甫、侯览等人乱政，天下将要大乱。

敢在宫中书写"反动标语"，实在是胆大妄为。在曹节、王甫的请求下，刘宏下令让司隶校尉刘猛去追查，并让他限期破案。刘猛比较正直，他分析能在这个地方书写标语，很可能是太学生所为。他内心原本就非常反感宦官专权，很认同太学生所作所为，但是皇命不可违，他能做的只是消极怠工。过了一个多月，案件毫无进展，曹节、王甫等奏请刘宏说刘猛玩忽职守，刘宏就将其贬为谏议大夫，让刚刚从与羌人作战前线班师回朝的段颎接替，出任司隶校尉继续追查。

段颎前半生基本是在军旅生涯中度过的。公元159年，就是梁冀被诛灭的那年，他被任命为护羌校尉，到了与羌人作战的第一线，他颇具军事才能，迅速成长为一名出色的将领，他与同在抗羌前线的名将皇甫规、张奂，因三人的字中都有一个"明"字，并称为"凉州三明"。

但是三人对付羌人采取的策略却大为不同，皇甫规和张奂主张用招抚和战争并用的方式，但段颎主张要坚决用武力来解决。本来不少羌人已经接受招抚，开始放下武器，但段颎却无视这些，向毫无警惕的羌人部落发动袭击，虽然有些胜之不武，但斩获颇丰，班师回朝时受到了英雄般的礼遇。

接到破案任务后，段颎依旧采用军人那套，直接上硬手段，他指挥军队冲进太学校，用绳子捆了一千多个学生，投入牢狱进行审讯，虽然最后没有抓到事件的"主犯"，但他这种非常卖力的举动受到了曹节等人的赏识。紧接着在曹节的指使下，他弹劾自己的前任刘猛，刘猛获罪被流放。在宦官们的支持下，段颎很快爬上了更高的位置。

段颎火箭速度般的上升，引起了"三明"之一张奂的不安。当初张奂在不知内情的情况下，率军攻击窦武父子，致使父子双双自杀，事后知道来龙去脉后非常悔恨，从此以后，他拒不与宦官合作，有时还唱对台戏，所以宦官们对他颇为不满。张奂深知段颎这个人崇尚武力，轻视生命，一旦被宦官所利用，定会成为他们的得力鹰犬，造成很大的祸患。

让张奂没想到的是，段颎居然将矛头很快指向了自己。虽然同在前线时，张奂和段颎抗羌的策略不同，但这是公事范畴，两人先前并没有太多个人恩怨。但段颎知道张奂不受宦官欢迎，所以想拿张奂开刀。无奈之下，张奂只能写信向这位昔日的战友求情，信写得言辞恳切，说："如不哀怜，便为鱼肉。"段颎看后，心软了下来，就放过了张奂，这封信让张奂多活了九年，最后以七十八岁寿终正寝。

二

张奂的担心成为了现实，在宦官的指示下，段颎成为他们非常得力的鹰犬。在王甫的授意下，段颎很快将屠刀挥向了渤海王刘悝。

刘悝是桓帝刘志的亲弟弟，在刘志在位时，被封为渤海王。朝中有人上奏说刘悝暗怀阴谋，刘志取消了他的封号。刘悝心有不甘，派人找到中常侍王甫，请求他从中运作让自己重获封号，刘悝答应事成之后给王甫五千万钱。不知为何，刘志在驾崩前又想起了这个弟弟，下诏重新封他为渤海王。刘悝打听到，自己重新获封完全处于刘志的怜悯，王甫没有发挥太大作用，于是就不想再付给王甫这笔巨款，王甫多次派人暗地去索要，都被刘悝拒绝，王甫感到自己被"放了鸽子"，于是两人结下了梁子。

刘宏即位后，王甫让段颎带头告发刘悝图谋不轨，并让他抓捕和刘悝交往密切的中常侍郑飒。不久刘宏下诏让冀州刺史逮捕刘悝，这位刺史深知上意，对刘悝百般折磨，直到让他自杀才罢休，刘悝王府中的姬妾十一人、子女十七人以及一些下属都死于狱中。为了这五千万钱，王甫对刘悝可谓"斩尽杀绝"。

渤海王之死，带来一个意想不到的后续效应，就是宋皇后被废。这位宋皇后姿色一般，也不怎么爱说话，虽然贵为皇后，但并不是很受宠。不过因为没有什么过失，所以一直稳坐皇后之位。

但很巧的是，渤海王刘悝有个妃子是宋皇后的姑母，这个妃子因受牵连死在狱中，王甫怕宋皇后报复，就下决心将她赶下皇后之位。他向刘宏告发宋皇后因失宠而诅咒皇上，刘宏大怒，下诏废掉宋皇后，将其赶到冷宫中幽禁而死，宋皇后的父亲和兄弟都被诛杀。宋皇后平时里对身边的宦官宫女不错，他们凑了些钱才将宋皇后和她的父亲兄弟收葬。王甫的一句话就使得宋皇后被废，从此后王甫等人的气焰更为嚣张。

盛极必衰，王甫和段颎很快遭到了报应。王甫有两个养子，一个叫王萌，另一个叫王吉，这两个人仗着王甫为靠山，平日里残暴不仁，尤其是王吉尤为残忍，他经常在处决犯人后，还将犯人尸首大卸八块，放在马车上游街示众，尸首腐烂后使用绳子串联骸骨，继续示众，所到之处，臭气熏天，远近畏惧，任职几年杀人数以万计。

有一天，担任将作大匠的阳球、大鸿胪刘郃在刘郃的岳父程璜家喝酒，程璜感叹曹节、王甫等人胡来，搞得天下人怨声载道。阳球是酷吏出身，可能喝多了点，拍着大腿说："如果我做了司隶校尉，一定让这些混蛋没有安身之处。"

说者无心，听者有意。刘郃的哥哥因为参与窦武铲除宦官事件而被处死，他一直找机会想为哥哥报仇，但是由于曹节、王甫的势力越来越大，自感报仇的希望也越来越渺茫，听了阳球的话，精神为之一振。于是，他四处活动，使得朝廷任命阳球担任了司隶校尉。

阳球上任后，王甫的末日就要来到了。阳球接到举报，说王甫指派手下在京都一带欺行霸市，搜刮财富。阳球决定以此为由对王甫开刀。他先派人打听王甫和段颎的动静，王甫此时正好休假，而段颎因为发生日食，按照皇命在家闭门自省，这正好是一个绝佳的机会。

阳球这人虽为酷吏，但也很有头脑。他以面见皇上谢恩为由，顺利见到刘宏而没有引起王甫党羽的怀疑。在刘宏面前,他极力控诉王甫、段颎的种种罪状，许多事情刘宏过去闻所未闻，他听后非常生气，下令让阳球调查，得到皇帝的授权后，阳球立即派人抓捕了王甫父子和段颎。

阳球的方法简单粗暴，便是大刑伺候。洛阳狱中，哭叫之声，此起彼伏。王甫被折腾得昏死过去，王萌看到自己的养父奄奄一息，便向阳球求情，因为王萌也曾经担任过司隶校尉，就哀求阳球说："我们父子如果真的该死，也请看在你我前后担任同一职位的份上，饶过我的父亲。"

阳球根本不吃这一套，他拍案呵斥说："你们罪大恶极，死有余辜，还做梦想从轻发落。"王萌见求情无望，又气又恨，对阳球破口大骂说："你以前服侍我们父子，就像奴仆一样，如今落井下石，恐怕你离死也不远了。"阳球大怒，让人用泥巴塞住王萌的嘴巴，将其活活打死。王甫和王吉也死于杖下，段颎则选择了自杀。阳球下令将王甫尸首挂在京师西北的夏门之上，旁边还悬挂一个牌子，写着"贼臣王甫"。

阳球除掉王甫，还想继续弹劾曹节等人。重压之下，宦官们消停了许多，但曹节不会坐以待毙，他一直寻找机会试图进行反击。

这时候，冲帝的母亲虞贵人病逝，百官送葬，曹节途经夏门时看到昔日战友王甫的惨状，心里顿感戚戚然。回来后他联合其他宦官们去见刘宏，控告阳球滥用刑罚，不适合担任司隶校尉。刘宏看到如此多身边亲近的宦官请命，就同意了他们的要求，免除了阳球司隶校尉的职务，让其改任卫尉。

阳球听到这个消息，迅速进宫面见刘宏，请求再做一个月的司隶校尉，为皇帝清除祸患。阳球的头都磕破了，但刘宏不为所动。没过多久，曹节从程璜处得知，当初阳球、刘郃等人合谋的事情，曹节向刘宏告发，刘宏大怒，下诏将参与此事的阳球、刘郃等人逮捕。后来这些人都死于狱中。

三

阳球、刘郃等人死于非命，打击宦官的力量就不复存在了。无论是党人还是酷吏，在与宦官的斗争中都以失败告终，刘宏对身边宦官的信任与日俱增，他甚至对旁边的人说："张常侍是我爹，赵常侍是我妈。"张常侍和赵常侍是大宦官张让和赵忠，把宦官当做自己的衣食父母，这样的皇帝闻所未闻，荒谬至极。

有了这些宦官替自己打理朝政，刘宏可以尽情享受生活了。他的活法与其他皇帝有所不同，因为他从小穷困潦倒，可能是因为"穷怕了"，所以他的所作所为能明显看出"暴发户"的影子。比如他很喜欢买田宅，和许多暴发户一样，有了钱首先就到老家买田地盖房子。有些大臣觉得实在不成体统，就上书说："天下都是陛下的，以陛下的九五之尊，不宜买私田私宅。"刘宏把上奏扔到地上，依然我行我素。

刘宏更为奇特的一个爱好就是扮演小商贩。他在宫里修了一条商业街，宫女们扮成老板娘、相互招徕生意。刘宏也脱去龙袍，客串店铺伙计。据史书记载他最擅长卖肉，用手握一块肉基本能判断出分量，居然和秤称的几乎毫厘不差，实在是一个卖肉的好手，做这个比当皇帝擅长得多。

刘宏很喜欢养狗，修建了不少庄园来养狗，将狗封了官职，并让狗戴着官员的帽子和印绶，显得异常的滑稽。他出行时不喜欢马，而喜欢驴，经常坐着四匹白驴拉的车出行，由此引领了时尚潮流，贵族子弟听说皇帝喜欢乘驴车，也纷纷换马为驴，导致驴价迅速上涨，一匹驴和一匹马居然价格一样，刘宏治理国家不行，但据记载驾驭驴车却是行家里手，能玩出许多花样，常常赢得宫女和太监的齐声喝彩。

如果说刘宏的声色犬马，是属于帝王的个人爱好。那公开卖官，就是国家之难了。当然说起卖官，也不是刘宏的首创，当年汉武帝为了弥补国库亏空，也曾经这样做过，不过武帝卖的不是官职，而是军功爵位，确切地说，卖的是一个荣誉称号，买到的人只是获得免劳役等优惠政策，并不担任实际的官职。刘宏的卖官则不同，那是实实在在的官位，付出真金白银就可以走马上任。

刘宏卖官有三个特点，一是无论官职大小，都在出卖范围。二千石官卖价二千万，四百石的卖四百万。二千石是郡守级别，四百石是县长的级别，当然县长也不是一口价，也要分好坏地方进行议价。尝到了甜头后来就发展到了公卿也可以卖，不过很有意思的是，公卿的价格居然低于郡守，可能是因为天高皇帝远，郡守拥有更多实权，回报率更加可观。

二是付款方式非常灵活。如果一时没钱，也没有关系，先议定好价格，可以赊账。或者先付一些定金就可以走马上任，上任后再付清全款。但这一切都是要以支付高额利息为代价。这对那些暂时囊中羞涩但很想当官的人很有吸引力。欠钱的可以先当官，刘宏又可以收取高额利息，看上去是双赢，但这些官员赴任后，变本加厉地剥削，以求还完本金和高额利息外，自己还能有所盈余，所以受苦的还是百姓。

三是母子联手经营。卖官开始是刘宏的独家买卖，但他的母亲董太后看到赚钱如此容易，也想从中分杯羹。她扮演的是中介的角色，穿针引线，赚取差价。有个叫做崔烈的人通过董太后花了五百万买了司徒，想必董太后从中分了不少，以至于刘宏在封官时对旁边的人小声说："这官卖亏了，这个官应该值一千万。"

卖官让刘宏由衷地尝到了甜头，也感觉自己的这一发明创造真是聪明绝顶。据说有一次他长叹一声，说到："先帝不行啊，"大臣听后都觉得很奇怪，以为他要总结桓帝刘志在治国理政方面有哪些问题，结果刘宏说："作为皇帝，连卖官赚钱这样的生意都想不出来。"这样的话着实把所有人惊呆了。

一个朝代、一个国家，吏治非常重要，如果吏治腐败，统治的根基就开始腐烂，倒塌是早晚的事情。像灵帝刘宏这样，最高统治者公开卖官，并将收入作为其开支的重要来源，如此这个王朝基本就无药可救了。

四

宋皇后被废后，两年多的时间没有册立新皇后。六宫长期无主，不少大臣请奏早日立后。正好此时有个何贵人为刘宏生下一个皇子，这是刘宏第一个血脉，他很高兴，就下令册立何贵人为皇后。这位何皇后的老家在南阳，是当年光武帝刘秀的发迹之地，但何家并不是什么大家族，相反世世代代都是屠户。

何贵人的父亲何值为了让女儿进宫，贿赂了宫中的太监，史书记载这位何贵人自身条件很不错，花容月貌，身高也不低，入宫后受到刘宏的宠幸，很快就为他生下了第一个皇子，叫做刘辩。由于在此之前其他妃子的皇子多有夭折，所以就将刘辩送出宫，寄养在一个道士家里。

何皇后被册立后，刘宏封她的父亲何值为车骑将军，同时封她同父异母的哥哥何进为侍中。这位何皇后不是什么贤淑之人，反而是毒蝎美女。她怕人争宠，时刻提防，宫中有位王美人，长相与何皇后不相上下，也很受宠，不久有了身孕，为刘宏生下另一位皇子。刘宏很喜欢这个孩子，觉得长得像自己，为他起名叫做刘协。

刘协出生不久，王美人身体还在恢复，需要喝汤药调理，何皇后抓住这个机会，派心腹内侍将毒药偷偷放入药中，王美人喝了之后便一命呜呼。刘宏听说这个消息，亲自前去探望，看到王美人四肢青黑，知道是中毒而死，派人严查，很快就查出何皇后是幕后主使，刘宏怒不可遏，想就此废掉何皇后。

何皇后早有准备，她事先用巨金买通曹节、张让等大宦官，让他们代为周旋。听说刘宏要废后，宦官们一起跪下为何皇后求情，刘宏看到曹节、张让等人都出来求情，便赦免了何皇后。这时候刘协还没有满月，刘宏担心他再遭不测，就把他交给自己的母亲董太后来抚养。

偌大的皇宫中，几乎没有什么好人。曹节、张让、赵忠等宦官把持朝政，刘宏则用卖官的钱尽情享乐，董太后爱钱如命，何皇后又是蛇蝎妇人。再加上刘宏统治期间天灾不断，老百姓苦不堪言，于是，一场规模巨大的起义呼之欲出，东汉王朝由此进入了苟延残喘的阶段。

第二十六讲 一场"符水"中的革命

一

正当灵帝玩得不亦乐乎，宦官专权将东汉王朝带入最为黑暗年代时，一场规模空前的大起义终于上演了，这就是历史上著名的"黄巾起义"。

"黄巾起义"的领头人叫做张角，他是冀州巨鹿人（今河北平乡县），在灵帝刘宏即位后不久，他开始在魏郡（今河北邯郸和河南安阳一带）传教，他传的教叫做"太平道"。

"太平道"是东汉末期民间的秘密宗教。说起这个宗教，要从道教的起源说起。道教推崇的经典是老子的《道德经》，但从严格意义上，老子、庄子并不是道教的创始人，他们只是开创了道家，说到底是思想家，而非宗教的创始者。道教最早应该是从西汉时开始孕育的。

汉成帝时期，有个叫甘忠可的方士，写了一本《包元太平经》，说上天派了一个叫"赤精子"的神仙下凡来帮助大汉，他鼓吹改元变号，接受天命。但生不逢时，此时西汉是儒家治国，最讨厌这样的有神理论，甘忠可因妖言惑众而被处死。到了汉哀帝时，他的弟子夏贺民仍不甘心，继续将此书呈献天子，因当时哀帝久病不起，有些"急病乱投医"，就相信了他所言，又是改年号又是祭神仙，想让病情好转，结果折腾半天丝毫没有效果，夏贺民和他师父一样，最后人头落地。

虽然这套说法没有被皇帝所认可，师徒两人也先后被杀，但书籍和其中的思想在社会上传播开来。到东汉时期，又出现一位自称"神仙"的于吉，据说他得到了一百七十卷神书，叫做《太平清领书》，这本书由他的弟子宫崇献给顺帝，结果还是因"妖妄不法"而遭到封存。

但是张角却对这本书着了迷，他刻苦专研这本天书，并完全接受教义，以此创立了"太平道"，张角自称为"大贤良师"。这有点像后来的洪秀全，洪秀全是在科举失利后，偶得《劝世良言》并沉迷于此，创建了"拜上帝会"。

张角和甘忠可师徒不一样，后者是想让皇上接受他们所说，但张角却将传授对象指向了广大民众。短短几年中，张角和他的兄弟张梁、张宝走南闯北，宣传教义，信徒由最初的几百人迅速扩大到三四十万人。

"太平道"信徒数量如此迅速增加，可能有以下几个原因。一是当时瘟疫流行。东汉末年，是中国历史上著名的大瘟疫时代，在灵帝时代就爆发过五次大瘟疫。张角利用这样的时机，以"治病"的方式传教，张角兄弟声称病人喝下他们施过法术的符水就能痊愈，一些病人听后就来尝试，结果还真有一些人被治愈了。这样的治病方式本来毫无科学可言，但能取得这样的成效，很可能是"顺势疗法"在起作用，就是患者如果对一种治疗方法有充分的信心，就会产生强烈的心理暗示，对病症的抵抗力也会有所提高。同时张角兄弟也懂些医术，不排除在符水中添加一些药物。总之张角兄弟能治病的消息迅速传播出去，许多人都把他们当做"神仙"来加以膜拜。

更让这些病友赞叹的是，张角兄弟不仅医术高超，而且分文不取，如果有人自愿交钱，他们也不把这些钱收入自己腰包，而是用于救济贫苦百姓。张角兄弟告诉他们，只要加入"太平道"，就可以进入"太平世界"，那是一个没有痛苦，人人可以获得幸福的和谐世界，这对于生活在黑暗时代的百姓，仿佛看到了难得的光亮，所以一传十，十传百，"太平道"的名声得以广为传播。

二是东汉流民问题严重。东汉建立伊始，光武帝和汉明帝，对豪强地主进行了一定程度的打击，但并没有从根本上解决这个问题。由此带来的土地兼并愈演愈烈，大量的农民丧失了土地，这些农民只有两条出路，或者成为地主豪强们的雇佣，或者离开家园成为流民，不少人选择了后者。

由此流民越来越多，他们背井离乡，四处流窜，朝廷无法安置和赈济，结果导致他们无衣无食，甚至到了人相食的地步，而张角的"太平道"便成了他们最好的归宿，他们依靠宗教信仰得以解脱，同时还可以从其他教徒那里得到救济，所以流民迅速成为"太平道"的主要构成。

三是东汉后期道家思想的合法性得以承认。长期以来，儒家是汉朝的主流意识形态，但到东汉末期，情况发生变化。桓帝刘志在位时，举行了隆重的祭祀老子仪式，后来索性将老子的牌位请进皇宫。刘志作为中国历史上最荒淫无道的皇帝之一，这样大张旗鼓地膜拜道教，一方面是想通过道教保佑自己有个"龙种"，解决一直没有子嗣的难题。另一方面在他统治时期，一些农民暴动总是打着老子的旗号，他这样做，也是想占据意识形态的制高点。

但无论什么原因，皇帝对老子的尊崇使得道教得以迅速传播，这也客观上助长了"太平道"迅猛发展，因此"太平道"的信徒不仅有饥民、流民和病人，连一些官宦子弟、地方富豪、朝中大臣，甚至在宫中担任中常侍的宦官封谞、徐奉等人，也都成为张角的信徒。

队伍规模的不断扩大，给张角出了个难题，那便是该如何有效管理这个庞大的组织。张角先自封为"大贤良师"，然后将全国弟子封为三十六个"方"，每个"方"设置一个首领，直接听命于张角，大方有万余人，小方有六七千人，这些信徒家家户户都供奉张角，此时的张角已经被完全神化，加入""太平道""成为一股社会热潮。

"太平道"的动静如此大，自然引起了朝廷的注意。大臣杨赐和刘陶上书刘宏，说张角的"太平道"已成蔓延之势，如不加以镇压，恐成大乱，建议朝廷要高度重视"太平道"的威胁，先解决流民问题，然后逮捕张角，彻底清除"邪教"。但上书被封谞、徐奉等人扣压并没有呈给刘宏，刘陶面见刘宏时也提出这样的建议，但刘宏的心思根本不在这里，这事不了了之。

杨赐、刘陶所言确实不虚，张角的抱负并不在于传教治病，他的志向是改造世界，建立自己理想中的国家。实现这个理想，就必须推翻东汉的统治。

按照当时"五德始终"学说，汉朝是火德，取代火德的是黄色的土德，他们宣扬"赤德气尽、黄德当兴"，又以甲子为初始，意为除旧布新，所以张角提出了"苍天已死、黄天当立、岁在甲子、天下大吉"的口号，"苍天"代表腐朽的东汉政权，"黄天"则代表"太平道"所要建立的理想社会，提出这样的口号后，张角便开始准备起事。

二

张角最初的计划是让负责洛阳一带"大方"的首领马元义，联络宫中的宦官封谞、徐奉等人，里应外合，一举拿下洛阳。与此同时，三十六方同时起事，这样天下便可易主。他们确定的起事时间为甲子年即公元185年的三月初五。

在此之前，马元义做了许多造势工作，他派手下一些骨干分子进入洛阳城。不久以后，城里许多孩子都会唱"苍天已死、黄天当立、岁在甲子、天下大吉"的歌谣。朝廷衙门的一些大门上，也不时出现用白土写的"甲子"二字，当时负责首都治安的河南尹是何进，他对此也感到很蹊跷，但查了半天也没有查出个头绪。

正当起义紧锣密鼓筹备时，一件意想不到的事情发生了。马元义有位弟子叫做唐周，大概对"革命"前途产生了怀疑和动摇，向朝廷告发了张角、马元义起义的计划。刘宏和大臣们听后感到十分震惊，随即宣布洛阳戒严，然后关闭城门，在城内派出兵马搜捕马元义，抓到了他并用车裂的方式处死，同时在洛阳城大肆搜捕张角党羽，先后诛杀千余人。

清理完洛阳的信徒，刘宏派出军队去缉拿张角。张角已经提前知道洛阳城发生的事情，形势非常急迫，他派快马通知各方提前起事，他自称天公将军、弟弟张宝、张梁分别为地公将军、人公将军。起义军用黄巾包头，历史上称作"黄巾军"，这次起义被称为"黄巾起义"，这也是中国历史上第一次在宗教思想支持下的大规模的农民起义。

由于"太平道"信徒众多，遍布全国，东汉王朝十四个郡至少有八个郡出现了暴乱，而且不少郡县被黄巾军占领。特别是在洛阳周边的几个郡，都出现了暴动，对京师形成了合围态势。

一时间，告急文书从各地传到京师，贪玩的刘宏必须认真考虑如何应对了。他组织召开御前会议，让群臣商议破敌之策。商议的结果是首先稳固京师。于是刘宏任命何进为大将军，统率所有御林军和警备部队拱卫洛阳。同时在洛阳周边设置了八个关隘，每个关隘都派重兵驻守，并任命一位都尉为统帅，号称"八关校尉"，防止黄巾军势力进入洛阳。

稳固住京师后，下一步就是派兵讨伐各地黄巾军。当时可以委以重任的将领首推皇甫嵩，他是"凉州三明"之一皇甫规的侄子，他的父亲皇甫节曾担任雁门太守，一家人都为东汉镇守边关。皇甫嵩虽然是个军人，但很有政治头脑。他抓住这个机会，向刘宏提出一系列平定黄巾军的策略，包括解除党禁，大赦党人；将卖官的钱拿出招募和赏赐军士；下令让各地太守、刺史就地征兵；鼓励地主豪强自行募勇讨贼等。

刘宏觉得皇甫嵩所提建议大部分可以接受。只是对解除党锢有些犹豫，于是征询中常侍吕强的意见，吕强表示大家对党锢都有意见，党人在地方上盘根错节，势力不容小觑。如不赦免他们，恐怕会与张角合谋，到那时就晚了。现在如能大赦党人，惩治贪官、整顿吏治，则天下人心还可以收拾，盗贼自然也不难平息。吕强的话起了重要作用，刘宏下令解除了党锢，自此，党锢之祸宣告彻底终结。

就在此时，有人上书将黄巾军的兴起与宦官专权联系起来，上书的是郎中张钧，上书中直斥当时权势很大的十二位宦官，由于他们都官居"中常侍"，历史上把他们叫做"十常侍"，张钧说："窃惟张角所以能兴兵作乱、万人所以乐附之者，其源皆由十常侍多放父兄、子弟、婚亲、宾客典据州郡，辜榷财利，侵掠百姓。百姓之冤无所告诉，故谋议不轨，聚为盗贼。宜斩十常侍，县头南郊，以谢百姓。又遣使者布告天下，可不须师旅，而大寇自消。"应该讲，张钧的上书并不仅仅代表自己，实际上反映着当时许多人的心声。

刘宏看上去极为昏庸，但他深知统治之术，对于张钧的上书，他并没有驳斥，而是将上书下发给"十常侍"，让他们看看社会的呼声。平日里骄横无比的这些大宦官顿觉风头不对，赶忙脱掉官帽官靴，集体向刘宏请罪，并表示愿意捐出家产用来平叛。刘宏看到目的达到，便也就此收手。

在刘宏的驾驭之术下，面对黄巾军这个强敌，一直死掐的外戚、宦官和士大夫官僚暂时缓和了彼此的关系。刘宏知道平日里需要依靠宦官，但对付黄巾军，还是需要依赖文官武将。所以他封皇甫嵩为左中郎将，朱儁为右中郎将，统兵南下讨伐离洛阳最近的颖川一带的黄巾军，拜卢植为北中郎将，北上迎战张角主力。

卢植是幽州涿郡人，是个文武兼备的人才。他少年时拜在大儒马融门下学习，这个马老师很有意思，有时上课时会让美女在旁边载歌载舞，对此卢植气定神闲，眼珠从来没有在美女身上转一下，深受马老师的青睐，便对他悉心传授。他曾经参与平定地方叛乱，拥有一定的作战经验。

另一位统兵将领朱儁，出生贫寒，他从小吏做起，参与平定交趾的作战，建立军功，并被封侯。临行前朱儁向刘宏提出一个请求，想任命自己老部下下邳县县丞孙坚为佐军司马，跟随自己一起出征。

孙坚是一个传奇人物，他十七岁和父亲乘船外出做生意，海盗在岸上瓜分抢来的赃物，船主们都不敢前进。孙坚主动请战，他父亲觉得他年龄太小，没有同意。结果他自己操刀登岸，大呼小叫，指东划西，海盗以为来敌较多，纷纷逃散，孙坚追上去斩杀一人，由此名声大振。后来自己招募兵勇，配合官军讨伐自立为"阳明皇帝"的许昌父子，立下战功，被授予官职。朱儁觉得他是不可多得的青年才俊，后来事实证明，朱儁果然是慧眼识才。

战斗首先在南部战场展开，皇甫嵩和朱儁各率一军，攻击颍川黄巾军主力，黄巾军由将领波才统领。东汉军队首战并不顺利，被黄巾军击败，黄巾军一时气势很盛，但皇甫嵩毕竟是名将，他冷静地观察黄巾军，发现了一个重大的破绽，那便是波才让军队在草丛边安营扎寨，这为皇甫嵩提供了难得机会。于是他命令少数人点燃火炬登城防守，吸引波才军的注意，然后派出精兵绕到波才军营处，纵火后大呼，波才军队顿时乱作一团，城里的东汉军队乘势出击，波才军队四处逃散。

三

波才残部逃亡的路上遇到了东汉另一支军队，统领这支军队的是后来的一代枭雄曹操。

曹操的父亲叫做曹嵩，他是担任中常侍的宦官曹腾的养子。灵帝刘宏公开卖官，给了曹嵩机会，他出钱一亿买了个太尉。曹操出身在官宦家庭，家境很优越，不可避免沾染了官二代的习气，放荡不羁、游手好闲，在少年时代，做了不少荒唐事情。但是他后来收敛许多，改过自新，刻苦读书，并注重结交名士，曹操的诗文一流、文韬武略，和他青年时代的努力是分不开的。

因为他爷爷是宦官，父亲的官又是买来的，所以不少人看不起曹操，唯独老太尉桥玄很欣赏他，认为他是个奇才。桥玄让他去找一个叫做许劭的人，因为许劭专门品评天下名士，在这方面很有权威，他对一个人的评价往往会成为定论。桥玄让他找许劭进行品评，如果评价不错，无疑对曹操来讲是一个很好的广告。

曹操找到许劭后，两人谈论世事，曹操对答如流。许劭听后并没有下结论，曹操有些着急，直截了当要求许劭评价自己。许劭还是笑而不语，曹操很生气，一把抓住许劭的衣领，让他赶快下结论，许劭被逼无奈，便说了十个字——"治世之能臣，乱世之奸雄"，曹操对这个评价非常满意，高高兴兴地走了。人们经常说曹操是"乱世奸雄"，出处应该就是这里。

作为官二代，曹操很容易就步入了仕途，他二十岁时，做了郎官，后来调任洛阳北部尉，负责警戒京师各个城门。曹操上任后准备大干一番，先是修缮了各个城门，并在每个城门上挂了五种颜色的大棒，也可叫"杀威棒"，胆敢有犯禁的，不论是谁，即刻棒杀。当时刘宏非常宠信的宦官蹇硕的叔叔，不顾宵禁令夜里出来瞎溜达，曹操令左右将其拿下，并用乱棍打死。从此权贵们收敛行迹，无人敢犯。

由于曹操的背景，权贵们对他也没有太好的办法，找了借口让他离开京师去地方当了一个县令，但很快他又重返朝廷，担任议郎，他开始表现得很积极，针砭时弊，抨击权贵，为被宦官杀害的窦武、陈藩叫屈，表现出一派名士的风范，他的爷爷是大宦官，曹操是想用自己的所作所为与宦官群体彻底划清界限。但后来感觉东汉朝廷已经病入膏肓，无药可治，所以也就不再多事。黄巾起义爆发后，被任命为骑都尉，领兵讨伐，从此开始了曹操的戎马生涯。

曹操的首战很幸运，正好碰到了被皇甫嵩击溃的波才部，曹操带人乱杀一通，斩获不少。并与领兵追杀而来的皇甫嵩、朱儁合兵一处。没过多久，波才整顿逃兵聚众再战，又被击败。捷报传回朝廷，刘宏下令封皇甫嵩为都乡侯，由于朱儁曾经得罪朝中的宦官，这次没有得到封赏。皇甫嵩、朱儁、曹操趁胜进攻，在阳翟再次击败波才，波才在乱军中被杀，自此，颍川、汝南被平定。

皇甫嵩为人很正直，得胜后并没有贪功。他主动上书把功劳归于朱儁，并为他请功。朝廷封朱儁为西乡侯，并升曹操为济南相。受封后，皇甫嵩讨伐东郡，朱儁讨伐南阳，曹操到济南赴任，三人就此别过。皇甫嵩在仓亭一战中击败黄巾军卜已部，生擒卜已，平定东郡，随即奉诏北上驰援冀州战场。

为什么要北上驰援冀州？因为此时北方战场进展不顺利。北方战场的统帅是卢植，他带兵来到冀州后，开始进展非常顺利，接连击败张角。张角力不可支退守广宗城，与此同时，当地的太守、商人、大庄园主纷纷招募兵丁乡勇来侵扰黄巾军，这里面包括后来的蜀汉创始人刘备。

刘备自称是中山靖王之后，身上流淌着皇家的血液，但到他这一代时，家境已经非常败落，他以贩卖草鞋草席为生。虽然家道中落，但并没有消磨刘备的志向。他十分喜欢结交豪侠之人，先后结识了关羽和张飞，史书上并没有记载《三国演义》中的桃园三结义，只是说三人"寝则同床，恩若兄弟"，黄巾起义爆发后，他们也拉起一支队伍，加入到讨伐黄巾军的行列中。

卢植把张角包围在广宗城后，并没有急于进攻，而是挖掘壕堑，打造云梯，积极做好总攻的准备。这时候，朝廷派来一个叫做左丰的宦官前来监军，左丰不懂军事，只知道谋财，他暗示卢植向自己行贿，卢植不知道是没明白还是不愿意，总之没有遂左丰的心愿。

左丰回到洛阳后，在刘宏面前说卢植的坏话，说他怯战邀功。刘宏听信谗言，撤销卢植的职务，让西凉太守董卓接替。董卓是个大老粗，一直驻守边塞，他接任后，放弃了卢植的战术，而是主动进击，以求速战速决，但效果不好，接连吃了败仗，朝廷下令免除了他的职务，改由在南部战场所向披靡的皇甫嵩接替。

四

皇甫嵩到达北部战场时，正赶上张角病逝，黄巾军由张角的三弟张梁统率。皇甫嵩认为机会难得，就率军向张梁部猛扑过来，没想到张梁比张角更加骁勇善战，首战重创皇甫嵩。这一败仗把皇甫嵩打醒了，他不敢再轻敌，而是选择闭门不出，静观其变。

张梁所部看到皇甫嵩部受到重创，无力再战，不由放松了警惕，注意力逐渐松懈下来。皇甫嵩抓住机会，连夜调动兵力，偷偷摸到张梁军附近，等到公鸡一叫，突然发起攻击，黄巾军惊慌失措，四处逃散，张梁也无法压住阵脚，血战从黎明一直到中午，黄巾军战死三万多人，跳河自尽五万人，张梁也在乱军中被杀，场面和结局都非常的惨烈。

张梁部覆灭后，黄巾军的精锐尽失，东汉军队转入了全面反攻。没过多久，在巨鹿太守郭典的配合下，皇甫嵩围攻张角二弟张宝驻守下的曲阳，一举攻破城池，诛杀包括张宝在内的黄巾军十万人，所有的首级、战利品和俘虏悉数送往洛阳，并在洛阳城南将头颅堆成一座小山，上面封土，称为"京观"，刘宏率群臣前来观看，炫耀军功同时也给那些想造反的百姓巨大的心理威慑。

张氏兄弟被灭，黄巾军主力基本上消失了。但仍有一些零星的力量坚持斗争，其中据守宛城的黄巾军最为顽强，三进三出，反复争夺，与东汉军形成了拉锯。直到城池第四次被攻破，才停止抵抗。自此，持续不到一年的黄巾起义最后以失败告终。公元184年十二月，朝廷宣布黄巾之战结束，灵帝刘宏下令改年号为中平。

黄巾军起义有一个很突出的特点，就是准备时间很长，但持续时间却很短。张角兄弟到处治病传教，发展组织，用了很长的时间，但真正起事到最后失败，却只有九个月的时间。

所以这样，一般认为有以下几个原因，一是起义计划被叛徒出卖，导致在没有完全准备好的情况下仓促起事；二是张角兄弟没有明确的战略思想，自始至终没有建立政权组织，各个地区义军各自为战，缺少彼此支援配合，最后被各个击破，分而歼之；三是起义军缺乏基本军事训练，大多靠宗教狂热武装自己，遇到攻击，很容易一哄而散，不仅无法以少胜多，反而经常被人数远不及自己的东汉军队击败；四是没有赢取民心。起事时号称是农民起义，但起义后背离宗旨，没有采取有效措施赢得广大百姓的支持，反而逐步演化为一股盗匪。五是东汉的战力尚存。东汉末年政治腐败，但瘦死的骆驼比马大，东汉还拥有皇甫嵩、朱儁、卢植等一批有勇有谋的良将。六是面对的抵抗力量强大。黄巾军面对的不仅有实力很强的东汉官军，还有地方地主豪强等大小武装，寡不敌众，失败在所难免。

　　黄巾军起义虽然失败，但它对东汉的政局产生了深远的影响。为了尽快平定起义，刘宏采纳了皇甫嵩的建议，让各地地方长官就地征兵，让地方地主豪强自行募勇，直接导致具有野心的将领和地方官员借着黄巾军之乱，拥兵自重，割据一方，一场大规模的军阀混战揭开了序幕。

第二十七讲　两颗毒瘤的火并

一

黄巾起义虽然持续时间不长，但东汉此时本来已经摇摇欲坠，经过这一番折腾，更是元气大伤，剩下的日子只能是苟延残喘了。

紧张了一阵子的刘宏，终于可以暂时松弛下来，又能愉快地玩耍了。他迫不及待地下令兴建新的宫殿和园林。上行下效，以"十常侍"为代表的一些宦官也纷纷大兴土木。

平定黄巾军起义的头号功臣皇甫嵩对此看不下去，他经过邺城时，看见十常侍之一赵忠的府宅非常奢侈，就奏请刘宏没收宅子。凯旋回来后，他又拒绝了另一个大太监张让索贿的请求。刘宏视张让、赵忠为自己的爹娘，得罪这些人，后果自然很严重，皇甫嵩为自己的耿直付出了代价，立下大功的他却被降职削封，心灰意冷的皇甫嵩也觉得这个王朝已经没救了。

与之前的玩耍不一样，刘宏这次玩起了高科技。他设计了排水系统，把城外的河水引入洛阳的宫殿中，还建造了给出行御道洒水的设施，这些设施分布在御道两侧，在刘宏出行前进行洒水降尘。百姓看到这样的人工降雨景观很是新奇，但负责财政的官员心里却叫苦不迭，因为国库已经没有太多结余供刘宏折腾了。

刘宏解决亏空的办法还是卖官，而且更加变本加厉。三公九卿一类的高级官位被摆上了柜台。为了让生意更加兴隆，刘宏在西园修建了一个"万金堂"，颇有些"招财进宝"的意思。不过一直没变的是，刘宏始终把卖官的钱当做自己的"小金库"，为了镇压黄巾军起义，没办法忍痛拿出一些，等战事平息，便赶紧捂紧了口袋，把负担重新转移到百姓头上，他下令每亩田地增加赋税十文钱，各州郡的地方官也趁机夹带私货。

刚刚经历了瘟疫、灾荒和战乱的百姓如何能受得了这样的剥削。于是，刚刚平静不久的各郡县，纷纷爆发了大大小小的民变，再加上黄巾军的一些残余势力，一时间，各地动乱成星火燎原之势。这下子又让刘宏不能尽情玩耍了，需要琢磨如何才能将这些地方叛乱平息下去。

正当他犯难时，有人提出了一个非同寻常的建议——在地方上设置州牧，提出建议的人是担任太常职务的刘焉。

为什么说这个建议非同寻常？这要从汉朝地方治理结构说起。汉朝的地方政府分为郡和县两级，州并不是正规单位。当年在西汉武帝时，把全国划为十三个州，中央朝廷向每个州下派一个负责监察的官员，叫做刺史。也就是说，当初的"州"仅仅是个监察单位，而不是地方组织，十三个州相当于十三个调查区，刺史不是地方官员，而是中央派出的监察人员。当时还规定了刺史的监察范围和内容，超过范围和内容的，刺史也不能多管。而且为了让刺史更好地履行职责，规定刺史的俸禄要比郡太守低不少，这主要是想利用刺史的嫉妒心理更好地履行监察职责。

东汉建立后，这种情况发生很大变化，由于地方不断爆发民变，郡县军队无力抵抗，州刺史作为中央官员，开始协调军事行动，收取地方赋税，逐步演化成比郡更高一层的地方行政机构。但是在正式的编制中，还只是郡和县两级。虽然州刺史获得一定权力，却始终名不正言不顺。刘焉提出这个建议，就是让州成为一级地方机构，让州刺史的权力实现合法化。

刘焉的理由是目前很多地方都有乱寇，地方上由于刺史的名分和威望都不足以征调兵马进行镇压，而且朝廷派出的刺史大多都不称职，贪暴扰民。所以应该选派清廉的重臣出任州牧，到任后恩威并施，才能平定叛乱。刘焉所言有一定道理，如果叛乱初始在地方上得不到及时处置，等到中央朝廷派出军队时，叛乱往往已经升级，所以最好的方法是将叛乱消灭在萌芽状态，因此他的提议得到了不少大臣的赞同。

不过刘焉提出这样的建议，并不是完全为大汉着想，里面夹杂更多的是他自己的私心。他感觉大汉的气数将尽，洛阳难免会有血光之灾，所以必须要提前为自己和家人的安危着想。他先是申请到较为偏远的交州做官，以避免灾祸，在尚未得到朝廷答复前，他遇到了一个叫做董扶的算命先生，董扶对他说"京师将乱，益州分野有天子气"，益州就是今天四川、重庆一带，这话让刘焉不由动心。

但是他转念又想，自己作为京官到益州后很容易被地方官员架空，所以必须要想办法掌握地方上的实权。于是，他提出了这样的建议。这个建议虽然处于私心，但正好可以应对当下的时局。刘宏觉得这个建议可行，不要朝廷出兵出钱，只需增加一个地方机构，就可以平定各地民变，何乐不为呢。于是刘宏下令让刘焉出任益州牧，让太仆董琬出任豫州牧，让曾经担任幽州刺史的刘虞出任幽州牧。

二

刘焉的这个决定，看似变化不大，仅仅是将州牧合法化、正规化，但带来的影响却是巨大的，也成为了东汉覆灭的一个重要推手。

这是因为这次改制将地方上的行政权、军权和赋税权都集中于州牧手中，意味着他们有条件在自己的管辖范围构建独立王国，他们愿意忠于大汉，就是忠臣，如果不愿意，就会成为割据一方的军阀。事实上，没过多长时间，包括刘焉、刘虞等人在内，州牧或刺史大多都成为了军阀。彼此为争夺地盘和利益，相互征战讨伐，加速了东汉王朝的灭亡。

在做出设置州牧这个愚蠢的决定后，灵帝刘宏搞了一次"大阅兵"。参加阅兵式的既包括京师的军队，也包括一些地方的军队，有将近十万之众，规模可谓浩大。京师军队中最重要的是刘宏新组建的西园军，这支军队下设八个校尉，作为军队的首领，八人中包括袁绍、曹操等名人，但出任上军校尉，也就是最高统帅的，居然是一个叫做蹇硕的宦官。

这位蹇硕原本是伺候刘宏和董太后的一个太监，他与张让、赵忠等十常侍没有太多交往。起初他的地位并不显赫，但是随着时间推移，刘宏对身边的这位宦官越来越信任，觉得他可靠又能干，后来索性任命他做了上军校尉，可以说是一步登天。

大阅兵如期举行，刘宏站在新建的阅兵台上的巨大华盖下观看各种兵种行进演练，然后由大将军何进陪同，巡视军阵，将士们三呼万岁，响声震天，刘宏显得兴致很高，不由陶醉于此，似乎武帝时代大汉的军威又一次回来了。

他有些得意地让身旁的讨虏校尉盖勋说说感想。盖勋这人是个直肠子，丝毫没有给刘宏面子，他说："现在盗寇都在边远地区，陛下却在京师阅兵，这不足以展示陛下的威严，最多算是穷兵黩武罢了。"要在平日，刘宏听到这样的话一定会大怒，但出人意料的是刘宏这次并没有生气，反而对盖勋说："爱卿说得好啊，朝中群臣都没有说过这样的话。"看来，糊涂昏庸的刘宏也有清醒的时候，但是这种间歇性的清醒实在太短暂了。

轰轰烈烈的大阅兵就这样结束了，这场阅兵非但没有重建东汉中央朝廷的威严，反而加速了它的崩溃，因为这场阅兵前刘宏将蹇硕封为西园军统帅，直接导致蹇硕和大将军何进之间的矛盾。

刘宏为什么让蹇硕一步登天打压何进呢？这还要从刘宏选立太子

说起，刘宏有两个儿子，一是何皇后所生的刘辩，一个是王美人所生的刘协。刘辩从小就被送到民间，由一位姓史的道士代为抚养，刘协的母亲王美人被何皇后毒杀后，刘宏担心他遭遇不测，就把他交由自己的母亲董太后抚育。

随着时间的推移，两个孩子逐渐长大，立储之事迫在眉睫。按理说，刘辩是当之无愧的第一人选，不仅是长子，而且是嫡出。但刘宏心里更想立的却是刘协。主要的原因可能有两个，一是王美人被何皇后所害，虽然废后之事在宦官们的哀求下没有办成，但刘宏心里对何皇后非常厌恶，对王美人也有所愧疚，由母及子，自然对刘协怜爱有加。二是就两人自身表现来看，刘辩由于一直寄养在道士家里，言行举止难免不太规矩，而刘协在董太后身边长大，从小受到正规教育，素质修养更胜一筹。

但刘宏也知道，废长立幼并非易事，这不仅不符合常理，会有人出来反对，更重要的是刘辩背后的势力很强大，生母是当今的皇后，舅舅何进是大将军，而且以"十常侍"为代表的宦官集团也支持何氏家族。

在这种情况下，刘宏必须要找到信得过的人来完成他的心愿。于是他就选择了蹇硕，虽然身为宦官，但蹇硕和十常侍没有太多往来，与何进更是毫无瓜葛，他一直在刘宏身边服侍，表现得很不错，所以就被刘宏选中，一再提拔他，最后让他坐上了上军都尉这样的高位。

不过刘宏这个选择看上去并不高明。蹇硕此前只是一个"小黄门"，既没有十常侍那样的势力集团做依靠，又无法与何进的权势相较量，除了刘宏的信任，蹇硕在朝中毫无根基。而且刘辩是嫡长子，继承皇位名正言顺，刘宏生前不用天子权威来解决这个问题，却寄希望于自己死后，由蹇硕完成这个任务，看上去有些异想天开。

虽然勉为其难，但蹇硕知道刘宏的用心，也决心想尽一切办法，来完成刘宏的重托。他很清楚自己虽然名为军队统帅，但实际军权掌握在何进手里，当务之急是将何进手里的实权抢过来。于是他上书灵帝刘宏，让何进带兵去凉州抗击反叛的地方势力韩遂，意图调虎离山。

何进身边的幕僚们都力劝他不能上当，但他又不能违抗旨意，于是何进想了个办法，他先派袁绍的兵马去青州、徐州平叛，并暗地里不让他回京，然后借口西征少不了袁绍的兵马，暂时无法出征，这件事情就一直拖了下来。

三

公元189年四月，刘宏突然病重，他把蹇硕和刘协叫到病榻前，让蹇硕好好扶助刘协，算是临终托孤。蹇硕痛哭不止，连声答应。刘宏很快就驾崩了，蹇硕知道要完成刘宏的遗嘱，保住自己的权位，就必须痛下杀手除掉何进。

他很快做了相应的布置，先是隐瞒刘宏驾崩的消息，然后派人假传何皇后旨意让何进进宫，准备就此除掉何进。何进不知是计，急匆匆地向宫里赶来，也许真是命不该绝，到了宫门口遇到了一个熟人，这人叫潘隐，他是蹇硕的幕僚，对诛杀何进的计划很清楚，但他同时又是何进的好朋友，看到准备进宫的何进，他一个劲儿朝何进使眼色，何进恍然大悟，知道其中有诈，急忙跑出宫外，赶到西园军中，传令让兵马接管洛阳的全部防务，并迅速派人到史道士家找到刘辩，在群臣的前呼后拥下登上了帝位，成为东汉王朝倒数第二位皇帝。

蹇硕一看自己的计划失败，觉得拥立刘协为帝已无可能，但他不甘心失败。立即写信给十常侍，请求他们与自己合力，诛杀何进和他的兄弟何苗等党羽。十常侍对此意见不一，有的同意蹇硕的意见，觉得何进对宦官始终是个危险。但有的不同意，其中有位叫做郭进的中常侍，当年正是他收取何家贿赂将何皇后送进宫，所以一直以来与何家关系很密切，他不仅表示反对，还偷偷把蹇硕这封信拿给了何进看。

何进看后大怒，立即调动人马去捉拿蹇硕，蹇硕虽然贵为上军校尉，但实际上没有兵权，如今又失去了刘宏这个靠山，只能任人宰割，结局可想而知。

蹇硕被处死后，何进将权力牢牢控制在自己手中。由于刘协并没有参与此事，况且刘辩又刚刚登上皇位，何进觉得还是应以稳定为大局，所以并没有株连太多，就以刘辩的名义，封刘协为渤海王，后来改封为陈留王。

就这样，朝中的大权又落到了外戚手中。没想到，这居然引起了董老太后的不满，董太后的弟弟董重担任骠骑将军，是军中仅次于何进的二号人物。董太后仗着自己弟弟撑腰，再加上对未立刘协感到不满，于是处处与何家作对，经常和何太后发生冲突，甚至说出了"要让董重砍掉何进的脑袋"的狠话。

这话传到何进的耳中，他当然不会等闲视之，同时他听说董重与十常侍来往比较频繁，于是决定除掉董氏姐弟。他与其他大臣联名上书说董太后本来只是一个侯夫人，只因生下灵帝刘宏才当上太后，当初灵帝刘宏是以桓帝刘志的养子身份登上帝位，正牌的皇太后应该是桓帝的皇后，因此董太后没有资格继续留在洛阳，而应该回到当初的封地。

由于朝政完全被何家把持，何进说什么，刘辩都同意。何进下令派兵包围了骠骑将军府，事出突然，董重完全没有防备，只好被迫自杀。董太后受此惊吓，不久也暴病而亡。董太后死得比较突然，民间盛传是何进毒杀了董太后，朝臣和百姓对此多有不满。何进觉得自己很冤枉，这时有人向他告发，关于何进杀害董太后的谣言都是十常侍散布的。

四

对于十常侍，何进心里非常忌惮，窦武、陈蕃的惨死，让他知道这些宦官的能量，但如何处置十常侍，何进心里也没有准主意，他觉得当初没有宦官帮助妹妹入宫，何家也不会飞黄腾达。在刘宏决定废后时，又是十常侍挺身而出化解了危机。但是这些宦官权势实在太大，对自己始终是一个不小的威胁。

正在何进犹豫不决的时候，他手下的袁绍建议彻底铲除宦官集团，诛杀全部宫中太监，斩草除根而不留后患。袁绍的出身相当好，从他高祖父袁安起，四世之中有五人官拜三公，所以这个家族有"四世三公"的美誉。在党锢之祸中，袁绍支持党人并帮助他们避难，对宦官专权深恶痛绝。他当时的言行引起了宦官们的不满，赵忠就曾经警告过他。他的叔父司徒袁隗听到这个风声，斥责袁绍说他这样做将会灭绝袁家，但袁绍不为所动。

大阅兵时，朝廷组建西园新军，袁绍被任命为中军校尉，曹操为典军校尉，都位列八校尉之一。刘辩即位后，袁绍的叔父袁隗和何进共同辅政。袁绍与何进的关系一直不错，何进很赏识他，觉得他是一个人才，袁绍渐渐成为何进的心腹。

在刘辩即位之初，他就向何进提出伺机铲除宦官的建议。袁绍认为现在正是天赐良机，十常侍失去了刘宏这个靠山，而何进手握兵权，如果能一举铲除宦官势力，何进将可以彻底掌控朝局并能够名垂青史。何进听袁绍这样说，心中不由动了念头。

令何进没有想到的是，他遇到最大的阻力，竟然来自于自己的妹妹何太后。这是为什么呢？因为十常侍不是等闲之辈，他们经历了许多政治争斗，对当前形势有清醒的判断。看到势头不太对，他们就找到何太后。当初十常侍有恩于何太后，而且何太后这个人比较贪财，他们就投其所好，将大量财宝送予何太后及她的母亲舞阳君和弟弟何苗。

所以当何进向自己妹妹提出要铲除全部宦官时，何太后当即表示反对。何进碰了一鼻子灰，回来找袁绍商量是否可以只杀一些过于放纵的宦官，对其他人放一马。但袁绍不同意，还是坚持要斩草除根，否则祸患无穷。两人无法达成一致意见，这件事情就拖了下来。

看到何进犹豫徘徊，袁绍非常着急，他知道何进心有顾虑，于是给何进出了另外一个主意，便是征召地方官员带兵入京，以清君侧的名义要求何太后同意铲除宦官。

对此何进还是拿不定主意，让手下心腹幕僚们来讨论。不少幕僚对此坚决反对，陈琳认为何进作为大将军凭借自己的实力就可以成事，一旦各地兵马到洛阳，朝廷会陷入一片混乱。曹操则认为从古到今都有宦官，专权是因为天子使用不当，所以只需诛杀元凶即可，根本没有必要召外兵入京，如果想把全部宦官诛杀，计划很容易走露，一旦泄露出去将会很难收场。

这些意见讲得很有见地，但何进并没有听进去。他越琢磨越觉得袁绍的建议可行。征召外兵入京，自己既可以不与何太后发生正面交锋，还可以借此实现铲除宦官的目的。于是，他秘密下令让西凉的董卓、东郡太守桥瑁等外地将领带兵入京。并让自己的部下王匡、鲍信等到泰山郡招募军队。

五

收到何进的命令后，桥瑁、丁原等人带兵进逼到洛阳附近，董卓的动静更大，他发布檄文公告天下，然后率军向洛阳进发。十常侍得知消息非常惊慌，跑去向何太后哭诉，想抓住最后一根救命稻草。何太后让何进通知董卓等人退兵，何进无奈只好让这些外来兵马暂时停止前进。

袁绍得知这个消息后更加着急，他对何进说："目前已形成对垒之势，将军又在等待什么？如果不早下决断，恐怕日久生变，将军有可能成为第二个窦武。"当年的外戚窦武准备铲除宦官集团，但宦官们先下手为强，最终使窦武父子被迫双双自杀。

袁绍提到了"窦武"这个名字，让何进顿时清醒起来，为了避免窦武的惨剧发生在自己身上，他决定采纳袁绍的意见，一方面让董卓等人继续进兵，另一方面让洛阳的司法部门指控十常侍，以便让何太后下令辞退所有宦官，只留何进的人在宫中。

此时已经到了"鱼死网破"阶段，十常侍看到何进已经下了决心，要对他们赶尽杀绝。他们去何太后那里哭哭啼啼，表面上装出一副可怜相，向太后表达不舍之情，希望能在走以前再服侍太后几天。何太后耳根子软，看到他们的样子，就同意了这个请求。

十常侍断然不会坐以待毙，在争取到时间后，他们开始了反击。先派亲信埋伏在大殿外，然后假传何太后的懿旨，让何进进宫商量事情。袁绍、曹操等觉得其中有诈，劝何进谨慎从事。何进觉得自己已经掌控了局势，不会有太大问题，所以只带了少数人马进宫，到了宫门口，他的随从都被挡在门外，只允许何进一个人进去。

何进走到大殿门口，张让、赵忠和埋伏的宦官们一涌而出，何进被持刀的他们团团围住，张让痛斥何进说："天下大乱，并不是我们宦官有罪，当初你妹妹毒杀王美人，差点被废掉，多亏我们求情才保住位置，也才有了何家的荣华富贵，没想到你恩将仇报，要诛杀我们，这是不是太过分了。"一席话还没说完，这些宦官们群情激奋，一哄而上，将何进砍成肉泥。

在宫门外的何进随从，等了很长时间没看到何进出来，反而看到宫门突然关闭，顿时觉得大事不好，一面派人回去报信，一面开始冲击宫门。袁绍同父异母的弟弟袁术率先赶到，他下令放火，烧毁了南宫的宫门，然后破门而入。

袁绍、曹操等随后率兵赶到。情急之下，张让、段珪等宦官劫持何太后、刘辩、刘协等人向北宫跑去，逃跑途中，何太后跳楼后被卢植等人所救。袁绍带兵直奔北宫，封锁了北宫门，下令杀尽宫中太监，但许多士兵不认识谁是太监，于是袁绍下令，见不到胡子的男子皆可杀，有不少冤魂由此做了刀下之鬼。

张让、段珪带着刘辩、刘协，一路跑到了黄河边的渡口。卢植派一名叫做贡闵的官员前去追赶，终于在渡口边截住了张让一行，这些宦官走投无路，只好投河自杀。

这场宫廷混战，直接的后果是困扰东汉一百多年的最主要问题，即外戚和宦官轮流专权的灾祸终于解决了，外戚和宦官这两颗毒瘤，自相残杀，同归于尽，灰飞烟灭，被抛进了历史的垃圾堆里。

第二十八讲　不靠谱的义父子

一

何进听从袁绍的建议，征召董卓等外地将领进京来铲除十常侍。董卓走到半路，京城里就发生了大乱，何进被杀，十常侍被灭。董卓听到这个消息，下令让军队加速向洛阳进发。

董卓是将东汉送上末路的重要推手，他出生在汉族和羌族杂居的陇西。据史书记载，董卓勇猛过人，善于骑射，性格非常豪爽，和羌人的关系处得很好。在桓帝刘志当政时，董卓在洛阳的"羽林军"服役，到黄巾军起义时他已经是并州刺史、河东太守，成为了地方大员。因在镇压黄巾军作战不利而被罢官处罚，后获得赦免，被重新起用后在凉州一带与羌人作战。

人生的种种起伏，董卓越来越深刻认识到枪杆子的重要性，尤其在乱世之中，什么时候都不能放弃军权。因此，东汉朝廷任命他为"少府"，让其离开凉州军队到京师任职，被他找了个理由拒绝。后又任命他为"并州牧"，董卓虽接受了职务，但是却拒绝交出军队，带着自己的人马到太原赴任。没过多久，就接到率部进京的命令，董卓由此走到历史舞台的中央。

在进京的路上，董卓遇到了被贡闵护送的刘辩和刘协，朝中的不少公卿大臣这时也赶来接驾。有的大臣看到董卓霸气外泄,害怕他到京城后难以控制,就对董卓说"有诏却兵",就是皇帝已经下令,让你们这些外来兵马退兵,从哪里来的回哪里去。董卓听后非常生气,痛斥这些大臣说:"你们都是国家的重臣,却不能匡正王室,致使天下动荡,凭什么让我退兵。"董卓这席话说得理直气壮,样子也足够凶,这些大臣就不敢再多言。

董卓随后觐见天子刘辩,询问事情的前后经过。刘辩刚刚受到惊吓,还没完全恢复平静,所以说话支支吾吾,显得语无伦次。倒是旁边陈留王刘协非常镇定,把这两天的来龙去脉一一叙述,刘协就此给董卓留下了很好的印象。

大队人马回到洛阳,此时董卓的任务已经完成。按理说应该带着自己的人马返回凉州,或者去受封的并州,但请神容易送神难,董卓决定留在洛阳不走了,因为他看到了控制朝政的难得机会。

董卓此时最大的顾虑,是手下的兵马太少,他只带来三千人。倘若洛阳城中的袁绍等人想收拾他,恐怕他很难待得住。董卓这人看上去粗野蛮横,但不乏有些智谋,他密令自己的兵士夜里悄悄出城,第二天又大张旗鼓地入城,让其他人感觉西凉援兵源源不断,没有人清楚到底来了多少西凉兵马。

当时奉何进之命在泰山郡征兵的鲍信率军到了洛阳,他向袁绍建议,说董卓此人野心很大,应该趁他立足未稳而一举消灭之。袁绍性格上最大的弱点就是犹豫不定,不能当机立断。对于鲍信的建议,他左思右想,迟迟不能决断。鲍信大失所望,带着自己兵马返回了泰山郡。

董卓就这样度过了第一个危机。接下来他趁势收编了何进、何苗的旧部,使自己本来不强的实力迅速膨胀,取得了优势地位。董卓这时候可以按自己的想法做事了,他首先要做的居然是要废掉天子刘辩。

为什么董卓如此急迫地要废掉刘辩?显然不是因为在董卓心目中刘协更为圣贤,他压根不会为东汉社稷着想,心里满是自己的小算盘。一方面废掉刘辩改立刘协,董卓就此有了拥立之功,刘协的母亲许美人被何太后毒死，没有太后可以临朝称制，他便可以把持朝政了。另一方面董卓也是做给群臣们看，连天子都敢废立，没有什么他不敢干的事情，群臣们还是乖乖听话为好。

一天，董卓对众臣说："皇帝暗弱，不可以奉宗庙，为天下主。今欲依伊尹、霍光故事，更主陈留王，众卿以为如何？"这席话出乎所有人的意料，顿时朝堂上鸦雀无声。沉默后一个人站出来提出明确的反对意见，这个人就是卢植，但他的仗义执言带来的是撤职流放，其他大臣也就不敢再多说话。

二

此时洛阳城除了董卓，剩下最有威望的便是袁绍，所以废立天子之事，他必须找袁绍商量一下。董卓请袁绍到自己府上来商议此事，袁绍当即表示不同意，董卓很生气，手里按着佩剑说："竖子竟敢如此？天子之事，岂不在我？我欲为之，谁敢不从，你是不是觉得，我董卓的剑不够快。"

董卓的话简直就是横着出来的，意思也很明确，找袁绍商量，是给袁绍面子，不要敬酒不吃吃罚酒。袁绍毕竟是"四世三公"家族出来的，根本就不吃董卓这套，他也拔出佩刀，横在胸前说："天下的豪杰，难道只有你董卓吗？"说完昂首走出董府。

虽然表现得很硬气，但袁绍知道自己的实力已经无法与董卓抗衡，这次虽然顺利脱险，但很难继续在洛阳待下去了，他回到自己的府邸，收拾了一下，将官印等挂在城门口，逃出洛阳到河北去投奔冀州刺史韩馥。

赶走了袁绍，剩下的唯一障碍就是丁原。丁原也是奉何进之命从外地带兵入京的，此时被封为执金吾。丁原手下有一员猛将叫做吕布，这位吕布出身贫寒，没读过什么书，却武力超群，是个打仗的好手，他骑着一匹少有的良驹，名曰"赤兔"，所以人们赞叹"马中赤兔，人中吕布"。

丁原对吕布非常不错,一直把他带在身边,自己做并州刺史时,提拔吕布做了骑都尉。但吕布这人毫无感恩之心,只贪图荣华富贵,董卓抓住他的这个弱点,不断地以利益诱惑吕布,经不住诱惑的吕布,很快就提着丁原的首级投靠了董卓。董卓收吕布为义子,并让他做了自己的贴身侍卫。

赶走袁绍,杀掉丁原,所有障碍都被扫除。公元189年阴历九月,董卓将刘辩废为弘农王,将刘协立为新君。两个同父异母的兄弟,实现了上下易位。接着董卓又以何太后曾经逼宫董太后为由,将何太后赶到了永安宫幽禁。这还不算完,没过多久,他派人先后毒杀了何太后和刘辩。刘辩在位实在太短,而且大部分时间是在兵荒马乱中度过的,所以死后连谥号都没有,历史称他为"少帝"。

刘协即位,成为东汉王朝最后一位皇帝,就是著名的"汉献帝"。董卓拥立有功,得到了最高的封赏,坐上了太尉的位置,同时享受"赞拜不名"、"入朝不趋"、"剑履上殿"的特别待遇,这让董卓成为继萧何、霍光、梁冀后第四个享有这样特权的大汉重臣。

董卓从此把控了朝政,但他心里清楚自己是外来人,不少大臣对他很有意见,要想稳住局面,就必须启用一些"名士",所以他当政后并没有急于重用自己的手下,反倒是将一些"党人"和名士提拔起来,包括蔡文姬的父亲蔡邕。同时为了安抚一些大家族,他对流亡在外的袁绍封官进爵,并提拔了袁绍的弟弟袁术。

这些做法表明,在上台初期,董卓希望与名门望族、党人名士达成妥协。但是这些人并不领情,或者更确切地说,这些名士觉得董卓就是一个土军阀、野心家,实在不愿意和他穿一条裤子。虽然都被封了官,但还是想方设法从洛阳城逃走。

袁术受封后不久就跑到了南阳,曹操随后化妆逃出了京师。《三国演义》中对曹操逃跑有非常精彩生动的描述,大意是说曹操原本想杀董卓,但在拔刀时被发现,曹操只好改作献刀,心生畏惧,连夜逃亡。

这段故事在正史里并无记载，杜撰的成分居多。

三

洛阳城不少官员逃跑的同时，地方上的实力派们也纷纷串联，谋划讨伐董卓。开始领头的是曾经奉诏进京的桥瑁，但后来因为袁绍出身高贵，在朝中曾经担任要职，所以就被推举为讨董联军的盟主，这支联军在历史上被称为"关东联军"。

这支军队规模比较庞大，包括鲍信、桥瑁、王匡、韩馥、袁术，还包括陈留太守张邈、广陵太守张超、兖州刺史刘岱等人，号称有几十万兵马，并对洛阳形成了一个弧形的半包围圈。

面对这样不利局势，董卓做了一个非同寻常的决定，便是迁都长安。他这样做，一方面洛阳面临着联军直接威胁，且几乎无险可守。而长安有武关、函谷关等天险，易守难攻。更重要的是迁都长安后，他距离自己的大本营西凉更近，打不赢可以退守自己的老巢，在战略上可进可退，比较主动。

尽管迁都遭到了朝中一些大臣的反对，但此时只要董卓想干的事情，没有人能够拦得住。他先让刘协带着群臣西迁，自己则留在洛阳，处理一些善后事宜。

所谓的"善后事宜"，其实就是杀人放火。说到底董卓是个杀人不眨眼的军阀，决定放弃洛阳后，他放任手下军队进行洗劫，一时间繁华的洛阳变成了人间地狱。他下令强制洛阳百姓西迁，许多人死在路途之中。蔡文姬就是在这场浩劫中被兵士劫持，后来被卖到匈奴，这才有了后来文姬归汉的故事。

当初董卓还想安抚袁氏家族，现在听说袁绍做了联军盟主，一不做二不休，迁都之前，将袁家五十多人全部杀死，包括袁绍的叔叔太傅袁隗。除了袁家，董卓对反对派大臣也大开杀戒。临走前，董卓用一把火烧掉了洛阳的宗庙、官府、居家，洛阳城二百里建筑物皆毁。

董卓大开杀戒时，联军却一直按兵不动。这是因为这支军队看似庞大，但其中存在许多隐忧。最大的问题是关东联军由各地方势力组成，虽然推举袁绍为盟主，但实际很难统一指挥。每个头领心中均有自己的小算盘，都希望别人出击而自己坐收渔利。

倒是兵马最少的曹操表现很积极，他从洛阳成功逃脱后，回乡招募了一些兵勇，包括他的堂弟曹洪、大将夏侯惇等，投靠陈留太守张邈后参加关东联军。

看到大家都按兵不动，曹操决定自己单干。他率军主动进攻，但因实力不济而被董卓手下将领徐荣击败，此战中曹操自己中箭，战马也受伤，曹洪把自己的马让给了曹操，曹操才保住性命。回到大本营后，他看到其他将领依然饮酒作乐，很是失望。他向袁绍进言，希望抓住机遇，主动出击，也得不到回音。所以曹操对联军不再报什么希望，脱离联军自己组建军队去了。

袁绍进攻董卓不积极，对拥立新皇帝却显得非常上心。他以刘协被董卓劫持生死未卜为由，与韩馥联合提议拥立新帝，选中了具有皇家血统担任幽州牧的刘虞。他的提议遭到了曹操坚决反对，连自己的弟弟袁术也表示不赞成。袁绍仍不甘心，直到刘虞本人坚决拒绝当这个皇帝，才算罢休。

联军中唯一的亮点是孙坚，孙坚起初并没有加入联军，后来他由长沙北上，杀了荆州刺史王睿和南阳太守张咨后，投靠到袁术麾下，被封为破虏将军，兼领豫州刺史，率军与董卓军队直接交上火。

孙坚与董卓军队首战并不顺利，遭到大败，自己率几十人突围而出，险些丢了性命。收集残兵后，孙坚严厉整训，积极备战，不久率军大败胡轸、吕布，在洛阳附近又击败董卓亲率的军队，一举收复洛阳，清扫宗庙、祭拜天地，总算为联军挽回一些面子。

但是孙坚的胜利，并不能掩盖联军的颓势。联军内部依然矛盾重重，这些矛盾突出表现在后勤补给方面。譬如韩馥惧怕袁绍吞并自己，一度减少对联军的粮食供应，致使联军被迫返回原地，无法主动进攻。

再如孙坚大败董卓军队后，袁术害怕孙坚的势力快速扩张，于是也不再给孙坚供应军粮，孙坚只好从前线返回和袁术沟通后，才又恢复粮食供应。

董卓被孙坚击败后，只好向长安方向退却。联军暂时失去了攻击的目标，于是内部矛盾开始呈现白热化，从起初的切断后勤供给逐步演化成相互残杀，最早起兵的桥瑁被一直与他有宿怨的刘岱所杀，袁绍计取了冀州，并逼迫韩馥自杀。袁术和荆州刺史刘表交恶，一直不和的袁绍袁术兄弟也公开决裂。

四

联军内乱最大的受益者无疑是董卓。孙坚占领洛阳后，继续进军攻击新安、渑池一带的董卓军队，想一鼓作气直取长安。

但意想不到的是，正在准备进军时，袁绍和袁术翻脸，袁绍派周昂率军进占豫州。豫州本是袁术封给孙坚的地盘，孙坚得此消息只能停止西进，挥师东去讨伐周昂，据记载，孙坚回师时很是感慨，说："我们同举义兵，目的是为了挽救江山社稷，如今逆贼将被扫灭，内部却如此争斗起来？我能跟谁同心协力，回天转日呢？"说完泪如雨下，不能自已。

联军的自相残杀，让董卓心中一块石头终于可以落地了。他到长安后，让刘协封自己为太师，地位仅次于天子，自己的车马、仪仗、服饰等与皇帝几乎没有差别。他大兴土木，为自己建造了气势恢宏的府邸。一人得道鸡犬升天，他不仅加封弟弟、侄子，让他们掌握实权，连不懂事的孙子也封为侯爵。

董卓的所作所为遭到朝臣们的憎恶，但大家却是敢怒不敢言。董卓对此心里像明镜儿似的。对于任何敢于反对他的人，他的措施简单粗暴，统统用武力来解决。即使对自己的老上级担任卫尉的张温，因为不满于他，也被董卓派人活活打死。

张温之死更加重了群臣的畏惧之心，有些大臣认为与其等着被董卓所杀，还不如想办法除掉这个"恶魔"，这些人里就包括司徒王允。

王允这个人非常耿直，初入仕途时曾经得罪过大太监张让和灵帝刘宏，所以宦海沉浮，几次都有性命之忧。但后来经历的事情多了，政治上变得越来越成熟。董卓带兵进入洛阳的所作所为，让王允意识到董卓是一个大毒瘤，不除此人天下难安。但王允很清楚董卓实力强大，如果正面交锋，无疑是以卵击石。董卓初始拉拢名士，王允也是被拉拢对象，他就顺势归顺，尽量迎合董卓，得到了董卓的信赖。

但他从没有忘记自己的使命，一直在暗中组织和筹划诛灭董卓。他与一些心腹大臣秘密商议，决心采用宫廷政变的方式除掉董卓。同时，他也一直在观察董卓的破绽，等待良机的来临。

不久王允终于找到了这个破绽，那便是董卓的义子吕布。吕布当初杀了对他有恩的丁原投靠董卓，并得到董卓的信任，收为义子并做了贴身侍卫，有吕布在身边护卫，一般人不可能刺杀董卓。但堡垒往往最容易从内部攻破，吕布这个人最大的特点就是见利忘义、卖主求荣，王允也正是抓住了这一点。

王允知道董卓和吕布虽然是义父子，但其实并不是铁板一块。之所以有这个判断，是因为王允有次去董卓府上奏事情，看到董卓向吕布发火，怒火冲天时居然拔出手戟掷向吕布，吕布急忙躲闪，跪地谢罪后，董卓方才罢休，王允对此场景看在眼里，心中也生出了计谋。

王允开始有计划地接近吕布，很快两人的关系变得密切起来。《三国演义》中为此写了一段非常精彩的"连环计"的故事，董卓、吕布、貂蝉三角恋引发的血案，至今仍为人津津乐道，但正史上并没有这样的记载。中国古代有"四大美女"，杨贵妃、王昭君在史书上都有记载，西施也有记载但很简单，唯有貂蝉没有任何的记载。

虽然没有貂蝉的记载，但吕布反目确实和女人有关。吕布是个美男子，英武有型，自然受到不少女子的垂青，这里面就包括董卓府中的小妾，不知是谁先主动，总之吕布和小妾的关系暧昧，不清不楚，吕布心里知道，如果此事被董卓发现，依照这位义父的脾气，自己的下场想必会非常惨烈。所以他经常提心吊胆，充满焦虑。

吕布有次在王允家喝酒，可能是喝得有些高，不由地发出感慨，说董卓怀疑自己，恐怕自己活不长了。王允略带试探说："既然如此，不如先下手杀掉董卓。"这句话说得太过大胆，一下把吕布吓到了，半晌说不出话来，后来自己嘀咕道："可董卓是我义父啊。"吕布说出这句话表明，他对王允的提议并没有坚决予以拒绝。王允趁势说："你姓吕，他姓董，算什么父子，况且他拿戟扔你时，他还顾及父子之情吗？"这话说得很到位，彻底击垮了吕布的内心。

董卓身边最信任的人就是吕布，连吕布都成为了自己的敌人，董卓的末日很快就要来临了。公元192年三月，刘协生了一场病，一直不见好，直到一个月后终于痊愈。按照惯例，群臣都要到未央宫去祝贺，董卓自然要参加。王允认为这是一次难得机会，提前做了精心布置。他让吕布的手下李肃等人在北掖门护卫，伺机而动。又让人写了一封诛杀董卓的诏书给了吕布。

一切布置停当，只待董卓上钩。董卓的车马进了北掖门，吕布向李肃使眼色，埋伏的护卫一涌而出，将长戟投向董卓。董卓这人很狡猾，他知道自己得罪人太多，所以处处提防，在朝服里穿着软甲，因此这些长戟并没有伤到董卓。董卓一边躲闪，一边高呼："吕布何在？"呼叫吕布来保护自己。

吕布如愿出现在董卓面前，不过这次和以往不同，他的使命并非保护而是诛杀自己的"义父"，吕布拿出诏书对董卓说："有诏在此，命讨贼臣。"董卓做梦都想不到吕布居然背叛自己，不由对他痛斥一番。吕布怒不可遏，一戟刺入了董卓的胸口，不可一世的董卓就这样一命呜呼。吕布接着说诏书只是让诛杀董卓，和其他人没有关系。董卓的手下看到此情此景，先是愣在那里，后来爆发出欢呼声。

董卓被杀后，他的尸体被游街示众。董卓身材肥硕，天气又热，据说油脂流了一地，看守尸体的士兵找来灯芯，放在他的肚脐上点燃，这样董卓就成为一个大蜡烛，据说烧了好长时间才燃尽。

董卓一死，长安百姓欢呼雀跃，一个毒瘤终于被清除了，人们载歌载舞欢庆这来之不易的胜利。善良的百姓们认为董卓一死，太平日子就会到来了。但历史又没有按照他们的想象发展。董卓的死，使得军阀混战空前爆发，一场更大的灾祸就要来临了。

第二十九讲　挟着天子令诸侯

一

王允联合吕布发动了宫廷政变，一举诛杀了董卓，王允取代董卓成为新的朝政掌控者。在清除董卓的过程中，王允表现得能屈能伸，充满计谋，但杀掉董卓后，王允没将这份政治智慧继续下去，开始变得意气用事，导致昏招迭出，将大好局面白白葬送。

第一个昏招就是杀掉蔡邕，蔡邕是蔡文姬的父亲，也是东汉末年著名的文学家、书法家和历史学家。董卓当政前期，他也是被拉拢对象，被胁迫做了官。他曾经一度想辞官不干，但又怕被董卓"满门抄斩"，所以一直硬着头皮忍着。总体而言，董卓对他还算不错，没有给他出什么难题，他的官职也不断得到提升。

对于董卓被杀，蔡邕心里颇感复杂，也许是这样的心理作怪，他听到这个消息后不由叹息了一下。这本来算不得什么大事，但这口气叹得实在不是时候，众人都为除掉董卓而欢呼雀跃，独独他在此时叹息。更关键的是叹得不是地方，居然在朝会上当着王允的面，这声叹息为他惹来了杀身之祸。

听到蔡邕叹气，王允当即就火了，他指着蔡邕的鼻子大声斥责说："董卓，是国之大贼，他几乎葬送了大汉，你作为朝廷重臣，应当与我们同心同德，一起痛恨董贼，而你却因为董卓对你不薄，对他的死心怀不满，你根本就是与董卓一伙的。"于是他下令要将蔡邕抓起来。

蔡邕吓得够呛，没想到自己无意的一声叹气引来如此大的祸端，他急忙为自己辩解，说自己并非同情董卓，作为读书人还是能分清楚是非曲直。但他的话并没有使王允的怒气消去，蔡邕只能退而求其次，恳请王允能高抬贵手，自己愿意接受一切刑罚，但请留下一条性命，好让自己把史书写完。

蔡邕说得言辞恳切，当时与蔡邕一起编著史书的太尉马日磾站出来为他求情，他说蔡邕是旷世奇才，对大汉历史非常了解，由他来修史，定会成就一部大典，况且他的罪过并不大，倘若因此而杀他，恐怕会让天下人失望，其他大臣也纷纷站出来为蔡邕求情。

王允那股劲儿上来，很难听得进去别人的话，他说："从前汉武帝没有杀司马迁，让他完成了《史记》，结果怎么样呢？《史记》里记载了许多诽谤武帝的话，且流传后世。如今国势衰微，盗寇四起。不能让蔡邕和司马迁一样，毁谤和诬蔑幼主，任由他对我们这些人指责和批评。"他下令将蔡邕投入大狱，不久后蔡邕死在狱中。

对蔡邕的处置，充分体现了王允刚愎自用的一面，让不少人开始对他感到失望。马日磾对此批评说这完全是"灭纪废典"，就是说杀掉罪不至死的贤才，阻断历史的记载，这样做，注定不会长久。马日磾所言基本代表了大部分士大夫的态度。

二

王允犯的更大的错误则是拒绝董卓旧部的投降。杀掉董卓后如何处置他的旧部，是摆在王允面前一个重要的问题。因为董卓虽死，但他的旧部实力依旧很强。在这个问题上王允表现得反复无常，他先是想全部赦免董卓的部下。倘若真得这样做，或许他可以得以善终，东汉也还能维持一段时间。但是不知什么原因，王允后来又变卦了，不愿再赦免董卓的旧部。

当时董卓的旧部是个什么情况呢？董卓的女婿中郎将牛辅统领军队驻扎在陕县，他手下有几个将领，分别是李傕、郭汜、张济等。王允不大看得上他们，觉得董卓已死，他的这些部下迟早会"树倒猢狲散"。于是他下令让牛辅等人缴械投降，接着派李肃带着文书去处死牛辅。

牛辅手下这些西凉兵，听说王允要杀死他们，一时间人心惶惶，对于王允的命令，自然不会遵从。牛辅等人听说蔡邕不过受了董卓一些厚待，就被王允不分青红皂白杀掉，他们这些人跟着董卓杀人放火，无恶不作，投降只能是一条死路，只有奋起反抗，方可能保全自己。

于是，牛辅率兵迎击李肃，李肃战败逃到弘农。李肃原本是吕布的同乡和部下，他的战败让吕布感到很没面子，吕布一怒之下杀了李肃，亲率兵马直奔牛辅而来，或许听说吕布的战力超强，牛辅的军中发生了内乱，牛辅被自己的亲兵杀死，首级被送往长安。牛辅死后，李傕、郭汜等人更觉群龙无首，只好派人向王允求情，希望能够得到赦免。

历史再一次给了王允机会，如果此时同意受降，将来再对西凉军分而化之，这个危机应该可以得到妥善解决。但在关键时候，王允又开始犯糊涂，他拒绝的理由是"正月已经大赦过一次，按照朝廷规定，一年之内不能有两次大赦"。不知这是否是王允找的借口，如果不是，只能说明这位王司徒过于教条，而这次错误直接导致自己死无葬身之地。

李傕等人听到王允拒绝赦免的消息，最初的反应是解散队伍，返回凉州老家。但这时站出一个人，叫做贾诩，他颇有谋略，对李傕、张汜等人说："你们如果放下武器散伙，那么一个小小地方保长就可以将你们捉拿，不如打着为董太师复仇的旗号，带着军队向西攻打长安，如果事成，可以号令天下，如果不成，再回凉州老家也不迟。"这些将领都是粗人，本来没有什么主意，觉得贾诩说得在理，于是决定带兵西进。

王允听说西凉兵西进的消息，先是派遣两位在长安的凉州地方绅士，让他们去劝说李傕等罢兵，但他对这两位使者的态度非常傲慢，结果他们一出城就叛变，不仅没有劝说退兵，反而让西凉兵加快西进。

李傕、郭汜、张济会合了董卓余部樊稠、李蒙等，人马迅速扩张到十万之众，很快就包围了长安城，并连续围攻，打了八天八夜，到第八天的时候，吕布手下的士兵哗变，西凉军涌入城内，吕布见大势已去，带领手下准备突围，他一面把董卓的头颅绑在马上，一面招呼王允一起走。

王允这次不准备走了，他决定上演"时穷节乃现"的悲壮一幕。王允在门楼上对吕布说："如果天子祖先在天有灵，能赐福社稷，保佑大汉王朝平安无事，我就心满意足了。如果这一愿望不能实现，我愿意献出自己的生命，以死来报效朝廷。皇上年纪幼小，少不更事，只能靠我们来辅助他。国家遭受如此灾难，如果弃下皇上，只顾自己逃命，我实在是不忍心。况且，我身为重臣，不仅不能使国家平安无事，反而导致逆贼的反叛，我的责任重大，请你出城以后，多多鼓励关东豪杰，要常常念及皇上。"

吕布看王允决心已下，只好自己突围而出。长安很快陷落，王允被杀，他的尸体被游街示众。从诛杀董卓到自己被杀，前后只有两个月的时间，王允计杀董卓，为民除害，立下大功。但掌权后，却又居功自傲，一错再错，不仅导致自己和家族遭到灭顶之灾，也让军阀混战的局面愈发不可收拾。出现"白骨露于野，千里无鸡鸣"的悲惨景象，王允是有一定责任的。

三

王允寄希望的"关东诸君"此时在做什么呢？答案是忙着彼此相互混战，而且打得不可开交，根本就顾不上皇帝的死活。在冀州、青州地区，袁绍和公孙瓒接上了火。公孙瓒本来是长期驻守幽州地区的边境军官，趁天下大乱之际，利用手中的兵权扩大了势力范围，后来杀掉了灵帝刘宏任命的幽州牧刘虞，自己任命冀州、青州、幽州等州郡官员，这与从韩馥手中夺得冀州的袁绍，不可避免地发生直接冲突，双方在这个地区大打出手。

在南边，袁术与荆州刺史刘表开战，孙坚被袁术派去与刘表作战，在击溃刘表手下将领黄祖后，追击途中遭到埋伏被乱箭所杀，这位曾经战胜董卓志在收复长安的英雄最终死在内乱之中。张鲁、刘焉、陶谦等人也都割据一方，每个人都先求自保，然后消灭他人，没有人顾得上长安此时发生了什么。

没有关东势力的威胁，李傕、郭汜、樊稠等人在长安城暂时还算安稳，只是苦了这位东汉末代皇帝刘协，刚被王允从董卓手上解救出来，如今又成为李傕等人的傀儡。

李傕、郭汜、樊稠给自己封官进爵，一时间权倾朝野，但说到底他们是三个粗人，用柏杨先生在《中国人史纲》的话，就是"三个小瘪三"，没有什么远大的志向，只顾眼前之利，平日里哥们义气，但遇到利益冲突时，很容易反目成仇。

果不其然，樊稠成为第一个刀下之鬼。李傕以樊稠有通敌之嫌杀了他。樊稠死后，长安城只剩下李傕和郭汜两个军阀，但不久他们俩也开始兵戈相见。

说起来原因有些可笑，两人本来交情不错，一路杀进长安，算是"革命战友"，李傕经常请郭汜到自己府上喝酒，郭汜喝多了有时不回家，即使回家也总是夸李傕府上的侍女不错，这一下子打翻了自己老婆的醋坛子，于是郭妻想方设法不让郭汜去李傕府上喝酒，她想了个什么办法呢？有次李傕送了些酒菜到郭府，她在酒菜中下毒，酒菜端上来后，她故意提醒自己丈夫说外来的酒菜不安全，最好先试试是否有毒，这一试的结果让郭汜大惊，顿时对李傕好感全无。没过几天，李傕又请郭汜吃酒，回来后，郭汜觉得肚子剧痛，灌了不少粪汁，上吐下泻好一阵，方才消停下来。郭汜此时对李傕欲加害自己深信不疑，决定以牙还牙。

郭汜起初想把刘协劫持过来，挟天子以令李傕，但不想计划泄露，李傕先动手了，他派自己的侄子闯进皇宫，把刘协、后宫嫔妃以及金银财宝都劫持回自己的军营，并放火烧了宫殿。郭汜晚到一步，就把剩下的公卿大臣带回自己的大营当做人质。

于是长安城出现了一个很有意思的现象，两个军阀一个劫持了天子，一个劫持了公卿，双方剑拔弩张，准备随时开战。这让被劫持的刘协更加叫苦不迭，他被胁迫待在李傕的军营里，自己只能勉强解决温饱，但手下的人经常吃不饱肚子，刘协派人向李傕催要米食和牛骨，李傕觉得刘协有些过分，故意送来了发臭的牛骨，刘协忍无可忍，想去找李傕理论一番，他手下急忙劝阻，说李傕是一介武夫，把他惹急了，什么事情都干得出来，所以还是要先忍一下。刘协没有办法，只好忍气吞声，皇帝做到这个份儿上也真是够悲催。

两边很快就交上了火，在长安城里攻伐争斗，一连几个月，造成数万人死亡，长安城也被糟蹋得不像样子。李傕的实力原本更强些，但却接连出现状况，先是手下杨奉等人叛变，拉走了一些队伍。接着前来助战的少数民族部落援兵也脱离他的队伍，李傕的实力大为衰减。这时候，同为董卓旧部的张济从陕县过来为两人调停，两家同意停战，并释放了所有人质。

刘协总算逃出了虎口，他跑到原来李傕的部下杨奉的军中。杨奉、董承等人率领兵马保护刘协由长安向弘农转移。停战后的李傕和郭汜此时纳过闷来，后悔放走了刘协这个"护身符"，于是两人又联合起来，率军追赶刘协，追兵很快追上了刘协一行，并与护驾的队伍发生激战，杨奉等人不是对手，不少公卿大臣不是被杀，就是被俘，刘协侥幸逃脱，一口气跑到黄河边，然后连夜渡过黄河，总算是摆脱了李傕、郭汜的追兵。

过了黄河后，河内太守张扬送来了米粮，河东太守送来了布帛，刘协终于可以稍作安顿。但由于兵荒马乱，又闹饥荒，刘协和他的手下经常吃不饱饭，名为天子，实为难民。唯一能换取粮食的方式就是封官，谁送来粮食和布帛，刘协就加封谁，一时间封了不少人，此时刘协已顾不上皇帝的威严，能活下来是第一要务。

四

公元196年阴历正月，刘协总算回到了旧都洛阳，但洛阳城当年被董卓劫掠焚毁后，已经成为一片废墟，手下的大臣不得不在断壁残垣中寻找栖身之处。由于缺粮，尚书令以下的官员都要出去打柴，采摘野菜野果，结果一些人被游兵散勇所杀，还有一些人找不到足够的食物竟然被活活饿死。身边护驾的这些将领相互猜忌，洛阳随时又可能陷入战乱。无奈之下，刘协只能派人四处联络各地诸侯们，想让他们前来救自己于水火之中。

收到刘协的请求后，诸侯们反应不一，先说袁绍，他手下谋臣沮授向他建议："西迎大驾，即宫邺都，挟天子以令诸侯，畜士马以讨不庭，谁能御之？"什么意思呢，就是说把刘协劫持到袁绍的大本营邺城来，可以用天子之名号令天下，这样做就没有谁能抵挡袁绍了。

应该讲，沮授提出这样的计策非常具有战略眼光，"挟天子以令诸侯"这句名言也出自这里。但袁绍手下其他一些谋士认为，把刘协弄来后，从礼节上讲要动不动请示天子。如果听刘协的，将使袁绍的自由度大大下降，不听则会被当做抗旨不遵。况且现在天子也没有太大的权威，这样做不会带来什么好处，实在有些不划算。袁绍觉得言之有理，于是没有听从沮授的建议。

再说袁术，此人一直做着皇帝梦，想在时机成熟时自己登基做皇帝，所以他更不会把刘协弄来，为自己的皇帝之路设置障碍。荆州的刘表，虽然有时会给洛阳送些粮食，在诸侯中已算表现不错，但也没有去洛阳侍奉或将刘协接来的打算。

这时候有一个人站了出来，愿意迎奉献帝，他就是曹操。当初曹操对关东联军倍感失望，脱离联军自己去招兵买马。后来被袁绍封为东郡太守，只是一个不太重要的角色。

曹操命运的第一次重大转折发生在公元192年，这年原本聚集在青州的大量黄巾军势力进入兖州，号称有百万之众。兖州刺史刘岱不听鲍信的劝告，盲目出击被黄巾军所杀，鲍信和兖州官员陈宫迎立曹操来代理兖州刺史。

为什么这个"大馅饼"会砸在曹操的脑袋上呢，主要原因是鲍信，这位鲍信当年向袁绍建议趁立足未稳铲除董卓，但袁绍没有听从，鲍信失望之余离开了洛阳。这个人在历史上最大的意义就是发现了曹操。如果说曹操是千里马，那鲍信无疑就是伯乐。

还是在关东联军时，他慧眼独具就开始非常看好曹操。当时大家普遍认为袁绍是大英雄，所以推举袁绍为联军盟主，但鲍信认为袁绍就是董卓第二，而曹操是真正可以承担拯救天下苍生的英雄，他对曹操说："能拨乱反正者，君也。"他建议曹操待在黄河以南，等待时机，曹操采纳了他的建议，在群雄争斗时得以保存实力，也迎来难得的机会。

在刘岱战死之后，又是鲍信联合陈宫拥立曹操为兖州刺史，在关键时刻推了曹操一把，让曹操从郡太守级别成为州刺史、州牧级别，上了一个新的平台。曹操就任兖州刺史后，也没有让鲍信失望，他整顿军力，明设奖罚，昼夜奋战，击败了黄巾军。但非常遗憾的是鲍信在作战中阵亡，而且在乱兵之中始终没有找到尸首。曹操非常悲痛，让人用木头刻了鲍信的样子来设祭哭吊。

在兖州的经历，是曹操一生的重大转机，他一下子收降了三十万黄巾军，男女老幼百万余口。曹操选择其中精锐，组成了青州兵，他的实力得到极大扩充，自此成为雄踞一方的割据势力，为下一步更大发展奠定了基础。

不过，曹操对兖州的统治开始并不稳固。曹操做了兖州牧后，想接自己的父亲曹嵩来兖州团聚，没想到，曹嵩半路上被人杀害，经查是徐州牧陶谦下的黑手。不过，是否是陶谦所为历史记载不一，《三国志》

说陶谦素来怨恨曹操攻打徐州，派遣骑兵掩杀曹嵩，《后汉书》也说是陶谦的部将所为，而《资治通鉴》《吴书》等则不认为此举是陶谦所为。不管是否是陶谦所为，杀父的仇恨让曹操怒火中烧，他统率大军向陶谦兴师问罪，先后攻拔十余城，陶谦引军迎击，却遭遇大败，只得逃离彭城，退至东海郯城，一路上曹军烧杀抢掠，鸡犬不留，据说杀了有十万人，后来因为粮草不济退兵。

没过多久，曹操卷土重来，打得陶谦毫无招架之力，以至于打算逃回老家丹阳。谁知正在这时，陈留太守张邈背叛曹操，与其弟原广陵太守张超迎吕布入兖州，曹操后院起火，被迫退兵，不得已让煮熟的鸭子飞了。

为什么吕布会到兖州，和张邈在曹操背后插上一刀？这要从李傕、郭汜攻陷长安后，吕布出逃说起，吕布逃离洛阳后先后投靠袁术、张扬、袁绍，但在每个地方都没待多久，直到到了张邈处才安定下来。

张邈是当年关东联军的成员，本来他与曹操的关系还算不错，但在陈宫的劝说下起兵反曹。这位陈宫当年曾与鲍信共同拥立曹操为兖州刺史，但最后却走到了曹操的反面，这大概是因为陈宫看不惯曹操滥杀无辜有关。

陈宫劝说张邈将吕布迎来，一同占据兖州。张邈听从了陈宫的建议，让自己的弟弟张超和陈宫迎接吕布，并让他担当兖州牧。这对吕布而言，简直是天赐良机，本来自己四处流窜，居无定所，现在却如此容易当上了兖州牧，还有张邈的十几万军队可以做为依靠。

由此吕布与曹操的冲突已不可避免。开始时吕布占有一定优势，他用骑兵来冲击曹操的青州兵，曹军大乱，曹操拼死突围才获得生路。但随着时间推移，曹操逐渐占据了上风。公元195年，曹操在钜野大败吕布，吕布抛下张邈、张超等东逃投奔刘备。而张超及其族人被曹军杀光，张邈则被自己手下的兵士所杀。

扑灭后院之火后，曹操便着手准备迎奉献帝。在其他诸侯置之不理时，曹操为什么会挺身而出呢，这与曹操和手下谋士毛玠的一番谈话有直接关系，毛玠在这次长谈中为他分析了形势，并谋划了今后的发展，这番谈话在相当长的时间奠定了曹操政治、经济、军事战略的基础，很像后来刘备和诸葛亮的"隆中对"。

在分析当前形势时，毛玠指出："现今国家分裂，君主流离，民生凋敝，这样的状况是难以持久的。袁绍、刘表等人虽然兵多民众，力量强盛，但都没有长远的考虑，不知根本之所在。"那曹操该怎么办呢，毛玠认为要有大的发展，两个方面最为重要，一是用兵要合乎正义，二是要有强大的经济实力做保障。所以他给曹操提出三条建议，即"奉天子""修耕植""畜军资"，如此，"霸王之业可成也"。

这三条建议中，第一条最为重要，因为刘协虽然已无天子之威，但还是最高统治者，如果能迎奉献帝，无疑会在政治和道义上占据制高点，以此号令天下，如不遵从就属抗旨不遵，讨伐也会师出有名。沮授曾经向袁绍提出类似的建议，但袁绍并没有采纳，这反映出袁绍和曹操在眼光和谋略上确实有不小的差距，这样的差距也导致了两人迥然不同的命运。

五

曹操听说刘协到了洛阳后，就想派人去迎奉天子，但他不少手下对此并不赞成，不过大臣荀彧却坚决支持，荀彧认为如果想匡正汉室，成就大业，有三点最为重要，即"奉主上以从民望，大顺也；秉至公以服雄杰，大略也；扶弘义以致英俊，大德也"。就是说，尊奉天子以顺从民意是最大的趋势，大公无私以降服豪杰是最大的策略，弘扬正义以招揽英雄是最大的道德。曹操很信任荀彧，觉得他是自己的张良。荀彧这样一说，更加坚定了曹操迎奉献帝的决心。

他先派曹洪去觐见天子，不料在路上遇到了刘协身边将领董承带兵拦截，这时候出来一个叫做董昭的人帮了大忙。董昭看出曹操是当今天下的英雄，所以愿意竭尽全力去帮助他。历史上总有一些不起眼的小人物，却在关键的历史时刻发挥重要作用，董昭就是他们其中的一个。

为了让曹操实现目的，董昭费尽心思。他发现刘协身边的这些将领中，杨奉的实力最强但根基最浅，于是董昭以曹操名义给杨奉写了一封信，大意是说曹操想与杨奉联手共辅汉室，当然是以杨奉为主，在信中董昭还替曹操发誓，说要"死生契阔，相与共之"，这封信果然打动了杨奉，获得了他的支持。此时本来持反对意见的董承与另外的将领发生矛盾，也转而同意让曹操来洛阳。

迎奉天子的一切障碍消除后，公元196年八月，曹操进入了洛阳，见到了献帝刘协。曹操没想到的是，贵为天子的刘协居然形同乞丐。

曹操给刘协带来了粮食和酒肉，并严格按照君臣之礼来对待刘协，在刘协看来，曹操无疑是一个大救星，在自己落难之时，只有这位忠臣赶到洛阳，不仅带来了短缺的物资，也让自己重新找回了作为天子的感觉，因此刘协内心非常感动，他下令授予曹操符节和黄钺，录尚书令，使得曹操一下子取得了名义上的最高的军权和行政权。

虽然获得了很高的封赏，但洛阳毕竟不是曹操的地盘。刘协身边的将领，像地头蛇一样对曹操形成了牵制，使得他根本无法施展，更别谈"奉天子以令天下"了。在关键时刻，又是董昭出来为他破解难题，曹操有次亲自去拜访董昭，他对董昭非常尊重，拉着董昭的手与自己同座，在感谢董昭对自己帮助的同时，就当下局势问计于董昭。

董昭对曹操说："洛阳诸将，皆怀异志，不可依赖。将军如留京辅弼，多有不便，不如移驾幸许。可朝廷新还旧京，天下举首企望，迁都为非常之事，因而要多多计划。"这段话有两层意思，一是说因为洛阳诸将每个人都有自己的想法，曹操留在洛阳，不会有什么作为，应该将献帝请到曹操根据地许县去。另外一层是说天子好不容易从长安逃出，在洛阳刚刚安顿下来，天下思定，再让献帝移驾到许县，难度非常大，需要好好计划一番。

董昭的话句句都说到曹操心坎上，他所提出移驾的建议，也正是曹操所想。但如何能将献帝从洛阳顺利带到许县呢，关键在于刘协身边的这些将领。曹操知道这些人中杨奉的实力最强，如果杨奉出来搅局，很难实现移驾的目标。曹操把这个担心说给了董昭。董昭认为杨奉不足为虑，他建议曹操依旧使用写信的方式忽悠杨奉，对杨奉说洛阳没有粮食，所以暂时移驾鲁阳，以便许县的粮食可以顺利供应。如果杨奉同意，鲁阳和许县不过咫尺，移驾许县就不会存在任何问题了。

曹操依计而行，杨奉果然同意曹操的意见。曹操护送刘协出京师东行，走了一段时间以后，杨奉才醒悟过来，但悔之晚矣。

没过多久，刘协等到达了许县，许县就此改名"许昌"，成为了东汉王朝最后一个都城。就刘协本人来讲，对这次迁都颇感满意，因为在洛阳城中，自己和手下大臣过得实在不怎么样，到了许县，衣食无忧，一切都有了保障，也不用再担心流离失所或被罢黜杀害。

高兴之余，他下令任命曹操为大将军，封武平侯。大将军是汉朝拥有最高实权的职务，曹操得到这个封号，便成为东汉的第一重臣，曹操经过这一系列的动作，完成了"奉天子"的目标，取得了政治上的主动。

第三十讲　青梅煮酒吓英雄

一

曹操把献帝刘协接到许昌，赢得了战略上的主动。但是，"奉天子"容易，"令诸侯"却很难。那些虎视眈眈的割据势力，自然不会轻易顺从，这里面最大牌的应该算是袁绍。

到了许昌不久，曹操以献帝的名义给袁绍下了一道诏书，责备他在勤王的问题上表现不积极。袁绍接到诏书后，感到很是不快，同时也意识到曹操将献帝接到许昌的意义所在，当初沮授提出过这样的建议，而自己没有采纳，如今被曹操抢得先机，此时他应该为自己的失策而感到后悔。尽管心里感到很懊恼，但献帝毕竟是当今天子，所以袁绍还是硬着头皮为自己辩解了一番。

曹操心里很清楚，此时还不能彻底得罪袁绍，因为自己的实力还没有达到与之抗衡的地步。所以在自己受封大将军后，为了找平衡，他以献帝的名义任命袁绍为太尉。

按说太尉是三公之首，算是很高的官职，但毕竟是在大将军之下，袁绍收到任命诏书后更加生气，想当初自己是关东联军的盟主，在割据势力中实力最为雄厚，如今却要屈于曹操之下，这口气实在难以下咽，所以他拒不接受这项任命。

袁绍不愿意就这样一直被动，他提出一个建议，以洛阳残破，许昌低湿为由，请求将献帝迁往离自己较近的鄄城（今山东鄄城），他的用意很明显，就是皇帝这张王牌不能由曹操独享。

对袁绍的要求，曹操自然不会同意，不过通过这件事，他感受到袁绍心中的不满，在四周都有强敌，且自身实力无法与袁绍抗衡的情况下，曹操选择了妥协，他上书献帝辞掉大将军的职务，将其让位于袁绍。这才使袁绍的内心获得满足，两人之间暂时相安无事。

与此同时，曹操实行了一项非常重要的举措，为他快速崛起和平定北方奠定了基础。这一举措就是屯田制。这是毛玠向曹操提出三项重要的建议之一，即"修耕植"。想要四处征战，没有雄厚的经济实力难以想象，所谓"兵马未到，粮草先行"，就是这个道理。

但东汉末年，连年战乱，土地荒芜，人口锐减，社会生产力遭到极大破坏，粮食短缺成为了突出的问题。如何解决这个问题呢？曹操采用的办法就是屯田制。

在将献帝迎到许昌的同一年，即建安元年，他采纳手下枣祗、韩浩等人的建议，在许昌一带设置屯田，具体做法就是募集流民，把无主或荒芜的土地分给他们耕种，同时提供耕牛、农具等生产工具，然后向屯田者征收租税，这样做很好解决了大量流民居无定所和不少土地因无人耕种而荒芜这个看似矛盾的问题。这项试点工作在许昌取得了很大成功，曹操开始在各地进行推广，在各郡设置典农中郎将，各县设置典农都尉来指导和管理屯田。

起初屯田只按照租用官牛的头数来缴纳租税，后来随着屯田者获得土地的日益增加，逐渐采用对土地直接课税的方法。屯田制的实施，使屯田者在政府的庇护下专心从事农业生产，曹操由此获得了稳定的收入和粮食保障，可谓一举多得。由于屯田的是普通老百姓，所以这种方式叫做民屯。后来，曹操采纳司马懿的建议实行了军屯，也取得了很好的成效。

二

实力渐渐增强后，曹操开始评估了自己所面临的形势。当时天下的形势如何呢？辽东公孙度自立王国，幽州由公孙瓒占据，冀州、青州等是袁绍的地盘，曹操自己控制着兖州、豫州等地区，袁绍和曹操之间是张扬。曹操的南边宛城由张绣盘踞，徐州有吕布、扬州有袁术，与扬州隔江而望的是孙坚的儿子孙策，长江上游的益州由刘璋控制，中游的荆州则属于刘表，益州北部的汉中地区是五斗米道教主张鲁建立的宗教王国，西北的凉州地区由韩遂、马腾等军阀割据，长安地区郭汜和李傕依然争斗不止。

评估完形势后，曹操开始了对外征战，意图扩充自己的地盘。没想到一开始出人意料的顺利，公元197年，也就是献帝刘协到达许昌的第二年，曹操亲自南征，没费吹灰之力，盘踞在宛城的张绣率众投降。也许是过程过于顺利，曹操被胜利冲昏了头脑，他强纳了张绣的婶婶邹氏为妾，这让张绣很生气。同时曹操给张绣的亲信胡车儿送礼物，这让张绣更起了疑心，怀疑曹操想利用自己的手下谋害自己。

于是本来已归降的张绣又选择了反叛，由于事出突然，将猝不及防的曹操打得一时找不到北，曹操非常中意的接班人长子曹昂，以及猛将典韦和侄子曹安民均在此次战斗中阵亡，曹操也中了箭伤，差点命归西天。

张绣的反叛取得如此功效，有个人起了关键作用，这个人就是贾诩。要论谋略，贾诩在三国时代是数得上的人物。当年正是他在关键时刻劝说郭汜、李傕攻击长安，没有他的力劝，西凉军就会放下武器，那以后历史或许就会重写。献帝刘协离开长安后，贾诩也辞去了官职，辗转到了张绣军中。张绣反叛时，贾诩给他出了"出其不意"的计谋，让曹操措手不及，落荒而逃。

曹操大败后不久卷土重来，张绣抵挡不过，退守穰城（今河南邓州）。正在此时曹操听说袁绍有意偷袭许昌，只好急匆匆地退兵。张绣认为机会来了，想乘机派兵去追，贾诩劝他不要追杀，但张绣不听，结果大败而归。领着残兵败将回来后，贾诩却让他此时去追，结果取得大胜。张绣对此不得其解，贾诩给他分析，第一次之所以失败，在于曹操的撤退是有计划的，必然会派精锐断后，所以追过去必败。第二次之所以胜利，在于曹操退兵必定有急事，断后的精锐击败张绣后，认为没有后顾之忧，定会快速前进急忙赶路，留在后面是相对较弱的军队，所以一击致胜。这番话说得头头是道，而且与事实相符，让张绣对贾诩佩服得五体投地，以后对他的话言听计从。

又过了两年，张绣居然投降了曹操。二次降曹也是贾诩的主意。当时袁绍和曹操剑拔弩张，两边都在拉拢张绣。由于与曹操的既往恩怨，张绣原本想投靠袁绍，但贾诩坚决主张投降曹操。

他给张绣分析，曹操奉天子以令诸侯，在政治和道义上占据主动，同时曹操的实力不如袁绍，如张绣投奔袁绍，对袁绍来讲只是锦上添花，不会被重视。如果投靠曹操，则是雪中送炭，必被看重。至于曾经的恩怨，曹操作为一个志在称霸天下的雄才，不会因此太过计较，相反很可能将张绣投降作为范例，来显示其宽宏大度，以吸引天下的豪杰前来归顺。

张绣最终采纳了贾诩的建议，一切果然如贾诩的意料。张绣一到，曹操"执其手，与欢宴"。他任命张绣为扬武将军，封列侯，并且让自己的儿子娶张绣之女为妻，两人结为了儿女亲家，至于曾经的恩恩怨怨，则只字不提。张绣自此成为曹操麾下的一员战将，贾诩则成为曹操身边一位重要的谋士，在曹操以后的对外征战中，两人都立下了汗马功劳。

三

在收拾张绣的同时，曹操又将矛头对准了袁术。袁术和袁绍是同父异母的亲兄弟，只是袁术是嫡出，而袁绍的母亲是一位婢女，所以袁术一直很看不上自己的这位哥哥，两人之间非但没有联手，反而经常发生冲突。

袁术心中一直有一个"皇帝梦"，孙坚死的时候，袁术得知孙坚在洛阳宫中得到了传国玉玺，他强迫孙坚的家人交出，据为己有。有了玉玺在手，更加坚定了他登基称帝的决心。

早在献帝刘协一路逃亡时，袁术便想称帝。他召集手下商议，袁术说如今刘氏已经衰微，无力回天，自己秉承天意，顺应民心，想登基称帝。对此下面的人都不发表意见，沉默以对，只有一个叫做阎象的官员站出来反对，看到群臣如此反应，袁术觉得时机尚不成熟，只好将称帝之事暂且放下。但皇帝宝座的诱惑实在难以抵御，没过多久，袁术在寿春（今安徽寿县）公开称帝。

这显然是一个非常愚蠢的决定，虽然当时天下大乱，军阀割据，但大家表面上还都是大汉臣子，服从天子和朝廷，没有人敢站出来改弦易辙，袁术第一个跳出来，自然会成为众矢之的。

首先受自己节制的孙坚之子孙策脱离他，使得袁术丧失了广陵、江东等大片土地。接着又遭到吕布的攻击，损失不小。更可怕的是曹操亲率大军前来讨伐，袁术吃了大败仗，袁术作为新皇帝的开局着实不顺。

不过，由于曹操此时忙于对付张绣和吕布，暂时抽不出太多兵马收拾袁术，袁术得以获得一年的喘息机会，一年中他并没有整顿兵马，积极备战，而是大修宫殿、广选嫔妃，想好好享受一下做皇帝的感觉。只是他控制的地盘并不很大，无力负担他的穷奢极欲，很快便民穷财尽、众叛亲离。穷途末路的袁术，感到自己的这个皇帝无法继续做下去，这时候他想起了自己的哥哥袁绍，于是写信想与袁绍言归于好，并欲将皇帝之位让与袁绍。

袁绍表示不愿意当这个皇帝，但同意接纳袁术，他派自己的儿子袁谭在青州迎接袁术。袁术整理行装，准备率队伍去投奔袁绍。走到半路，遭到了曹军的攻击，无奈只好退回寿春。

袁术去不了潭州,转而想投奔自己原来的部将雷薄,但被拒绝。袁术此时已是走投无路,温饱都成了问题,他问厨子还有多少粮食,厨子说只有麦屑三十斛,袁术想喝蜂蜜水,厨子说已经没有蜂蜜。袁术暴跳而起,大声喊道:"袁术竟至如此?"接着吐血而亡,皇帝梦就此终结。

四

正当曹操四处征战,扩大地盘时,三国时代的主角之一刘备,依旧是个小人物。他同生死相交的兄弟关羽和张飞最早投奔了公孙瓒,被封为平原相。

曹操攻击徐州的陶谦时,陶谦派人向公孙瓒求救,公孙瓒派刘备带了一千多人马前来增援。虽然人数较少,但对陶谦来讲算是雪中送炭,陶谦拨给他四千人马,让刘备和自己手下最得力大将曹豹在郯城守备。

他们的实力与曹操相比实在过于悬殊,初战被曹军大败而归,但就在此时,张邈、陈宫、吕布等突然起兵反曹,曹操后院起火,被迫撤退,运气光顾到刘备这边。

陶谦对刘备赶来支援心怀感恩,他为刘备请封"豫州刺史",曹兵撤退后,他让刘备率军驻扎在小沛。没过多久,陶谦病重,在临终前对手下麋竺交待说:"非刘备不能安此州。"

不久陶谦病死,麋竺等带领一些徐州人士到小沛迎接刘备,请刘备接替陶谦主政徐州。刘备起初再三推辞,但后来在徐州名士陈登、孔融等人劝说下,他答应出任徐州牧。这对刘备来讲,是一生中一个重要的转折,他由"挂名刺史"变成了封疆大吏,成为群雄并起中的一员,为以后的发展奠定了基础。

就在刘备当上徐州牧不久,被曹操击败而无路可走的吕布带着陈宫、高顺等前来投奔,刘备并没有拒绝,将他们安排在小沛驻扎。一年后,袁绍派兵侵入徐州地盘,刘备留下张飞镇守徐州,自己和关羽率主力到前线迎敌。

不料前脚刚走,后院便起火,张飞与陶谦旧部曹豹发生了冲突,结果张飞杀了曹豹,曹豹的手下请吕布来解救危局。吕布这个人最大的特点就是见利忘义,历史上把他称为"三姓家奴",遇到这样的机会,吕布自然不会放过,他率军打败张飞,俘虏了刘备的老婆孩子和他部下的家眷,霸占了刘备的地盘。

正在前线的刘备听说后院出了大乱子,急忙与关羽撤兵往回赶,走到半路,遇到了兵败的张飞,才知道地盘已丢,老婆孩子也被俘了。刘备此时进退两难,无奈带着自己的人马退守到一个叫做海西的小县城。刚刚当了一年州牧的刘备,如今却因吕布背后插刀而一切尽失,想必心中定会为"引狼入室"而后悔不已。

但小小的县城无法让刘备长久驻扎,此时刘备做出了一个让人大跌眼镜的决定——向吕布投降,吕布居然答应了刘备投降的请求。这是三国时代一个很有趣的现象,今天我投奔你,明天你投靠我,曾经的恩怨都可以暂时放在一边,出现这样的情况,或许是因为各路军阀都没有平定天下的绝对实力,所以对敌人还不敢下死手,总是要想着给自己留条后路。

吕布让刘备到小沛驻扎,这是吕布初来徐州时被刘备安排的地方,没想到短短一年间便主客异位。袁术听说吕布和刘备言归于好,派手下大将纪灵率三万兵马来攻打小沛,以刘备的实力,恐怕很难抵挡三万大军的攻击。吕布此时伸出援手,他只带了一千多人来到小沛,吕布威名在外,虽然所带人马很少,但足以让纪灵不敢进攻。吕布在自己军营中设宴将纪灵和刘备请来,上演了《三国演义》中辕门射戟的好戏,结果纪灵退兵,刘备转危为安。

威胁消失后,刘备并不安于现状,在小沛开始聚集粮草,扩充人马,很快就聚拢起一万多兵马,相比于吕布,刘备显得更得人心。吕布不会放任刘备在自己眼皮底下发展壮大,他找了借口先发制人,一举将刘备击溃,刘备又到了无家可归的境地,只能去投靠曹操。

五

吕布一直以来是曹操主要的威胁，于是曹操接纳被吕布击败的刘备，共同构建统一战线。曹操向献帝请奏，封刘备为豫州牧，历史称刘备为"刘豫州"来源于此。曹操不仅给了他州牧的头衔，同时给了他兵马和钱粮，刘备很快又回到了小沛，成为曹操抗击吕布的前锋。

但刘备注定不是打仗的料，公元195年，吕布派手下的将领高顺进攻刘备，这次刘备又上演了一触即溃的老剧情，再次抛弃老婆孩子，只身落荒而逃，这次跑得更快，曹操派夏侯惇前来援救，援兵未到，刘备逃得早已无影无踪。但靠着曹操这座大山还是很给力，没跑多远，刘备就遇到了亲自领军前来的曹操，于是他调转方向，跟随着曹操向徐州而来。

吕布收拾刘备不费吹灰之力，但在曹操大军面前却一点脾气没有，曹操率军将吕布所在的下邳城团团围住。围了两个月，进展不是很大，曹操有了退兵的想法，他手下的谋臣荀攸、郭嘉等人力劝曹操不仅不能退兵，反而应加紧进攻。于是曹操引水灌入下邳城，吕布的人马只能躲在屋顶和城墙上，吕布大本营也搬到了一个叫做"白门楼"的城墙上。

吕布渐渐难以支撑，此时军中出现了叛徒，叛变兵士将吕布手下大将高顺和谋臣陈宫绑了投降曹操，吕军军心大乱，曹军趁势涌入，吕布知道大势已去，只好投降。

吕布被绑着在白门楼上和曹操说："你所怕的不过是吕布一个人，现在我投降了，所以天下的事情也就好办了，你率领步兵，我带领骑兵，我们联手，很快就会平定天下。"

曹操听到此言，暂时陷入沉默，似乎有些动心，刘备在曹操旁边对他说："难道忘了丁原、董卓是如何死的吗？"这一语点醒了曹操，曹操下令将吕布、陈宫、高顺全部杀掉，三国时代战力最强的吕布就这样命归西天。

曹操杀掉吕布，占领徐州后，并没有把徐州还给刘备，而是任命其他人担任徐州刺史，让刘备跟着自己回到了许昌，封为左将军。"左将军"是个什么官职呢？在当时是仅次于大将军、骠骑将军、卫将军的高级武职，应该讲地位很高，关羽和张飞也被封为了中郎将。不过对刘备来讲丢掉了地盘和军队，官职再高也只是一个空头衔。

刘备在许昌的这段时间，曹操给他极高的礼遇，出则同舆，坐则同席，发生了著名的"青梅煮酒"的故事，当然，史书上没有像《三国演义》中记述的那般精彩详细，但有句话确实在史书上有明确的记载，那便是曹操所说的，"天下英雄，唯使君与操耳"。

六

为什么曹操会把刘备看成与自己比肩的英雄呢？这个问题确实有些费解，刘备始终没有属于自己的根据地和强大的军事实力，而是四处流窜，每遇战争，往往一击而溃，实在看不出他身上有英雄豪杰的影子，他能入一代奸雄曹操的法眼，唯一的解释可能是曹操看到了他的潜质，认为他是一只"潜力股"。

刘备的潜力表现在哪里呢？主要是他身上有几个突出的优点，一是他比较仁义，对百姓仁，对兄弟义。所以刘备走到哪里都容易赢得民心，用现在的话说，就是群众基础比较好。同时他对兄弟肝胆相照，无论吃了多大的败仗，关羽、张飞等人对他都不离不弃，绝对死忠，这反映出刘备身上确实有种独特的人格魅力。二是他具有不屈不挠的精神。他的前半生可以用"五易其主，四失妻子"来概括，活得确实有些不堪，但刘备始终没有灰心，而像只打不死的小强，不惧挫折，屡战屡败，屡败屡战。三是他有很高远的志向。刘备的志向并非是做一个割据军阀，作为身上流着皇家血液的他，想通过自己的努力来匡正汉室，之所以壮志未酬，是因为没有遇到很好的际遇，一旦有很好的时机，很可能开创出一片属于自己的天地。

无论曹操心里是如何想的，但他说出这句话，着实将刘备吓得够呛。按说曹操将刘备说成与自己比肩的英雄，应该算对刘备的充分肯定，他应该心中暗喜才对，刘备为何惊恐不已呢，这是因为但刘备听出了曹操的弦外之音，曹操把自己当做同他一样的英雄，也就是将自己视为与之争夺天下的最有力对手，而谁会坐视自己的对手发展壮大呢？如今自己被曹操掌于手心之中，倘若曹操动了这样的念头，生死只是分秒之间的事情，所以这句高调赞美的话背后隐藏着的是杀身之祸。

关于这段故事，《三国演义》里写得很精彩，当曹操说出这句话时，惊恐之余刘备手中的筷子和勺子掉在地上，此时正好天空打雷，刘备借机搪塞是惊雷所致。史书上没有这样的记载，或许这里更多是虚构的成分，但这个细节里反应出刘备的内心活动应是真实的。从这刻起，刘备意识到许昌不是久待之地，还是要想办法尽早脱离虎口。

这时候发生了"衣带诏"事件，这个事件的缘由还是要从献帝刘协说起。刘协被接到许昌，初始感觉非常满意，终于告别了凄惨岁月，可以衣食无忧了。但刘协毕竟是个皇帝，且是一个有志向的天子，随着年龄的增长，不再仅仅满足物质上的充足，而想在政治上有所作为，重新找回天子的尊严和权力。但是曹操降张绣、平袁术、灭吕布，实力越来越强，归还权力的可能性越来越小，说不好还要取而代之。刘协越来越觉得自己像是笼中之鸟，想要展翅飞翔，达到自己的目标，必须要求助于外力。

当然，在曹操眼皮下做这样的事情，风险可想而知，最重要的是要找到绝对可靠的人，将自己的旨意带出去。刘协看上了自己的岳父董承，他写了密诏，让董妃缝在自己贴身衣带内，找了机会与董承偷偷换了衣带，顺利地将密诏带出了皇宫。

董承为了完成刘协的任务，非常卖力地拉拢一些人，但这些人大多没有什么实力，有些实力的只有刘备和马腾。刘备受此重托，他很清楚要实现天子夙愿，只有离开许昌，扩充自己的势力，等与曹操可以抗衡后再回来勤王，这也更加坚定了刘备脱离曹操的决心。

　　机会很快就来到了。袁术的皇帝梦破灭后去投奔袁绍，曹操准备派人半路截击袁术，刘备主动请缨，请求带兵出征。曹操手下一些谋士建议不能派刘备前去，以免放虎归山。但不知为何，曹操并没有听进去，他下令让刘备、朱灵等带数千兵士前去截击袁术。按照曹操的谋略水平，不应做出这样的决定，这也算是一个历史之谜。

　　刘备此时终于可以松一口气，他带着关羽、张飞、赵云、糜竺等文官武将离开了许昌。这次任务完成得很好，袁术被迫退回寿春后不久便吐血而亡。按说任务完成应该返回许昌，但刘备岂能再自投罗网，他向朱灵等表示自己不准备回去了，朱灵等人没有办法只能自己回许昌复命。

　　刘备离开许昌不久，衣带诏的事情败露，曹操很生气，他将董承等主要参与人员诛灭三族，将已有五个月身孕的董妃杀死在刘协面前。刘备则是逃过一劫，用了几年时间，终于成为可以与曹操抗衡的重要力量。

第三十一讲　官渡的老大之争

一

刘备脱离虎口后，便向徐州浩浩荡荡而来。徐州对于刘备来说是个具有特殊意义的地方，在这里他接受陶谦的嘱托成为徐州牧。但无奈被吕布背后插刀，只能放弃徐州投奔曹操。曹操杀掉吕布占据徐州后，并没有将徐州还给刘备，而是任命一个叫做车胄的人担任徐州刺史。刘备重返徐州第一件事就是攻占下邳（今江苏睢宁），杀掉车胄，重新占据了徐州。

对此曹操是什么反应呢？曹操当然很生气，但是他此时主要的精力用来对付袁绍，所以就派手下将军刘岱、王忠率军前来讨伐。刘备此战还算争气，击败了曹军，取得了难得一胜。

没过多长时间，"衣带诏"事件败露，曹操听说刘备参与其中，大怒，决定亲率兵马讨伐。此时官渡之战已经拉开序幕，袁绍大军压境，曹操抽身攻打刘备要冒很大风险。所以手下们劝阻曹操此时不应脱离主战场而攻打刘备，但曹操已下定决心，他攻击刘备并非只为了泄愤，更重要的是要赶在袁绍攻击前，清除自己后方的隐患。

针对大家的质疑，曹操对手下说："刘备，人杰也，今不击，必有后患。"言外之意是说袁绍不算什么，刘备才是真正的危险,现在不消灭，将来一定会成为大患。一直以来,曹操都不把实力雄厚的袁绍放在眼里,而把四处流窜的刘备视为心中之敌,确实是一个很有意思的现象。不过,后来历史发展的进程也证明了曹操判断之准确,眼光之独到。

曹操的想法得到了手下最得力谋士郭嘉的支持。郭嘉说:"绍性迟而多疑,来必不速。备新起,众心未附,急击之,必败。"也就是说,袁绍此人生性多疑,给他机会他也抓不住,而刘备刚到徐州,立足未稳,羽翼未丰,突然攻击之,一定会取得大胜,郭嘉分析得很有道理,也得到了事后的验证。

对于"拙于用兵,每战则败"的刘备,面对曹操的突然袭击,只能在自己溃败史上新添一笔,这次逃得更快,以至于刘关张三兄弟失散,关羽被曹操生擒后归降,张飞逃到汝南暂时落草为寇,刘备自己只身逃亡青州,投奔了青州刺史袁谭,归顺了袁绍阵营。

天下大势此时已比较明朗,曹操降张绣、平袁术、杀吕布,实力越来越强,基本具备了和袁绍叫板的能力。而袁绍呢,灭掉了一直以来的劲敌公孙瓒,想要得到进一步发展,就必须越过曹操这座大山,中国历史上著名的一场战争——"官渡之战"就此上演。

当时的形势对曹操不利,袁绍雄踞河北,兵强马壮,拥有冀、青、并、幽四州,北方大部分地区为其所占,在消灭公孙瓒后,袁绍没有后顾之忧,可以全力投入攻击曹操。

曹操本来实力就弱于袁绍,而且四面有敌,西边是马腾、韩遂,南边是刘表,东南还有孙氏兄弟,尽管如此,曹操对战胜袁绍还是充满信心,这份信心很大程度来源于郭嘉,郭嘉在分析研判形势后,指出了曹胜袁败的十大因素,所谓"道胜、义胜、治胜、度胜、谋胜、德胜、仁胜、明胜、文胜、武胜",这"十胜十败"说法,曹操深以为然,它像一针强心剂,极大鼓舞了曹操集团的士气。

官渡之战基本可以分为三个阶段。第一阶段始于建安四年,即公元199年三月,袁绍集结十万精兵南下,直指许昌,曹操立即北上迎敌,战争就此拉开帷幕。曹操把自己的大本营设在官渡,派手下刘延驻守白马（今河南滑县东），于禁驻守延津（今河南延津北），和袁绍的军队隔河相望。

从曹军的部署看，曹操采取的战略方针，不是分兵把守黄河南岸。他很清楚即使想守也很难守得住，只有集中兵力，扼守要隘，重点设防，才是上策。在袁绍兵多自己兵少的情况下，曹操采取这样的战略部署无疑是正确的。

双方拉开了决战态势，但一时也都不敢轻举妄动。正是此时曹操决定抽兵突袭刘备，曹操这样做实际冒着巨大的风险，如果此时袁绍抓住机会，发兵攻击曹营，曹操腹背受敌，很可能遭到溃败。事实上，袁绍的手下谋士田丰就这样建议袁绍，袁绍却推辞说自己的儿子正在生病而没有答应，这让田丰很失望，他拿着手杖敲着地面说："夫遭难遇之机，而以婴儿病失其会，惜哉！"

二

曹操击败刘备返回官渡不久，袁绍才开始进攻。他派手下大将颜良攻击白马，又派大将文丑进军延津。白马曹军在袁军的攻击下难以支撑，守将刘延向曹操求援，曹操决定自己带兵去解"白马之围"。他手下谋士荀攸却建议采取声东击西的策略，先不救白马，而是进军延津，做出准备北渡黄河抄袭袁绍后路的态势，等袁绍分兵来救时，再派精锐部队奇袭白马。

曹操觉得有理，依计而行。袁绍果然上当，听到曹操大军扑向延津的消息，他急忙分兵来救，这时曹操率精锐轻骑，以张辽、关羽为先锋，攻击白马，关羽此战表现突出，在万军之中取得颜良首级，袁军溃败，成功解救了"白马之围"。

解围后，曹操带着白马的百姓沿着黄河向西撤退。袁绍率军追击，走到延津南面的时候，曹操遭遇了一支袁军，这支军队由文丑、刘备率领。人数有五六千人，而曹操只有六百骑兵，形势一时比较危急。

曹操不愧为一代枭雄，艺高人胆大，他居然下令手下解鞍放马，原地休息，并将一些辎重丢在路边。袁军来后发现地下有不少辎重，纷纷下马去抢。此时曹操一声令下，六百铁骑从高坡上冲下，一举击溃袁军，文丑乱军之中被杀，刘备则逃之夭夭。

通过此仗，关羽知道了自己大哥刘备的下落。于是打完此仗后，他封存了曹操所有的赏赐，留下书信，悄悄离开曹营，去找自己大哥去了。所以，关羽归降曹操后参与的战斗非常有限，《三国演义》中所谓的"过五关斩六将"等传奇故事，显然是罗贯中杜撰的，应该是为了树立武圣关公高大伟岸的形象。

曹操初战告捷，但他也知道自己的实力不如袁绍，于是放弃了白马和延津，全军退回官渡。第一阶段的作战就此结束，在这一阶段的争斗中，袁绍手下的两个大将颜良、文丑先后战死，虽然袁军主力没有受到多大损失，但整个队伍的士气却受到严重挫伤，而曹操声东击西，连战连捷，士气逐渐高涨。

袁绍初战不利，但其实力依然强劲，他不仅没有后退，反而率军向前继续推进，一步步逼近官渡（今河南中牟县东北），依沙丘安营扎寨，东西宽约数十里，曹操也立营与之对峙，战争进入了第二阶段，即"相持阶段"。

在这个阶段双方互有攻伐，出现了不少新战法。袁军推起土山，建起高楼，居高临下向曹营放箭，曹军死伤惨重。曹军则是发明了抛石装置——霹雳车，把大块石头抛向袁军，杀伤力非常巨大。袁绍派人挖掘地道偷袭曹军，曹军则挖壕堑来对付袁军，总之，双方互有斩获，但谁都无法吃掉对方。

双方就这样相持了三个月，曹操渐感不支，有些心力交瘁。据史书记载，有一天，曹操看到运粮的士兵疲于奔命的样子，感到于心不忍，脱口而出："却十五日为汝破绍，不复劳汝矣。"意思说，再过十五天，我一定为你们拿下袁绍，再不能辛苦你们了。

曹操虽然这样说，但心里却实在没底，已经开始打退堂鼓。他写信给后方的荀彧，开始商议从前线退守许昌的事情。荀彧给曹操回信，力劝他坚决打消撤兵的念头，他分析道袁绍倾巢而出，必定是想彻底消灭曹操，不达目的不会收兵。如今曹操只能是"以至弱当至强"，如果不能战而胜之，则一定会被消灭，此时已经没有什么回旋余地。他用当年刘邦项羽在荥阳对峙的实例，告诉曹操谁先退却就必失败，因此曹操必须要坚决挺住，成败在此一举。

跟随曹操在前线作战的贾诩，此时也建议曹操要坚决打下去。贾诩说曹操在智慧、勇敢、用人、决断四个方面都胜过袁绍，之所以相持许久不能取胜，是因为顾虑太多，太过于追求万无一失。其实，只有抓住机会，一鼓作气，就可以很快取得战争的胜利。

三

在这些谋士的力劝之下，曹操逐渐打消了撤兵的想法，决心无论多难，也要坚持下去。他加强防守，并派兵侵扰袁军的粮道，等待贾诩所说的"良机"出现。

果然，没过多久，一个重要的转折来到了，那便是"许攸叛逃"。许攸是袁绍手下的重要谋士，在双方对峙时，他曾建议袁绍派一支精兵偷袭许昌，但袁绍心中只想着击败眼前的曹操，对他的建议没有采纳。后来他的家人犯法，老婆孩子被抓，许攸一气之下前来投靠曹操。

许攸的到来对曹操来讲是意外之喜，因为许攸是袁绍核心智囊团的成员，掌握着大量的军事情报和内部信息。所以曹操听说许攸前来，顾不上穿鞋子光着脚来出迎。

两人坐定，许攸首先问曹操军中还有多少粮食，曹操说尚可支持一年。许攸不信，让曹操说实话，曹操说还可以支撑半年，许攸有些生气，问曹操是否还想打败袁绍，为何一而再说假话。曹操觉得许攸看透自己的心思，再隐瞒下去恐怕许攸就不会再相信自己，于是如实告诉许攸，军粮顶多能支持一个月。

看到曹操讲了实话，许攸也将自己的计谋和盘托出，他说曹军孤军独守，既无援军，也无粮食，形势非常危急。现在袁绍军队粮食都在乌巢（今河南封丘西北），虽然有些士兵防备，但并未有重兵设防，如果派精锐偷袭乌巢，烧其军粮，不过三日，袁军自己就会败亡。

曹操听后大喜，乌云中终于看到了一丝曙光。他当机立断，留下曹洪守卫大营，自己亲率骑兵五千人连夜出发，化装成袁军，一路静默，趁着夜色，抄小路直奔乌巢。袁军人数本来就不多，对曹军的突袭毫无准备，结果被曹军击败。曹操下令一把火烧掉袁绍所有的军粮和其他军需物资。

袁绍听说曹操奇袭乌巢，没有听大将张郃的建议立即前去增援，而是听从谋士郭图的意见，派张郃、高览率重兵攻打官渡。曹洪拼死守卫，袁军一时没有攻下。此时听说乌巢失陷，军粮尽毁。郭图为了推卸责任，向袁绍诬告张郃作战不力，这使得张郃、高览率军投降了曹军。自此袁绍大势已去，曹操则抓住战机，集中兵力，大举反攻，袁绍斗志全无，和自己的长子袁谭逃回冀州。

官渡之战就这样结束，这是中国古代军事史上"以少胜多"的著名案例，曹操取胜的原因，大部分人认为曹操胜在计谋，而著名历史学家吕思勉则认为，曹操胜在坚持，吕先生说曹操的能耐，在于其历久坚守，不断挫败袁军的锐气。他说："军事的胜败，固然决于最后五分钟，也要能够支持到最后五分钟，才有决胜的资格。"曹操在极为不利的情况下，能够坚守到最后的决战时刻，这是能够取胜的关键所在。

官渡之战是一个重要的转折，改变了曹操和袁绍的势力对比，从此袁绍一蹶不振，而曹操赢得了主动权。不过瘦死的骆驼比马大，虽然官渡战败，但袁绍的实力依然可观。曹操战后乘势追击，攻陷了河北的一些郡县，但后来袁绍收集散兵，又陆续收复了这些郡县，曹操当时的实力还不足以扫平袁绍，于是他暂时带兵回到许昌。

四

建安七年，即公元 202 年五月，袁绍病死。在他死之前，袁绍将冀青幽并四州分别给了三个儿子和一个外甥。大儿子袁谭得到了青州，二儿子袁熙得到了幽州，小儿子袁尚得到了冀州，外甥高干则得到了并州。这样的做法，表面看做到了一碗水端平，但实则有些欠长远考虑，为以后袁家内乱埋下了伏笔。

袁家窝里斗是有传统的，当年袁绍袁术兄弟彼此不买账，如今变成了袁谭和袁尚，袁谭是长子，但袁绍更喜欢袁尚，袁绍手下的大臣就此划分为两个阵营。按照袁绍的遗嘱，他的手下拥立袁尚继承了他的官位和爵位，这让袁谭心怀怨恨。

在曹操的攻击下，兄弟俩尚能联手，战事稍停，两人便开始同室操戈自相残杀。袁谭打不过袁尚，居然向仇敌曹操求救，曹操采纳荀攸的建议，派援兵驰援袁谭，同时为了笼络袁谭，还让自己的儿子娶了袁谭之女为妻。

曹操出兵河北，势如破竹，很快包围了袁绍当年的大本营邺城。袁尚率军回救，被曹操打败，只能逃到山中。可就在曹操攻击邺城时，袁谭却毁约反曹，曹操送还其女后发动攻击，袁谭兵败被杀。曹操转而攻击袁尚，走投无路的袁尚想逃到并州投奔高干，但被高干拒绝。此时这位袁绍的外甥正忙着与曹操联络投降事宜，不久高干就归顺了曹操，但后来因反叛被杀。

袁尚只好去幽州投奔自己的另一位哥哥袁熙。两人会合不久，袁熙的手下发动叛乱，袁熙和袁尚逃到了少数民族乌桓的部落。没过多久，曹操北征乌桓，大败乌桓骑兵军团，就是在这次出征中，曹操在大海之滨写下了那首著名的《观沧海》——"东临碣石，以观沧海。水何澹澹，山岛竦峙。树木丛生，百草丰茂。秋风萧瑟，洪波涌起。日月之行，若出其中。星汉灿烂，若出其里。幸甚至哉，歌以咏志。"

在乌桓无法避难，袁熙、袁尚兄弟只好继续逃亡。他们投奔了辽东太守公孙康。辽东一直以来由公孙度割据，公孙度死后，由其子公孙康承袭其位。袁氏兄弟逃至公孙康处，曹操一些手下建议继续讨伐，曹操却说不用征讨，公孙康很快就会把他们的人头送过来。果不出曹操所料，稍微安顿的袁熙、袁尚就开始不老实，密谋想抢占公孙康的地盘，结果被公孙康所杀，他们的首级也被公孙康献给曹操。

自此，曾经无比辉煌的袁氏家族彻底灭亡。不过这已经是建安十三年，即公元208年的事情。曹操平定河北耗费了整整七年的时间，可见袁绍在河北的根基之深、实力之强，对于曹操来说，他把官渡之战后的三分之一人生都用在了平定河北之上，也可以看出平定河北对他的重要性。

平定河北的重大意义不用多说，从此除了西凉的韩遂、马腾外，曹操基本统一了北方，东汉末年，军阀混战，曹操由弱到强，连年征战，灭掉一个又一个强大的对手，终于取得了平定北方的伟大成就。

随着胜利接踵而来，曹操的野心更加膨胀。他认为和献帝同住在许昌已经不太方便，不能够凸显自己的权威。于是他把自己的大本营搬到了袁绍的都城邺城。同时，他让献帝废掉"三公"，设立了丞相职位，并由自己担任。他把丞相府设在邺城，丞相府掌握真正实权，而身处许昌的献帝和身边文武官员都成了摆设和陪衬。

北方硝烟逐渐散去，曹操又将目光瞄向南方，平定北方只是他计划中的一部分，称霸天下才是他真正的梦想，不过，这个梦想最终折戟在南方大地，不可一世的曹操遭遇到人生最大的一次挫折。

第三十二讲　遥想公瑾当年时

一

首先进入曹操视线的就是刘表控制的荆州地区。这个地区离曹操最近，同时战略位置也相当重要，它处于长江中游，夺取荆州，向上可以攻取益州，顺流而下可以攻取扬州，一直以来都是兵家必争之地。

刘表是怎么成为荆州之主的呢？这要从董卓专权时代说起，当时荆州刺史是王叡，后来王叡被孙坚所杀。王叡死后，董卓控制的中央朝廷任命刘表继任荆州刺史。但由于当时荆州的情况复杂混乱，刘表虽然受封，却不能顺利上任。刘表找到了两个得力的帮手，一个叫蒯越，另一个叫蔡瑁，他们都是当地的豪强士族，借助他们的力量，刘表镇压了反对势力，成为了荆州之主。

平定荆州后，刘表面临最直接的威胁来自袁术，袁术派遣孙坚去攻击刘表，但被刘表的手下大将黄祖设伏用乱箭杀死。孙坚一死，袁术便没有能力吞并荆州，朝廷任命刘表为荆州牧，由此刘表成为天下大乱中一个重要的割据势力。

刘表成为荆州牧后，先与盘踞在宛城的张绣结盟，使张绣控制的地区成为他与曹操之间的战略缓冲区。曹操一直忙于平定北方，势力一时也无法达到荆州。在乱世之中，荆州意外地成为一片宁静之地，中原不少读书人纷纷前来避难，有上千人之多，刘表对这些读书人很关照，开立学官，博求儒生，对身处乱世的读书人而言，这里宛若"桃花源"一般。

刘表很满足这样的状况，他不像其他割据势力四处出击，争夺地盘。他的目标很明确，就是"爱民养士，从容自保"。如果在和平年代，这样的治理方式无疑很好，刘表也会成为一位优秀的地方官员。但是恰恰身在乱世，这个时代最大的特征就是你死我活和弱肉强食，这种只求"老婆孩子热炕头"的理想注定难以实现。

很快刘表就有了危机感。因为张绣投降了曹操，他与曹操的战略缓冲带不复存在。除了曹操外，东边的孙权也是虎视眈眈。

孙权是孙坚的儿子，孙坚死后，由他的长子孙策接班，当时孙策只有十八岁，算得上是年轻俊才。孙策起初受袁术节制，但袁术总是忽悠孙策，曾许诺让孙策当九江太守，但后来却用了别人。他让孙策攻打庐江，答应攻克以后庐江太守非孙策莫属，但最后还是没有兑现承诺。所以在袁术称帝后，孙策就与之绝交，率军挺进江东，先后击败刘繇、黄祖等，最终平定了江东。

在取得地盘的同时，孙策手下聚集了一批人才，文有鲁肃、张昭等，武有周瑜、程普、太史慈等。孙策这个人很有个人魅力，性格开朗大度，喜欢听取部属意见，而且还很有幽默感，因此很受手下和百姓的拥戴。

但好景不长，公元200年，孙策遇到了一次致命的刺杀。行刺的是原吴郡太守许贡的手下，这位许贡当年曾经上书朝廷，建议朝廷把孙策召回京师，否则他很有可能生出祸患。不知道什么原因，这份书信落到了孙策的手中，一怒之下他杀掉了许贡，许贡的手下怀恨在心，一直等待机会想为许贡复仇，后来终于找到了行刺孙策的良机。

孙策临死之前，指定自己的弟弟孙权接班。他把张昭等人请来，对他们说："中国方乱，夫以吴越之众，三江之固，足以观成败，公等善相吾弟。"就是说，中原已经大乱，凭借我们吴越的民众，三江的险固足以观其龙虎斗，你们好好辅佐我弟弟。然后，他又将孙权召来，为他配上印绶，对他说：'举江东之众，决机于两阵之间，与天下争衡，卿不如我；举贤任能，各尽其心，以保江东，我不如卿。'意思说，用武力打天下，孙策觉得自己比孙权强，但论政治才能和用人，自己却不如孙权，孙家最重要的任务就是"保江东"，那孙权无疑是个非常适合的人选，所以孙策选择了他来接班，从后来的历史进程中看，孙策的眼光是不错的。

二

就在曹操与袁绍在官渡决斗时，刘表迎来了一位特殊的客人——刘备。

官渡之战中，刘备和文丑率领的军队被曹操打败，他回到袁绍大营后，便萌生了去意，或许他已经意识到袁绍根本不是曹操的对手，与其待在袁绍这里等着被曹操剿灭，不如趁早离开另寻生路。对于如何摆脱主子，刘备有丰富的经验，他向袁绍建议应该联络刘表，前后夹击曹操。袁绍采纳了他的建议，并命他前去联络，刘备就此离开袁绍，从后来官渡之战结果来看，刘备可谓走得相当及时。

面对前来投靠自己的刘备，刘表表面上礼遇有加，亲自出城迎接刘备，并以上宾之礼款待刘备。但是从他内心来讲，并不信任这位同姓客人。刘表先让刘备去驻守荆州的北大门——新野（今河南新野），新野距离刘表自己所在的襄阳有一定距离，这样既可以防止刘备生变后威胁自己，又可以使他成为抗击曹操的桥头堡。

刘备也没有什么不愿意，他似乎已经习惯如此了，毕竟寄人篱下，能有一块属于自己的小地盘已算不错，于是他二话没说带着自己人马到了新野。驻守新野后不久，在一个叫做博望（今河南方城）的地方，刘备率军与一支曹军发生了战斗，这次刘备居然没败，还有所斩获。

刘表看到刘备还有不错的战力，心里开始犯嘀咕。他命刘备离开新野，退到樊城驻守，樊城离襄阳非常近，这样安排是让刘备置于自己的眼皮之下，以便监控他的一举一动。

双方距离近了，刘表就开始三天一大宴、五天一小宴来款待刘备。但这种厚待却让刘备感到很难受，毕竟他有远大的志向，这样天天吃喝下去，只能跟他的宏伟理想渐行渐远。

在一次酒宴中，刘备起身上厕所，发现自己大腿上长了不少赘肉，痛心之余居然掉下泪来。回到座位上，刘表看他有些不对劲，就问及缘由。刘备解释说："吾常身不离鞍，髀肉皆消。今不复骑，髀里肉生。日月若驰，老将至矣。而功业不建，是以悲耳。"这样远离兵戎的生活，是刘表心里所追求的，但对于刘备来讲，只感觉到消磨意志，徒增华发，于是不由发出这样的感慨。

刘备为了实现自己的抱负，曾经向刘表建议，乘曹操北上远征乌桓，出兵北伐奇袭许昌，刘备说这是击败曹操的大好良机，或许也是最后一次机会。但刘表并没有采纳刘备的建议。事实上，当时的曹操也很担心刘表在背后生事，但他的谋士郭嘉说："表，坐谈客耳！"意思是说，刘表只会夸夸其谈，不会有什么实际行动，大可不必为他担心。

曹操北征回来，实力进一步增强。这时刘表对刘备说："不用君言，故失此大会也。"看上去好像有些后悔，但就刘表内心而言，他压根没想去主动攻打曹操，这样说很大程度是为了安慰刘备。刘备对此也无可奈何，只能说："今天下分裂，日寻干戈，事会之来，岂有终极乎？若能应之于后者，则此未足为恨也。"就是说，天下大乱，有许多仗要打，如果以后能抓住机会就好了，这次算不了什么。

三

在荆州的日子，虽然每天好酒好肉，但刘备内心一直是郁郁寡欢。直到六年后，刘备心里重现曙光，这一年他遇到诸葛亮，这是人生中一个重大的转折。

刘备是如何知道诸葛亮的呢？主要因为刘备的好人缘，他虽然实力不强,屡战屡败,但身上却有一种独特的人格魅力,让他的手下死忠于他。到了荆州以后,这份人格魅力不由显现出来,史书上说"荆州豪杰归先主者日益多",在这些归附的荆州名士中有徐庶、司马徽等人,他们都向刘备推荐这位"卧龙先生"。

于是,刘备从樊城去隆中探访诸葛亮,看看他是否如别人说得那般出色。前后去了三次,才见到本人。这在诸葛亮的《出师表》里讲得很清楚:"臣本布衣,躬耕于南阳,苟全性命于乱世,不求闻达于诸侯,先帝不以臣卑鄙,猥自枉屈,三顾臣于草庐之中,咨臣以当世之事。"当时刘备已经四十六岁,而诸葛亮只有二十六岁,两人相差整整二十岁,应该属于两代人了。

两人见面谈了一些什么呢?主要讨论了天下的形势和今后刘备的去向。在这次具有重要意义的会面中,诸葛亮为刘备制定了一个长远的战略规划,这就是著名的"隆中对"。

会面一开始,刘备开诚布公谈了自己的想法,说虽然现在情况不太好,但是志向并没有变化,所以请诸葛亮看看下一步应该怎么办。

诸葛亮很清楚刘备内心所想,他一上来就给刘备分析了一下天下大势——"自董卓以来,豪杰并起,跨州连郡者不可胜数",在这种情况下,没有根据地的刘备还有机会吗,答案是肯定的。诸葛亮用曹操和袁绍的实例来对比,曹操战胜比自己强大的袁绍,一是因为天机,二是因为人谋,只要刘备能把握时机,善于谋划,还是很有希望的。

希望尚存的刘备应该如何办呢?首先要确定战略重点,诸葛亮说有两个人碰不得,一是曹操。"今曹已拥百万之众,挟天子而令诸侯,此诚不可与争锋。"另一个是孙权,他说:"孙权据有江东,已历三世,国险而民附,贤能为之用,此可以为援而不可图也。"如果和这两个人正面对抗,无疑是以卵击石,不会有什么好下场。

刘备的出路在哪里呢?诸葛亮认为,有两个地方可以重点考虑,一个是荆州,一个是益州。他说荆州是"用武之国",控制荆州就会掌握战略主动权,现在刘表的能力有限,这应该是上天赐予刘备的礼物,就看刘备想不想要了。"益州险塞、沃野千里、天府之土",当年刘邦就是在这里开启帝王征程,而现在成都的刘璋、汉中的张鲁都是"民殷国富而不知存恤",所以"智能之士思得明君",而刘备很有希望成为这样的明君。

取得荆州、益州后该如何?诸葛亮说:"西和诸戎,南抚夷越,外结好孙权,内修政理;天下有变,则命一上将将荆州之军以向宛、洛,将军身率益州之众出于秦川,百姓孰敢不箪食壶浆以迎将军者乎?诚如是,则霸业可成,汉室可兴矣。"这幅图景描绘得实在太过壮丽,相当让人神往。刘备听后顿时如醍醐灌顶,混沌之中豁然开朗。

自己过去空有志向,但不知该如何去做,诸葛亮一番话,宛若一张非常清晰的路线图。不过画路线图容易,操作起来却极其困难。"隆中对"核心是刘备占据荆州,再取益州。但占据荆州和益州谈何容易,荆州是战略重地,虽然刘表没有雄才大略,荆州迟早会易主,依实力来论,荆州下一个主人不是曹操就是孙权,刘备成功的几率很小,基本可以忽略不计。

所以,在隆中对中诸葛亮强调一个很重要的概念,就是"天机",也就是说,他为刘备画了一张看上去很美味的大饼,但是否能够充饥,还是要看上天能否眷顾。隆中对包含着很大运气和偶然因素在里面,后来的历史进程证明确实如此,因为大部分运气到了刘备这边,所以隆中对的许多构想才变成了现实。

四

就在刘备和诸葛亮隆中对策后一年,公元 208 年正月,刚刚平定北方的曹操已经着手攻击荆州,他在邺城开挖玄武池,日夜操练水军,为南下做准备。

七个月后,曹操下令大军向荆州进发,曹操之所以如此着急,是因为在此之前,孙权发兵一举攻克了夏口(今武汉汉口),杀了自己的杀父仇人黄祖，打开了夺取荆州的东大门。曹操得知这个情况，觉得如果再不南下，恐怕荆州就要落入孙权之手。

曹操在七月发兵，没想到刘表在八月突然病死。刘表有两个儿子，分别是长子刘琦和幼子刘琮。刘表选定的接班人是刘琮。刘表病逝后，他的手下蒯越和蔡瑁拥立刘琮继任荆州牧，朝政被蒯越和蔡瑁把持。

蒯越和蔡瑁都是亲曹派。听说曹操引大军而来，都主张投降曹操。倒是刚刚成为荆州之主的刘琮有些心有不甘，他询问手下臣子，是否可以守住先君留下的基业而观天下之变呢？

大臣傅巽站出来泼了刘琮一身凉水，他问刘琮："您比得上刘备吗？"刘琮说比不上，傅巽说："刘备是英雄，假如连他都无法抵抗曹操，那么我们如何抵抗呢？荆州又如何能保全呢？假如刘备能抵抗曹操，那么他又能甘居于您之下？事已至此，不能再犹豫了。"刘琮一听，自己部下大部分都愿意降曹，也就只能从大流了。

刘琮派人去联络曹军，商议投降事宜。曹操听到这个消息，觉得幸福来得太突然，开始还有些不相信，经过谋士一番分析才打消了疑虑。

刘琮投降后，曹军如入无人之境，但这一切刘备并不知情。刘琮开始没有告诉刘备，后来觉得实在隐瞒不住了，才派了一个叫做宋忠的手下向刘备通报。刘备听后又惊又恐，觉得刘琮做得实在太过分，搞得自己一点准备都没有，感到大祸临头的刘备，一怒之下想拔刀杀了宋忠，想想无济于事也就罢了。

面对汹涌而至的曹军，刘备能做的就是"逃"，这也是他最擅长的。刘备带着关羽、张飞、诸葛亮等开始向江陵（今湖北荆州）退却，江陵是刘表军需物资的囤积地，这次退却看来有一定目的性，不像过去一样单纯为了逃命。不过曹操断不会让刘备轻易逃走，曹操抵达襄阳后，得知刘备向江陵逃走，派出五千精锐骑兵进行追击，意图一举围歼。

和以往不同，刘备这次走得不是很快，主要是不少百姓都愿意跟随刘备而去，有时候信任也会变成一种负担，大量的百姓扶老携幼，所以队伍行进缓慢。有人劝说刘备不要管这些老百姓，应赶紧率军赶往江陵。刘备说："夫济大事必以人为本，今人归吾，吾何忍弃去。""以人为本"四个字现在经常听到，很有可能正是刘备首次提出来的，刘备认为这是自己的立人之本，所以他不会轻易丢弃，但有时坚持理想是需要付出一定代价的。

这个代价很快就显现出来。曹操派出的精锐骑兵，一天一夜走完了刘备二十多天的路，在当阳的长坂（今湖北当阳东北）追上了刘备，刘备一如既往的溃败，《三国志·先主传》里说："先主弃妻子，与诸葛亮、张飞、赵云等数十骑走，曹公大获其人众辎重。"

所幸这次还有赵云，《三国演义》中赵云救阿斗的故事并非完全杜撰，当时与张飞同守当阳桥的赵云突然发现刘备的夫人和儿子阿斗没能突围，只身杀入敌阵，救回了甘夫人和阿斗。张飞站在当阳桥头，单骑横马，面对曹军众将，一声惊天怒吼，暂时吓退了曹兵。

但不知为何，对于已经狼狈不堪的刘备，曹军并没有赶尽杀绝，或许他们认为已经将刘备彻底打垮，也或许这五千精骑经过连夜疾驰，疲惫不堪而需要休整。总之，这五千精骑转而去往江陵。

刘备本来是想去江陵的，曹军已经先行一步，他自然不能自投罗网，只能向东到汉水边与关羽会合，然后转往夏口，那里是刘表长子刘琦的地盘，而刘琦一直与刘备交好，这也是现在唯一可以去的地方。

五

就在不久前，诸葛亮为刘备制定了一个宏伟的规划，但此时刘备看看身边的随从，只有三四十个人，这点力量别说实现霸王之业，就连自保都非常困难。想到这里，刘备感到一丝凉意，但就在他一筹莫展的时候，却来了一个大救星，此人便是鲁肃。

鲁肃是孙权手下的重臣，是孙权非常信任的人。那鲁肃为什么从江东到了这里呢？这是因为孙权一直在关注着荆州的局势。他本来对荆州是垂涎欲滴，也知道曹操对荆州觊觎已久，在这种情况下，鲁肃提出应该联合刘备共同抗曹，鲁肃提出这样的建议，看重的并非刘备现在的实力，而是刘备在荆州的声望和人缘。

刘表病故后，孙权派遣鲁肃离开柴桑（今江西九江）前去吊唁，走到江陵，听说刘琮降曹，刘备被曹军追击，鲁肃离开江陵向北而行，在长坂遇到了兵败的刘备。

鲁肃问及刘备准备去哪里，刘备说想去投靠苍梧太守吴巨，苍梧归交州所辖，就是今天广西的梧州，在当时算是边远蛮荒之地。刘备这样说可能并非出于真意，而是想试探一下鲁肃。鲁肃这个人比较耿直，他说：“吴巨是个平庸之辈，又身处偏僻之地，怎么能去投靠他呢？孙权聪明仁慧、礼贤下士、兵多将勇、众望所归，而且拥有六郡之地，如果和孙权联合，足以成大事。”

这当然是刘备求之不得的，他觉得一定是上苍开眼，派来鲁肃这样一位"活神仙"来拯救自己。鲁肃所提建议是刘备此刻的最佳选择，更何况与诸葛亮设计的战略规划也颇多吻合，于是双方一拍即合。刘备、诸葛亮和鲁肃同行，与赶来接应的关羽、刘琦汇合，从当阳来到了离孙权更近的樊口（今湖北鄂州樊港）。

再说曹军，攻占了江陵后取得大量军需物资。曹操百日之内，几乎荡平荆州，这个胜利有些出乎意料。他在稳固了所占据的荆州地区后，便顺江东下，刘备看上去又要陷入灭顶之灾。

尽管刘备与鲁肃已经达成了口头约定，但孙权是否认可双方的约定，下一步如何落实，这还都是一个未知数，特别是在曹操已经开始动手的情况下，形势更加急迫，诸葛亮向刘备建议，让自己出使江东，说服孙权来确定双方联盟事宜。

形势已经容不得刘备再犹豫，他立即同意诸葛亮的建议。于是，诸葛亮和鲁肃一起到柴桑去见孙权。诸葛亮非凡的政治智慧和外交才能在此次东吴之行中得到了淋漓尽致的发挥。

诸葛亮见到孙权后，先对他说："海内大乱，将军起兵据有江东，刘豫州亦收众汉南，与曹操并争天下。今操芟夷大难，略已平矣，遂破荆州，威震四海。英雄无所用武，故豫州遁逃至此。将军量力而处之：若能以吴、越之众与中国抗衡，不如早与之绝；若不能当，何不案兵束甲，北面而事之！今将军外托服从之名，而内怀犹豫之计，事急而不断，祸至无日矣！"

这段话讲得很艺术，一句"将军起兵据有江东，刘豫州收众汉南，与曹操并争天下"，把实力较弱的刘备说得和孙权平起平坐，从而获得了对等的谈判资格，同时明确了双方共同的敌人是曹操。接着他为刘备四处逃窜做出解释，那是因为曹操实力太强，而刘备是"英雄无用武之地"。最后采用了激将法，意思是说孙权你自己看实力，如果打得过曹操，就应该早点和他断绝关系。如果打不过，就应该放下兵器，向曹操俯首称臣。现在表面上服从曹操，而内心却犹豫观望，情况紧急而不做决断，灾祸马上就要降临了。

孙权听后心里有些不悦，说："苟如君言，刘豫州何不遂事之乎？"就是说，如果像你说的那样，刘豫州为何不臣服曹操呢？这反唇相讥的一问并不好回答，但诸葛亮却借题发挥，大义凛然地说："当年的田横，不过是齐国的一个壮士，尚且坚守大义不受屈辱，何况刘豫州是皇族后代，英武盖世，众多士人仰慕他，就像水归大海一样，倘若事情不能成功，那是天意罢了，怎么能向曹操投降呢。"

这个激将法很有效，孙权想自己实力比刘备要雄厚得多，岂能轻易认怂，所以当即表示，"不能拿全吴之地，十万之众，受制于曹操"。但是他又不得不把心中的担心说出来，那便是刘备刚打了败仗，怎么能够抵抗强敌呢？

对于这个问题，诸葛亮早有准备。他说："刘备虽然吃了败仗，但元气并未大伤，因为还有关羽水军一万多人，刘琦的兵马也有一万人，而曹军远道而来，人困马乏，兵士多为北方人，不善水战。荆州的百姓是因为武力而归附曹操，不是真心臣服，如果孙权能命令猛将统帅数万雄兵，与刘备齐心协力，一定能够大败曹军。曹操兵败，必定退回北方，这样荆州、吴地的势力就会强盛起来，三足鼎立之势就会形成，成败的关键就在今日。"

诸葛亮的这些话有些说动了孙权，"权大悦，与其群下谋之"，孙权内心虽然已经倾向连刘抗曹，但仍然没有下定最后决心。这个决策事关东吴的生死存亡，他不可能只听诸葛亮的话就做出最后的抉择。

六

孙权于是召集手下大臣将领，来听听他们的意见。而他手下对此意见并不统一，张昭等人认为曹操实力过于强大，主张投降曹操，大部分人和张昭一样，被曹操吓住了，一时间朝堂上主降派占据了优势。

关键时刻，鲁肃向孙权说："将军迎操，欲安所归乎？愿早定大计，莫用众人之议也。"同时他建议孙权应该召回周瑜来商议此事。

周瑜是孙权最为倚赖之人，这位周郎与孙权的哥哥孙策同岁，他帮着孙策打下了江南基业，后来两人分别娶了江东美女大乔和小乔，孙策去世后，周瑜鼎力支持孙权，成为了孙权的左膀右臂。对于孙权而言，在这个关键时刻，周瑜的意见至关重要。

周瑜从外地赶回柴桑，在朝议中慷慨陈词，他说曹操名为汉相实为汉贼，而孙权凭借自己的雄才，在加上父兄的功业，割据江东，拥有沃野千里和精锐的士卒，孙权原本就应该为大汉除去祸患，而曹操自己来送死，求之不得，怎能投降呢。

为了打消主和派的担心，周瑜指出了曹操四个无法克服的弱点：一是北方还没有完全平定，马超、韩遂还在关西，威胁着曹操的后方；二是曹操放弃骑兵的优势，改用舟船，这是以己之短对吾之所长；三是此时已是寒冬时节，曹军的战马很难有充足养料；四是曹军多为北方人，长途跋涉到江南作战，必然水土不服，疾病蔓延。这四个致命的弱点注定曹军必败，最后周瑜请求孙权让他统领数万精兵，保证能击败曹操。

听完周瑜所言，孙权终于下定决心。他对群臣说："老贼欲废汉自立久矣，徒忌二袁、吕布、刘表与孤耳！今数雄已灭，惟孤尚存，孤与老贼势不两立！"为了表达自己的坚定意志，他拔刀砍掉案角，对群臣说："谁还敢再说降曹，当如此案。"

虽然下定了决心，但孙权心里还不是完全有底。于是，他私下去找周瑜商议，周瑜对孙权说曹操虽然号称有几十万人马，实际上只有十五六万，而且长途跋涉，疲惫不堪，而他所得的荆州水军也只有七八万人，是否真心归降还不得而知。所以曹军虽然人数多，但战斗力并不会很强，如果能给自己五万精兵，保证能够击败曹军。

孙权看周瑜信心满满，心里终于不再打鼓，他对周瑜表示张昭等人只顾自己的小家，很让自己失望，只有周瑜、鲁肃敢于担当，这是上天派来帮助自己的。孙权下令周瑜、程普为左右大都督，鲁肃为赞军校尉，也就是参谋长，率领三万军队向西与刘备汇合，一场决定三国时代命运的大战一触即发。

第三十三讲　好借不好还的荆州

一

孙权下定决心要联刘抗曹，派遣周瑜、程普、鲁肃等率三万精兵赶往前线。此时最着急的莫过于刘备，可以用"心急如焚"来形容。因为曹军不断紧逼，而东吴那边一直没有消息。正当刘备一筹莫展时，周瑜率军到了。

盼星星盼月亮般的终于等到了周瑜，刘备心里总算暂时安顿下来。他见到周瑜，直接问了自己最关心的问题，便是周瑜带了多少兵马。周瑜如实说带了三万人，刘备听到这个数字，刚刚安顿的心情又生波澜，面对来势汹汹曹操几十万大军，这点兵实在太少了。尽管周瑜信心满满，刘备顿时感觉到前途暗淡。

赤壁之战就这样拉开帷幕，关于这场以少胜多的杰出战例，国人可谓家喻户晓，很大原因在于《三国演义》将这场战争描述得相当精彩。"连环计""苦肉计""反间计""借东风""草船借箭"等，令人眼花缭乱、惊心动魄，但实际上，除了蒋干曾经到过周瑜处外，其他的基本上都是虚构。

赤壁之战看上去轰轰烈烈，过程并不复杂。曹军从江陵顺江而下，孙刘联军从樊口逆流而上，双方在赤壁（今湖北赤壁）附近打了一仗，初战孙刘联军取胜。曹军不得不停止前进，把战船停靠在长江北岸的乌林（今湖北洪湖），双方进入了对峙阶段。

虽然曹军和孙刘联军初战不利，但这并没有影响曹操的好心情，他觉得以自己的实力，击败对岸的敌人只是时间问题。兴致不错的曹操，在乌林与诸将宴饮时，写下了著名《短歌行》，"对酒当歌，人生几何？譬如朝露，去日苦多。慨当以慷，忧思难忘。何以解忧，唯有杜康。青青子衿，悠悠我心。但为君故，沉吟至今。呦呦鹿鸣，食野之苹。我有嘉宾，鼓瑟吹笙。明明如月，何时可掇？忧从中来，不可断绝。越陌度阡，枉用相存。契阔谈䜩，心念旧恩。月明星稀，乌鹊南飞。绕树三匝，何枝可依？山不厌高，海不厌深。周公吐哺，天下归心。"

周瑜的心情却有些糟糕，长时间的对峙对于他来讲并非好事，毕竟曹操兵多将广，又吞并了荆州，后勤保障没有问题，而且随着时间推移，曹军渐渐适应南方气候和水战，会变得更加难以对付。

所以对周瑜来讲，最好的方式是速战速决。他发现了曹军有两个非常致命的弱点，一是曹军水土不服、瘟疫流行，战斗力大为削弱。二则曹军不善水战，此时正值寒冬，北风劲吹，战船颠簸，曹军将所有战船连在一起，宛若平地一般，表面上看有利于曹军作战，但实际上为周瑜采用火攻创造了条件。

最好的取胜方式无疑是火攻，周瑜部将黄盖提建议说："今寇众我寡，难以持久。然观操军船舰首尾相接，可烧而走也。"周瑜心中也是如此盘算，但火攻虽好，如何才能接近曹军把船点着呢。黄盖又献一计——诈降。周瑜首肯后，黄盖连夜写信给对岸的曹操，假称自己要率军投降。

面对黄盖的投降请求，一向多疑的曹操居然全盘相信。这很大原因在于曹军一直以来所向披靡，无人敢与之抗衡，荆州之主刘琮等都闻风而降，曹操想黄盖等人也被吓破了胆，于是没有产生太多疑心。

黄盖准备了战舰数十艘，装满了柴草，又浇了油，蒙上篷布，浩浩荡荡驶向对岸。曹军这边毫无戒备，一心想着接应前来投降的黄盖，没想到黄盖的船队驶近后一起放火，火借着强劲的东南风，迅速蔓延到岸边，曹军的船连在一起，难以独立逃脱，顷刻间战船和军营全部起火，曹军瞬时大乱，不是被烧死，就是被淹死，周瑜的水军则全线出击，大举反攻，曹军彻底被击溃。

曹操领着残兵败将从西北逃走，经过泥泞不堪的华容道向江陵退却，期间狼狈不堪。到了江陵后，暂时喘了口气，但他已无心收拾这个烂摊子。让曹仁、徐晃收留部队留守江陵，经过襄阳时，又令手下乐进镇守襄阳，自己则头也不回地撤回了北方。

二

不可一世的曹操为何会遭遇赤壁惨败？最重要原因应该是轻敌冒进。曹军在平定北方时相对顺利，所以觉得自己可以纵横天下，难遇敌手。南征之后，刘琮投降，一切显得非常顺利，这更让曹操感觉良好，好到有些忘乎所以。

但毕竟曹军多为北方人，论水战尚不是孙权的对手，如果能依照贾诩建议，对孙权采取怀柔政策，集中精力消灭刘备，恐怕会是另外一个结局。但曹操却选择继续东进，直接威胁到孙权安危，孙刘联合殊死一搏，加之运气又站到了对手一边，曹操最后只能吞下惨败的苦果。

曹操失败可能还有另外一个重要的原因，那就是郭嘉的早亡。郭嘉是曹操最为信任的谋士，他的谋略水平的确对得起曹操的信任。当年曹操战吕布，深感疲惫，准备撤军，郭嘉力主坚持再战，最后终灭吕布。曹操在官渡大战袁绍，有人提出袁术、孙坚会偷袭许昌，郭嘉认为问题不大，应该安心与袁绍作战。曹操远征乌桓，担心刘表会背后插刀，郭嘉认为刘表只是个"座谈客"，不足为虑。事实证明，郭嘉的分析都得到了应证，可谓神机妙算。但就在刘备遇到诸葛亮同一年，郭嘉却因病去世，如果郭嘉不死，曹操是否会遭遇大败不得而知。据《三国志》记载，曹操赤壁败退后，曾经非常痛心地说："郭奉孝在，不使孤如此。"

这当然是后话，历史从来没有假使。曹操前脚离开江陵，周瑜、刘备就已经兵临城下。江陵是南郡的治所，南郡则是荆州的腹心，战略地位非常重要。占据江陵，向北可威胁襄阳，进而打开北进的道路，向西可攻取益州，向东则可以屏障江东，如果不占据南郡，对孙权而言，赤壁大胜的意义将大打折扣，因为盘踞在此的曹军可以随时攻击吴地。

正因为如此，赤壁之战后不久，周瑜便马不停蹄地赶往江陵。曹操不愿意轻易放弃这个战略支点，留下曹仁、徐晃等大将坚守。周瑜赶到江陵后，将军队驻扎在长江南岸，与曹军隔江而望，并没有急于动手。他听取手下大将甘宁的建议，让甘宁率军沿江而上，抢占了夷陵（今湖北宜昌），扼住荆州西大门和进入蜀地的关口，伺机实现对江陵的合围。

曹仁为了确保江陵的外围安全，派兵前往夷陵攻击甘宁。甘宁兵寡不支，此时周瑜面临重要抉择，是分兵救援甘宁还是固守。如果分兵，曹仁渡江来袭恐怕很难坚守，如果不救，失去夷陵将对整个战局产生不利影响，也容易造成士气低落。在后来成为东吴名将的吕蒙的建议下，周瑜亲率军队直扑夷陵，与甘宁里应外合杀退了曹军。

夷陵之战取得大胜后，吴军士气高涨。周瑜回师江陵，一鼓作气率军渡过长江，对江陵发起了总攻，周瑜身先士卒，在作战中被流矢击中，但装作浑然无事，坚持战斗。在周瑜所部的猛烈攻击下，坚守江陵的曹仁渐渐感到不支，在顽强坚守一年多后，被迫弃城而走，周瑜取得了至关重要的一胜，江陵成为了孙权的势力范围。

三

刘备此时又在做什么呢？虽然赤壁之战名义上是孙刘联盟，但刘备整个过程中几乎寸功未立，本来想到江陵好好表现一下，他主动请缨渡过长江攻击曹仁，但一如既往又吃了败仗，只好跑回了江南。

不过这对刘备并非坏事，在周瑜和曹仁死拼时，刘备却南下先后占领荆南四郡，这四郡分别是武陵（治所在今天湖南常德）、长沙（治所在今天湖南长沙）、桂阳（治所在今天湖南郴州）、零陵（治所在今天湖南零陵），这四郡地处偏僻，大多是贫苦之地，原来太守的实力很有限，所有没有费刘备太多力气，《三国志》上说："南征四郡，武陵太守金旋、长沙太守韩玄、桂阳太守赵范、零陵太守刘度皆降。"

《三国演义》中将刘备占领四郡称之为"偷取"，实际并非如此，刘备占领四郡应该是完成孙权和周瑜交办的任务，周瑜或许认为刘备成事不足败事有余，不如让他去平定四郡，这四个郡地处偏远，经济不发达，没有太多的战略意义，即使刘备占据后不交出，也无关大局。

刘备深知此点，困守四郡不会有太大发展。在周瑜击败曹仁占据江陵之后，他迫不及待请求周瑜分给自己一块地盘，以便能够立足。周瑜觉得一点地方不给刘备，似乎也说不过去，就将一块不大的地方给了刘备，这个地方叫做"油江口"，刘备后来改名"公安"（今湖北公安）。虽然作为孙刘联盟中的一方，得到这样的待遇，看上去有些憋屈，但就贡献度而言也算得上公平，刘备只好暂时将就，毕竟还是在荆州找到一块立足之地。

此时的形势是这样的，孙权从西到东控制了夷陵、江陵、江夏一线，长江中游尽在掌握。曹操控制了荆州的襄阳和大部分北方，刘备只得到了一小块地盘——公安，荆南四郡虽然暂时掌控，但偏僻贫瘠且不稳定。刘备对此当然不甘心，但没有太好办法，毕竟以他的实力是无法与孙权抗衡的。

正在这时，孙权意外地将自己的妹妹许给刘备，孙权这样做并非畏惧刘备，更多的是为了笼络和监控，这位孙小姐不是省油的灯，据史书记载，她的性格颇像父兄，为人豪放，身边总有上百个侍女护卫，刘备每次见她都感觉忐忑不安，这位女中豪杰还从吴地带来不少随从，经常惹麻烦，孙夫人对赵云敬畏三分，刘备就让赵云替自己看住这位惹不起的孙夫人。

蛰居在公安的刘备，想起了自己的大舅哥，周瑜不肯给他地盘，他只能向周瑜的老大去讨要。公元210年春天，刘备到京口（今江苏镇江）面见孙权，他此行的目的只有一个——"求都督荆州"，也就人们常说的"借荆州"。说准确点是借南郡，刘备的理由是周瑜给的地盘太小，自己人多而无法安置。

周瑜听说刘备面见孙权，要求借南郡。最直接的反应是大怒，毕竟江陵是用一年苦战打下的，为此自己还受了伤，怎么能如此轻易送给刘备呢。在周瑜看来，将南郡让与刘备，无疑与虎谋皮，于是他上书孙权，说："刘备以枭雄之姿，而有关羽、张飞熊虎之将，必非久屈为人用者，愚谓大计宜徙备置吴，盛为筑宫室，多其美女玩好，以娱其耳目，分此二人，各置一方，使如瑜者得挟与攻战，大事可定也。今猥割土地以资业之。聚此三人，俱在疆场，恐蛟龙得云雨，终非池中物也。"

什么意思呢？就是建议孙权软禁刘备，让他声色犬马、花天酒地，然后把张飞和关羽分开，安置在不同的地方，让周瑜这样的将领把他们控制起来，带着他们作战，这样大事就可以成功了。如果随意分割土地资助他们，让他们三个人聚在一起，就如同蛟龙得到云雨一样，到最后就无法控制了。

周瑜的建议具有可行性吗？有人给出的答案是肯定的，此时刘备在京口，孙权扣留他易如反掌。而在荆州，周瑜的军队对于关羽、张飞来说占有绝对性优势，制服关、张也非难事，这样做没有太大问题。

但也有人说这个建议不可行，软禁刘备不难，但制服关羽、张飞无疑是痴人说梦，关、张死忠于刘备，他们得知刘备被软禁，一定会殊死一搏，怎么会甘受周瑜掌控，到最后很可能两败俱伤，最终让曹操趁虚而入。

孙权大概倾向于后一种意见，再加上鲁肃等人的反对，他最终拒绝了周瑜的建议。周瑜听说自己的建议被拒，立即赶到京口去见孙权。他见到孙权后提出了一个更宏大的战略建议——领兵平定蜀地。具体来说是请求孙权批准自己和孙瑜，也就是孙坚弟弟孙静的长子一起伐蜀，灭了刘璋再灭张鲁，然后联络马超，让孙瑜留守益州，自己与孙权出襄阳威逼曹操，如此"北方可图也"。

孙权同意了周瑜的建议，周瑜从京口启程回江陵，不料走到巴丘（今湖南岳阳）一病不起，很快就命归西天，时年只有三十六岁，可谓英年早逝，天妒英才。周瑜之死，完全是自然死亡，与《三国演义》中的"三气周瑜"没有关系，那个传奇故事应是杜撰而成。

四

周瑜死后，鲁肃继任他的位置。鲁肃一直是坚定的联刘抗曹派，他上台后双方很快就达成了京口交易。《三国志·鲁肃传》说："惟肃劝权借之，共拒曹公。"正是在鲁肃的坚持下，尽管有不少人反对，但孙权还是同意把南郡借给了刘备。对此曹操也大感意外，据说听到这消息时曹操正在写字，居然一惊之下把手中的笔掉落到地上。

这场交易最大的受益者无疑是刘备，刘备不顾安危，只身到京口，成功借取了这块战略要地，这也奠定了刘备发家的基础。没有南郡作为基地，以后进取益州，平定汉中，继而能三分天下，简直不可想象。当然，孙权也不是没有得到益处，一方面巩固了孙刘联盟，使得曹操不敢轻易南下，另一方面可以利用刘备为自己看家护院。

很快孙权就想对刘备发号施令，他派使者和刘备说，要求他组织兵马进攻蜀地。对于孙权这个要求，刘备内部意见不统一，有人认为这是一个机会，可以趁此发兵攻打西蜀，如果能攻而占之，可以极大拓展生存空间，而有些人认为这是孙权的阴谋，是想让刘备当炮灰，如果无法攻占蜀地，到时候很有可能进退失据，又会沦落到居无定所的局面。

刘备觉得后面的意见有道理,所以予以婉言谢绝。孙权也不好来硬的,既然刘备不准备出力,那只能自己干。他派孙瑜进军江陵,意图伐蜀,看上去是想将周瑜的战略进行到底。已经在南郡站稳脚跟的刘备,此时决定不再一味妥协,要想办法阻止孙瑜西进。

当然,刘备此时的实力还无法来硬的,他先是编了一个孙权可以接受的理由,说自己和益州之主刘璋都是皇室之后,目标都是匡扶汉室,如今要对刘璋兴师问罪,自己深感不安,汉室皇亲之间同室操戈,只会让亲者痛仇者快,希望孙权看在自己的薄面上,不要发兵攻蜀。

刘备不仅停留在口头上,他同时做了有针对性的部署,摆出一副不让吴军过境的架势,孙权看到刘备不含糊,心里也不是很有底,依自己的实力固然可以战胜刘备,但北边还有曹操一直在虎视眈眈,和刘备搞个两败俱伤,必定为曹操所趁,想来得不偿失,所以下令孙瑜撤兵。

第三十四讲　麦城的那一场血案

一

刘备在荆州南部站稳脚跟，完成了隆中对的第一步。不过由于他实力有限，暂时还无法对益州有太多奢望。可万万没想到，没过多久，益州之主刘璋居然主动邀请刘备入蜀，这个幸福来得实在太突然，这份好事为什么又光临到刘备头上呢。

首先要感谢曹操，为什么这样说呢？曹操从赤壁大败而归，一时无力再扩张，故把精力转入治理内政上。但作为一代枭雄的曹操，注定不会沉默太久，建安十六年，即公元211年，曹操开始西征，他派司隶校尉钟繇和将军夏侯渊发兵，号称要攻打占据汉中的张鲁，实际上真正的目标是盘踞在关中地区的马超、韩遂势力。

曹操出兵汉中的消息传开，马超、韩遂自然不会坐以待毙，立即行动起来，组成了号称十万兵马的联军严阵以待。不过马超、韩遂不是曹操的对手，曹操亲率大军，从潼关北渡黄河，大败联军，马超、韩遂西逃，曹操平定了关中，下一个目标直指汉中的张鲁。

这让益州的刘璋非常不安，因为益州和汉中紧密相连，唇亡齿寒，一旦曹操攻陷汉中，那益州估计很难保住。在这种不安情绪的作用下，刘璋觉得完全依靠自己的实力很难抵抗曹军，需要强有力的外援来帮助自己。

为什么会选择刘备呢，这就是刘备要感谢的第二个人，此人是刘璋手下的重臣——张松。史书对张松的评价是"有才无德"，但刘璋却很信任他，让张松做了自己的"别驾"。只是张松并不满足于此，他心里有自己的小算盘，他始终觉得刘璋羸弱，益州迟早会不保，为了自己的前途命运，他需要找一个可靠的下家。

张松的首选并非刘备而是曹操。长期以来，刘璋畏于曹操的实力，一直努力和曹操交好，有次他派张松做使者去许昌见曹操，张松觉得这是一个难得的机会，想趁此机会和曹操共商献蜀大计，他满怀豪情到了许昌，但结果却非常失望，曹操对张松表现得很冷淡，张松觉得自己是热脸蛋贴到了冷屁股上，一气之下，张松打消和曹操合作的想法，把希望寄托在刘备身上。

张松找到寝食难安的刘璋，向他建议应该趁曹操没有拿下汉中前攻取此地，否则益州危矣。但只靠现在刘璋的实力恐怕很难攻占汉中，所以可以请刘备入蜀，借助其攻打张鲁。刘备同样是汉室后裔，比其他人更为放心，用张松原话是："刘豫州，使君之宗室而曹公之深仇也，善用兵，若使之讨鲁，鲁必破，鲁破，则益州强，曹公虽来，无能为也。"

刘璋头脑简单，尽管手下有不少人反对，但他还是决定听从张松的建议，于是张松就派法正去迎接刘备。

法正这个人，在联刘叛蜀的问题上与张松属于同一个战壕，他到荆州见到了刘备，说明了来意。刘备不会放过天赐良机，对法正予以很隆重热情的接待，这与张松在曹操那里得到的待遇形成天壤之别。法正心里感到很满足，便主动为刘备出主意，他说："以明将军之英才，乘刘牧之懦弱；张松，州之股肱，以响应于内；然后资益州之殷富，冯天府之险阻，以此成业，犹反掌也。"这番话说得刘备非常心动，更加坚定了夺取益州的决心。

二

公元211年十二月，刘备开始动身入蜀。他留下了诸葛亮、关羽等镇守荆州，自己带着庞统等领兵向益州进发。

庞统，即是与诸葛亮齐名的"凤雏"。《三国演义》中司马徽曾经对刘备说过"卧龙凤雏能得一者，便可得天下"，事实上，真正向刘备推荐庞统的却是鲁肃，这位鲁子敬对刘备可谓真心好，在鲁肃的举荐下，刘备召见庞统与之谈论军国大事，确实感到庞统有出众的谋略和才干，不久刘备将庞统封为与诸葛亮平起平坐的军师中郎将。

为什么刘备要将诸葛亮、关羽、张飞、赵云等主力留下，而带一支偏师去益州呢？在这点上，可以看出刘备颇有谋略，虽然他对益州垂涎欲滴，但荆州毕竟是大本营，在是否能取得益州尚未确定的情况下，如果荆州有失，那过去取得的一切将毁于一旦，这点刘备看得非常清楚，同时也反映出刘备对此行能否实现目的并非信心满满。

不过入蜀之路比想象中要顺利得多，因为刘璋已下令沿途都要对刘备兵马予以充足保障。刘备一行先是顺利到达了江州（今重庆市），随后又浩浩荡荡地到达成都以北的涪城（今四川绵阳），刘璋得知刘备到达成都附近，亲自引兵出迎，双方"欢饮百余日"。

从一定意义上说，刘备是刘璋请来的"打手"，所以刘璋毫不吝惜银子，给予刘备军队不少马匹、车辆、粮食等保障，同时还拨给一些兵马，大方到连刘备都感觉到不好意思。本来张松、法正和庞统此时都劝刘备劫持刘璋，但面对刘璋的盛情，刘备实在下不了手。

革命不是请客吃饭，度过这段欢愉的日子，刘备要带兵北上了。毕竟刘璋邀请自己来是去攻打张鲁的，再这样无休止吃喝下去实在说不过去，于是刘备率兵北进，摆出一付要全力进攻汉中的架势。

但刘备真想帮助刘璋去打张鲁吗？显然不是，刘备来益州心里装着自己的小算盘，打张鲁只是幌子，怎么能得到益州才是他心里真正所想。所以刘备率军北进到达葭萌关（今四川广元）便驻足不前。而这一停就是一年多，因为刘备对于下一步怎么做还未完全考虑好。

随军的军师庞统为刘备献出上、中、下策，选精兵奇袭成都，是为上策。放出风声假称荆州有急，做出回师救援假像，趁其不备吞并刘璋手下杨怀、高沛的部队，再进军成都，这是中策。退回荆州，以后再伺机攻蜀为下策。庞统劝刘备早下决心，否则形势会越发不利。

刘备经深思熟虑后选择了中策。无巧不成书，此时恰好曹操大举进攻孙权，孙权倍感压力，向刘备求救，于是刘备给刘璋写信，说曹军攻吴，吴地危急，现在需要自己回师救援，希望刘璋能再给自己上万兵马和粮草。

要说刘备这样的请求实在有些过分，他率部到了蜀地后大吃大喝后驻足不前，寸功未立便要打道回府，居然还提出这样的要求。刘璋再糊涂也不会同意这样的请求，但因刘备毕竟是自己请来的，也不好撕破脸皮，所以只答应给刘备四千兵马，粮草也减半提供。

此时最着急的莫过于张松，他不知道刘备回师是使诈，他请刘备来本来是为占据益州，但大事未成却要打道回府，看上去竹篮打水将要一场空。情急之下张松写信给刘备劝阻不要回师荆州，但这件事被自己的哥哥张肃发现，张肃害怕张松事情败露后连累自己，便大义灭亲，向刘璋告发了弟弟。

这下刘备被彻底激怒，没想到张松吃里扒外，一种被蒙在鼓里的羞辱感刺激着他，震怒之他下令处死张松，并通知给各关隘严防刘备军队。这样刘备的戏就无法再演下去了，他索性撕破脸皮，先是动手杀了刘璋手下大将杨怀、高沛，然后留下将军霍峻守卫葭萌关，他自己带着庞统、黄忠、魏延等向成都进发，同时通知诸葛亮、张飞、赵云等入蜀增援，意图前后夹击，一举攻克成都。

三

攻击初始相当顺利，刘备率军突破白水关，进占与刘璋曾经"欢饮百日"的涪城,但走到雒城(今四川广汉北)的时候,遭到了顽强的抵抗,让刘备没有想到的是,在这个地方被阻击整整一年的时间,而在此期间,手下最得力的谋士庞统中流矢而死,可谓"代价惨重"。

相反,诸葛亮、张飞、赵云一路凯歌,先后拿下了白帝城和江州,本来他们是奉命与刘备会师成都的,但刘备被困在雒城,无法及时赶来,围攻成都的计划只好拖后。过了一段时间,刘备攻克雒城后引兵赶来与诸葛亮、张飞等合兵一处,将成都围成铁桶一般。

而在此时兵败于曹操的马超也引兵前来归降刘备,这个消息传到成都城内,刘璋的军心严重动摇。没过多久,刘璋决定放弃抵抗,开城投降,虽然当时城里尚有不少兵马和粮食,但为了避免血光之灾,不让百姓继续遭受战火洗礼,刘璋不想再打下去了。公元214年夏,刘备进入成都,这距离他离开荆州进入蜀地已经过了三年。

刘备终于取得了物产富饶的益州,开始论功行赏。关羽被任命为"督荆州事",荆州军政大权自此交给了关羽。张飞被封为巴西太守,镇守重地。马超被封为平西将军,黄盖升为讨虏将军,赵云被封为翊军将军。刘璋原来的一些手下,如李严等人,也得到了刘备的重用,特别是法正,被刘备封为蜀郡太守,扬武将军,和诸葛亮并驾齐驱,一时间风头胜过其他人。

正当刘备沉浸在胜利的喜悦中时,偏偏有人要来煞风景,孙权此时派人来讨荆州。细想其实不难理解,当年刘备借荆州的理由是自己人多地少,无法安置。借得荆州后,孙权让他去攻取蜀地,又被刘备谢绝,而如今刘备却自己独吞了益州,孙权自然非常生气,他一方面派人将已经嫁给刘备的妹妹接回江东,另一方面派诸葛亮的大哥诸葛瑾前来讨要荆州。

刘备当然不会再把荆州还回去,他对诸葛瑾说:"须得凉州,当以荆州相与。"这话说得实在太气人。孙权听了感到震怒,决定采取行动,他趁刘备大军尚在蜀地,关羽还在江北之即,派大将吕蒙收复了长沙、零陵、桂阳三郡。刘备听到这个消息,觉得孙权是要动真格的,而自已远非当年那般羸弱,所以也不愿意妥协。他亲率大军从成都赶回荆州,又派关羽进驻益阳,试图夺回被吕蒙所占据的荆南三郡。孙权当然更不会认怂,率领大军进驻陆口,又让鲁肃兵临益阳,与关羽形成对峙。

双方剑拔弩张,最坐不住的便是鲁肃,当年正是在鲁肃的大力劝说下,孙权才同意将南郡借给刘备,如今双方要为这个而大打出手,鲁肃感觉自己下不了台,同时他更担心双方兵戎相见,让曹操渔翁得利。

鲁肃提出要面见关羽商谈,尽最大努力通过外交途径解决争议。会谈时两军相距百步,只有鲁肃和关羽佩戴单刀见面,这就是历史上的单刀赴会。但是面对现实利益,双方都很难做出让步,会谈注定不会有任何后果,看上去一切都要在战场解决了。

四

关键时刻,不甘寂寞的曹操又出来搅局,他突然大举进攻汉中,张鲁不敌只好逃亡巴中,曹操强有力的攻势,使得成都顿时陷入恐慌,为了全力对付曹操,保卫刚刚到手的胜利果实,刘备只好主动与孙权讲和,将江夏、长沙、桂阳三郡划给孙权,双方重新划分了势力范围,孙权对此也算满意,罢兵而归。

刘备引兵回到蜀地,此时张鲁已经投降曹操。失去汉中使得益州没有了北方屏障,曹军随时可以南下攻取益州,对此刘备深感焦虑。但曹操此时并无意急于攻伐益州,因为他担心孙权在合肥增兵,袭击其后方,也担心关羽从荆州起兵。

而这时候曹操的一位手下出来建议主张坚决攻蜀,他就是三国中后期非常重要的人物——司马懿,当时他担任丞相主薄,他力劝曹操应趁刘备在益州立足未稳而攻取之,他说:"今不取,必为后忧。"

曹操或许是因为赤壁惨败,远没有当年的豪气。面对司马懿的建议,他说出一句名言:"人苦无足,既得陇右,复欲得蜀",他已经没有了继续攻取益州的决心。没过多久，曹操引兵北还，但并没有放弃汉中，而将夏侯渊、张郃、徐晃等大将留在此地。不久张郃率军南进，结果被张飞大败，这场战役很重要，自此曹军打消了南进的决心，开始采取守势，而刘备则看到了攻占汉中的希望。

这一战使得汉中平稳了两年。两年后，即公元218年，刘备开始主动出击，他率领法正、黄忠、魏延等进攻汉中。初战并不利，大军被阻挡在汉中门户阳平关外而久攻不下。见此状况，刘备决定另辟蹊径，他率大军转而攻击汉中的西南门户——定军山，这是历史上一场非常著名的战例，老将黄忠率军击溃曹军，曹军大将夏侯渊也死在乱军之中，刘备乘胜追击，很快占领了汉中大部。

曹操听说夏侯渊战死和汉中将失的消息，感到大惊，急忙率大军由长安出斜谷，赶来解救危局，但为时已晚。刘备据险而守，拒不出战。曹操无可奈何，随着时间推移，曹军的后勤补给渐感困难，所以曹操决定撤离汉中。当时他下达的口令是"鸡肋"，只有手下大臣杨修深得其意，认为汉中对曹操而言食之无味，弃之可惜，所以下达这样的口令看来是想准备撤退了，果不其然，很快曹操就决定撤离汉中。

杨修太过聪明，不过聪明反被聪明误，最终也因此而丢掉性命。曹操之所以认为汉中是"鸡肋"，很大原因在于他当年打败张鲁后，已经将汉中数万居民迁移至洛阳等地，在兵荒马乱之际，人口的价值要远大于土地，所以曹操觉得放弃汉中也并非十分可惜。

但无论如何，刘备成功夺取了汉中，继攻占益州后，再下一城，而且战胜的是曾经无数次打败自己的曹操。此后不久刘备自封为汉中王，达到了人生最辉煌也是最鼎盛的时期。

刘备称王，说起来和曹操也有关系，因为在此之前，也就是曹操征伐张鲁后，曹操被封为了魏王，政治待遇达到了前所未有的高度，不仅可以像萧何、霍光一样"赞拜不名、入朝不趋、剑履上殿"，在礼仪上和皇帝也没有什么两样。

但曹操并没有满足于此，公元213年，有人向献帝提出应该封曹操为魏公，加九赐，这离皇位也就一步之遥了。曹操起初表示谦让，但荀攸、程昱、董昭等联名劝进，曹操最后只好"违心"同意。

　　在这个问题上，并不是所有人都表现那么积极，反对派也有不少，为首的是曹操非常信任的荀彧。荀彧在曹操阵营中是个非常重要的人物，因为他一直以来为曹操出谋划策，做出了突出贡献。当年曹操想去洛阳迎奉献帝时，手下有不少人说三道四，荀彧很坚定站在曹操一边，为他制定了政治上三大纲领，使得本来并不强大的曹操赢得了战略上的主动，这样的成功案例还有不少，所有曹操一直以来很器重荀彧。

　　既然如此，为何荀彧在这样重大的问题上反对曹操呢？这要从荀彧的自身抱负说起，荀彧的人生理想是要辅佐一位英雄，来平定天下最终匡扶汉室。他选择曹操，正是因为他觉得曹操是这样一位英雄，但后来的曹操实力越来越强，他看出曹操渐渐有了篡夺皇权的野心，这与他当年的初心背道而驰，所以荀彧走到了曹操的对立面。荀彧为他所坚持的理想最终付出了代价，死亡很快降临他头上，对荀彧的死，历史上有不同的说法，流传最广的是曹操送给荀彧一个食盒，荀彧打开一看，里面空空如也，荀彧明白了曹操的意图，于是就自尽而亡了。

五

　　刘备从汉中赶走了曹操，自封汉中王。此时刘备有些被胜利冲昏了头脑。他希望快马加鞭实现隆中对的蓝图，可现实情况是，荆州还没有完全占有，孙权控制着江夏郡，曹操占有南阳郡，南郡虽然在自己控制范围，但还是从孙权处借的，孙权对此耿耿于怀，为此，如果想只争朝夕，必须要在荆州有所动作，夺取南阳郡，打开北进道路，同时通过行动告诉孙权，不要再对归还南郡抱有幻想。

　　于是荆州的关羽开始主动出击，攻击目标是汉水北岸的樊城，樊城和襄阳隔水而望，襄阳曾经是荆州的中心，也是刘表当年驻扎的地方，曹操赤壁败退后，并没有放弃襄阳，派乐进率军镇守襄阳，此地是通往北方的战略要地，因此不容有失。当时镇守樊城的曹军主将是曹仁，关羽做出攻击态势后，曹军大将于禁和庞德率军前来增援，被命令驻扎在城外。

从兵力上讲，关羽并不占什么优势，但老天却十分眷顾，当时已经到了荆州的雨季，在此多年的关羽早有准备，但从北方来的于禁和庞德不明情况，因而吃了大亏，他们把自己的七支人马驻扎在江边的低洼之处，没过多久，大雨如注，江水暴涨，这七支人马被淹在水里，多数丧失了战斗力，成为了关羽的俘虏，只有少数人逃到高处，这些残兵败将对关羽来说，简直就是盘中美餐，于禁走投无路只好投降，而庞德被俘后，表现得很有气节，宁死不降，被关羽所杀。这就是历史上著名的"水淹七军"，此战后关羽威震华夏，附近一些郡县纷纷归降。

可惜的是，关羽被胜利冲昏了头脑，他不顾自己的后路不稳，决定展开全面进攻，亲率主力进攻樊城，以一部分兵力包围襄阳。樊城守将曹仁看到关羽气盛正胜，准备弃城而去。但被汝南太守满宠劝阻，满宠认为万万不能弃城，否则正中了关羽的计谋，曹仁在满宠的劝说下奋力抵抗，导致关羽一时无法得手。

一旦久攻不下，关羽最大破绽就暴露出来，那便是后路随时可能被断。但关羽对此并不太在意，因为当时只有孙权有可能断其后路，而孙权和刘备尚属盟友。孰不知，此时鲁肃已死，孙权对刘备的态度上发生了较大变化，接替鲁肃的是吕蒙，他对孙刘联盟的态度与鲁肃截然相反，一直想通过武力夺回荆州，孙权也逐渐接受吕蒙的意见。

孙权首先做的是和曹操讲和，然后开始准备偷袭江陵，对此刘备和关羽都一无所知。吕蒙知道关羽的厉害，所以他并没有硬干，而是采用了巧妙的策略。他假装病情严重离开了陆口返回建康，关羽听到这个消息，觉得孙权东线的主将不在，后路不再有忧，于是更加放心大胆地围困樊城，吕蒙到建康后向孙权推荐青年将领陆逊接替自己的职务。

　　陆逊是东吴青年将领中的杰出代表，他到任后先是稳住关羽，对关羽大献殷勤，关羽由此更加放松警惕，把留守江陵的军队大都调往樊城前线，后方变得更加空虚。

　　在关羽的猛烈攻击下，樊城的曹仁渐感不支，曹操想发兵救援但又怕来不及，司马懿此时献计，建议曹操写信给孙权，以割让荆州一些地区为条件，让孙权尽早发兵攻击关羽，孙权接到曹操的来信，表示愿意联曹攻刘，关羽的厄运很快就来临了。

　　很快，吕蒙策划上演历史上著名的"白衣渡江"，他让东吴士兵都穿上白衣，化妆成商人的样子，让百姓划船日夜兼程，载着这些白衣士兵直奔公安城而来，江边的关羽守军猝不及防，全部做了俘虏。驻守公安和江陵的关羽手下傅士仁和糜芳先后投降，而关羽对此却一无所知。

　　为了能实现战役目的，孙权希望曹操在正式攻击关羽前要保守秘密，但曹操老谋深算，故意将此消息用箭射入樊城城中和关羽军营中。

　　被关羽军队和洪水围困的樊城守军得到消息后士气大振，而关羽却深感不安，不知道这消息是真是假，眼见樊城指日可下，实在不忍放弃，只好硬着头皮继续攻城。直到听到江陵失守的消息，关羽才急忙从樊城撤兵往回赶。孙权早已派陆逊抢占了夷陵和秭归（今湖北秭归），断绝了刘备和关羽之间的联系。吕蒙占领江陵后，对城内百姓，特别是关羽将士家属非常厚待，这也在一定程度瓦解了关羽的军心。

　　关羽撤到江陵北边的麦城，感觉大势已去，无奈之下想利用诈降找机会突围而出，但孙权早有准备，派人在半路截杀，关羽和自己的儿子关平被生擒，一年后被孙权所杀，三国之中，除吕布之外武力最强的关羽就这样命丧江东。

　　后世对于关羽非常崇敬，把他当做武圣来对待，"关老爷"成为神仙一样的人物，许多人利用其来保佑自己，这都是后话，关羽之死，原因很复杂，除了孙权的背后插刀，从主观上看主要是因关羽自身性格上的缺点，还有刘备在战略上的重大失误。

自此，孙权占据了荆州大部和长江中下游地区，刘备占据了包括汉中和益州全部，曹操则掌控几乎整个北方，三国领土范围在这个时候基本确立了。

第三十五讲　合久必分分久必合

一

孙权杀掉关羽，重新夺回荆州，意味着由赤壁之战形成的孙刘联盟宣告破裂。随之而来，曹操与孙权的关系又变得亲近起来。曹操奏请汉献帝封孙权为骠骑将军，荆州牧。孙权派使者入朝进贡，向曹操称臣。

不仅如此，孙权还劝曹操自立为帝，曹操并没有答应，反而有些调侃地说道："是儿欲踞吾著炉火上邪。"实际上，曹操已经获得了皇帝的权力，但他并不愿意捅破最后一层窗户纸，至于他的后代是否会取而代之，他管不了也不想管，但就他而言，一如自己所说："若天命在吾，吾为周文王也。"

建安二十五年一月，即公元220年，曹操走完了六十六岁的人生。对于这位一代枭雄，陈寿的《三国志》做出如此评价："汉末，天下大乱，雄豪并起，而袁绍虎视四州，强盛莫敌。太祖运筹演谋，鞭挞宇内，揽申、商之法术，该韩、白之奇策，官方授材，各因其器，矫情任算，不念旧恶，终能总御皇机，克成洪业者，惟其明略最优也。抑可谓非常之人，超世之杰矣。"

的确，无论是用兵还是治国，曹操表现出"超世之杰"的才干，在风云变幻的三国，最终创出一番属于自己的伟业。

曹操死后，他的儿子曹丕继位，九个月后，曹丕以"禅让"方式取代了汉献帝，早已名存实亡的大汉在名义上也彻底消亡。曹丕建元黄初，国号魏，史称曹魏。对让位的汉献帝，曹丕并没有为难他，而是封他为"山阳公"，颠沛流离、担惊受怕一辈子的刘协，最终获得了一个安静的晚年，继续活了十四年，去世后被追谥为"献皇帝"。

在成都的刘备听说曹丕篡汉建魏，又听说刘协被害的假消息，觉得也没必要再撑下去，第二年四月，刘备自立为帝，建元章武，国号汉，史称蜀汉。

刚刚登上帝位的刘备，心里只想着一件事情——讨伐东吴。他命张飞从阆中至江油，准备东进伐吴。张飞本来就是个暴脾气，自己的二哥死后，更是变本加厉，经常责罚属下，结果就在奉命起兵前，被手下将领张达、范强谋杀，首级被献给孙权。消息传来，刘备更感悲愤，当年桃园三结义时，说好兄弟三人生死与共，现在却只剩下自己独存于世。

两个兄弟的首级都到了孙权手里，刘备下定决心血债血偿，公元221年七月，刘备正式发兵攻吴。刘备倾全国之力出兵攻吴，不单单是为兄弟复仇，作为一个历经风雨的政治人物，其考虑的更深层次原因是想夺回荆州。

因为荆州对于刘备来讲太过重要，失去荆州，刘备只能困在益州，虽是天府之国，物产丰富，但终究地盘有限，且四周被魏吴包围，没有太大发展空间，根本无法实现隆中对所确立的战略构想。

但荆州对孙权同样重要，东吴北面是强大的曹魏，几乎没有北进的可能，只有占据荆州，实现对长江天险的控制，才能北抗曹魏，西拒蜀汉，掌握战略主动权。因此，荆州之战不仅仅是场复仇之战，更关乎吴蜀的前途和命运。

刘备亲率八万水路大军，穿过三峡，杀向东吴。孙权任命陆逊为大都督，抵御来势汹汹的蜀军。开始蜀军进展顺利，推进很快，而东吴军队节节抵抗，边战边退。到了冬天时节，蜀军冲出三峡，进抵夷陵地区。刘备将大本营从秭归前移至猇亭（今湖北宜都北），蜀军已深入吴地二三百公里。

此时吴军停止后退，扼守要地，坚壁不战。在此地区双方对峙了半年，从隆冬到了盛夏。气温日渐升高，暑气蒸人，不得已蜀国水军舍弃舟船转移到陆地上，沿江边的山道上连营百里，蜀军的营寨都是由木栅所筑成，其周围又全是树林、茅草，一旦起火，就会烧成一片，这为吴军采用火攻提供了条件。

陆逊不会让战机在眼前溜走，他果断下令采取火攻，并令水军主动攻击蜀军水军，蜀军军营陷入一片火海，顿时溃不成军。刘备败退至马鞍山据险抵抗，但遭吴军四面围攻，全线溃败，刘备被吴军追上险些被擒，最后依赖焚烧溃兵丢弃装备堵塞山道，方才脱离险境，逃入白帝城。

夷陵之战，蜀军几乎全军覆灭。一生中屡败屡战永不服输的刘备，无力再承受这样的打击，到了崩溃的边缘，白帝城成为他人生的最后一站。公元223年四月，刘备在白帝城永安宫去世，临死前他把儿子和蜀汉前途托付给自己最为信任的诸葛亮。

二

诸葛亮在赤壁之战后，消失了一段时间，夺取益州，庞统随军，进攻汉中，又是法正主导，庞统和法正，成为了刘备的左膀右臂。对刘备攻吴，诸葛亮也保持了沉默，刘备兵败后，诸葛亮叹息道："如果孝直（法正）还活着，那就一定能阻止陛下东征。"这说明，刘备只听法正之言，诸葛亮即使劝阻，恐怕也不会被刘备采纳。

刘备托孤时，法正、庞统等都已去世，有威望有能力接受这一重大使命的，只剩诸葛亮。但诸葛亮此时面临前所未有的困局，用他后来在《出师表》中的话便是"先帝创业未半而中道崩殂，今天下三分，益州疲弊，此诚危急存亡之秋也"。夷陵一仗，几乎耗尽了蜀汉实力，曹魏一直虎视眈眈，如今又与孙吴结下不共戴天之仇，当务之急是阻止蜀汉极速下坠势头，抓紧恢复元气，否则蜀汉命运堪忧。

诸葛亮采取的第一个措施，让人大跌眼镜，那便是再次与东吴结盟。白衣渡江、火烧连营近在眼前，浓浓的血腥味和先主的魂灵还未飘散，诸葛亮却主动向东吴示好，确实出乎所有人意料。

但细想，这也是没有办法的办法。蜀汉和曹魏有不可调和的矛盾，倘若不与孙吴缓和关系，如果魏吴联手，蜀汉覆灭是早晚的事情。孙权虽然与曹魏藕断丝连，但关系并不牢固，有赤壁之战的前车之鉴，孙权很担心曹魏吞并自己，所以蜀吴联手共抗曹魏，对于实力偏弱的两方是可接受的选项，特别对于此时的蜀汉，几乎是唯一的选择。

诸葛亮派邓芝出使东吴，孙权对此半信半疑，没有急于接见邓芝。邓芝给孙权写了一封信，说自己来这里不单是为了蜀国，也是为了吴国。孙权看到此信，起了好奇心，决定见见邓芝。邓芝抓住机会，为孙权详细分析了当前形势，着重强调蜀吴唇亡齿寒的道理，邓芝很有才干，口才也好，成功说服了孙权，孙吴和蜀汉重新恢复盟友关系。

外交安顿后，诸葛亮着手安定内部。公元225年春天，他统兵南征，对象是南中地区的少数民族。这些少数民族时常叛乱，长期以来让蜀汉非常头疼，南中之乱不除，倘若外敌入侵，蜀汉很可能腹背受敌，所以诸葛亮下决心除掉这个"恶瘤"。但征服这片荒蛮之地绝非易事，这些地区是有名的瘴疠之地，山高林密，民风彪悍，诸葛亮采用参军马谡的建议，以"攻心为上、攻城为下、心战为上，兵战为下"，七擒七纵当地头领孟获，最终平定南中，消除了蜀汉政权的重大隐患。

诸葛亮知道经营好巴蜀，尽快恢复元气，归根到底还是要发展经济。农业是立国之本，水利又是农业之本。在巴蜀地区，最重要的水利工程无疑是都江堰。这个由秦朝时期李冰父子修建的工程，保障着成都平原超过一千万亩农田的灌溉。诸葛亮深知都江堰的重要性，他专门派了一支一千二百人的部队保护都江堰，并设置堰官加强维护管理，都江堰两千多年来能够持续发挥功效，这里面也有诸葛亮的一份功劳。

除农业外，诸葛亮实行"以盐立国"，强化食盐官卖政策，增加盐井数量，食盐经济得到长足发展，盐税成为蜀汉政权重要收入来源。在蜀汉地区，还有一个特殊的物产，深得诸葛亮的重视，那便是蜀锦。诸葛亮设置锦官，专门管理蜀锦生产。当时蜀锦很受欢迎，据说曹操一家都很喜欢，经常派人秘密来蜀地购买，孙权也把蜀锦当做赏赐大臣的礼物。蜀锦还走出国门，远销至西域、西亚等地，成为蜀汉军费的重要来源，对此诸葛亮曾说"决敌之资，惟仰锦耳"。

对外休兵息鼓，对内发展经济，经过几年的努力，蜀汉在夷陵之战后折损的元气慢慢恢复，蜀汉地区又开始呈现出欣欣向荣的景象。

三

此时，成功篡汉称帝的曹丕，正忙着整肃内部。其中的原因在于曹丕虽然成功上位，但道路并不平坦，特别是成为曹操继承人的路上，一度危机四伏。

曹操一共有二十五个儿子，长子曹昂在随曹操南征张绣时不幸战死。曹昂死后，曹丕成为诸兄弟中的老大，而且他是曹操正室卞夫人所生，属于嫡长子，应该讲成为曹操的接班人顺理成章。

但是他面临的是一个雄才大略的父亲，而且还有几个才识出众的兄弟，通往魏国太子的道路注定不会平坦，最早对他构成威胁的是同父异母的弟弟曹冲，曹冲从小异常聪慧，"曹冲称象"的故事家喻户晓。不仅如此，曹冲心底善良仁爱，经常为那些遭遇冤情的官员向曹操说情，深得曹操喜爱。但不幸的是，曹冲只活了十三岁，他病亡时，曹操极为哀痛，曹丕安慰自己的父亲时，曹操对他说："这是我的不幸，却是你们兄弟的幸运。"可见，当时在曹操的心目中，曹冲应该排在继承人的第一顺位。

第二个对曹丕构成威胁的是同胞弟弟曹植。曹植文采出众，建安十五年，曹操在邺城修建的铜雀台落成，他召集包括曹植在内一批文人登台作赋，曹植思如泉涌，一气呵成写下了《登台赋》，曹操惊叹于他的才华，以为他是能成大事的人，从此对曹植关爱有加。渐渐在曹植身边形成包括杨修、丁仪等人在内的小集团，为曹植争夺太子之位出谋划策。

曹操一度倾向于曹植，但曹植恃才自傲，常常任性而为，而且饮酒无度，不注重自己的言行，做出了几件让曹操深感失望的事情。特别是有一次他酒醉后擅闯司马门，在只有帝王举行典礼才能走的禁道上纵马驰骋，曹操知道后大怒，将管理马匹和驾车的官吏处死，对曹植不再信任。

即便如此，曹操也没有下定决心立曹丕为太子，在这个问题依然举棋不定，有次他单独问贾诩的意见，贾诩笑而不答，在曹操的追问下，贾诩说自己在想袁本初和刘景升的事情，袁本初是袁绍，刘景升为刘表，这两位都是因废长立幼而造成兄弟相残，最终导致内乱不止。曹操听后大笑，从此太子之争尘埃落定，曹丕如愿以偿成为魏国太子。在父亲死后，他又逼迫汉献帝禅让，成为曹魏的第一位皇帝。

曹丕在权力斗争中笑到最后，但他并没有忘记给自己制造麻烦的兄弟，特别是曹植。曹丕先是下令将曹植的心腹丁仪处死，然后将曹植赶出京城到他自己的封地。

曹丕后来听说曹植在自己的封地终日饮酒，借酒浇愁，酒醉后常说一些不逊之语，下令将曹植捉拿到京，想治他的罪。在他们母亲卞太后的极力劝说下，曹植逃过一劫。据说在这中间，发生了"七步成诗"的故事，曹植靠着一首"煮豆燃豆萁，豆在釜中泣，本是同根生，相煎何太急"得以自救。这个故事在《三国志》等正史中并没有记载，最早见于南朝刘义庆的《世说新语》，可能有虚构成分在其中。

曹丕虽然把兄弟都封为王，但这些王爷都只有头衔而没有实权，而且处处受限，不能自由行动。曹丕派人对这些亲王加以监视，搞得曹氏兄弟人人自危。

在剥夺藩王权力的同时，曹丕采用陈群的建议，创立并推行九品中正制，即州设大中正，郡设小中正，由贤能有识鉴的人来担任，由他们评价州郡人才，分为九品，选送吏部，任命为官。实现九品中正制，缓解了曹氏与士族关系，选拔了一些人才，但是却也导致魏国的统治实权逐步被士族垄断，皇亲贵族势力日渐衰微，这为以后的司马氏篡权提供了条件。

完成对内整肃，曹丕准备像父亲一样建功立业，他把主攻方向指向了东吴。其实曹丕称帝后，曹魏和东吴的关系曾经一度不错，当时刘备发兵征讨东吴，为了避免两面受敌，孙权向曹丕称臣，曹丕封孙权为吴王，加九赐。但夷陵之战中孙权击败刘备后，曹丕要孙权把儿子送到洛阳当人质，孙权推三阻四迟迟不肯，曹丕觉得孙权并非真心归附，决定对东吴动武。

公元222年，曹丕下令兵分三路进攻东吴，其中两路互有胜负，但有一路吃了败仗，致使整个战局遭到扭转，第一次伐吴以失败告终。曹丕对此不甘心，于225年亲率大军再次南下，此时东吴已经与蜀汉恢复盟友关系，消除了后顾之忧的吴军全力备战，魏军无机可乘，时值寒冬，冰封江面，舟船不能入江，曹丕只好下令班师回朝，返回途中还遭遇少数吴军突袭，搞得手脚失措，让曹丕感到很没面子。

悻悻而归的曹丕，刚到洛阳便病倒了，弥留之际，他下令曹叡为太子，命曹真、曹休、陈群、司马懿为辅政大臣，安排好后事后驾崩，仅活了四十岁，算得上是英年早逝。

四

曹丕的去世，让诸葛亮看到了机会。经过几年的修整，蜀国国力逐渐恢复，诸葛亮计划兴兵北伐，实现先主刘备的夙愿。为此他上书后主刘禅表达心志，这份上疏便是著名的《出师表》。

在《出师表》中诸葛亮阐述了北伐的必要性——"今南方已定，兵甲已足，当奖率三军，北定中原，庶竭驽钝，攘除奸凶，兴复汉室，还于旧都。此臣所以报先帝而忠陛下之职分也。"同时对刘禅治国提出了希望,即"亲贤臣,远小人"。《出师表》言辞恳切,写出了诸葛亮以身许国的一片忠贞之心。

公元228年春,诸葛亮令蜀军兵分两路,开始第一次北伐。他派赵云、邓芝率军做为疑兵,摆出由箕谷出斜谷道攻击郿城的态势,诸葛亮亲率主力攻击祁山。

由于这次北伐经过精心准备,而且出其不意,一路进展顺利,陇右的南安、天水和安定三郡叛魏降蜀,曹魏压根没有想到蜀军敢于发动全面进攻,由此引起了魏国朝廷的震动。魏明帝曹叡派大将张郃带五万精兵前来抵抗,诸葛亮派自己非常信任的马谡镇守战略要地——街亭,但没想到根本没有实战经验的马谡被张郃大败,蜀军面临着被切断后路的危险,同时赵云在箕谷也告失利,虽然诸葛亮挥泪斩了马谡,但无济于事,第一次北伐就此失败。

紧接着传来了孙权登基称帝的消息。曹丕、刘备先后称帝后,孙权并没有急于登基,在刘备和曹丕先后去世后的公元229年,经过多年的犹豫后,孙权终于登上帝位,建国号为吴,此时天下出现了魏、蜀、吴三个政权,形成了真正意义上的三国鼎立。

"天无二日,国无二主",孙权登基的事情,在蜀国引发了巨大争议,在蜀国群臣看来,刘备代表汉室正统,曹丕篡汉建魏,成为人人可诛的对象。孙权称帝,也应算大逆不道,纷纷要求与东吴断交。这对诸葛亮而言是个重大考验,他权衡利弊,认为不能两面树敌,为了抵抗曹魏,必须要与东吴联手。于是诸葛亮派使者到东吴道贺,孙权颇为高兴,两国盟友关系得以进一步巩固。

公元234年二月,诸葛亮再次率军北伐,这已经是第五次北伐了,也是他一生中最后一次北伐。这次诸葛亮举全国之力亲率十万大军,志在必得。魏国的主将为司马懿,双方在渭河之滨的五丈原形成对峙之势。与前几次对抗蜀军一样,司马懿坚守不出,任凭诸葛亮派人在阵前百般羞辱挑衅,司马懿不为所动,对此诸葛亮也无计可施。到了八月，积劳成疾的诸葛亮病倒在军营中，他知道自己大限已到，向受刘禅委派从成都专程赶来的尚书仆射李福交代后事后与世长辞，享年五十四岁。

"出师未捷身先死，长使英雄泪满襟"，或许第一次北伐失利后，诸葛亮就意识到击溃曹魏逐鹿中原，已经是不可能实现的梦想，但是他明知不可为而为之，为的是自己的理想信念，也为了兑现对刘备的承诺。

尽管诸葛亮并非完人，北伐最终也未取得成功，但千百年来他成为贤臣的代表而被广泛称颂，他的"鞠躬尽瘁死而后已"的精神，激励着后世的一批批仁人志士，钱穆先生在《国史新论》评价："有一诸葛，已可使三国照耀后世，一如两汉"。确实，诸葛亮像一个璀璨的星辰，永远闪耀在中国历史的星空中。

五

诸葛亮去世五年后，魏明帝曹叡病逝，由于他没有亲生儿子，遗命自己八岁的养子曹芳继位，由大将军曹爽和太尉司马懿辅政。

司马懿在赤壁之战后逐渐崭露头角，当年关羽水淹七军，威震华夏，他建议曹操鼓动孙权偷袭南郡，最终让关羽败走麦城。到了曹丕时代，司马懿真正走向历史前台，曹丕对司马懿很信任，临死前将儿子曹叡托付给四位大臣，其中就包括司马懿。司马懿也没有辜负这份嘱托，他把主要精力用在与诸葛亮的对抗上，最终使诸葛亮病死五丈原，没有实现北伐成功。

曹叡死后，他又和曹爽成为托付大臣，但是两人关系紧张，一场权力斗争由此展开。起初曹爽占据了上风，他让曹芳将司马懿升为"太傅"，实际上是剥夺了司马懿的兵权，同时他让自己三个弟弟和一批亲信担任要职，意图控制朝政。

司马懿看到势头不对，干脆称病不出，老谋深算的他摆出一副重病不起的样子迷惑外人，让曹爽放松警惕，暗地里积蓄力量寻找机会。公元249年正月，属于司马懿的机会终于来了。曹爽连同他三个弟弟带着小皇帝曹芳一起出城，前去祭扫魏明帝的皇陵，司马懿趁曹爽离京，发动政变，控制了洛阳城。

曹爽此时还掌控着兵权，小皇帝也在自己手上，应该讲还有反败为胜的可能。但关键时刻，曹爽犹豫不决，居然轻信了司马懿派来说客所言，放弃抵抗认罪投降。他以为司马懿会兑现承诺，只是免掉自己的官职，不会剥夺其生命。但老江湖司马懿断不会心慈手软，放虎归山，他下令诛灭曹爽兄弟三族，这起政变在历史上称作"高平陵之变"，它具有重要的历史意义，从此司马氏掌握了朝政，开启了后来西晋代魏的历程。

公元251年，司马懿病逝，他的儿子司马师继任大将军，已经长大的曹芳不忍再做傀儡，和一些心腹商议准备发动政变，铲除司马家族。可惜计划泄露，参与密谋的大臣被诛杀，曹芳被废，司马师改立曹髦为新皇帝。

公元255年，司马师去世，他的弟弟司马昭继其兄位，司马家族权倾朝野，司马昭的野心昭然若揭。曹髦对此心知肚明，他对心腹说："司马昭之心，路人皆知。"曹髦不堪受辱，与其等着被废黜，不如主动搏一把。公元260年四月的一天，他率几百名侍卫和奴仆讨伐司马昭，看上去有些飞蛾扑火的感觉，以一种非常悲壮的形式结束了自己的生命，这也是曹氏家族的最后一次反抗。

曹髦死后，司马昭立曹璜为帝，曹璜后改名为曹奂，这也是魏国的最后一位皇帝。完全控制朝政的司马昭，觉得灭掉吴蜀统一天下的时机基本成熟，他首先把矛头指向了蜀汉。

六

诸葛亮病逝以后的蜀国，一天不如一天，先是蒋琬当政，他提出沿汉水从水路进攻魏国,但被刘禅拒绝。蒋琬死后,费祎继任大将军辅政,此时曹魏内部曹家和司马氏争权夺利,顾不上伐蜀,蜀国也无力进攻,十多年间双方没有发生大规模战争,费祎后被降将郭修刺死。姜维接着继任大将军,他上台后一心想北伐,但此时蜀国国力日益衰微,他多次伐魏都无功而返,国力进一步折损。

没有诸葛亮的管束,刘禅很快便显出贪图享乐的本性,他背离了诸葛亮"亲贤臣,远小人"的忠告,非常宠信宦官黄皓,任其干预朝政。姜维曾经密奏刘禅,要求杀掉黄皓,但刘禅不许,使得姜维再不敢返回成都,蜀国步入了无可救药的地步。

公元263年,魏国派三路大军进攻蜀汉,钟会率十万大军进攻汉中,邓艾率三万兵马牵制姜维,诸葛绪另率三万人马,攻击姜维后方。前线形势非常危急,但黄皓报喜不报忧,刘禅一直被蒙在鼓里,等听到准确信息派廖化等带兵抵御时,钟会已经攻下汉中,姜维闻讯后只能退守剑阁。

剑阁,自古就是巴蜀大地重要军事屏障,可谓"一夫当关,万夫莫开",钟会大军被姜维阻挡在此,久攻不下,粮草将尽,萌生退意。正当蜀国看上去还有救时,邓艾突出奇兵,穿过荒无人烟的七百里山地,逢山开路,遇谷搭桥,突然出现在江油城下,江油蜀军毫无准备,不战而降。拿下江油后,直逼成都的门户——绵阳,在此守备的是诸葛亮之子诸葛瞻,不愧为诸葛亮之后,他与儿子诸葛尚奋力抵抗,双双战死,为蜀国流尽最后一滴鲜血。

绵阳城破,成都已无险可守,邓艾进抵成都城下,蜀国君臣乱成一团,刘禅束手无策,只好出城投降,蜀国就此成为三国中第一个亡国的。

刘禅作为亡国之君,活得怡然自得,有次司马昭和刘禅聚会,故意让人表演蜀国歌舞,从蜀地来的人触景生情,无不感伤,只有刘禅谈笑自若,司马昭问他可否想念故土,刘禅说这里很快乐,根本就不想蜀地,这便是"乐不思蜀"的由来。

灭蜀两年后，司马昭病死，他的儿子司马炎继任。几个月后，司马炎接受曹奂的禅让，建立了晋朝，史称西晋。这与当年曹丕接受汉献帝禅让如出一辙。

七

如今天下只剩下晋和吴，篡位成功的司马炎并没有急于攻吴，而把主要精力用在安定内部。此时的吴国已是病入膏肓，事实上，吴国在孙权统治后期就开始走上了下坡路。这位聪明一世的吴大帝，到晚年变得刚愎自用，猜忌群臣，排斥忠良，与当年的英明判若两人。特别是发生了太子孙和和鲁王孙霸争储的"二宫之争"，结果孙和被废，孙霸被赐死。

孙权死后，他的孙子孙亮继位，自此后内乱不断，将军孙綝废黜孙亮，选定孙休继位，孙休死后，吴国的末代皇帝孙皓登上皇位。

孙皓继位之初，体恤百姓，施行善政，俨然一派明君风范。但很快残暴的本性开始显现，他把迎立自己的张布、朱太后等杀掉，在建业大肆修造宫殿，搞得富丽堂皇。他荒淫好色，下令所有大臣家里的女儿，到了十五六岁先要让他挑选，剩下的才可以出嫁。他经常举办酒宴，让大臣喝得大醉，然后让人记录如果有人言语举止有差错，就会被处以酷刑。孙皓的所作所为，让朝中大臣人人自危，最后众叛亲离，民心丧尽。

晋朝灭吴的时机已经成熟，但西晋朝廷在这个问题上，意见并不统一，贾充等重臣反对伐吴，杜预、王濬等将领主张借机灭吴。司马炎最后站到主战派一边。

公元279年十一月，西晋兵分六路，大举伐吴。这六路大军中，王濬统帅的这一路最为勇猛，他们从益州沿长江顺流而下，所向披靡，先后攻克夏口、武昌，直驱吴国国都建业。已经是瓮中之鳖的孙皓，只能将自己绑起来，出城投降。雄踞江南六十多年的东吴，终于断送在亡国之君孙皓手里。后来唐朝诗人刘禹锡为此诗云："王濬楼船下益州，金陵王气黯然收。千寻铁锁沉江底，一片降幡出石头。"

　　自此，三国风云散去，国家重获统一。虽然三国时代时间并不长，但风云际会，精彩纷呈，涌现出许多英雄人物和传奇故事，直到今天还被人津津乐道。正所谓："滚滚长江东逝水，浪花淘尽英雄。是非成败转头空，青山依旧在，几度夕阳红。白发渔樵江渚上，惯看秋月春风。一壶浊酒喜相逢，古今多少事，都付笑谈中。"